한국 철도의 역사와 발전 Ⅲ

한국 철도의 역사와 발전 Ⅲ

초판 1쇄 인쇄일_2015년 8월 03일
초판 1쇄 발행일_2015년 8월 11일

지은이_이용상 외 공저
펴낸이_최길주

펴낸곳_도서출판 BG북갤러리
등록일자_2003년 11월 5일(제318-2003-00130호)
주소_서울시 영등포구 국회대로 72길 6 아크로폴리스 406호
전화_02)761-7005(代) | 팩스_02)761-7995
홈페이지_http://www.bookgallery.co.kr
E-mail_cgjpower@hanmail.net

ⓒ 이용상 외, 2015

ISBN 978-89-6495-084-5 94300
ISBN 978-89-6495-022-7 (세트)

이 도서의 국립중앙도서관 출판시도서목록(CIP)은 e-CIP홈페이지
(http://www.nl.go.kr/ecip)와 국가자료공동목록시스템(http://www.nl.go.kr/kolisnet)에서 이용하
실 수 있습니다.(CIP제어번호 : CIP2015020215)

한국 철도의 역사와 발전 Ⅲ

이용상 외 공저

BIG 북갤러리

책을 펴내며

"역사적으로 의미가 없는 일은 없다. 철도도 마찬가지이다"

《한국 철도의 역사와 발전》두 번째 책이 2013년 4월에 출판된 지 1년 6 개월이 지났다. 《한국 철도의 역사와 발전》첫 번째 책이 2012년 9월에 출판된 후 2년의 시간이 흘러 같은 시간이 흐른 후 만들어졌다.

《한국 철도의 역사와 발전》두 번째 책이 만들어진 후 우리 철도의 내외부 환경변화와 발전을 위한 노력 등이 있었다.

2014년은 한국 철도 창설 115주년 그리고 도시철도 개통 40주년, 고속철도 개통 10주년과 구조개혁 10주년을 맞이하는 뜻 깊은 해이기도 했다.

금년은 광복 70년이 되는 해이다. 광복의 의미를 생각해 볼 때 일제로부터의 해방 그리고 자주적인 국가발전을 생각할 때 철도와 연관시켜 생각해 볼 수 있다.

여러 가지 과정을 겪고 있지만 하나도 버릴 것이 없고 모든 것이 역사적인 의미가 있다는 차원에서 보면 최근의 여러 가지 논의도 귀중한 것이라는 생각이 든다. 이 책을 낸 목적은 철도를 연구하는 동료들의 귀중한 노력을 헛되게 하지 않고 책으로 묶어 놓는다면 연구물로서 가치와 함께 후학들에게도 그리고 철도에 관심이 있는 사람들에게도 도움이 될 것이라는 생각에서다. 아울러 철도를 하나의 학문영역을 염두에 두고 이 작업을 진행하였다. 《한국철도의 역사와 발전 2》에서 철도연구의 분석틀을 제시했다. 분석틀로서 외부변수인 환경요인, 국가투자, 정치과정, 관료의 성격을 통해 철도정책이 결정되고 이를 통해 법률과 제도, 조직, 경영형태, 기술과 문화가 결정되고 결과적으로 수송량과 경영성적으로 표현되는 일련의 시스템적 분석의 틀을 제시하였다.

이 책에서도 이러한 틀을 염두에 두고 논의를 진행하였다. 이 연구에 참여한 학자들은 철도가 사회에 끼친 영향력을 집필해준 정병현 우송대 교수, 철도의 경제성에 대한 새로운 대안을 제시해준 서울시립대 박동주 교수, 철도와 자원과의 관계를 집필해준 와세다대학에서 공부한 이정훈 박사가 있다. 현직에 있으면서도 학문적으로 그 영역을 구축하고 있는 노병국 철도시설공단 본부장, 철도공사의 변현진, 배은선, 광주 송원대 윤경철 그리고 일본에서 특파원으로 근무하고 있는 〈경향신문〉 윤희일 기자가 참여하였다.

외국인으로서는 도도로키 히로시 리쓰메이칸 아시아태평양대학 교수와 이시모토 준코(石元淳子) 교수가 참여하였다. 교수의 번역을 최영수 박사가 이를 수행해 주었다.

이 자리를 빌려 여러 학자들의 노고에 감사드린다. 이 책을 통하여 우리나라의 철도 관련 분야 연구와 저술활동이 더욱 활발해지기를 기대하며 학문으로서 철도학의 정착에 조금이나마 기여했으면 하는 바람이다.

필자가 이제 철도 연구를 시작한 지도 25년이라는 시간이 흘렀다. 아직 부족하고 더 연구해야 할 분야가 많아 책임감과 부족함을 함께 느낀다.

향후 '한국 철도론'을 펴낼 것을 구상하고 있다. 우리의 입장에서 철도를 조명하는 노력을 해보고 싶다.

이 자리를 빌려 이제까지 철도를 학문적으로 함께 연구하고 자극을 주는 동학들의 학문적 발전과 성과가 더 있기를 기대해 본다. 또한 흔쾌히 저서를 출판해 주시는 〈도서출판 북갤러리〉 최길주 사장님께도 감사의 인사를 드린다.

마지막으로 아낌없는 사랑과 학문적인 지주가 되시는 존경하는 부모님과 가정이라는 소중한 선물과 같은 길을 걸어가고 있는 아내와 딸 서윤이, 아들 윤석이에게 사랑과 감사의 인사를 전한다.

2015년 5월 10일

햇살이 드는 연구실에서

이용상

목차

제13장 로컬선 예찬(추억은 선로를 타고) / 495

서장

이 책은 《한국 철도의 역사와 발전 1, 2》의 연속선상에서 이루어진 작업이다. 최근 우리나라 철도사의 새로운 진전은 일제강점기에 대한 연구가 조금씩 진행되고 있으며 당시 자료의 발굴과 현황분석 그리고 철도 성격에 대한 미시적인 연구에 대한 관심이 높아지고 있다는 것이다. 토목이나 경찰 분야에서는 이미 이러한 연구가 조금씩 진행되었다. 금년 봄에 발간된 일본 각슈인 대학 동양문화연구소의 일제강점기 관료들의 녹취록 정리와 해설서도 이러한 연구의 일환이다. 새롭게 밝혀진 내용을 보면 일제강점기 동안 조선총독부의 철도투자액은 약 20억 엔, 철도는 조선총독부의 정책을 그대로 수행하는 측면이 강해 사회경제적 할인 등이 많았다는 것들이 밝혀졌다.

이와 함께 이 책에서도 다루어졌지만 일제강점기 연구의 일환으로 일제강점기 만철 위탁시의 특징과 만철에 대한 연구 등도 진행되고 있다.

관련해서 최근 논의되고 있는 나진의 경우 길회선(길림과 회령을 연결)의 종단항으로 황해의 대련, 동해의 나진이라는 양대 항과 함께 일제강점기에도 중국, 러시아, 일본의 각축장이 된 곳이다. 1933년에 북선선 328.5km

가 만철에 위탁되었는데, 이는 나진항이 개발되면서 청진 이북의 북선선을 만주에 위탁하는 것이었다. 철도와 함께 항구가 위탁되었는데 나진항이 1935년 업무를 개시하였고, 1936년에 화물영업을 개시하였다. 청진과 웅기 2개 항에 나진을 더해 3개항을 만철이 관리 경영하였다.

향후 이러한 당시 국제관계 연구는 우리나라와 대만, 사할린 철도 등과의 비교도 진행될 것으로 사료되어 매우 흥미 있는 연구가 될 것이다. 아울러 당시 철도관료의 성격연구 등의 기초연구가 진행되고 있는데 철도정책을 집행하는 관료들의 성격규명을 통하여 철도정책의 기본적인 성격을 밝히는 연구가 될 것이다.

또한 철도경제력 제고를 위한 연구와 철도문화유산, 남북철도에 대한 연구에 대한 진전이 있었다. 특히 새로운 철도문화유산에 대한 자료 발굴과 등록문화재 등재가능성에 대한 논의 등이 있었다.

철도경쟁력 제고에 대해서는 제3차 국가철도망계획, 분야별 장기발전구상 등에 대한 연구가 있었다. 철도문화유산과 관련하여서는 새롭게 등록가능한 철도문화유산 후보권으로 대구선 금호역, 수인선 구 송도역사, 경부선 부상터널, 동해남부선 불국사역, 죽령터널, 밀양강철교(하행), 경전선 섬진강철교, 호남선 신흥리역급수탑, 노령1터널, 중앙선 화본역 및 급수탑, 구 특별동차, 터우5형 증기기관차, 파시1-4288 증기기관차모형이 거론되었다.

남북철도와 관련해서는 유라시아대륙철도와의 연결에 대한 논의와 가능성 그리고 나진~하산 간의 철도운행 등에 대한 논의가 있었다. 이와 관련해서는 19세기, 20세기 초에 있어 동아시아에서 철도를 둘러싼 각국의 첨예한 입장과 대륙과 연결된 우리나라 철도 그리고 나진 등을 둘러싼 일제강점기 각국의 각축 등에 대한 논의도 있었다. 향후에 유라시아대륙에 대한 지정학적 논의, 인문학적 논의 그리고 북한에 대한 자세한 자료와 분석 등이 향후 추진될 필요가 있을 것이다.

이 책은 첫째, 한국 철도의 역사부문과 철도의 사회경제적 영향력, 분야별 연구 그리고 미래지향적 분야로 고속철도, 남북철도, 관광부문에 대해 언급하였다. 구체적으로는 한국 철도가 만철에 위탁된 시기에 있어 그 특징분석을 통해 한국 철도의 성격을 보다 분명하게 하려고 하였다. 그리고 일제강점기의 광물자원 등을 역사적 범주에서 설명하였다. 크게 두 번째로는 철도의 사회경제적 영향력 연구와 철도의 경제성 분석에 대한 논의를 진행하였다. 이는 철도가 가지고 있는 다양한 기능측면에서 고찰하면서 향후 철도투자에 있어 새로운 방향과 지표를 가져다 줄 것으로 판단된다. 세 번째로는 철도에 관한 재무성, 안전성, 관제 부문을 언급하였다. 네 번째로는 미래지향적인 측면에서 고속철도, 남북철도 그리고 이웃 일본의 관광철도를 언급함으로써 우리나라의 새로운 철도 사업영역으로 관광을 제시하고자 하였다.

이러한 논의를 통해 우리나라 철도의 역사와 발전과정 그리고 미래지향적인 면이 언급되면서 철도학의 가능성을 다시 한 번 검토해 보는 기회가 될 것이다.

제1장
한국 철도의 만철 위탁에 대한 연구

제1장 한국 철도의 만철 위탁에 대한 연구

1. 서론

1899년 우리나라는 노량진~인천을 연결하는 경인선이 부분 개통된 이후 경부선과 경의선 등이 개통되는 등 한반도에서 철도의 부설이 매우 왕성하게 추진되었다. 한반도에서 철도는 그 후 일본의 대륙진출의 발판 역할과 식민지화에 따른 지배의 수단이 되었지만, 한편으로는 우리나라의 새로운 운송수단으로서 근대화를 촉진시키고, 조선의 경제, 문화, 사회의 발전에 적지 않은 영향을 미쳤다. 아울러 간과할 수 없는 것이 초기 한반도 철도가 군사용 목적으로 한반도 내부의 수송 이외에 한반도를 관통하여 중국 및 러시아로의 수송을 위한 연락운전의 형태로 건설되었다는 것이다. 이것은 일제강점기의 철도 성격에 대한 규명에 있어서 남만주철도주식회사(이하 '만철'이라 함)에 대한 비교분석이 필요한 주요한 요인이다. 일제강점기 우리나라 철도는 1917년부터 1925년까지 약 8년간 만철에 위탁경영되었다. 그간의 연구를 보면 만철에 대한 연구 혹은 조선철도와 만철에 대한 비교연구는 있었지만 조선철도의 위탁경영시기에 대한 연구는 집중적으로 이루어지지 않았다. 특히 다른 국가에서 위탁경영을 한 사례는 매우 드문 것으로, 조선철도의 위탁기의 특징을 통해 조선철도의 성격이 보다 정확하게 부각될 것으로 판단된다.

이 연구에서는 일제강점기에 우리나라 철도가 왜 다시 만철에 위탁되었는지 그 이유를 찾아보고 위탁경영 시의 관련 특징을 위탁 이전 및 이후와 비교해 봄으로써 위탁경영의 의미와 성과를 찾아보고자 하였다. 위탁경영에 관한 선행 자료는 선교회에서 발간한 《조선교통사》에서 일부 찾을 수 있으며, 또한 《만주철도 40년사》에 만철에 대한 자료가 자세하게 기록되어 있다. 이 논문에서는 만철의 경영형태와 주요 정책 등의 분석을 통하여 당시 조선철도의 성격을 보다 면밀하게 규명하고자 한다.

2. 만철 위탁경영

(1) 만철 위탁의 배경

만철로의 위탁 당시 조선총독은 데라우치 마사타케(寺內正毅)였는데, 그는 초대 조선총독으로 조선을 통치한 경험이 있으며, 러일전쟁과 제1차 세계대전 후의 세계열강 제국의 동향에 주목하였다. 이러한 열강의 대열에 합류하고 일본을 발전시키기 위해서는 반드시 일본 내 인구문제 해결과 산업자원의 신규 개척이 필요하다고 생각하였으며, 그가 당연히 떠올린 것이 조선·만주를 일체화한 대륙정책의 확립이었다.

이러한 배경을 바탕으로 중국에 대한 근본적인 국책 수립의 필요성을 인정하고, 그 일환으로 조선·만주의 철도 경영 일원화에 대한 적극적인 생각을 가지고 있었다. 원래 조선과 만주는 영토가 서로 접하고 있으며, 인문·경제 상 깊은 관계를 맺고 있음에도 서로 다른 영토권에 속해 있어 교류에 어려움이 있었다. 그러나 교통의 관점에서는 이를 동일 구역이라고 보는 것이 자연스러웠다.

한편 조선철도와 만철은 당초부터 설립 취지가 달랐으며 조직과 운영에도 차이가 있었지만, 조선과 만주의 긴밀한 운영과 일체화에 대비하여 선로 궤간을 통일시켜 연락운수에 지장이 생기지 않도록 배려되었다. 조선의 경우는 대륙으로의 진출을 위한 교두보의 성격이 강하였고, 만철은 만주지역 지배를 위한 수단적 성격이 강하였다.

이에 앞서 1911년 압록강철교가 준공되고, 이와 연결된 안봉선의 궤간 개축 공사가 끝나면서 조선과 만주간에 각종 협정을 맺어서 원활한 연결을 도모한 것은 자연스러운 과정이었다. 조선~만주 간 직통열차의 운행, 특히 부산~장춘 간에 특별열차를 운행하고, 안동현에서의 열차 연결의 불편함을 없애고 특수 화물의 적환(積換), 통관 등에 대해서 특별히 배려하였으며, 또한 국제 철도로서 유럽~아시아 각국간에 각종 연락 협정을 체결하여 국제 교통 기관으로서의 정비를 위해서 노력했다.

그러나 두 철도의 경영 주체가 달랐기 때문에 업무의 명령 계통이 양분되고, 때로는 연락 체계에 결함이 발생하여 제 기능을 충분히 발휘하지 못하였다. 그럼에도 일본을 둘러싼 동양의 정치적 정세로 인하여 조선과 만주의 경제와 교통은 더욱 밀접한 관계를 맺게 되었으며, 이에 양 지역 철도의 경영을 통일시켜 그 규모를 확대하고 대륙 정책 발전을 도모하는 것이 일본의 국가 정책상 매우 효과적인 것이었다.

이러한 이유로 1917년 3월, 일본 정부는 조선철도를 만철에 위탁경영시키는 방침을 세웠으며, 같은 해 6월 조선철도의 오야(大屋) 철도국 장관과 다자와(田澤) 만철 부총재가 위탁경영에 관한 각서를 교환했다.

이리하여 1917년 7월 철도 위탁경영에 관한 칙령이 공포되고, 총독부에서 양자가 위탁경영 계약서에 조인하고 동시에 세부항목에 관한 부속 협정도 체결하였다.

이에 따라 국유철도의 건설계획과 사설철도 보호에 관한 업무는 총독부에 남겨놓고, 국유철도 및 그 부대사업 운영에 관한 사항은 모두 만철에 경영을 위탁하기로 하였다. 만철은 구보 요조(久保要蔵) 이사를 경성으로 보내 만철 경성관리국장으로 임명하고 경영을 맡겼다.

위탁경영에 대한 계약서의 요지는 다음과 같았다.

첫째, 총독부는 회사에 조선국유철도의 건설, 개량, 보존, 운수 및 부대업무 일체의 경영을 위탁한다. 회사는 그 경영에 임하고 조선총독의 지휘 감독을 받는다. 둘째, 국유철도의 손익은 별도로 정산하고, 회사는 거기에서 발생하는 이익이 총독부 지출액의 100분의 6 이하일 경우에는 그 전액을, 100분의 6을 초과할 경우에는 초과 금액의 절반을 총독부에 납부한다. 손실이 발생한 경우에는 이를 다음해 이후의 이익으로 보충한다. 건설 및 개량에 필요한 자금은 조선총독부가 부담한다. 셋째, 회사는 조선국유철도의 사무 처리를 위해 경성에 이사 한 명을 둔다. 본 계약에 의한 위탁 기간은 조인한 날로부터 만 20년으로 한다. 단, 총독부는 필요에 따라서 언제라도 본 계약을 취소하고, 또한 전시 또는 사변 시에는 임시로 처리를 명할 수 있다.

이 중 1918년 계약 일부를 개정하였는데 주요 요지는 "계약 중 영업 수지는 별도 정산 처리하지 않는다. 회사는 매년 일정 금액을 총독부에 납부한다."와 같은 내용이었으나, 납부액 정산이 쉽지 않았기 때문에 결국 당분간 회사는 총독부 지출액의 6%에 상당하는 금액을 매년 납부하기로 하였다.

이와는 별도로 보충 공사비용은 회사가 부담하며, 재산은 국유로 하고 이 금액은 적어도 연간 40만 엔은 넘는 범위에서 실시할 것을 협정했다.

이 개정 계약 중 납부금에 관한 규정의 유효 기간은 1918년도 이후 만 3년으로 1920년도 말에 총독부와 재협정을 맺을 계획이었으나, 때마침 총독부 내에서 위탁 해제 의견이 제기되었으며 제1차 세계대전 이후 경제 불황으로 인해 경영 여건이 어려워지면서 납부금에 대한 의견이 일치를 보지 못했다. 따라서 부득이하게 1921년도에 한하여 총독과 당초에 협정한 내용을 잠정 협정으로 하고 총독부의 연간 지출액의 6%까지의 수익금을 납부하게 되었다.

1921년 7월, 신임 하야카와 센키치로(早川千吉郎) 총재와 조선총독부는 다음과 같이 협정을 개정하였다.

"1922년, 1923년, 1924년도에는 1920년도 말 현재 조선총독부 지출액에 대한 100의 6 및 1921년도 이후의 지출액에 대한 100의 4에 상당하는 금액을 매년 조선총독부에 납부한다. 매년 공사비 10만 엔 이하의 보충 공사는 회사 비용으로 시행한다. 앞 항목의 보충 공사로 인하여 발생하는 재산은 국유로 한다."

이와 같이 개정된 협정 하에 1925년 3월 말까지 위탁경영이 지속되었다.

(2) 만철 위탁의 추진 이유

만철에 위탁을 추진한 이유는 다음과 같다. 첫째, 조선철도는 일본과 만주 대륙과 중개역할을 하는 산업, 경제, 정치, 군사를 연결하는 철도인데 군사적인 역할이 매우 컸다. 일본 중앙정부보다도 오히려 육군참모본부, 여기에선 조선철도를 매우 높게 평가해서, 조선철도가 건재하지 않으면 일본의 대륙정책은 전혀 불가능한 일로 평가하고, 조선철도, 특히 종관선, 종(縱)의 선로의 건설과 증강에 힘을 실어 주었다. 특히 수상인 데라우치(寺內)는 러일전쟁 당시의 육군대장이었으며, 러일전쟁이 끝나고 제1대 조선총독이 되었다. 데라우치는 조선과 대륙의 일관통치를 위해 육군이 주가 되는 정책을 취하였다. 육군대신, 조선총독 그리고 총리대신이라고 하는 단계를 거친 그는 이를 시종일관 추진하였고, 1916년경부터 만철과 조선의 국유철도를 하나로 통합해서 운영해 가는 생각을 하였다. 이를 위해 봉천에 철도청을 만들어 총괄 운영 임무를 맡긴다는 생각도 하였지만 외무성에서는 국제적인 관점에서 반대가 있었다. 그래서 조선의 국유철도를 만철에 경영을 위탁하는 것으로 결론이 났다. 제1차 세계대전 이후 만주에서 일본의 독점적 특권이 인정되고, 대륙경영을 위해 조선철도의 만철 위탁이 추진되었다. 이는 일본의 대륙정책과 밀접한 관련이 있다고 할 수 있는데 일본~조선~만주로 연결하는 대륙 연계 교통망 및 물류망으로 조선철도의 역할을 기대하였다고 할 수 있다.

그 후 1919년 사이토(斉藤) 해군대장이 조선총독으로 취임하였으며, 1924년에는 시모오카(下岡)가 정무총감이 되었다. 그는 조선은 생활의 안정, 산업의 개발이라는 이 두 가지에 매우 중점을 두었으며, 이를 위해서는 철도가 산업을 개발하는 데 있어서도, 생활의 안정에 있어서도 근본이 되지 않으면 안 된다고 생각하였다. 그 경영을 만철에 계속 위탁할 경우 이러한 것이 충분하게 달성되지 않기 때문에 철도는 총독부 자체에서 운영을 해야 한다고 하는 생각으로 일본 중앙정부를 움직여서 환원을 추진하였다.

둘째, 만철은 조선철도보다 매우 경영상태가 좋았다. 특히 화물수송의 경우 매우 경영상태가 좋았는데, 콩을 대련으로 보내면서 철도를 이용해 수익을 올렸고, 철도건설도에 있어서도 만주에는 산이 없어 적은 비용으로 건설이 용이했다. 반면 조선의 철도경영은 매우 어려웠다. 조선철도는 대련화물, 부산, 청진 등에서 해운과의 경쟁을 하지 않을 수 없었으며, 이 때문에 수지균형을 맞추는 것이 쉽지 않았다. 그 당시 계약의 경위를 보면, 조선총독부는 투자자본의 6%를 만철이 총독부로 납부하여야 한다고 하였으며, 그 후이것을 개정하여 제2차 계약할 때 만철은 4%만 내겠다고 주장하였다. 경영이 좋지 않은 철도를 운영하면서 6%나 내놓으라는 것은 만철의 재정에 영향을 미치기 때문에 4%로 해달라고 만철은 주장하였고, 총독부는 6%가 아니면 안 된다고 옥신각신하였지만 끝내 합의가 성립되지 않자 조선철도의 환원으로 결론이 나게 되었다. 북선철도의 경우 1939년 3월 31일부터 조선총독부가 경영하게 되었는데 북선철도의 위탁 원인은 일본, 조선, 만주의 교통망의 요충을 견고히 하여 조선과 만주 그리고 일본의 해상항로를 연결하는 목적이었다. 계약서에도 조선 내외의 교통 편리의 증진과 조선의 지방개발을 위한 노력을 하는 것으로 되어 있다.

만철 위탁경영은 1925년에 해제되었고, 그 후 1933년 북선철도가 위탁되었다가 이것이 해제된 것이 1939년이었다. 두 번에 걸친 만철로의 위탁경영, 또 해제라고 하는 절차를 반복하였다.

이것을 소위 교통사적으로 해석하면 다음과 같다.

일본의 입장에서 볼 때 조선은 산업보다도 오히려 만주와 중국을 잇는 통로로서의 중개역할을 하는 것이 중요했다. 이에 만철 위탁이 가능하게 되었으며, 행정과 교통이 분리되어도 고도의 연락기술만 가지고 있으면 문제가 없다는 생각이었다. 미국의 민영화된 회사, 유럽의 민영철도도 바로 그러한 상황이었다. 예를 들면 유럽의 국가 사이에서 교통은 사실상 일원적으로 행해지고 있었으며, 차량도 공통으로 하고 있고, 운임까지도 협정으로 시행되고 있는 것이다. 후에 환원이 된 것은 산업과 행정, 교통이 상호 불가분의 관계에 놓여있다는 주장이 힘을 얻게 된 결과로 해석할 수 있다.

(3) 직영 환원의 경위와 내용

일본의 입장에서 볼 때 식민지 조선의 산업과 경제의 발전은 조선인들의 생활 안정과 문화 향상을 가져오며, 나아가 일본의 국력 증진에도 크게 기여하는 일이었다. 따라서 총독부는 대체적으로 생활·문화 수준이 낮았던 한반도 전역의 제반 개발 여건을 충실히 정비하기 위해 제반 시설의 신설·개량·정비에 착수했다.

한편 조선철도는 창시·창업 시대에 이어서 제1차 총독부 직영시대까지 경영상 군사적 상황을 우선하고 대륙 정책 수행의 선구자적 역할을 할 수밖에 없는 분위기였다. 그런데 일시적이나마 국제적 긴장이 완화되면서 총독부의 행정도 점차 전환되어 산림·치수를 비롯한 철도·항만 시설의 확충 및 강화 등 산업 경제의 발전과 자원 개발에 본격적으로 착수하게 되었다.

이러한 정세의 변화와 함께 총독부는 철도를 장악하고 제반 시책을 적극적으로 추진하였으며, 조선의 특수한 사정에 대응하기 위해서 만철 위탁경영을 해제하자는 쪽으로 의견이 기울어졌다. 마침 만철도 경제 불황으로 철도의 영업실적이 호전되지 않자 당초와 같은 위탁경영의 열의를 상실하였으며, 총독부에 대한 납부금 비율을 낮춰주지 않으면 무리하게 경영위탁을 지속할 의사가 없다는 의향을 강하게 표시했다. 이처럼 당사자 雙方의 생각이 달라지면서 위탁경영 해제 논의가 급속하게 진행되었고, 이리하여 1924년 8월 말, 조선~만주 간 철도 연락의 책임을 충실히 수행한다는 조건으로 위탁경영을 해제하기로 결정하였다.

이리하여 조선철도는 조선총독부 직영으로 다시 전환되었으나, 경영 주체가 변경됨에 따라 여러 가지 문제가 발생하였다. 그 중에서도 종업원의 신분 변경, 퇴직금, 급여 감액 방지 등은 잘못 처리하면 큰 혼란을 일으킬 수 있는 문제들이었다. 그 혼란은 2005년 1월 국가기관인 철도청이 공기업인 한국철도공사로 전환되었을 때의 상황과 비교해 보면 쉽게 이해할 수 있다. 당시 철도청 직원들도 공사전환과 함께 공무원에서 회사원으로 신분이 바뀌었다. 신분상 불안정에 따른 노조의 반대, 퇴직금, 연금문제 등으로 많은 갈등을 겪었다. 조선총독부 철도국 산하의 철도종사원들은 당연히 관원 즉, 공무원 신분이었다가 만철 경영위탁과 함께 회사원이 되었다. 그런데 8년 만에 다시 공무원 신분으로 바뀌게 되었으니 간단한 일이 아니었다.

종업원의 만철 퇴직금은 총 약 7백만 엔에 이르고, 이를 정부가 부담할 경우 대장성에서 재정상 이를 허용할 것인지에 대한 우려도 있었으나 정부는 일단 수당문제는 별도로 취급하기로 하고 위탁 해제를 단행했다. 당시의 안도(安藤) 국장은 1만 3천명의 종업원의 운명을 쥐고 대련 본사와의 절충에 나서서 11월 15일 양자간에 '인사 및 급여에 관한 인계 요강'을 발표했다. 이 요강에 제시된 내용은 종업원 대부분의 요구사항을 만족시키는 것으로 다음과 같았다.

첫째, 특별임용령을 제정하여 위탁계약 해제시 현재의 경성철도관리국원은 전원 총독부에 인계하며 총독부는 즉시 관리 및 기타 직원으로 채용하도록 특별임용령을 제정한다. 둘째, 인계 후의 급여에 대한 회사와 관청의 제도가 다르지만, 각 직원의 월급은 대체적으로 인하하지 않을 방침이다. 셋째, 만철 퇴직금은 각 사원이 퇴직할 때까지 연 7부에 상당하는 금액을 복리 계산하여 특별상여금으로 합산 지급한다.

또한 퇴직수당 처리에 관하여 각서가 교환되었는데, 1924년 10월 17일 총독부와 만철간에 교환된 각서를 보면, 조선총독부는 만철로부터 인계한 자가 조선총독부 철도국을 퇴직할 때에는 인계 시의 만철 내규에 따라서 퇴직금(약 7백만 엔)을 특별상여금으로 지급한다고 규정하였다. 특별상여는 1925년도부터 1931년도에 이르는 7년 동안 각 연도 말에 약 100만 엔을 지급하는 것으로 간주하고, 만철은 위의 지급 예상액에 대해서 연 7부 복리로 계산하여 이에 상당하는 금액을 매년도 9월 말일 및 3월 말일 2차례로 분할하여 조선총독부에 납부하도록 하였고, 조선총독부는 특별상여금에 복리 계산에 근거한 연 7부의 이자에 상당하는 금액을 가산 지급하는 것으로 정하였다.

위탁경영계약 해제의 내용(1925년 3월 31일)은 다음과 같다. 제1조 조선국유철도의 경영위탁계약은 1925년 3월 31일을 기하여 해제하고, 만철은 조선국유철도를 제3조에 정한 것을 제외하고 무상으로 현재의 조선총독부에 인계할 것. 제2조 회사는 조선국유철도 경영위임 업무의 집행에 따라 위임 해제일에 보유하고 있는 권리와 의무를 조선총독부에게 인계한다. 단, 잡계정 중 임금, 사원 적금, 사원 신원 보증금, 사원 공제회, 공려사, 소비부, 환율 및 학교 재산에 관한 계정에 속하는 것, 1924년도 결산에 의하여 소멸되는 것 및 별도로 협정한 것은 제외한다. 제3조 회사가 조선국유철도의 경영위탁업무 집행에 의해서 저장한 물품 가운데 위임 해제일에 현존하는 것은 조사 후 그 실비 금액 중에서 본래 조선철도 용품 자금액을 공제한 금액을 조선총독부에 보상하여 인계할 것. 제4조 위의 제2조에서 정한 것 이외에 인계와 관련된 필요 사항은 별도로 협정한다. 또한 위탁경영 해제에 관하여 상호 협력이 필요한 사항에 대해서는 총독부와 만철간에는 '조선~만주 간 직통 열차의 운행, 차량의 직통 및 상호 이용', '안동역, 안동기관구와 검차구 및 기타 공동 작업', '여객 하물 운송, 철도 건설, 운행 및 통신 등 철도영업상의 제반 규칙은 가능한 한 연락하여 통일할 것', '일본 국내에서의 조선·만주

안내소 공용' 등을 내용으로 협정이 체결되었다.

이밖에도 조선과 만철 두 철도 운수의 편리를 도모하고 일본국유철도, 조선 내 각 사철철도, 기선, 자동차 등에 대해 국제연락운수에 관한 협정을 지속 또는 갱신하였다. 이리하여 조선철도는 총독부의 산업 개발 관련 시설의 확충과 함께 조선 통치의 근본 방침에 따라 시책을 추진하고, 직영의 결실을 맺기 위해서 새로운 단계에 들어갔다.

3. 위탁 전후의 변화

만철 위탁의 성격을 보다 분명하게 하기 위해서 위탁 전인 1910년~1916년과 위탁시기인 1917년~1925년 그리고 환원 후인 1926년~1932년을 시기적으로 비교하여 보고자 한다.

먼저 조직의 경우 1917년 7월 31일 위탁과 동시에 총독관방에 철도국을 설치하여 감리, 공무의 2과를 두고 국유철도의 건설계획과 지휘감독, 장래 계획 노선의 조사, 국유재산의 감리, 사설철도의 보조, 허가, 저당등록, 만철의 위탁경영 업무 및 사설철도와 궤도의 감독사무를 담당하였다.

철도국은 1919년 8월에 철도부로 개칭하고 1925년 위탁 해제시까지 존속하였다.

당시 철도부의 업무는 거의 국유철도의 건설과 개량과 사설철도 보호와 조성에 관한 기본계획을 수립하는 것이었다. 이른바 상하분리의 조직운영이었다고 할 수 있다.

<表 1-1> 조선총독부와 만철의 조직

구분 기관	철도조직	하부조직	기능	특징
조선 총독부	관방철도부	감리과, 공무과	철도건설, 개량, 감독, 사철감독	인프라 건설
만철	경성관리국(1)	(초기) 총무과, 영업과, 기차과, 공무과, 경리과 및 건설과	철도여객과 화물영업	운영
	경성관리국(2) (1917. 6.)	영업과와 기차과를 운수과로 통폐합, 건설과를 공무과로 통폐합하여 4개 과로 조정(서무과, 운수과, 공무과, 경리과)	철도여객과 화물영업, 기타 철도 관련의 다양한 업무 시작	− 6개 과를 4개 과로 통합조정 − 경성철도학교 신설 − 철도도서관 신설
	경성철도국 (1923. 4.)	6개 과로 조정. 부산, 대전, 서울, 평양에 운전사무소	지방사무소의 역할 강화	지방기관의 권한을 확장하고 사무를 간소화하고 신속하게 처리

이와 같은 조직은 만철조직에서 그 원형을 찾을 수 있다.

1907년 4월 23일 현재 만철조직을 보면 총무부, 조사부, 운수부, 광업부, 지방부로 나뉘어 있다. 또한 초기부터 교육사업을 중요시하였다. 사원을 대상으로 한 교육과 일반인을 대상으로 한 교육사업이 활발하게 진행되었다. 특히 사원교육의 경우 1907년 만철운영이 시작되면서 1908년에 12월 대련에 철도종업원양성소를 만들어 차량과(기관사 양성)와 운수과(역무원 양성)를 설치하였다. 1923년 7월에는 철도교습소로 개칭하였고, 1939년 1월에는 대련철도학원, 1943년 4월에는 만철고등학원으로 개칭되어 운영되었다.

경성철도학교는 1919년 3월 개교하여 본과, 통신과, 도제과와 강습과를 두었다. 만철이 수납해야 할 수납금 전부를 투자해서 만들었다. 약 8년 동안 740명의 졸업생을 배출하였다. 또한 1919년에 철도도서관을 만들어 종업원과 가족들의 교양증진을 도모하였다.

철도영업거리를 보면 국철은 큰 증가는 없었고 사철이 증가하였다. 만철 위탁시대에는 제1차 세계대전의 후유증과 1923년 관동대지진 등의 영향으로 긴축재정으로 영업거리의 증가는 크지 않았다. 반면 사설철도의 부흥기를 맞이하여 크게 영업거리가 증가하였다.

<표 1-2> 철도영업거리

연도 \ 구분		영업거리(km)		
		국철	사철	계
	1910	1,085.7	9.3	1,095.0
	1911	1,235.3	9.3	1,244.6
	1912	1,347.0	9.3	1,356.3
	1913	1,561.4	9.3	1,570.7
	1914	1,599.7	34.1	1,633.8
	1915	1,619.8	48.2	1,668.0
	1916	1,715.7	80.0	1,795.7
만철 시대	1917	1,757.4	80.0	1,837.4
	1918	1,773.7	227.4	2,001.1
	1919	1,855.9	284.0	2,139.9
	1920	1,862.7	305.5	2,168.2
	1921	1,874.9	372.5	2,247.4
	1922	1,895.2	442.6	2,337.8
	1923	1,913.5	533.6	2,447.1
	1924	2,092.6	613.5	2,706.1
	1925	2,106.8	743.1	2,849.9
	1926	2,159.1	783.8	2,938.8
	1927	2,344.0	826.5	3,167.5
	1928	2,551.9	753.0	3,300.7
	1929	2,751.5	820.8	3,567.6
	1930	2,792.5	1,072.7	3,865.2
	1931	3,008.5	1,142.2	4,150.7
	1932	3,142.8	1,139.1	4,281.9
	1933	2,935.4	1,172.7	4,108.1
	1934	3,077.4	1,249.3	4,336.7
	1935	3,389.5(278.0)	1,091.9	4,481.4
	1936	3,575.9(278.0)	1,134.4	4,710.3

1937	3,737.3(278.0)	1,211.8	4,949.1
1938	3,831.0	1,252.4	5,083.9
1944	5005.4	1,368.4	6,373.8

출처 : 조선총독부 철도국(1940), 《조선철도 40년 약사》, p. 559, 선교회(1986), 《조선교통사》, p. 8

철도투자액 추이를 보면 점차 총독부의 비중이 높아지고 있는 것을 알 수 있다. 만철 위탁시기에도 꾸준한 투자가 이루어졌고 1인당 투자액도 증가하였다. 그러나 1918년~1920년 동안 물가앙등에 따른 영업성적의 부진 등으로 투자액은 크게 증가하지 못했다. 1923년 관동대지진의 영향으로 긴축재정 실시로 1924년에는 감소하였다. 특히 '조선철도 12년 계획'이 시작된 1927년 이후 특히 철도투자액이 증가하였으며 총독부에서의 투자비중도 68% 이상으로 1938년에는 83%에 이르고 있다.

<표 1-3> 철도투자액

(단위 : 엔)

연도 \ 구분	연도 말 투자액		연도 말 누계 투자액			
	총액	총독부 지출액	총액	총독부 지출액	영업 1km 당 투자액	
					총액	총독부 지출액
1910	105,076,961	9,013,875	105,076,961	9,013,875	85,062	7,291
1911						
1912	9,643,424	9,380,530	114,720,385	18,394,405	85,167	13,656
1913	8,661,648	8,469,387	123,382,033	26,863,792	79,020	17,205
1914	7,634,118	7,547,766	131,016,151	34,411,558	81,900	21,511
1915	8,004,433	7,879,330	139,020,584	42,290,888	85,826	26,109
1916	7,705,111	7,434,505	146,725,695	49,725,393	85,519	28,983
만철시대 1917	6,152,626	5,998,408	152,877,721	55,723,801	86,991	31,708
만철시대 1918	11,093,882	9,745,329	163,971,603	65,469,130	92,446	36,911
만철시대 1919	15,749,711	15,065,298	179,721,314	80,534,438	96,838	43,394
만철시대 1920	16,329,371	15,858,334	196,050,685	96,392,762	105,251	51,749
만철시대 1921	18,855,530	18,262,244	214,906,215	114,655,006	114,623	61,153

1922	22,967,197	21,873,259	273,873,412	136,528,265	125,514	72,039
1923	16,475,267	15,280,086	254,348,679	151,808,351	132,923	79,335
1924	10,306,672	9,904,335	264,655,351	161,712,686	127,472	77,278
1925	12,017,799	11,651,223	276,673,150	173,363,909	131,324	82,288
1926	17,736,682	16,637,706	294,409,832	190,001,815	136,358	88,000
1927	25,290,524	24,073,470	319,700,356	214,075,285	136,391	91,329
1928	28,687,883	27,862,635	348,388,269	241,937,920	136,521	94,807
1929	23,378,971	22,930,544	371,767,210	264,868,464	135,114	96,263
1930	12,478,975	12,179,147	384,246,185	277,047,611	137,599	99,211
1931	21,989,919	21,733,896	406,236,104	298,781,507	135,029	99,312
1932	19,812,345	19,371,182	436,048,449	318,152,689	135,563	101,232
1933	20,955,831	20,290,591	447,004,280	338,443,280	136,954	103,693
1934	20,697,638	19,589,005	467,701,918	358,032,285	137,321	105,121
1935	37,117,886	35,885,359	504,819,804	393,917,644	135,777	105,949
1936	38,321,878	36,763,923	543,141,682	430,681,567	139,110	110,307
1937	68,940,017	66,788,923	612,081,699	497,470,490	150,544	122,355
1938	99,016,235	97,276,578	711,097,934	594,747,068	170,958	142,935
1939				740,571,000		
1940				888,975,000		
1941				1,032,511,000		
1942				1,171,008,000		
1943				1,344,609,000		

출처 : 조선총독부 철도국(1940), 《조선철도 40년 약사》, pp. 578~579, 선교회(1986), 《조선교통사》, p. 108

여객 관련 지표를 보면 영업거리는 3.7배 증가하였는데, 여객은 1910년을 기준으로 1938년에 22.3배나 증가하였다. 1일 1km 평균승차인원은 1910년 387명에서 1938년에 2,220명으로 약 5.73배 증가하였다.

제1차 세계대전 후인 1919년과 중일전쟁이 있었던 1937년 이후 화물량은 다른 연도에 비해 특히 증가한 것을 알 수 있다. 특히 만철시대에는 여객이 증가하였지만 1920년대에는 제1차 세계대전의 반동으로, 그리고 1923년에는 관동대지진의 영향으로 1924년의 수송량이 감소하였다.

\<표 1-4\> 여객 관련 지표

구분 / 연도	영업 km 연도 말	영업 km 평균	여객인원 (인)	인원 지수	1일 1km 평균승차 차인원 (인)	1일 평균 승차 km (km)	1인 평균 운임 (엔)	1인 1km 평균 운임 (모)	수소 화물 톤수 (톤)
1910	1,097.9	1,050.0	2,024,490	100	387	73.3	1.07	147	5,435
1911	1,233.6	1,141.0	2,429,687	120	405	69.5	1.03	148	6,196
1912	1,345.3	1,292.1	4,399,022	217	563	60.4	.74	122	7,191
1913	1,559.6	1,464.5	4,995,441	247	523	56.0	.70	124	8,196
1914	1,597.9	1,585.4	4,768,251	236	464	56.3	.69	122	8,728
1915	1,618.0	1,611.3	5,040,471	249	510	59.7	.70	118	9,836
1916	1,714.0	1,661.0	5,288,811	261	518	59.4	.73	122	11,163
만철시대 1917	1,755.6	1,731.5	7,064,972	349	688	61.6	.76	123	14,826
1918	1,771.9	1,770.4	9,367,023	463	1,021	70.5	.85	120	24,436
1919	1,854.1	1,795.5	12,184,485	602	1,130	60.9	.82	134	31,690
1920	1,860.9	1,857.8	12,421,441	614	1,058	57.7	.89	155	29,961
1921	1,873.1	1,865.6	13,821,144	683	1,132	55.8	.83	150	29,927
1922	1,891.1	1,879.0	15,252,426	753	1,221	54.9	.80	146	32,604
1923	1,909.5	1,900.6	16,760,483	828	1,313	54.5	.78	143	33,630
1924	2,090.4	1,995.4	17,487,874	864	1,255	52.3	.74	142	32,761
1925	2,104.5	2,096.2	18,241,062	901	1,248	52.3	.73	139	32,728
1926	2,156.8	2,122.8	18,457,477	912	1,310	55.0	.78	141	32,536
1927	2,341.8	2,224.6	20,058,401	991	1,317	53.5	.76	141	34,687
1928	2,549.7	2,485.7	22,284,840	1,101	1,322	53.8	.75	140	38,472
1929	2,749.2	2,673.3	23,225,584	1,147	1,387	58.3	.78	135	40,113
1930	2,790.5	2,769.4	20,649,934	1,020	1,102	54.0	.73	135	38,577
1931	3,006.5	2,938.3	19,673,704	972	990	54.1	.72	133	37,321
1932	3,140.8	3,072.7	20,591,638	1,017	1,052	57.3	.75	131	38,491
1933	2,933.4	2,034.1	22,238,338	1,098	1,200	59.8	.80	133	42,737
1934	3,075.4	3,008.3	25,614,815	1,265	1,429	61.2	.81	132	50,308
1935	3,387.5	3,159.5	29,344,188	1,449	1,525	60.1	.80	134	57,912
1936	3,573.9	3,455.0	33,708,178	1,665	1,605	60.1	.81	136	65,332
1937	3,735.3	3,629.6	35,906,129	1,774	1,864	68.8	.89	129	74,044
1938	3,829.0	3,759.8	45,053,752	2,225	2,220	67.6	.92	136	98,288
1939						71.6		140	

1940				66.3	146	
1941				68.2	144	
1942				69.1	177	
1943				69.2	180	
1944				82.3		

출처 : 조선총독부 철도국(1940), 《조선철도 40년 약사》, pp. 564~565, 선교회(1986), 《조선교통사》, p. 9

화물운송의 경우 1910년과 비교할 때 1938년에 15.4배나 증가하였다. 제1
차 세계대전이 있었던 1919년과 중일전쟁이 있었던 1937년~1938년의 화물
량은 다른 연도에 비해 특히 증가한 것을 알 수 있다. 또한 1941년 이후 급
격한 증가도 제2차 세계대전이 철도화물의 증가에 영향을 미쳤을 것으로 추
정된다. 그러나 다른 연도의 경우 평균적으로 증가 추세에 있어 철도의 다양
한 기능에 대해서도 추정이 가능하다. 만철 위탁시대에도 화물이 증가하였
지만 1920년대는 제1차 세계대전의 반동으로, 그리고 1923년에는 관동대지
진의 영향으로 1924년의 물동량이 감소하였다.

<표 1-5> 화물 관련 지표

구분 / 연도	영업 km		화물톤수 (톤)	톤수 지수	1일 1km 평균톤 수(톤)	1톤 평 균수송 km (km)	1톤 평균 운임 (엔)	1톤 1km 평균운 임(모)
	연도 말	평균						
1910	1,805.7	1,055.8	902,999	100	342	145.8	2.28	157
1911	1,224.5	1,140.8	1,080,189	120	354	136.9	2.12	155
1912	1,336.2	1,183.1	1,123,119	124	350	146.0	2.02	138
1913	1,561.4	1,466.2	1,411,227	156	377	147.0	1.78	125
1914	1,599.7	1,587.2	1,408,889	156	395	162.3	1.95	120
1915	1,619.8	1,613.1	1,683,252	186	498	174.8	1.98	113
1916	1,715.7	1,662.8	1,927,360	213	762	239.9	2.25	94

	1917	1,757.4	1,733.2	2,513,918	278	1,030	259.1	2.38	92
	1918	1,773.7	1,773.1	2,650,368	294	1,166	284.6	3.06	107
	1919	1,855.9	1,797.3	3,701,347	410	1,409	250.4	2.92	117
만철 시대	1920	1,862.7	1,859.6	3,237,254	359	1,020	213.8	3.81	178
	1921	1,874.9	1,867.4	3,384,896	375	1,055	212.5	3.78	178
	1922	1,895.2	1,881.5	3,852,479	427	1,229	219.1	3.68	168
	1923	1,913.5	1,904.6	4,305,245	477	1,398	226.4	3.53	156
	1924	2,092.6	1,997.9	3,855,289	427	1,230	232.7	3.66	157
	1925	2,106.8	2,098.5	4,366,297	484	1,248	219.0	3.53	161
1926	2,159.1	2,125.1	5,107,851	566	1,439	218.5	3.41	156
1927	2,344.0	2,226.9	5,659,247	627	1,446	208.2	3.28	157
1928	2,551.9	2,488.0	3,981,486	662	1,381	209.7	3.29	157
1929	2,751.5	2,675.6	6,660,043	682	1,327	210.4	3.31	157
1930	2,790.9	2,770.9	5,936,008	657	1,195	203.5	3.17	156
1931	3,005.2	2,937.6	6,025,150	667	1,206	215.2	3.22	150
1932	3,133.4	3,069.3	6,248,863	692	1,204	215.9	3.23	150
1933	2,932.1	3,031.0	7,254,859	803	1,342	204.7	3.09	151
1934	3,074.1	3,007.0	7,681,776	851	1,497	213.9	3.31	155
1935	3,336.2	3,158.2	8,667,642	960	1,547	206.4	3.22	156
1936	3,572.6	3,453.7	9,980,227	1,105	1,623	205.0	3.25	159
1937	3,734.0	3,628.3	11,369,393	1,259	2,014	234.6	3.45	145
1938	3,827.7	3,758.5	13,923,898	1,542	2,229	219.6	3.29	150
1939						237.8		146
1940			2,045,000			224.6		148
1941						238.8		142
1942						272.2		142
1943						334.3		128
1944	4,996.9		31,015,290			347.3		

출처 : 조선총독부 철도국(1940), 《조선철도 40년 약사》, pp. 566~567, 선교회(1986), 《조선교통사》, p. 10

여객수입은 1910년 2,350천엔에서 1938년에 48,563천엔으로 약 20.7배나 증가하였다. 총수입 역시 1910년과 1938년을 비교해 보면 약 21.4배나 증가하였다. 만철 위탁시기에는 1924년이 관동대지진의 영향으로 감소하였다.

\<표 1-6> 화물수입과 총수입

(단위 : 천엔)

구분 연도	화물 수입				여객 화물 수입		
	화물운임	발착 수수료	계	1일 1km 평균(엔)	합계 금액	지수	1일 1km 평균(엔)
1910	1,826	236	2,062	5.35	4,411	100	11.45
1911	2,029	262	2,291	5.49	5,006	123	11.92
1912	2,083	187	2,270	4.85	5,813	132	12.31
1913	2,356	162	2,518	4.71	6,331	143	11.83
1914	2,554	187	2,740	4.73	6,398	145	11.04
1915	3,123	216	3,339	5.66	7,296	165	12.36
1916	4,102	233	4,335	7.14	7,656	196	14.26
만철 시대 1917	5,672	301	5,973	9.44	11,981	272	18.94
1918	7,766	334	8,100	12.52	17,040	386	26.34
1919	10,201	621	10,823	16.45	22,257	504	33.84
1920	11,149	1,199	12,347	18.19	25,016	567	36.86
1921	11,454	1,340	12,794	18.77	26,156	593	38.38
1922	12,733	1,461	14,194	20.67	28,413	644	41.37
1923	14,488	727	15,015	21.83	30,371	688	43.57
1924	14,092		14,092	19.32	29,028	658	39.81
1925	15,410		15,410	20.12	30,709	696	40.09
1926	17,396		17,396	22.43	33,811	766	43.59
1927	18,551		18,551	22.76	35,980	816	44.15
1928	19,658		19,658	21.65	38,966	883	42.91
1929	20,409		20,409	20.90	41,389	938	42.28
1930	18,816		18,816	18.60	36,407	825	35.99
1931	19,398		19,398	18.04	35,987	816	33.44
1932	20,184		20,184	18.02	38,213	866	34.05
1933	22,445		22,445	20.29	43,154	918	38.94
1934	25,412		25,412	23.15	49,667	1,726	45.20
1935	27,921		27,921	24.15	55,972	1,269	48.37
1936	32,445		32,445	25.74	64,446	1,461	51.07
1937	39,244		39,244	29.63	76,246	1,728	57.52
1938	45,821		45,821	33.40	94,384	2,139	68.74

출처 : 조선총독부 철도국(1940), 《조선철도 40년 약사》, pp. 562~563

<표 1-7> 여객 연락운수 통계표

(단위 : 인)

구분 연도	출발				통과	도착			
	일본 방면착	만주 방면착	조선내 철도착	기선 자동 차착		일본 방면 출발	만주 방면 출발	조선 철도 출발	기선 자동 차 출발
1910	37,749	723	5,003	511	17	44,349	383	4,084	98
1911	43,491	858	5,397	812	285	51,335	852	5,651	169
1912	50,674	3,688	24,294	277	2,649	55,936	884	25,418	181
1913	52,671	2,237	33,288	142	4,166	57,216	3,721	35,337	87
1914	53,441	2,234	24,817	58	5,798	56,633	1,113	38,557	55
1915	55,993	1,792	22,850	86	7,697	61,094	1,158	24,508	146
1916	61,037	3,141	2,422	218	11,243	61,290	1,511	1,835	217
만 철 시 대	1917	79,628	10,807	9,072	209	18,665	75,410	8,288	9,038	205

구분 연도		일본 방면착	만주 방면착	조선내 철도착	기선 자동 차착	통과	일본 방면 출발	만주 방면 출발	조선 철도 출발	기선 자동 차 출발
만 철 시 대	1917	79,628	10,807	9,072	209	18,665	75,410	8,288	9,038	205
	1918	97,019	59,694	22,258	66	28,246	95,846	31,981	22,556	61
	1919	113,532	32,728	40,305	59	39,539	112,061	15,613	41,407	53
	1920	113,893	16,711	45,400	25	38,199	115,653	15,152	52,995	23
	1921	128,258	13,587	67,145	140	33,062	129,494	15,582	85,071	86
	1922	176,152	17,751	131,358	983	29,074	144,432	18,290	153,999	475
	1923	162,139	23,562	197,952	1,907	34,127	159,285	18,514	229,924	1,136
	1924	199,377	23,335	203,256	3,426	33,160	157,280	20,998	240,819	1,491
	1925	169,618	33,227	242,587	5,468	32,778	174,235	25,386	277,242	2,240
1926		162,731	31,376	297,201	9,767	37,726	171,423	19,347	333,190	4,955
1927		182,850	28,906	267,759	10,046	43,593	188,042	22,118	299,705	6,226
1928		193,384	28,416	196,541	6,783	62,239	205,423	23,133	230,182	6,443
1929		208,624	49,207	212,984	7,933	69,142	208,931	44,870	245,252	8,658
1930		171,142	37,441	191,010	11,498	65,733	196,759	26,959	214,973	15,101
1931		186,888	40,062	202,274	16,632	47,705	185,998	29,857	224,146	21,589
1932		200,957	65,197	237,126	16,809	76,570	192,021	65,421	253,432	20,899
1933		234,382	77,475	364,159	13,521	119,501	209,431	50,308	369,420	15,056
1934		223,404	84,606	526,624	13,049	154,933	220,902	55,144	528,502	13,165
1935		231,584	100,842	609,738	15,149	188,917	240,847	73,215	600,252	16,404
1936		275,019	139,809	676,445	22,014	225,621	278,971	87,087	650,758	24,642
1937		300,131	395,953	684,378	18,120	266,038	299,848	116,490	677,201	20,066
1938		399,531	260,046	918,370	23,446	458,912	387,709	168,219	890,385	22,828

출처 : 조선총독부 철도국(1940), 《조선철도 40년 약사》, pp. 569~570

한국 내에서의 출발하는 화물의 경우 1910년에서 1930년까지는 일본으로 향하는 화물이 많았으나, 1930년 이후에는 만주 방면이 더 많은 수송량을 보이고 있다. 도착화물의 경우 1919년 이후부터는 만주 방면에서 도착한 화물이 일본보다 많았다는 것을 알 수 있다.

<표 1-8> 화물 연락운수 통계표

(단위 : 톤)

구분 / 연도	출발				통과	도착			
	일본방면	만주방면	조선 내 철도 착	기선자동차		일본방면	만주방면	조선 내 철도 착	기선자동차
1910	20,048	–	–	2,236	–	35,525	–	–	222
1911	13,333	682	–	318	–	44,408	1,626	–	418
1912	12,986	2,046	–	169	51	49,258	27,294	–	318
1913	25,104	3,358	–	1,002	5,902	59,769	42,520	–	259
1914	40,398	14,214	377	235	15,496	55,991	8,236	721	648
1915	63,851	5,885	2,215	913	19,653	56,561	12,847	3,065	714
1916	130,614	46,477	3,398	1,728	61,653	60,290	11,481	3,094	1,667
만철시대 1917	179,677	45,055	5,763	2,776	70,749	78,769	37,761	3,057	1,388
1918	147,102	97,763	7,064	9,620	38,742	75,958	70,173	3,920	2,171
1919	202,682	59,708	8,248	11,789	37,867	85,633	148,476	3,416	25,013
1920	89,439	37,627	7,326	10,670	20,891	58,617	153,137	7,196	8,088
1921	40,271	25,690	20,243	21,419	29,552	59,151	181,307	28,604	1,633
1922	53,662	17,862	62,184	17,727	26,314	48,636	343,036	98,612	2,702
1923	66,291	19,331	79,521	58,733	24,250	49,328	428,167	196,597	4,236
1924	53,801	35,662	104,035	22,682	29,670	46,209	564,712	175,656	5,993
1925	49,370	32,771	138,189	9,501	48,680	54,345	523,470	268,932	9,497
1926	53,706	38,920	202,315	20,609	55,453	60,783	625,688	355,428	10,977
1927	60,037	42,255	238,764	15,554	67,081	58,255	663,779	411,681	13,590
1928	52,225	59,341	226,153	11,846	68,737	63,550	696,000	345,853	14,355
1929	45,092	73,585	214,808	12,471	52,182	63,164	721,912	317,608	17,298
1930	44,571	38,564	187,081	33,046	34,652	61,840	563,320	335,464	11,977

1931	33,076	53,175	145,418	34,527	28,590	64,821	554,762	345,072	13,409
1932	23,913	112,043	161,599	27,975	24,647	62,983	609,302	370,592	13,960
1933	23,280	179,232	212,096	22,741	33,639	90,691	561,041	554,465	13,977
1934	25,920	156,212	289,236	12,526	46,963	119,681	630,665	699,309	15,660
1935	26,689	146,669	375,739	11,332	45,045	117,015	548,690	729,209	17,755
1936	30,834	153,196	454,536	11,263	44,038	149,279	545,515	847,824	21,735
1937	113,992	604,101	475,198	23,938	67,941	127,361	541,525	983,073	19,404
1938	184,314	417,096	668,090	12,502	110,904	141,180	545,779	1,232,027	23,037

출처 : 조선총독부 철도국(1940), 《조선철도 40년 약사》, pp. 571~572

국제 연락운수의 경우 일본과 중국간에도 중국으로 향하는 여객, 일본과
만주간에서도 만주로 향하는 여객이 많았다. 또한 일본과 만주의 연락화물
의 경우도 만주로 향하는 화물이 많았다는 것을 알 수 있다. 이는 대륙시장
의 규모가 커지면서 이를 수송하는 물동량이 증가한 것에 기인한 것이라고
할 수 있다. 특히 1915년 일본은 만주지역에서 민사상 산업적 특권을 누리
고 일본 자본에 의한 독점 경영체제가 형성되었다. 이는 1932년 만주국이 성
립되면서 더욱 심화되었다. 이 결과 만주지역의 인구도 1908년 1,583만 명에
서 1932년 2,928만 명으로 거의 2배나 증가하였다.

<표 1-9> 국제 연락운수 통계표

(단위 : 인)

구분 / 연도	일본중국 연락여객				일본만주 연락여객				유럽아시아 연락여객				일본만주 연락화물(톤)			
	출발	통과		도착	출발	통과		도착	출발	통과		도착	출발	통과		도착
		상행	하행			상행	하행			상행	하행			상행	하행	
1913	35	57	128	2	50	25	115	3	–	–	–	–	29	–	777	–
1914	91	231	253	29	47	155	120	18	–	–	–	–	318	2	3,204	55
1915	51	523	335	30	37	766	248	29	–	–	–	–	1835	4	6,312	8
1916	115	771	819	56	129	282	447	19	–	–	–	–	5,597	4,026	8,617	216

	1917	150	979	1,080	26	165	99	2,286	12	–	–	–	–	3,750	7,717	6,006	2
	1918	215	768	1,478	31	153	–	1,142	–	–	–	–	–	266	59	3,948	–
	1919	259	1,182	2,044	82	191	–	1,105	–	–	–	–	–	236	81	4,397	–
만철시대	1920	271	1,443	2,292	113	35	–	437	–	–	–	–	–	613	2	1,959	–
	1921	250	1,280	1,912	118	130	–	490	–	–	–	–	–	1,509	6	4,900	–
	1922	195	890	1,533	127	105	27	315	–	–	–	–	–	528	–	4,556	–
	1923	279	759	1,997	151	101	10	447	–	–	–	–	–	683	2	3,610	–
	1924	198	440	1,461	233	122	–	354	–	–	–	–	–	1,213	1	3,815	1
	1925	108	496	941	90	167	13	636	–	–	–	–	–	1,038	1	5,637	–
	1926	107	378	394	67	179	10	619	–	–	–	–	–	1,551	–	7,780	1
	1927	127	659	502	199	177	16	680	6	5	–	95	–	1,862	–	1,862	–
	1928	13	255	179	21	182	137	778	49	15	–	144	–	2,102	–	8,717	–
	1929	102	296	479	60	109	68	852	37	14	–	399	–	3,212	–	5,460	–
	1930	188	478	791	154	154	55	699	62	24	–	456	–	857	–	4,014	–
	1931	106	393	683	86	123	27	722	78	14	1	417	–	714	–	450	–
	1932	3	–	–	3	297	14	1,476	24	5	1	119	–	572	–	523	–
	1933	–	–	–	–	678	188	2,650	105	1	1	72	–	2,399	–	2,710	–
	1934	–	–	–	–	700	150	2,993	80	4	–	100	–	501	–	745	–
	1935	–	38	253	–	–	–	–	–	–	2	262	–	–	–	–	–
	1936	–	213	551	–	–	–	–	–	2	13	567	–	–	–	–	–
	1937	–	415	503	–	–	–	–	–	2	9	134	–	–	–	–	–
	1938	–	–	–	–	–	–	–	–	–	–	7	–	–	–	–	–

출처 : 조선총독부 철도국(1940), 《조선철도 40년 약사》, pp. 573~574

여관과 식당차, 구내식당의 수입 합계를 보면 식당차의 수입을 여관과 구
내식당보다 많은 것을 알 수 있다. 이러한 수입과 여객수입을 비교해 보면
1915년에 여객수입의 4%, 1920년에 5.9%, 1930년에 6.2%, 1938년에 4.3%
를 차지하였다. 만철 위탁시기에는 여객, 식당차, 구내영업 등이 크게 증가하
였다.

<표 1-10> 여관, 식당차, 구내식당 성적표

구분 연도		여관			식당차		구내식당		수입 합계 (엔)
		숙박 연인원 (인)	식사 객수 (인)	수입 (엔)	객수(인)	수입(엔)	객수(인)	수입(엔)	
1912		1,775	5,722	15,473	–	–	–	–	15,473
1913		2,003	7,695	18,720	33,254	31,594	10,025	9,709	60,105
1914		2,596	10,923	49,750	23,283	25,906	10,940	8,702	84,358
1915		7,133	21,603	108,218	24,238	27,586	8,647	6,348	142,152
1916		7,871	24,191	110,473	25,600	30,761	8,258	6,358	147,592
만철시대	1917	10,110	33,019	152,402	34,361	46,556	11,316	10,446	209,504
	1918	14,522	47,979	244,568	55,334	85,783	8,446	10,820	341,171
	1919	15,486	55,677	399,891	72,080	154,403	11,940	18,269	572,563
	1920	17,320	64,849	493,215	106,086	192,848	13,770	19,127	705,190
	1921	16,320	56,160	455,459	168,229	222,421	16,946	15,859	693,739
	1922	18,472	56,631	504,237	199,974	250,510	19,706	16,988	771,735
	1923	17,394	89,018	499,908	205,119	255,370	22,698	17,804	773,082
	1924	15,737	66,480	426,005	189,099	233,195	20,925	16,600	675,790
	1925	19,692	55,150	436,190	170,850	233,809	43,823	40,314	710,313
1926		20,357	51,646	442,414	190,068	314,390	46,096	50,551	807,355
1927		18,674	48,874	454,181	236,838	351,986	48,996	55,191	861,358
1928		20,993	51,074	511,537	310,887	426,263	69,865	70,461	1,008,261
1929		22,650	54,898	535,709	381,585	460,924	131,311	80,626	1,077,259
1930		20,691	49,296	457,611	394,977	414,357	97,807	66,289	938,257
1931		17,352	36,183	418,604	403,887	403,525	83,891	56,081	878,210
1932		위탁	–	–	–	–	–	–	–
1933		동	–	–	–	–	–	–	–
1934		25,805	30,802	448,600	652,449	469,660	218,609	76,929	995,189
1935		29,840	37,631	497,665	679,259	527,134	222,862	105,284	1,130,083
1936		32,934	41,758	569,102	787,077	637,652	295,737	128,759	1,335,513
1937		33,854	45,185	613,959	771,069	658,113	373,097	158,024	1,430,096
1938		38,705	55,201	648,739	1,062,335	962,567	428,465	187,725	1,799,031
1939		46,912		883,497	1,450,741	1,379,480	643,526	304,529	
1940		48,348		1,059,216	1,857,121	1,850,597	602,347	363,888	
1941		43,247		1,067,736	1,578,827	1,738,324	616,552	377,907	
1942		38,279		1,287,596	2,533,088	2,820,889	773,117	546,878	
1943		36,206		1,253,946	3,314,132	3,828,119	1,033,383	790,460	

출처 : 조선총독부 철도국(1940), 《조선철도 40년 약사》, pp. 576~577, 선교회(1986), 《조선교통사》, p. 623

종사원 급료의 경우 특이한 사항은 1917년~1925년 만철 위탁시에 특별하게 많이 인상된 것을 알 수 있다. 이는 만철 본사와의 급료체계의 영향과 다음과 같은 사유가 있었다.

1917년 세계대전의 영향으로 물가가 폭등해서 하급종업원의 생활이 빈궁해졌다. 이에 월액 45엔 이하의 종업원에게 월 2엔의 수당과 임시수당으로 본봉의 20%가 특별수당으로 지급되었다.

물가가 내리지 않아 생활안정 등을 위해 1919년에 급여를 조정하여 임시수당을 전액 급여화하였고 가족수당을 신설하였다.

<표 1-11> 종사원 통계표

구분\연도	칙임관	주임관	판임관	촉탁	고원	용인	합계	영업 1km 평균	총액	1인 평균
1910	3	47	381	4	1,342	5,131	6,908	6.4	186,126	26.94
1911	2	56	406	2	1,427	5,738	7,631	6.2	204,791	26.84
1912	3	56	426	7	1,559	6,269	8,320	6.2	218,935	26.07
1913	3	62	452	5	1,673	7,056	9,251	5.9	235,802	25.49
1914	3	56	469	4	1,679	6,751	8,962	5.6	230,851	25.76
1915	3	54	474	4	1,796	6,903	9,234	5.7	238,098	25.78
1916	4	52	494	4	1,812	6,937	9,303	5.4	241,083	25.91
만철시대 1917	–	–	510	4	1,812	7,266	9,592	5.5	255,613	26.65
1918	–	–	795	9	1,863	7,656	10,323	5.8	286,815	27.78
1919	–	–	828	12	2,184	9,073	12,097	6.5	700,143	57.88
1920	–	–	889	10	2,144	9,105	12,148	6.5	711,420	58.56
1921	–	–	962	7	2,214	8,744	11,927	6.4	717,927	60.12
1922	–	–	1,024	11	2,210	9,406	12,651	6.7	761,844	60.22
1923	–	–	1,032	9	2,342	9,728	13,111	6.9	794,963	60.63
1924	–	–	3,574	7	–	9,584	13,165	6.3	808,129	61.72
1925	5	74	1,419	11	1,943	9,372	12,824	6.1	852,908	66.51

1926	5	85	1,563	56	2,250	9,577	13,536	6.3	905,918	66.93
1927	4	92	1,684	55	2,587	10,061	14,483	6.2	964,211	66.58
1928	3	93	1,721	66	3,899	10,860	15,644	6.1	1,017,439	65.04
1929	3	88	1,805	66	3,319	11,096	16,477	6.0	1,070,303	65.37
1930	5	93	1,808	67	3,438	11,028	16,436	5.9	1,077,796	65.58
1931	5	79	1,686	78	3,532	10,681	16,061	5.3	1,029,602	64.11
1932	5	89	1,775	84	3,749	10,855	16,557	5.3	1,067,624	64.48
1933	8	94	1,740	78	3,667	10,661	16,244	5.5	1,036,000	63.78
1934	4	94	1,816	86	3,970	12,282	18,252	5.9	1,119,510	61.36
1935	5	97	2,000	100	4,437	13,955	20,594	6.1	1,229,461	59.70
1936	2	105	2,400	160	5,375	15,786	23,830	6.7	1,374,128	57.66
1937	4	146	2,804	198	6,189	19,050	28,390	7.6	1,705,388	60.07
1938	6	160	3,347	202	7,581	21,704	33,000	8.6	1,917,260	58.10
1939	175		3,564	214	9,609	21,792	35,354			
1940	195		4,325	239	14,198	28,677	47,634	11.9		
1945	350		11,110	349	33,020	61,919	106,748			62.74

출처 : 조선총독부 철도국(1938), 《조선총독부 철도국 연보》, p. 43와 선교회, 《조선교통사》, p. 8, p. 181
~184, pp. 579~585

사설철도에 대해서는 제1기 경편철도시대가 1910년대에 도래하였다. 총독
부는 제도적, 재정적으로 측면 지원함으로써 일본 본국의 철도자본을 유인
하였다. 1912년에 조선경편철도령을 발포하여, 사설철도를 건설하기 위한 법
제적 및 기술적인 틀을 마련하였다. 경편철도란 노선이나 차량 규격을 간편
화한 철도시스템을 말하는데, 소자본으로도 철도경영에 적극적으로 참여할
수 있게 하려는 의도로 일본 본국에서도 도입한 규격이었다. 보통 궤간은 일
반철도의 절반 가량인 762mm 협궤였으며, 지상 시설이나 차량도 노면궤도
와 같은 규격이었다.

그리고 1914년부터는 총독부 예산에서 철도회사에 대한 보조금을 지급하
였다. 이는 노선의 건설 중 및 개통 후에도 이익을 내지 못할 경우에 주가총
액의 6%까지를 보조하는 것이었다. 결국 이는 주주에게 주식 배당금을 정

부가 대신 보장하는 의도였으며, 이로써 일본 국내자본의 투자 유치를 도모하는 것이었다. 보조금 신청은 1년마다 가능했으며, 보조율은 1918년부터는 7%, 1919년부터는 8%로 인상되었다.

제2기 제1차 사설철도붐은 1920년 초반에 시작되었다. 1920년 조선경편철도령은 조선사설철도령으로 개편되었다. 경편철도는 노선 속성건설이라는 장점이 있지만 규격의 차이 때문에 국영철도와 상호직통이 불가능하다는 단점이 있으며, 특히 환적(換積)이 필요한 화물열차에 있어서는 치명적인 결함이 있었다. 1차 대전 이후의 호황으로 인해 일본 자본가들이 조선의 인프라 투자에 적극적인 탓도 있어서, 향후 사설철도 건설은 경편철도가 아니라 국영철도와 동일한 규격으로 하기로 해서 법을 바꾼 것이다. 이어 1921년에 보조금 지급도 정식으로 법제화해서 조선사설철도보조법을 제정하였다. 보조율은 종전과 같았지만 총 보조예산은 연간 250만 엔(후에 300만 엔)을 계상하고, 잔금은 익년도에 이월하는 것, 보조연한을 10년(후에 25년까지 단계적으로 연장)으로 하는 것 등의 규정이 추가되었다.

이로 인해 일본 자본이 대거 몰려들어, 전국 각지에서 사설철도 계획이 제출되어, 허가를 받고 건설이 시작되었다. 제1차 사설철도붐의 도래이다.

다음의 표는 이러한 현상을 반영하고 있다. 1920년대 초에 사설철도회사 수가 증가하였고, 국유화로 감소 후 1930년에 다시 증가하였다.

<표 1-12> 사설철도 기업 상황표

구분 / 연도	연도 중 면허선		연도 중		연도 말 현재 상황		
	건수	km 수	개업 km	매수 km	연도 말 영업 km	연도 말 미개업 km	회사 수
1911	1	19.5	–	–	9.3	19.5	2
1912	1	185.4	–	–	9.3	204.9	2

연도							
1913	3	53.4	–	–	9.3	258.3	5
1914	1	21.6	24.9	–	34.2	254.2	7
1915	–	–	14.2	–	48.4	218.4	6
1916	2	211.7	31.5	–	79.9	295.6	6
만철시대 1917	3	242.0	48.1	–	128.0	437.6	5
1918	1	328.0	93.2	–	221.2	437.6	6
1919	10	1,776.2	64.4	–	285.6	2,426.9	15
1920	5	1,276.9	22.7	–	308.3	2,377.2	17
1921	–	–	66.3	–	374.6	2,311.8	17
1922	1	2.7	70.5	–	445.1	2,314.1	17
1923	2	38.9	91.6	–	536.7	2,071.9	11
1924	–	–	104.1	–	640.8	2,025.3	11
1925	–	612	106.5	–	747.3	1,939.6	11
1926	1	48.3	217.0	–	783.8	1,776.1	9
1927	2	275.9	104.3	61.6	826.5	1,378.5	10
1928	–	–	74.3	147.8	753.0	1,165.0	9
1929	2	78.0	146.3	78.5	820.8	1,065.0	10
1930	–	–	2519	2519	10727	5697	10
1931	2	47.0	139.5	70.0	1,142.3	337.7	10
1932	1	15.3	34.1	37.2	1,139.1	319.1	8
1933	1	62.9	33.6	33.6	1,172.7	348.4	8
1934	3	39.6	76.6	76.6	1,249.3	311.4	10
1935	5	148.9	18.0	175.4	1,091.9	323.7	10
1936	3	202.4	42.5	–	1,134.4	495.2	13
1937	7	381.4	77.4	–	1,211.8	897.4	16
1938	1	5.9	97.2	56.6	1,252.4	772.9	–
1939					1,635.9		
1940					1,573.5		
1941					1,619.5		
1942					1,657.2		
1943					1,695.4		
1944					1,375.5		

출처 : 조선총독부 철도국(1940), 《조선철도 40년 약사》, pp. 586~587, 선교회(1986), 《조선교통사》, p. 871

사설철도의 성적을 보면 국철에 비해 전반적으로 성적이 좋지 않다. 수송량의 경우 만철 위탁시기인 1921년 조선사설철도보조법이 제정된 이후 여객과 화물이 급격하게 증가된 것을 알 수 있다.

<표 1-13> 사설철도 성적표

구분 / 연도		여객인원 (인)	화물톤수 (톤)	철도수입 (엔)	철도 영업비 (엔)	수지 비율	철도수익 (엔)	철도건설비 (엔)	건설비에 대한 이익금의 비율
1914		30,338	4,968	16,625	15,558	0.94	1,067	277,998	0.004
1915		128,960	26,411	64,408	50,595	0.79	13,813	510,859	0.027
1916		186,935	64,467	305,382	79,344	0.75	26,038	1,016,711	0.025
만철시대	1917	312,178	102,775	181,368	136,990	0.76	44,378	1,695,976	0.026
	1918	666,959	136,461	381,931	325,518	0.85	56,413	2,895,644	0.019
	1919	1,163,630	35,730	825,572	745,298	0.90	80,274	7,143,539	0.011
	1920	1,236,097	35,285	1,350,912	1,182,323	0.88	168,589	11,241,560	0.014
	1921	1,295,941	298,609	1,559,704	1,350,008	0.87	209,696	15,447,173	0.013
	1922	1,698,913	431,576	2,114,303	1,617,397	0.76	796,906	23,177,620	0.021
	1923	1,995,259	535,388	2,516,562	1,928,613	0.77	587,949	32,239,975	0.018
	1924	2,707,813	540,173	2,789,673	2,368,373	0.85	421,300	39,895,244	0.011
	1925	3,437,884	709,428	3,564,238	2,895,638	0.81	668,600	48,661,304	0.013
1926		4,027,819	924,921	4,266,295	3,406,953	0.80	859,342	55,515,680	0.015
1927		4,063,804	1,107,676	4,843,292	3,761,347	0.78	1,081,945	62,878,225	0.017
1928		3,112,665	1,048,064	4,795,566	3,998,450	0.83	797,116	60,826,626	0.013
1929		2,788,359	898,450	4,473,366	3,839,023	0.86	634,343	62,722,322	0.010
1930		2,710,627	964,145	3,784,227	3,346,637	0.88	447,590	81,923,603	0.005
1931		2,934,760	894,598	4,415,325	3,393,281	0.77	1,022,044	81,951,875	0.120
1932		3,100,231	970,760	4,450,563	3,578,110	0.81	827,453	83,903,902	0.010
1933		3,754,371	1,110,667	5,194,723	4,285,144	0.82	909,578	83,997,861	0.011
1934		4,862,668	1,460,628	5,947,463	4,740,353	0.80	1,207,084	84,130,391	0.014
1935		6,720,986	2,028,290	6,651,976	5,220,077	0.78	1,431,899	84,891,631	0.017
1936		8,035,041	2,064,867	6,482,913	4,742,310	0.73	1,740,603	77,806,224	0.022

1937	9,465,653	2,659,613	7,376,420	5,341,249	0.72	2,035,153	81,565,965	0.025
1938	11,417,965	2,920,126	10,120,046	7,457,569	0.74	2,672,477	93,165,064	0.029
1939	17,195,000	4,334,000						
1940	23,519,000	7,280,000						
1941	24,254,000	8,235,000						
1942	25,023,000	8,774,000						
1943	31,013,000	7,702,000						

출처 : 조선총독부 철도국(1940), 《조선철도 40년 약사》, pp. 588~589, 선교회, 《조선교통사》, p. 886

만철 위탁 시기인 1921년 조선사설철도보조법을 제정 이후 보조금이 정기
적으로 지급되었다.

<표 1-14> 사설철도 보조금 성적표

(단위 : 천 엔)

구분		예산액	이월액	계	결산액	후년도의 이월액
	1915	–	–	–	12	–
	1916	–	–	–	39	–
만 철 시 대	1917	–	–	–	48	–
	1918	–	–	–	127	–
	1919	–	–	–	214	–
	1920	–	–	–	695	–
	1921	1,565	–	1,565	1,346	219
	1922	2,500	219	2,219	1,838	881
	1923	2,550	881	3,431	2,252	679
	1924	2,830	679	2,509	3,258	251
	1925	4,000	251	4,251	3,891	360
1926		4,300	360	4,660	3,891	769
1927		4,300	769	5,069	4,124	945
1928		4,400	945	5,245	4,390	–
1929		4,300	856	5,156	5,059	–
1930		4,600	97	4,697	4,697	–
1931		5,000	–	5,000	5,000	–
1932		5,000	–	5,000	5,000	–

1933	5,000	–	5,000	5,000	–
1934	5,000	–	5,000	5,000	–
1935	4,850	–	4,850	4,850	–
1936	4,380	–	4,380	4,032	–
1937	4,100	348	4,448	3,300	–
1938	4,100	1,147	5,247	3,011	–

출처 : 조선총독부 철도국(1940), 《조선철도 40년 약사》, p. 590

사설철도를 보면 대표적인 사설철도는 조선철도주식회사, 조선경남철도주식회사, 신흥철도주식회사, 조선경동철도주식회사, 평북철도주식회사 등이 있어 사철시장을 주도하였다.

4. 만철 위탁의 성격과 함의(含意)

일제강점기의 우리나라 철도는 국철뿐만 아니라 사철 그리고 궤도철도도 함께 발전하였다. 수송량의 경우 급격한 증가를 하였으며, 이를 통해 사회전체에 큰 영향을 미친 것을 알 수 있다. 수송량의 경우도 1904년의 러일전쟁, 1917년의 제1차 세계대전, 1932년의 만주국 성립, 1937년 중일전쟁, 1941년의 제2차 세계대전 등의 영향을 받았지만 철도 수송량은 전체적으로 증가함을 알 수 있다. 이를 통해 외부적인 영향과 함께 철도 자체의 수송기능도 함께 유지되었다고 할 수 있다.

구체적으로는 1925년~1932년의 '조선철도 12년 계획'의 영향으로 철도투자액과 영업거리가 증가하였다. 특히 투자액은 1927년 이후 증가가 두드러졌으며 총독부의 비중이 더 커졌다.

화물의 경우 1919년과 1937년 이후 증가율이 두르러진 것은 전쟁수행의 영향이라고 할 수 있다. 화물수송의 경우 초기에는 농산품 위주였지만 1930년대 이후에는 점차 광산품과 공산품이 주가 되었다.

한국과 일본간의 화물수송은 1907년에서 1914년 사이에는 한국 도착화물이 많았지만 1915년에서 1930년 사이에는 일본 도착화물이, 그리고 1930년 이후에는 한국 도착화물이 다시 증가하였다.

국제연락 수송의 경우도 일본보다 만주 도착화물이 많았으며, 출발화물의 경우 1930년 이후 만주 방면이 많아졌으며, 도착화물의 경우 1919년 이후 만주 방면으로부터 도착이 일본보다 많아졌다.

수입의 경우 여객과 화물의 수익률이 좋았으며, 특히 부대사업의 경우는 식당차의 수입이 높았다.

사철의 경우 1920년대 초반 제1차 사설철도건설붐이 일어났고, 그 후 국유화의 진행과 1930년 후반에 제2차 사설철도건설붐이 일어났다. 사철의 발전을 뒷받침한 것이 1921년 조선사설철도보조법으로, 이후 사철의 수송량이 급격하게 증가하였다.

이를 살펴보면 다음과 같다.

첫째, 위탁시기 영업거리는 약 400km 정도 증가하였다. 위탁기간 8년 동안 매년 약 50km가 증가하는 데 그쳤다. 위탁경영시기인 1923년 관동대지진에 따른 정부의 긴축재정으로 신규사업은 없었고 기존사업의 연장 등 소규모 공사가 많았다. 건설은 계속시행 중이던 함경선만이 진행되었다. 함경선의 원산~회령 구간 중 약 35%가 개통되었다. 또한 1922년 남대문역을 개축하였고, 1923년에 남대문역을 경성역으로 이름을 바꾸었다.

<표 1-15> 여객화물운송 실적추이(종합)

연도\구분		평균 영업거리 (km)	평균 화물거리 (km)	여객수송량 (인)	화물수송량 (톤)	여객화물 수입 (천엔)	1일 1km 평균수입 (엔)	비고
1910		1,050.0 (100)	1,055.8 (100)	2,024,490 (100)	902,999 (100)	4,411 (100)	11.45 (100)	
1911		1,141.0 (109)	1,140.8 (108)	2,429,687 (120)	1,080,189 (120)	5,006 (113)	11.92 (104)	
1916		1,611.0 (153)	1,662.8 (157)	5,288,811 (261)	1,927,360 (213)	8,656 (196)	14.26 (125)	
만철시대	1918	1,770.4 (169)	1,773.1 (168)	9,367,023 (463)	2,650,368 (294)	17,040 (386)	26.34 (231)	만철
	1923	1,900.6 (181)	1,904.6 (180)	16,760,483 (828)	4,305,245 (477)	30,371 (688)	43.57 (381)	
	1924	1,995.4 (190)	1,997.9 (189)	17,487,874 (864)	3,855,289 (427)	2,902.8 (658)	39.81 (348)	
	1925	2,096.2 (200)	2,098.5 (199)	18,241,062 (901)	4,366,297 (434)	30,709 (696)	40.09 (350)	
1931		2,938.3 (280)	2,937.6 (278)	19,673,704 (972)	6,025,150 (667)	35,887 (816)	33.44 (292)	
1935		3,159.5 (301)	3,158.2 (299)	29,344,188 (1,449)	8,667,642 (960)	55,972 (1,269)	48.37 (422)	12년 계획
1936		3,455.0 (329)	3,453.7 (336)	33,708,178 (1,665)	9,980,227 (1,105)	64,446 (1,461)	51.07 (446)	
1940		4,252.9 (405)	4,253.7 (403)	82,088,740 (4,054)	20,449,987 (2,265)	153,374 (3,477)	98.72 (862)	
1943		4,656.8 (435)	4,567.5 (433)	128,468,951 (6,345)	27,541,257 (3,050)	290,337 (1,582)	173.62 (1,516)	세계대전
1944		4,991.9 (476)	4,996.9 (479)	106,372,624 (5,249)	31,015,290 (3,435)	364,739 (8,270)	200.73 (1,750)	

출처 : 선교회(1986), 《조선교통사》, pp. 599~604

둘째, 여객과 화물의 실적을 보면 전반적으로 향상되었다. 위탁 직후 수송량의 증가로 경부선의 급행열차를 증설하는 등 성과를 거두었다.

1920년의 경우는 제1차 세계대전의 반동으로 여객과 화물이 감소하였다. 1923년 9월 관동대지진으로 침체상태에 빠지기도 하였다. 특히 1924년도에는 제철이나 시멘트 등 사업이 활성화되었지만, 정부는 긴축정책으로 사업의 중지, 금융의 경쟁 등으로 거래가 활발하게 이루어지지 않아 1924년에는 여객과 화물 수입이 감소하였다.

이와 같은 분석을 바탕으로 만철 위탁시기의 특징으로는 다음과 같이 요약할 수 있다. 여객과 화물이 늘었고 영업거리가 늘었다. 또한 급료가 높아졌고 비용이 많이 늘었다. 마지막으로 사철수요가 많이 늘었고, 사철이 활성화되었고, 보조금이 많아졌다.

<표 1-16> 만철 위탁기의 특징

1. 투자와 운영의 분리
2. 행정과 교통의 분리
3. 철도 관련 영업영역의 확대
4. 사철의 발달
5. 국제운송의 증가

5. 결론 및 향후 연구

이러한 것을 바탕으로 만철 위탁기 위탁의 특징을 꼽는다면 첫 번째, 상하 분리의 철도운영이었다. 두 번째로, 행정과 교통이 분리되었다는 특징을 가지고 있다. 세 번째로, 경기침체와 관동대지진의 영향을 받았지만 철도관련 영업영역이 확대되었으며, 국제운송도 증가하였다. 마지막으로 만철의 성격상 국가기관으로서 역할도 있고 해서 교육과 도서관의 기능이 매우 활발하였다. 만철 소속으로 24개의 도서관이 있었고 대련에는 대련도서관 이외에 8개의 도서관이 있었다. 만철이 존속한 40년간 대련도서관은 만철의 규정에 따라 소장도서를 이용하여 만철과 대외 확장에 큰 기여를 하였다. 이러한 경험을 바탕으로 우리나라에도 경성철도학교와 철도도서관을 창설하였는데, 1919년 3월 구보(久保) 만철관리국장은 조선철도에서의 이익 전부를 가지고 용산에 경성철도학교와 경성철도도서관을 만들었다.

한편 만철 위탁기간 동안에 철도기술도 많이 발전하였다. 1917년 부산~봉천(현재 선양) 간의 열차가 증편 운영되었고, 일본에서부터 조선~만주까지 국제소화물운송이 시작되었다. 1923년에 침대차, 전망차가 등장하였으며, 1919년에 화물열차용 미카형 증기기관차, 1922년에 여객열차용 파시형 증기기관차가 미국으로부터 수입되어 1923년에 약간 변형하여 기관차를 자체 생산하였다(초기엔 일본에서 생산). 1919년에 열차의 목제의자가 쿠션의자로 바뀌고, 1924년에 열차의 돔형 천장도 등장하였으며, 1923년에 30톤 경량객차가 경성공장에서 생산되었다.

위탁경영 해제의 의미는 위탁 이후 조선의 철도에서 벌어진 상황을 보면 좀 더 명확해진다. 1925년~1932년의 '조선철도 12년 계획'의 영향으로 철도 투자액과 영업거리가 증가하였다. 특히 투자액은 1927년 이후 증가가 두드러졌으며 총독부의 비중이 더 커졌다. 조선철도계획은 조선의 철도부설과 이를 통한 지역개발이라는 목적을 가지고 있었다.

이를 추진한 인물은 오무라 다쿠이치 철도국장인데, 그는 홋카이도 탄광철도 출신으로 당시 홋카이도 개척철도에 대한 경험을 가지고 있었다. 또한 해외에서의 철도 견학으로 철도를 통한 개발사례를 잘 알고 있었다. 이에 조선철도가 직영화함에 따라 이를 추진하는 적합한 인물로 오무라 다쿠이치 철도국장이 선발되었다. 그는 1926년 '조선철도 12년 계획'을 수립하고 조선 내에서의 산업개발과 철도망 확충을 추진하였다.

결론적으로 조선철도의 만철 위탁은 다분히 대륙과의 일체적 경영을 위한 것이었으며, 이것이 완성된 후에 대륙진출을 실제로 실현하고 대륙과 전쟁을 수행했다고 할 수 있다.

한편 북선철도 328.5km(함경선 중 운성~회령 간, 청진선, 회령탄광선 및 도문선)는 1933년부터 다시 만철에 위탁되었는데, 이는 일본의 철도와 대륙이 해운을 통해 연결되는 의미를 가지고 대륙경영의 일환으로 계속적으로 위탁경영되었다. 이는 이 지역이 만주와 조선의 교통요충으로 일본해를 통해서 일본의 철도와 연결되는 중요한 지역으로 만주와의 일체적 경영의 필요성이 있었다. 이러한 사실로 볼 때 조선철도의 성격은 대륙과의 연계를 통한 동아시아 교통망의 일부로 이해하는 것이 가능하다고 하겠다.

만철에 대한 기본적인 이해와 만철의 조선철도 위탁에 대한 연구는 국내에서는 매우 미미하다고 할 수 있다. 한반도에서의 철도에 대한 기본적인 인식은 일제강점기 시절 일본이 대륙침략을 위한 수단으로 철도건설을 주도하였다는 인식이 많아서인지 식민지 철도로서의 조선철도에 대한 연구와 아울러 조선철도를 위탁경영하였던 만철에 대한 연구와 이해가 부족한 면이 있다. 조선철도는 만철에 의해 위탁경영의 형태로 경영 및 관리되었으며, 이 시기에는 총독부 관할하의 철도와는 다른 형태의 경영형태 및 관리 등이 나타나고 있다. 만철에 대한 연구는 대부분 일본학자들에 의하여 연구가 수행되고 있을 뿐 아니라 주요 자료들이 대부분 일본과 중국에 산재해 있어 연구에 많은 어려움이 따른다. 하지만 조선철도의 한 부분을 차지한 만철에 대한 연구를 수행함으로써 일제강점기의 철도정책의 변화와 아울러 대륙철도와의 연관성 등에 대한 분석을 통하여 향후 대륙철도에 대한 연구에 작은 밑거름이 될 수 있을 것이라 판단된다.

결론적으로 조선철도와 달리 만철 위탁은 다양한 특징을 나타낸 것으로 분석되었다. 우선 만철 위탁은 첫 번째, 투자와 운영이 분리된 모델이었다. 두 번째로는 교통과 행정이 분리된 운영사례였다는 것이며, 세 번째로는 철도 관련 영업영역이 확대되었고 사철이 발달하였다. 마지막으로는 대륙과의 연계운송이 더욱 확대되었다는 것이다. 이러한 분석을 통해 향후 동아시아의 철도운영에 관한 비교연구, 특히 대만 철도, 사할린 철도 등과의 비교도 매우 흥미로운 주제가 될 것이다. 또한 이러한 분석은 현재 유럽과 우리나라의 상하분리, 동아시아 교통망 형성에도 시사하는 바가 크다고 할 것이며, 향후 타이완을 포함한 비교연구와 현재와의 비교연구도 의미가 있을 것이다.

그리고 우리나라 철도와 만철과 관련해서 좋은 자료가 발굴되었는데, 이는 만철 이사를 역임한 무라카미 기이치의 문고이다. 2002년 게이오대학 출판부에서 정리한 것이다. 향후 연구자들에게 좋은 자료가 될 것이며, 추가 관련 자료는 구 만철조사국이었던 아시아경제연구소와 중국 길림성사회과학연구원에 많이 있어 참고가 될 것이다.

이 연구는 2015년 국제일본문화연구센터(International Research Center for Japanese Studies)의 연구성과의 일부이다.

제2장
세계 제국주의 식민지 철도 속에서의 한국 철도의 성격

제2장 세계 제국주의 식민지 철도 속에서의 한국 철도의 성격

1. 들어가며

식민지 철도의 성격에 관해서는 지금까지 많은 논의들이 있어 왔다. 그 중에는 제국주의시대를 살았던 연구자도 있고, 후세의 연구자도 있다. 이는 식민지 철도 연구는 과거의 역사를 평가하는 연구에 그치지 않고, 역사 및 그로부터 연속되는 현재와 장래의 식민지 지배 전략을 점치는 동시대적 역할도 했었던 것이다.

그것은 제국주의국가였던 일본도 마찬가지이다. 필자는 이번 원고에서, 일제강점기 당시 일본인들이 식민지 경영상 철도를 어떻게 바라보고 있었는지에 대해 검토해 보고자 한다. 물론 일본인이라고 해도 관료, 학자, 군인, 기업가, 민간인 등 여타 입장마다 주장이 다를 수가 있다. 그것을 이 짧은 글에서 피력하고 평가하기란 사실 불가능한 일이다. 따라서 여기서는 기존의 내외 연구를 객관적으로 평가해서 스스로의 논리를 전개해야 할 입장에 있는 학자의 식민지 철도 인식에 대해 살펴보고자 한다.

구체적으로는 우선, 나가오 사쿠로(永雄策郎)라는 경제학자가 1930년에 출판한 《식민지 철도의 세계 경제적 및 세계 정책적 연구》라는 책을 토대로, 관련되는 논의들도 이용하면서 당시 일본 학자들이 세계의 식민지 철도를 어떻게 평가하고, 그것이 일본의 식민지 및 식민지 철도 경영에 어떻게 적용되어야 한다고 생각했는지에 대해 알아본다. 그리고 다음에 그 논의에 의거해서 한국 철도가 세계 식민지 철도의 유형 속에서 어떤 성격을 띠고 있었는지에 대해 검토하기로 한다.

2. 세계 식민지 철도의 유형

서론에서 언급한 대로 이 장은 일제시대의 경제학자 나가오 사쿠로의 논의를 바탕으로, 제국주의시대 세계 식민지 철도의 유형에 대해 알아본다.

나가오는 주로 구미 학자들의 선행연구에 자신의 견해를 곁들여서 식민지 철도를 여러 가지 유형으로 정리하였다. 그가 제시한 갖가지 분류들 중 이 글에서 중요하다고 여겨지는 것들을 정리해 보자. 단, 이 책은 나온 지가 백 년 가까이 되어 가며, 현대 한국어로 옮길 경우 이해가 곤란해질 수 있으므로 필자 나름대로의 해석에 의해 원문의 취지가 손상되지 않는 선에서 재분류하였다.

가장 큰, 그러니까 대분류라고 할 수 있는 것은 '외교적 목적'을 지닌 식민지철도와 '내정적 목적'을 가진 식민지 철도의 차이이다. 전자는 제국주의의 숙명이라고 할 수 있는 팽창주의를 타국과의 무한 경쟁에서 유리한 고지를 점령하면서 진행시키기 위한 수단이었다.

유명한 사례들을 몇 가지 들어 보자.

1차 대전 이전 독일이 제국주의 경쟁자인 영국이나 러시아에 대한 열세를 만회하기 위하여, 소위 '3B정책'을 택한 것은 잘 알려진 사실이다. 3B라는 말은 당시 정책수립자가 사용한 말은 아니며 후세 일부 연구자들이 편의상 사용하는 말인데, 베를린, 이스탄불(비잔티움), 바그다드 등 주 경유지 3곳의 머리글자를 딴 것이다. 즉, 당시 독일제국이 인도양 방면으로 지정학적 교두보를 확보하기 위하여 건설을 추진한 노선을 말한다. 당시 간선철도 건설은 제국주의국가에 있어서 곧 정치 외교적 정책 및 전략과 동일한 의미를 가졌던 것이다.

대항해시대 포르투갈, 스페인, 네덜란드 등은 아프리카대륙 경유로 인도항로를 통해 인도양 방면으로 침략을 하였다. 러시아는 시베리아 대륙을 통해 북아시아 방면을 침략하였다. 1869년 수에즈 운하가 개통되었지만 이 역시 영국의 관리 하에 있었기에, 독일제국으로서는 지중해와 흑해, 카스피해 사이의 육로만이 유일하게 남겨진 아시아 침략을 위한 통행로였던 것이다. 독일은 아시아 방면에 다른 제국주의국가들만한 식민지를 가지고 있지는 않았지만, 남양군도나 산동반도, 팽호도 등 해양교역의 교두보가 될 만한 도서들을 가지고 있었다. 인도양을 향한 교통로 확보는 바로 이러한 측면에서 필요했던 것이다.

독일은 1899년 터키(당시 오스만제국)로부터 바그다드를 거쳐 페르시아만(바스라 혹은 쿠웨이트)으로 도달하는 소위 바그다드 철도의 부설권을 오스만제국에서 취득하여 3B정책의 근간으로서 건설이 추진되었다. 1차 대전까지 3분의 2 정도가 완공되어 당시 중동을 장악했던 오스만제국을 사실상 영향권으로 넣게 됨으로써 1차 대전 때 오스만제국이 독일 측으로 참전하게 되었다. 그리고 패전 후 오스만제국이 해체되고, 중동이 영·불의 텃밭이 될 원인을 마련하였다.

3B정책은 영국이 취하는 3C정책과도 대립하였다. 3C는 아프리카의 케이프타운, 카이로, 콜카타를 일컫는 말로, 인도양 서안을 따라 영국 주요 식민지들을 육로로 연결하는 정책이었다. 경제적 개발이나 식민지 통치와 같은 내부적인 목적도 물론 있었지만, 독일이나 러시아, 프랑스 등 제국주의 경쟁자들이 인도양 방면으로 교두보를 마련하는 것을 막아내려는 정치 외교적 의도도 짙게 깔려 있었다. 그 중 특히 영국이 중요시한 것은 아프리카를 남부로 종관하는 케이프타운과 카이로 구간, 소위 '빨간 선'이었다. 19세기 말 영국인 기업가이자 정치가인 세실 로즈가 제창한 케이프~카이로 철도가 그 주축에 해당된다.

이 철도건설은 케이프타운과 카이로 양단에서 단계적으로 개통되었는데, 결국 현재에 이르기까지 일부 구간이 착수되지 않아 대륙횡단철도를 완성시키지는 못했다. 그 1차적인 이유는 제국주의시대만 하더라도 영국의 '빨간 선'이 완벽하지 못했다는 점이다. 아프리카는 영국뿐만 아니라 제국주의 열강에 의해 분할되어 가는 중도에, '빨간 선'이 분할을 조금이라도 유리하게 진행하기 위해 구상되었기 때문이다. 알려지다시피 프랑스는 영국의 대륙 종관정책에 맞서고 아프리카 횡단정책을 펼쳤으며, 양자가 그린 아프리카의 십자형 교통축은 그 교점에서 부딪칠 수밖에 없었다. 그것이 1898년 실제로 일어난 장소가 현 남수단의 파쇼다였다. 이때는 프랑스의 양보로 양자간의 결정적인 충돌은 일어나지 않았으며, 양국은 이를 계기로 오히려 동맹관계를 강화하였다. 독일이라는 공통의 적이 있었기 때문이다.

1차 대전에서 독일이 패배하자 독일로부터 탄자니아를 얻은 영국은 아프리카 종관 정책이 영토상으로는 성사되었다. 단 철도는 아직 수운교통이 활발한 구간이 있고, 전쟁 후 불황이 겹쳐 연결하지 못하였다. 영국과 독일은 3B정책과 3C정책이 교차하는 아랍세계에서도 부딪쳤으며, 이것이 사실상 1차

대전의 도화선이 되었다. 러시아는 시베리아 경유로 아시아 침략을 주도했지만, 한편 지중해 및 인도양 방면에 나가는 부동항 확보를 위해 남하정책을 겸행하였다. 그래서 카스피해, 페르시아, 아프가니스탄 방면에서 역시 3C정책과도 충돌하게 되었다.

이들을 종합해 보면, 결국 아프리카와 중동(오스만제국)이라는 권력의 공백지를 자신들에게 유리하게 분할하려는 제국주의국가들의 정략의 선봉이 바로 철도였다고 할 수 있다. 철도라는 선과 식민지 영토라는 면이 지정학적으로 긴밀하게 움직였던 것이 당시 외교 및 전쟁의 주 원인이 되었으며, 약간 과장하면 곧 철도가 서양세계 근대사를 만들어갔다고 할 수 있는 것이다. 이것이 바로 '외교적 식민지 철도'가 가지는 가장 큰 특성이다. 식민지 내부의 개발이나 통치를 주목적으로 하는 '내정적 식민지 철도'와는 성격을 달리하는 것이다. 물론 결과적으로 양자를 겸임하는 철도노선도 있을 수 있다.

3. 중국에서의 제국주의 철도망 전개

동양에서도 상황은 마찬가지였다. 오스만제국 대신 동양에서 식민지적 분할의 주 전장이 된 곳은 중국이었다. 일찍이 철도를 통해 중국으로의 접근을 기도한 것은 러시아였다. 물론 그 이전에도 포르투갈의 마카오 침략이나 아편전쟁처럼 대항해시대 이후 항로를 통한 중국과의 접촉 및 부분적 식민지화는 있었지만, 철도가 선박보다 훨씬 빠르고, 정시성 있게 수송할 수 있다는 점에서 러시아의 시베리아철도 건설은 다른 제국주의국가들에게 위협이었다. 무엇보다 시베리아는 러시아에게 외부 식민지라기보다 자기 영토이며,

그 안전지대를 통해 동아시아까지 단숨에 도달 가능하다는 사실은, 여타 국적 선박이 오가는 공해상을 이용해야 할 해상교통에 비해 그 우월성이 명백하였다. 시베리아철도 건설을 부추긴 또 하나의 원인은 당시 영국령이었던 캐나다의 대륙횡단철도 개통이었다. 이는 영국이 대서양 항로와 철도를 매개로 시베리아 맞은편까지 교두보를 확보했다는 것을 의미하여, 양국은 지구를 반 바퀴씩 돌아서 북태평양에서 만나게 된 것이다.

시베리아철도는 중국에서 얻어낸 연해주 및 요동반도의 태평양에 연결될 항구 직결과, 중국에 대한 지배 강화라는 두 가지 목적을 가지고 있었다. 1891년 공사가 시작되어 최종적으로 1905년 완공되었다. 처음에는 중국 만주지방을 우회하는 경로로 추진되었다가, 거리 단축과 공사비 절감을 위해, 만주 안을 동서로 가로지르는 단락선 건설을 우선하게 되었다. 이를 가능케한 것은 청일전쟁 패전으로 궁지에 몰린 청국을 러시아가 외교적·경제적·군사적으로 지원하고, 대신 만주의 철도부설권을 얻어낸 외교적 협상이었다. 일본은 청일전쟁 결과 대만과 요동반도를 영유하게 되었는데, 러시아·프랑스·독일 등의 압력으로 요동반도 영유를 포기시켜서 중국에게 빚을 지게 하였다. 이 요동반도야말로 러시아가 꼭 탐냈던 극동쪽의 부동항이었다. 시베리아철도 종점인 블라디보스톡은 부동항은 아니었다. 이런 과정은 중국 동북부 교통로의 러시아 편입과 동시에, 만주 자체가 러시아의 반식민지가 되어 가는 과정이기도 하였으며, 그 칼끝에는 한반도가 있었다.

이 철도노선은 당시 동청철도라고 호칭하여, 당시 중국에서 일반적이었던 표준궤(1,435mm)가 아니라, 러시아에서 널리 사용된 광궤(당시 1,524mm)였다. 모스크바 방면과 블라디보스톡과의 열차 직통을 도모함과 동시에, 표준궤를 사용한 영국계의 중국 내 철도를 견제한 것이었다.

요동반도의 권익을 얻은 러시아는 그곳으로 도달하는 철도건설을 1898년부터 시도하였다. 하얼빈에서 분기, 만주를 종관하여 일직선으로 대련으로 향하는 남만주철도였다. 이 노선의 부설 역시 일본을 비롯한 제3국의 위협에서 중국을 지킨다는 청일전쟁 이후의 중러 간 외교관계가 바탕에 깔려 있었다. 당연히 광궤 노선이었고, 종점 요동반도는 러시아의 조계지가 되었다. 여순에는 러시아 군항이 만들어졌다. 동청철도의 공사거점이던 흑룡강가의 하얼빈은 러시아인에 의해 철도의 거리로서 건설되어, 곧 지역의 중심지로 자리 잡았다. 당시 식민지에 있어서 철도의 거점도시는 바로 지역의 중심도시가 된 것이다.

시베리아철도도 동청철도도 독일의 바그다드철도나 케이프~카이로철도처럼 '외교적 식민지 철도'의 성격이 아주 강하다. 다시 말해서 서방세계에서 펼쳐진 철도를 통한 식민지 패권 다툼이 동아시아에서도 재탕될 서막이기도 하였다.

러시아는 만주에 철도를 부설하면서 제3국에 남만주철도 노선 주변 철도 부설권을 양도하지 않도록 중국에 약속시켰다. 이는 역시 영국을 견제한 것이었다. 중국에 처음으로 철도를 들여온 것은 철도 종주국인 영국이었다. 영국은 홍콩 외에 상해를 거점으로 양자강 유역을 중국에서의 주 우월 영역으로 삼고 있었다. 그러나 러시아의 더 이상의 남하, 특히 수도인 북경 방면으로의 침략 억제와, 스스로가 만주지역 내에 가지고 있었던 요령성 영구항 지역의 경제적 수탈의 거점을 사수하기 위해 북경에서 만주 방면으로의 철도인 소위 경봉철도 건설을 기획하였다.

러시아를 자극하지 않기 위하여 표면상은 청국 국영철도 형태를 취했지만, 영국인 기술자가 감리하여 홍콩상해은행이 철도시설을 담보로 융자하는 사실상 영국의 권익에 속하는 노선이었다. 이 철도의 종점이 당초 간도 두만강가의 훈춘이었기 때문에, 남만주철도와 봉천(심양)에서 교차하게 되어, 전술한 것처럼 남만주철도 주변에서 제3국의 철도건설을 불허하는 약속을 청국과 맺었던 러시아는 발끈하였다. 러시아는 일단 영구 및 봉천 근방까지 철도 부설을 용인하고, 러영 양국 사이에서 서로의 철도이권을 존중하는 협정을 맺었다. 경봉철도는 대부분이 1899년까지 실제 개통되었지만, 1900년 의화단 사건이 터진 후 안봉철도는 일시적으로 러시아가 점령하고 말았다.

한편 러시아는 별도 경로로 북경 방면 광궤철도 건설을 모색하는 등 흑해나 중동에서 그랬던 것처럼 계속 영국과 대립하였다. 그것이 역시 러시아와 한반도와 만주를 둘러싸고 대립하였던 일본과 접근하여 1902년 일영동맹을 체결하는 계기가 되었으며, 러일전쟁에서 영국이 일본을 간접적으로 지원하기에 이른 것이다.

한편 독일은 팽호도를 발판 삼아 산동반도를 중심으로 침략을 자행하였다. 영국은 북경과 상해를 철도로 연결할 필요성과 러시아에 대한 대처를 위해 산동성 주변의 철도는 독일과 공동차관으로 건설하였다. 중동과 아프리카에서는 대립한 양자가 극동에서는 손을 잡는 도착 현상이 일어난 것이다. 프랑스는 자신의 식민지였던 베트남을 발판으로 광서, 광동성 방면으로 철도를 부설하여, 광주만까지를 자신의 영향권에 두었다. 이처럼 중국은 형식상 식민지는 아니었지만 사실상 반식민지 상태였으며, 아프리카나 오스만제국 영역처럼 분할의 대상이 되었다. 러일전쟁 이후에는 일본이 러시아 대신 만주의 권익을 확보하는 한편 1차 대전에서 패배한 독일은 중국에서 물러나는 등의 판도 변동은 있었지만, 열강에 의한 영토 잠식의 양상은 달라지지 않았다.

지금까지 동서양의 제국주의 철도망 형성 과정을 주로 '외교적 식민지 철도'를 중심으로 살펴보았다. '외교적 식민지 철도'의 특성은 일반적으로 본국과 육속되거나 중간에 해로를 매개하더라도 마치 본국 간선철도의 연장처럼 운영된다는 것, 영역개척이나 보전 그리고 경쟁국의 견제 등 지정학적·외교적으로 국가의 식민지 지배정책의 존폐를 가릴 정도의 중요성을 띠고 있다는 점은 동서가 같다. 그래서 이러한 철도 중심의 지정학 질서는 도서부나 대형선박이 소항 가능한 장대하천 주변에서는 쉽게 형성되지 않으며, 비교적 철도 건설에 적합한 대륙이나 반도부가 중심이 된다. 인도 철도의 경우 1860년대부터는 대륙이긴 하지만 영국에 의한 지배가 확립되어 있었으며, 하천교통이 발달되고 대륙의 인접지역과 산맥으로 분단되는 등의 조건 때문에, '외교적 식민지 철도'라기보다 장대노선을 포함해서 '내정적 식민지 철도'망의 양상이 강하였다.

양자가 동시에 존재하거나 노선이 중복될 경우, '외교적 식민지 철도'에 우월성이 인정되며, '내정적 식민지 철도'의 노선체계나 구간은 전자의 형성시기나 노선에 크게 좌우된다. 특히 '내정적 식민지 철도' 노선이 '외교적 식민지 철도' 이전에 건설된 것인지, 후에 건설된 것인지에 따라 노선은 크게 차이를 보인다.

4. 일본의 식민지 철도 성격과 한국 철도

한반도는 유라시아 대륙의 극동 가장자리에 입지하고 있기 때문에, 또 제국주의 열강에 의해 반식민지화된 중국과 제국주의국가화의 야망을 가진 일본 사이에 있었던 지정학적 조건 때문에 외세에 의한 식민지 철도 건설은 수없이 수립되어 실행되었다.

일본 정계에서는 한반도에 일본이 주도하여 철도를 부설해야 한다는 주장이 19세기 말부터 꾸준히 있어 왔다. 그 이유는 러시아의 극동 공략을 위한 시베리아철도 부설 계획을 탐지했기 때문이었다. 그 씨앗이 생긴 건 1890년의 일이었다. 당시 야마가타 총리는 일본 본토를 일본의 '주권선', 한반도를 '이익선'으로 규정하여, 일본의 안전을 위해 조선을 자신의 영향하에 두고, 적어도 다른 제국주의국가에 이익선을 넘겨서는 안 된다는 주장을 하였다. 더구나 러시아가 극동의 부동항을 장악하고 모스크바와 철도로 직결되면 태평양의 제해권까지 위협받을 수 있다는 우려가 있었다. 거기에는 일방적으로 '이익선'으로 규정된 조선에 대한 배려가 결락(缺落)되고 있었다. 철도엔 철도로 대항할 수밖에 없었다.

청일전쟁 중인 1894년 야마가타는 부산에서 압록강까지 한반도를 종관하는, 현재의 경부·경의선에 해당되는 철도건설을 제안하였다. 이는 물론 청일전쟁 수행을 위한 것이기도 했으나, 이미 착공한 시베리아철도를 내다본 것이기도 하였다. 종전 후 한번은 일본이 획득한 요동반도가 러시아 등의 간섭으로 반납되고, 러시아가 대신 조차권을 얻고 요동반도까지 남만주철도선의 부설권을 받은 것은 야마가타의 우려가 현실화된 것이라 하겠다.

경부간 철도는 이에 앞서 청일전쟁 이전부터 움직임이 있었다. 이미 1892년에는 경부선 예정선의 측량을 실시했으며, 외무성 및 참모본부에 보고되었다. 그러나 당시는 갑신정변 등을 계기로 일본보다 청국의 조선 지배력이 강화되었던 시기여서, 실제 건설 허가를 조선 정부로부터 받을 수가 없었다.

청일전쟁의 선전포고 직후 일본은 조선과 반 강제적으로 맺은 '잠정합동조약'에서, 경부선과 경인선의 부설 우선권을 받아냈다. 그러나 종전 후 을미사변을 거쳐 조선 정부에서 친일파보다 친러파가 대두되자, 러시아의 압력 등으로 정식 건설허가는 쉽게 내려지지 않았다. 그 사이 1896년 경인철도 부설권은 미국인 사업가에게, 또 경의철도 부설권은 프랑스 기업에게 정식으로

면허되어, 일본에 부여된 우선권은 사실상 유명무실화되었다.

일본은 현실적인 타협책을 모색하여 경인철도는 미국과 일본의 공동사업으로 전환시키는 데 성공했다. 단, 미국인 사업가(모스)는 지정된 기일 안에 자본금 확보를 못하였고, 그 틈을 타서 일본 정부의 의향을 받은 일본인 기업가 시부사와 에이이치는 1897년 경인철도인수조합을 설립, 모스로부터 사업의 양도를 받아서 공사를 속행하였다. 경인선은 '외교형 식민지 철도'는 아니었으나 인천이 서울의 외항으로서 중요했다는 점과, 개항 이후 인천에 거류한 일본인들의 경제활동을 위한 발판으로서 강한 요구가 있었기 때문에, 일본 정부 차원에서도 중요한 관심사가 된 것이다. 실제로 모스는 자금난에 부닥쳤을 때 러시아에도 경인선 인수를 타진하고 있어서, 한국 최초의 철도는 러시아에 의해서 개통될 가능성도 있었다. 경인선은 구 노량진(현 영등포 부근)에서 인천까지 1899년에 첫 개통되었다.

경부선 건설은 러시아의 영향하에 있었던 조선(1897년부터 대한제국) 정부에 의해 허락되지 않았지만, 1898년 러시아와 일본 사이의 협상에서 만주에서의 러시아 권익의 우월권을 인정하는 대신 한국에서의 일본 우월권을 인정하는 소위 '만-한 교환협정(니시-로젠 협정)'이 체결되었다. 이에 한국 정부와 경부철도 발기인회 사이에서 경부철도 부설계약이 성립되었다. 예전 러시아는 경부선을 러시아 광궤로 건설할 것을 요구했지만, 전기 협정 체결에 따라 표준궤로 건설되게 되었다.

경부철도는 일본인 자본가들이 설립한 사설철도였지만, 한반도를 이익선으로 보는 일본 정부로서는 당연히 '외교적 식민지 철도'였기에, 일본 정부의 간섭과 협력이 없을 리가 없었다. 자금조달에 난항을 겪은 경부철도회사에게 정부는 사채 이자나 주식배당 등을 부담하였다. 이로써 1899년 경부철도는 착공되었는데, 노선이 중복될 경성~영등포 간을 공동사용하기 위해 경인

철도회사 합병을 도모, 1903년 실제로 합병되었다. 경부선은 착공 후 러일전쟁이 터지면서 속성건설이 실시되어 1905년에 개통되었다.

한편 한반도 종관철도 완성을 위해서는 경의선 건설도 뺄 수 없었다. 그러나 전술처럼 이 노선은 이미 한국 정부가 프랑스 기업에 부설을 허가한 상태였다. 당시 프랑스는 삼국간섭에 동조하여 시베리아철도 건설에도 자본 지원을 하는 등 러시아와 가까운 관계에 있었으며, 당연히 일본, 영국과의 동맹과 대립하는 것이었다. 따라서 경의선 부설권은 잠재적으로 러시아에 넘어갈 우려가 있었다.

그러나 프랑스 기업 피브릴사 역시 자금조달에 실패하여 일본으로 사업양도를 신청해 왔다. 일본으로서는 종관철도를 모두 장악할 기회였지만 한국정부가 허락하지 않아서 면허 자체가 실효되었고, 새로이 한국 자본의 회사에 면허되었다. 그 회사는 대한철도회사라고 하는데, 이어 경원선(서울~원산)의 면허도 받았다. 경원선도 프랑스, 독일, 일본 등이 부설권을 요구했기 때문에, 한국 정부로서는 더이상 철도 권익을 외세에 뺏기지 않으려고 견제한 것이다. 면허에는 대한철도가 외국에게 철도 부설권을 양도하지 못하게 하는 조항도 포함되었다. 경원선은 함경도 동해안을 종관하여 간도 및 연해주 지방으로 연결되며, 중국을 거치지 않고도 시베리아철도와 직결이 가능했다.

그런 면에서 경부선, 경의선, 경원선은 모두 '외교적 식민지 철도'로 분류될 수 있을 것이다. 참고로 이들 3개 노선과 함께 한반도의 'X자형' 골격을 형성했다고 평가되는 호남선은 위와 같은 지정학적·외교적 의도는 상대적으로 약하고, 있다 하더라도 호남지방 자체에 관련된 것이므로 노선 규모는 비슷하지만 '외교적 식민지 철도'라기보다 '내정적 식민지 철도'에 분류될 것이다.

대한철도회사는 철도를 건설할 자본도 기술도 없어서 건설에 착수할 수 없었다. 그래서 1902년 한국 정부는 직접 피브릴사의 자재 및 기술지원을 받아 경의선 건설을 대행하였다. 1904년에는 러시아가 경의선 공사의 인수를 두 번에 걸쳐 제안해 왔다. 그러나 이미 친일파가 많아졌던 정부와 대한철도회사는 이를 거절했으며, 대신 대한철도에 차관 형태로 일본 자본이 주입되면서, 사실상 경의선, 경원선은 일본이 부설권을 가진 것이나 다름없게 되었다.

이처럼 일본과 러시아의 이익 경계선이 불안정한 틈을 타서 일본은 외교 협상을 통해 일본의 이익선을 보다 위로, 즉 만주로 올리려고 했다. 1903년 러시아와의 협상에서 일본은 경의선과 연결하여 압록강에서 만주에 들어서고, 대석교에서 남만주철도와 교차하여 영국의 만주 거점인 영구항에 이르는 노선과, 경원선을 간도지방을 거쳐 길림까지 연장하는 노선 등을 제안하였다. 모두 러시아 광궤가 아닌 표준궤여서 만주 연안부를 일본 영향권에 편입, 영국이 건설한 경봉철도와도 연결하여 북경까지의 길을 여는 것이었다. 일영동맹이 체결된 다음 해의 일이다. 러시아는 이런 일본의 제안을 일축하고, 반대로 북위 39도(평양 부근) 이상을 중립지대로 할 것과 만주의 러시아 권익을 주장하였다. 이에 협상은 결렬되고, 1904년 러일전쟁이 발발하게 되었다. 일본이 서둘러 선전포고한 데에는 이미 개통된 시베리아철도와 동청철도가 병참노선으로서 제 기능을 하기 전에 선제하지 않으면 승기가 없다고 판단했기 때문이다.

개전 이후 한반도 철도건설은 전시체제로 전환되어, 경부선은 경부철도를 중심으로 정부 지원으로 속성건설이 시도되고, 경의선은 육군이 직할하여 공사가 계속되었다. 경의선은 임진강, 대동강, 청천강 등의 하천 교량을 남기고(선박으로 연락), 1906년까지 대략 개통되었다.

1904년 중에 전선은 압록강을 넘어 만주로 들어가 있었고, 병참수송을 위한 철도도 만주 안으로 연장 혹은 먼저 건설되었다. 신의주 맞은편의 안동(현 단동)에서 남만주철도의 봉천(심양)에 도달하는 안봉선은 육군이 군용철도로 건설하였는데 공기단축을 위해 협궤로 건설하였다. 일본에서 수송할 차량을 사용하기 위해 부득이 표준궤 건설은 포기되었다. 이어 요동반도의 대련에서 북을 향해 남만주철도를 협궤로 개조하는 공사를 시작하였으며, 전선 이동에 따라 서서히 북상하였다. 종전 때에는 봉천과 장춘 중간지점(창도)까지 완성되었다.

1905년에 러일 양국에서 강화협상이 시작되자, 남만주철도의 노선 소속이 협상조건 중 하나가 되었다. 철도의 귀추가 곧 양국의 세력권을 결정하기 때문이었다. 결과적으로 장춘을 경계로 북은 러시아, 남측은 일본이 소유권을 가지게 되었다. 이것이 남만주철도주식회사(이하 만철)의 모체가 되었다. 만철은 협궤노선을 다시 표준궤로 개조하는 것을 초기의 중요과제로 삼으며, 조선과 남만주를 일체적으로 일본의 영향권에 둘 것으로 도모하였다. 만철은 철도를 주축으로 하지만, 도시나 인프라, 산업경영에 나서는 사실상의 종합 식민지 경영회사였다.

1911년 신해혁명이 중국에서 일어나자 일본은 만철의 영역뿐 아니라 경봉철도 산해관까지 군에 의한 철도 점령을 시도하였다. 혁명군으로부터 일본의 이익선을 지키고, 나아가 부산에서 북경까지 직통하는 철도노선을 확보하려는 저의였다.

한편 경원선~함경선~회령을 거쳐 장춘까지의 노선은 만주국 성립 후인 1932년에야 전면 개통되었다. 이로써 부산에서 만주에 이르는 '외교적 식민지 철도'의 노선은 두 갈래가 되었다.

1910년대 이후 영국과 일본의 밀월관계는 사양길로 접어들고, 만주에서 러시아와 일본 사이의 이익 분할이 정리되면서 영국은 만주 이권 확보에 나서기 시작했다. 특히 러·일 양국의 영향하에 없었던 요하 서쪽 지방과 경봉선의 연장선으로서의 길림 방면 철도건설에 나섰다. 일본은 이에 적극 반대를 표명했지만 영국은 다른 제국주의국가들과 함께 기회균등과 문호개방을 주장하여, 일본의 남만주 권익 독점에 반대하였다. 러시아도 극동 안전보장에 문제가 생길 우려가 있어서, 일본과 공동으로 영국의 주장에 맞섰다. 일본은 끝내 영국의 만주 진출을 막았지만, 이것이 1차 대전 이후 일영 간 동맹체제 해체의 간접적인 원인이 되었다.

대신 1920년대에는 중국 군벌 자본에 의한 만주지역 철도건설이 성행하여, 한때는 만철보다 건설속도가 빨랐다. 건설계획은 만철을 포위하다시피 진행되어서, 이것이 만주사변의 원인 중 하나가 되었다. 만주사변으로 만철 이외의 철도는 기본적으로 국유화되었는데, 러시아가 가지고 있었던 동청철도는 그 범위에 들어가지 않았다. 이미 러시아혁명에 따른 시베리아 출병 이후 동청철도는 중국과 소련의 공동관리가 되었으며, 만주국 성립 이후에는 만주와 소련의 공동관리가 되었다. 그 후 1935년에 동청철도가 만주국에 매각되어, 만주 국내 철도는 모두 일본 영향하에 놓이게 되었다.

5. 나가며

이 글에서는 신민지 철도로서의 한국 철도를 세계 제국주의시대 철도사 속에 자리매김시키려고 하였다. 크게 나눠서 식민지 철도에는 지정학적으로 다른 제국주의국가와 경쟁하거나 견제하기 위해 본국과의 연락을 염두에 두면서 거시적으로 계획될 '외교적 식민지 철도'와 식민지 내부의 개발이나 통치를 목적으로 하는 '내정적 식민지 철도' 등 두 가지로 나눌 수 있다. 전자는 열강의 식민지 분할경쟁의 지리적인 투영 그 자체였으며, 철도건설의 실패는 곧 제국주의국가들의 영토쟁탈 경쟁의 실패를 의미하였다.

한반도는 러시아-중국-한국-일본 등 동아시아 전체 식민지 분할의 구도 속에 위치하고 있었으며, 초기에 계획 및 건설된 경부선, 경의선, 경원선 등은 동아시아를 둘러싼 러시아, 일본, 영국, 미국, 독일, 프랑스 등 제국주의 열강들의 식민지 분할경쟁의 틀 속에 1차적으로 자리매김되었으며, 내부 개발 등 내정적인 목적은 어디까지나 외교적 목적에 어긋나지 않는 범위만의 2차적인 목적에 불과했다. 그런 면에서 일본이 마치 한국인을 위해 철도를 깔아 준 것처럼 이야기되는 최근의 풍조는 명쾌히 부정할 수 있을 것이다.

제3장

일제하 광물자원 정책과 철도 : 삼척탄전의 경우

제3장 일제하 광물자원 정책과 철도: 삼척탄전의 경우

1. 들어가며

일제하 조선총독부(이하 총독부)의 가장 큰 관심 중 하나는 금광개발에 있었다. 이른바 산금장려(産金奬勵) 정책은 총독부의 주요 과제로서 일제강점기 전 기간을 통하여 조선의 광물자원 정책 중에서도 핵심적인 위치를 유지한다. 물론 이러한 총독부의 정책적 편중이 여타 광물자원에 대한 경시를 의미하는 것은 아니다. 실제 총독부는 조선의 '금, 석탄, 철, 흑연'을 조선의 4대 광물[1]로 인식하고 금 이외의 광물자원에 대해서도 분포, 매장량, 성분 분석과 함께 채굴을 적극적으로 독려했다.

중요한 것은 이러한 독려가 1930년대 들어서면서 눈에 띄게 된다는 점이다. 이 시기 이미 일본에서는 이른바 다이쇼 데모크라시(大正デモクラシー) 시대가 끝나고 군 출신 다나카 기이치(田中儀一)가 총리에 취임하면서 중국과

---

1) 1933년 조선총독부 식산국광산과가 발행한 〈朝鮮鉱業の概況〉에 의하면, 조선에서 발견된 광물은 약 110여 종으로 이 중 중요시되는 광물은 30종이며, 그 중에서도 금, 철, 석탄, 흑연은 매장량이 풍부하다. 특히 무연탄과 흑연은 품질이 뛰어나다고 평가하고 있다. 朝鮮総督府殖産局鉱山課, 〈朝鮮鉱業の概況〉, 朝鮮鉱業会, 1933년, 1쪽

의 대립이 본격화되는 시기와도 맞물리는데, 광물자원과 관련하여서는 1927년에 내각(內閣) 외국(外局)으로 자원국(資源局)이 설치되어 자원통제와 관련한 각종 조사와 연구가 추진되었으며, 1931년부터는 전시에 대비한 시험적인 자원통제가 실시되기도 한다.

일제하 강원도 삼척군 일대의 무연탄탄전(이하 삼척탄전)은 이러한 시대적 배경을 한 축으로 본격적인 개발에 착수된다. 이미 총독부 초기부터 광물자원에 관한 다양한 조사가 진행되면서 삼척탄전의 가치가 인정되었지만, 오랜 시간 유보탄전으로 지정되어 개발이 제한되어 있다가 1933년 총독부가 개발 유보를 해제, 민간불하를 추진하면서 본격적인 개발이 시작됐다.

하지만 험난한 지형과 개발을 둘러싼 일본인 기업간의 갈등, 철도부설 과정에서의 빈번한 사고와 설계변경, 지역민들과의 갈등으로 철도를 이용한 본격적인 무연탄 수송은 1940년대에 들어서야 가능했다. 1986년에 발행된《조선교통사(朝鮮交通史)》에 의하면 삼척철도주식회사(이하 삼척철도)는 "1940년 8월 1일 묵호~도계 간 41.4km를 개업하고 면허선 전선을 완성했다."고 기술하고 있다(財団法人鮮交会[2], 866쪽). 총독부가 민간 개발을 독려한 지 7년여의 시간이 지난 시점이었다.

철도부설과 관련하여서는 묵호~도계 간 사설철도 이외에 도계 주변 및 서쪽으로 널리 퍼져있는 광구들을 연결하기 위한 전용철도가 동시에 부설되었는데, 특히 가파른 경사를 극복하기 위해 통리~심포리 구간은 인클

---

2) 패전 직후 총독부 교통국은 구원본부 등을 조직하여 본국으로 철수하는 국원 및 가족들을 원조하였는데, 이러한 활동을 기반으로 1946년 1월 선교원호회를 조직하였고(사무소 도쿄), 1951년에는 임의단체인 선교회로 개칭하게 된다. 1966년 현재의 재단법인 선교회가 기본 재산 및 운용 재산 각각 4천만 엔으로 발족한다. 財団法人鮮交会(이하 鮮交会) 《朝鮮交通史》, 1986년, 1114-1118쪽. 참고로 총독부 교통국은 1910년 10월 총독부 철도국으로 편성되었으나, 이후 관제 개편에 따라 총독 관방(官房) 철도국(1917), 동 철도부(1919), 총독부 외국(外局) 철도국(1925), 총독부 교통국(1943)으로 변천해 왔다. 또한 1917년부터 1925년까지는 남만주철도주식회사에 철도(국철)경영을 위탁하기도 했다.

라인(incline), 이른바 강삭노선(강삭철도)이 도입되기도 했다.(그림 3-1, 3-2 참조)

광복 후 삼척탄전은 여러 요인으로 인해 일시적인 생산 감소, 조업 중단이 있었지만, 1950년에는 대한석탄공사 산하로 편입되어 생산을 본격화했다. 이후 석탄에서 석유로 에너지원의 중심축이 이동되면서 수많은 탄광들이 폐광되기에 이르렀으며 무연탄의 국내생산보다 수입량이 많아졌지만, 삼척탄광은 여전히 한국 최대의 무연탄 매장량을 자랑하며 또한 최대 생산기지로 활약하고 있다.[3]

이와 같이 삼척탄전은 대한제국, 일제강점기 그리고 대한민국으로 이어지는 우리 근현대사에 있어서의 광물자원 정책 추진과정을 있는 그대로 보여주는 대표적인 탄전이라고 할 수 있다. 이러한 관점에서 이 장에서는 총독부의 광물자원 정책에 있어서 삼척탄전 발굴 및 철도부설 과정에 관하여 당시 총독부 발행 자료를 비롯한 각종 보고서, 신문기사 등을 중심으로 조망, 개발의 본질과 실제에 대해 고찰하고자 한다.

2. 광물자원 정책의 본질

앞서 언급한 바와 같이 일제강점기 조선에 있어서의 광물자원 정책은 한 마디로 산금장려(産金奬勵)에 그 주된 목적이 있었다고 할 수 있다. 물론 산

---

3) 무연탄의 국내생산은 2000년대에 들어서 수입량이 초과하기 시작하여 2012년 현재 국내생산은 2,094톤이며, 수입량은 8,055톤을 기록하고 있다. 참조, 에너지경제연구원 〈2013 자주 찾는 에너지 통계〉 2013년, 16쪽. 한편, 대한석탄공사에 의하면 2010년 현재 삼척탄전의 매장량은 약 4억 7천만 톤으로 전체의 34.9%를 차지하고 있다. 대한석탄공사, https://www.kocoal.or.kr/nanum/workbook02c01.html, 2014년 6월.

금 혹은 산금장려라는 말이 정책적 용어로 본격적으로 사용되기 시작한 것은 1930년대 들어서이지만, 실질적으로는 이미 통감부시대부터 산금정책을 의도했다고 볼 수 있다. 예를 들어 통감부의 영향하에 있었던 대한제국 정부는 1906년 7월에 광물관계 법령으로서는 처음으로 광업법(鑛業法)과 함께 광업법시행세칙을 제정하는데, 동 세칙에서는 광물에 대한 정의를 금광, 은광, 동광을 비롯한 14종으로 규정하고 있으며, 같은 시기 제정된 사광채취법(砂鑛採取法)에서는 사광의 정의를 사금(砂金), 사석(砂錫) 및 사철(砂鐵)이라 하고 있다.[4]

한편 궁내부 소속 광산에 대해서는 광업법 적용을 제외시켰으나 1907년

<표 3-1> 궁내부 소속 광산 및 사광구

광산명칭	광종	도명	군명	광산명칭	광종	도명	군명
갑산광산	동, 사금	함경남도	갑산군	창성광산	금, 동, 사금	평안북도	창성군
단천광산	금, 사금	함경남도	단천군	구성광산	금, 사금	평안북도	구성군
정평광산	금, 흑연	함경남도	정평군	희천광산	금, 사금	평안북도	희천군
영흥광산	금, 석탄, 사금	함경남도	영흥군	선천광산	금, 사금	평안북도	선천군
함흥광산	금, 석탄, 사금	함경남도	함흥군	자성광산	금, 사금	평안북도	자성군
혜산진광산	금, 사금	함경남도	삼수군	초산광산	금, 사금	평안북도	초산군
재녕광산	철	황해도	재녕군	후창광산	금, 동, 사금	평안북도	후창군
수안광산	각종광물, 사광	황해도	수안군	태천광산	금, 사금	평안북도	태천군
은율광산 장연광산	철	황해도	은율군 장연군	위원광산	금, 사금	평안북도	위원군
평양광산	석탄	평안남도	평양군	운산광산	각종 광물, 사광	평안북도	운산군
삼등광산 강동광산	석탄	평안남도	삼등군 강동군	금성광산	각종 광물, 사광	강원도	금성군
은산광산	각종광물, 사광	평안남도	은산군 순천군	직산광산	각종 광물, 사광	충청남도	직산군

출전 : 淺野犀涯 編 〈朝鮮鉱業誌〉(アジア学叢書128) 大空社, 2004년, 20쪽(원전은 浅野虎三郎 〈朝鮮鉱業誌〉 京城日報社, 1913년 발행)

4) 淺野犀涯編, 〈朝鮮鉱業誌〉(アジア学叢書128) 大空社, 2004년, 광업관계법규편 참조(원전은 浅野虎三郎, 〈朝鮮鉱業誌〉, 京城日報社, 1913년 발행)

8월 동법 개정을 통하여 궁내부 소속 광산을 폐지하기에 이르렀는데, 〈표 3-1〉에서 나타나듯이 당시 주요 광종으로 금, 사금 등이 대부분을 차지하고 있는 것을 알 수 있다.

이와 같이 광업법 및 사광채취법이 어떠한 성격의 법률이었는가에 관한 논의는 둘째로 치더라도 통감부의 의도가 금광에 맞춰져 있음은 쉽게 추측할 수 있다. 이후에 있어서도 대한제국 농상공부 광산국이 1907년 발행한 《韓国地質及鉱産図 江原道·忠清北道》에 수록된 지질도에서는 금광, 사금, 은광을 중심으로 그 분포를 표시하고 있을 정도이며, 후술하는 바와 같이 총독부의 광물자원 관련 각종 조사가 금은광을 중심으로 하고 있다는 점으로 미뤄보아 산금장려가 일찍부터 의도되었음을 알 수 있다.

덧붙여 말하자면, 이들 법률 및 세칙에 있어서 국적에 대한 차별적인 요소는 발견할 수 없으나,[5] 농상공부대신의 허가를 받기 위해서는 각종 서식 작성과 수수료 지불 등 제 규정에 대한 충분한 이해가 필요했다. 따라서 기존의 관례에 따라 광물자원을 채굴해 온 이들에게는 상당 부분이 부담이 되었으리라 추측된다.

또한 기존의 광업법을 대체하여 1916년 4월에 시행된 조선광업령 제1조에서는 앞서 규정한 광물 14종에 사광채취법에서 규정한 광물 3종 그리고 새로이 11종의 광물을 포함시켜 그 대상을 총 28종으로 확대하였으며, 제6조에서는 "제국신민 또는 제국법령에 따라 성립한 법인이 아니면 광업권을 가질 수 없다."고 규정하여 앞서의 광업법과는 대조적으로 외국인 진출을 기본

---

5) 물론 광업법과 사광채취법 이전에 있어서 외국인의 금광업 진출을 전면 금지시킨 것은 아니었다. 1895년에는 미국인에게 평안북도 운산금광 채굴권을 허용하였으며, 뒤이어 러시아인, 독일인 등에게도 금광채굴을 허용했다. 하지만 이러한 조선 정부의 조치는 당시의 국제관계를 고려하여 취한 제한적인 정책으로서, 기존의 사금개체조례(砂金開採條例)에 의하면 정부의 사전허가와 현지인 덕대고용이 규정되어 있어 사실상 외국인의 금광업 진출이 어려웠던 것이 사실이다. 참조, 현광호, 〈대한제국의 은산금광 채굴권 허여와 그 외교적 의미〉, 대구사학회 〈대구사학〉, 제92호, 2008년, 227-248쪽

적으로 차단하고 있는 것을 알 수 있다. 또한 제32조 및 제33조에서는 광업을 위해 타인의 토지를 무단으로 사용할 수 있도록 규정하여 토지소유자의 권리침해와 함께 지역민의 의사와는 무관하게 개발될 여지가 생겼다.(淺野犀涯 編, 앞의 책, 광업관계법규편 참조)

한편 1910년 이후 총독부에 의한 식민지지배가 강화되면서 일제의 금광에 대한 집착 역시 더욱 강해지는데, 예를 들어 광구 출원 및 허가 건수, 광산 생산액 등 여러 자료를 보더라도 금은광의 비중이 높다는 사실과 함께 〈표 3-2〉에 나타나 있는 바와 같이 전체 광산가액 중에서 금의 비율이 일제강점기 전 기간을 통해 높게 유지되고 있음을 일례로 들 수 있다.

<표 3-2> 광산가액

(단위 : 엔)

구분 연도	금		석탄				전체
	사금 등 포함	비율 (%)	유연탄	무연탄	합계	비율 (%)	
1911	5,306,543	86	539,497	–	539,497	9	6,185,958
1912	5,798,933	85	557,802	–	557,802	8	6,815,121
1913	7,104,813	87	570,158	–	570,158	7	8,197,526
1914	7,245,329	85	510,752	–	510,752	6	8,522,418
1915	8,629,049	82	997,746	–	997,746	9	10,515,966
1916	11,725,048	83	819,221	–	819,221	6	14,078,188
1917	10,614,517	62	1,149,332	–	1,149,332	7	17,058,102
1918	8,592,549	28	1,515,873	–	1,515,873	5	30,838,074
1919	7,216,225	28	2,124,831	–	2,124,831	8	25,414,510
1920	6,369,946	26	3,917,153	–	3,917,153	16	24,204,688
1921	5,427,875	35	3,192,263	–	3,192,263	21	15,537,225
1922	5,303,439	37	2,153,456	–	2,153,456	15	14,503,781
1923	6,468,147	37	2,750,214	–	2,750,214	16	17,326,894
19124	7,580,703	40	2,961,247	–	2,961,247	15	19,176,462
19125	7,314,098	35	4,548,525	–	4,548,525	22	20,876,954
1926	9,064,532	38	4,992,699	–	4,992,699	21	24,130,350

1927	5,725,457	24	2,076,156	3,210,153	5,286,309	22	24,169,229
1928	5,533,719	21	2,318,966	3,450,323	5,769,289	22	26,434,972
1929	5,848,720	22	2,624,994	3,696,491	6,321,485	24	26,488,366
1930	6,207,644	25	2,503,643	2,824,323	5,327,966	22	24,654,463
1931	9,008,572	41	2,366,144	2,823,920	5,190,064	24	21,741,519
1932	17,809,438	53	2,265,423	3,704,696	5,970,119	18	33,746,958
1933	26,066,784	54	2,734,741	4,470,665	7,205,406	15	48,301,468
1934	33,214,914	48	3,763,820	6,176,746	9,940,566	14	69,172,840
1935	38,320,921	44	4,752,064	7,173,085	11,925,149	14	88,039,201
1936	49,909,775	45	6,172,918	7,128,109	13,301,027	12	110,429,655
1937	73,308,348	49	7,404,296	7,724,646	15,128,942	10	150,145,253
1938	92,713,089	46	13,362,795	12,105,582	25,468,377	13	202,013,133

주 : 비율은 전체 광산가액에 대한 해당 광물자원의 수치임.
출전 : 資源庁〈本邦鉱業の趨勢〉각 연도

조선에서 채굴된 금, 사금 등은 일정형태로 가공되어 그 대부분이 일본으로 반출되었는데, 총독부가 1935년 발행한 《朝鮮貿易年表》(1934년)에 의하면 반출된 금지금(金地金, 이른바 골드바, 금괴 등)의 금액은 1933년 24,005,968엔, 1934년 31,361,440엔으로 기록되어 있다(603쪽). 당시 국제통화시스템은 영국 파운드, 미국 달러 등을 기축통화로 하는 금본위제 무역질서가 기본 축이었는데, 이를 위해서는 화폐의 금 태환이 자유로워야만 했다.[6] 다시 말해 무역을 지속하기 위해서는 항시적으로 금을 보유하고 있어야 했기에 일본 정부와 총독부는 여타 광물에 비해 조선의 풍부한 금 매장량에 지대한 관심을 갖고 있었을 것이다.

그런데 〈표 3-2〉와 같이 1916년을 최고점으로 하여 금의 광산가액 비율이

---

6) 이러한 화폐의 금태환제도는 일본 내에서 통용되는 것은 아니었다. 즉, 일반인이 소지하고 있는 엔을 금으로 교환해 주는 것을 의미하지는 않았다. 1930년 12월 당시 조선은행 총재 가토 게자부로(加藤 敬三郎)는 금 수출 금지 해제와 관련한 강연에서 "국내 금 교환, 즉 화폐를 가져와 금화로 바꾸는 것은 이전부터 법률상에서 금하고 있는 것은 아니고, 행정상 대응하고 있다(중략)··· (금 태환은)국내에 유통하려고 하는 의도가 아니라, 해외 결제에 필요한 외국과의 관계에서 필요하였음"을 역설하고 있다. 加藤敬三郎,〈金解禁の影響に就て〉, 1930년 1월, 강연속기내용

현저히 줄어들고 있는 것을 알 수 있다. 이는 제1차 세계대전을 겪으며 미국, 영국, 프랑스 등 선진공업국들이 금본위제에서 이탈, 일본 역시 세계대전이 끝날 무렵 금 수출을 금지시킴으로써 금 수요가 둔화되는 시기와 맞물린다. 이후 각국에서 금본위제가 부활되면서 일본 역시 1930년 1월 금 수출 금지를 해제하고 이와 연동하여 조선에서의 금 생산량 역시 증가하게 된다. 이와 같이 금 수요는 세계경제 변동으로부터 직접적인 영향을 받고 있는 것을 알 수 있다.

물론 일본 정부는 1931년 12월에 다시 한 번 금 수출 금지를 실시하지만 이미 불황의 늪에 빠져 있는 일본으로서는 각종 자원수입의 결제를 위해 금 생산을 늘릴 수밖에 없었다. 이러한 정책변화를 배경으로 1930년대부터는 산금장려라는 말이 총독부 내에서도 빈번하게 등장하였으며, 당시 우가키 가즈시게(宇垣一成) 총독을 비롯하여 총독부 재무국장이었던 미즈타 마사나오(水田直昌)는 산금 관련 예산 확보를 위해 본국 정부와 치열한 협상을 시도한다. 이러한 총독부의 움직임에 대해 일본 정부의 반응은 우호적이었다고는 할 수 없었는데, 미즈타의 회상에 의하면 이러한 상황도 1930년대 중반을 넘어서면서부터 바뀌게 된다.

1937년 이후가 되면 군이 미국으로부터 석유를 사들이기 위해 금이 필요했다. 그러기 위해서는 금을 파내지 않으면 안됐다. 이 차에 금을 파내기 위한 생산비는 무시하여 실시한다. 조선은 금의 산지로서 유명하다. 일본 내지로부터 특별회계 자금을 끌어와 조선, 그 외 지역에서 금을 파내기 위한 지출을 아끼지 않는다. 지금은 오히려 돈은 얼마든지 댈 수 있으니 금을 파내야 하는 시대가 됐다.[7]

---

7) 水田直昌, 〈朝鮮財政余談〉, 財団法人友邦協会, 〈朝鮮近代資料研究—友邦シリーズ 第四巻 財政・金融〉, 2000년, 43-44쪽. 원전은 동 재단 편찬발행 〈友邦シリーズ第23号〉(1981년)에 수록

이러한 언급은 중일전쟁이 본격화되면서 국제사회로부터 고립되고 있는 일본의 실상을 역설하고 있으며, 동시에 엔화의 결제 능력에 문제가 있음을 시사하고 있다. 이러한 총독부의 정책으로 인하여 조선사회 역시 '금을 파내야 하는 시대'로 접어들었으며, 이로 인해 많은 폐해가 양산된다.

이와 관련해 전봉관은 "1930년대가 황금광시대인 것은 남녀노소 가리지 않고 촌무지렁이에서 양복쟁이까지 모두 한 마음 한 뜻이 되어 금을 찾아 나선 시대였기 때문(중략)… 한반도 전역을 황금빛 꿈으로 물들게 했던 이 시기의 금광 열풍은 1930년을 전후로 시작되어서 태평양전쟁 직전까지 지속된 것으로 알려져 있다."[8]고 서술하고 있는데, 당시 각종 신문기사를 보더라도 '황금광시대(黃金狂時代)!'(《東京日日新聞》 1932년 6월 30일), '파탄한 농촌에 황금비의 저리융자(どん低の農村へ 黃金の雨の '低資')'(《大阪每日新聞》 附錄 〈西部每日〉 1932년 7월 14일), '산금장려를 위해 국고금보조(産金獎勵の爲め國庫金補助)'(《朝鮮每日新聞》 1933년 6월 7일), '황금광의 파도를 타고 악랄한 사기가 횡행(黃金狂の波に乘り惡辣な詐欺跳梁)'(《京城日報》 1933년 6월 30일) 등 산금과 관련하여 많은 일들이 일어나게 된다.

3. 광상조사의 실제

글머리에서 밝혔듯이 총독부의 광물자원 정책은 산금장려에 맞춰져 있었지만 이는 여타 광물과 비교하여 상대적으로 우위를 점하고 있을 뿐 절대적

---

8) 전봉관, 《황금광시대》, 살림출판사, 2005년, 20쪽

인 것은 아니라고 했는데, 이는 실제 총독부가 실시한 각종 지질 및 광물자원과 관련한 조사를 통해서도 확인할 수 있다. 1936년 10월 총독부 지질조사소가 발행한 〈朝鮮に於ける地質及鉱物資源調査沿革〉에 의하면, 각 도별 일반지질 및 광물자원에 관한 사항을 조사하여 수록한 조선광상조사요보(朝鮮鉱床調査要報), 석탄, 운모 등 특수 광물에 관한 사항을 조사하여 수록한 조선광상조사요보(朝鮮鉱床調査報告)를 비롯하여 조선지질도(朝鮮地質図), 광상조사요보(鉱床調査要報), 지질조사요보(地質調査要報), 선광제동시험보고(選鉱製錬試験報告), 석탄시험보고(石炭試験報告), 조선탄전조사보고(朝鮮炭田調査報告) 등 다양한 조사보고서를 통해 각종 광물자원의 매장현황 등을 파악할 수 있다.[9]

이 중 1912년부터 발행되는 〈朝鮮鉱床調査要報〉(이하 광상조사요보)는 1911년 총독부 농상공부 광무과 광상조사계에 가와사키 시게타로(川崎繁太郎)를 비롯한 3명의 기사를 임명하여 이후 1917년까지 전국적인 광상 조사를 실시하는 과정에서 작성된 보고서이다. 광상조사요보 제1책의 1의 제목이 '조선에 있어서의 석탄(朝鮮ニ於ケル石炭)'이라는 것에서 알 수 있듯이 조선의 석탄에 대한 일본의 관심 정도를 알 수 있다.

다만 이 광상조사요보에서는 주로 평양탄전 무연탄을 중심으로 기술하고 있는 것이 특징이라 할 수 있는데, 평양탄전은 조선 말기부터 일본의 간섭이 두드러진 곳으로 1910년부터는 총독부 산하 평양광업소로 재편되어 탄광을 확장, 1914년에는 무연탄 수송을 위한 전용 경편철도를 부설하였으며, 1917년에는 무연탄 생산 증대를 위해 조선무연탄광주식회사가 설립되기도 했다. 이러한 과정을 거쳐 평양광업소가 운영하는 평양탄전은 조선 제1의 무연탄

---

9) 朝鮮総督府地質調査所, 〈朝鮮に於ける地質及鉱物資源調査沿革〉, 1936년, 4-11쪽

산지로 변모하는데, 1922년 4월에 이르러서는 일본 해군성으로 관리가 이관되어 이후 해군연료창에 평양광업부를 설치하여 해당 탄전을 운영하게 된다.

그런데 이 광상조사요보의 서두에서 밝히고 있듯이 조사 내용은 주로 기존에 수행되어 왔던 광상조사를 바탕으로 평양탄전 무연탄을 중심으로 한 조선의 석탄과 관련한 사항, 예를 들어 석탄의 분포와 부존상태, 성분 등과 관련한 내용을 취합, 정리한 것이었다(광상조사요보 제1책의 1, 1쪽). 이는 1916년 광상조사요보 제1책의 2 '조선에 있어서의 운모(朝鮮ニ於ケル雲母)', 1923년 제2책 '조선광물지(朝鮮鑛物誌)'(1923년), 1924년 제3책의 1 '석탄 건류시험 보문(石炭乾餾試驗報文)'(1924년) 등 이후 발행되는 광상조사요보를 보더라도 기초적인 자료의 수집과 조사, 실험 등이 중심적인 내용임을 알 수 있다.

한편 〈朝鮮鑛床調査報告〉(이하 광상조사보고)는 1915년 제1권 '평안북도'를 시작으로 1923년 제12권 '전라북도(부표 포함)'에 이르기까지 전국 각지의 광상에 대해서 앞서의 광상조사요보에 비해 보다 자세하게 기술하고 있는 점을 특징으로 들 수 있다. 하지만 그 중심 내용은 대체로 금광, 은광, 사금광 등이 중심을 이루고 있는 점으로 미뤄 보아 총독부의 금광개발에 대한 의지를 엿볼 수 있다.

이와 같은 광상조사요보 및 광상조사보고가 발행되는 동안 총독부는 1918년에 지질조사소를 설치하여 참모본부 육지측량부가 발행한 5만분의 1 지형도를 토대로 보다 자세한 광상조사를 실시한다. 앞서 언급한 광상조사요보 제2책 '조선광물지'(1923년)부터는 지질조사소에서 발행되기 시작했으며, 이외에도 조선지질도(朝鮮地質図), 지질조사요보(地質調査要報) 등을 발행하기도 한다.

이 장의 주제인 석탄과 관련한 본격적인 조사는 1923년 총독부 식산국

산하에 연료선광연구소가 설치되면서부터라 할 수 있겠다. 이 연구소는 광석의 처리방법과 함께 보다 세밀한 탄전조사를 실시하는데 선광제동시험보고(選鑛製鍊試驗報告), 석탄시험보고(石炭試驗報告), 조선탄전조사보고(朝鮮炭田調査報告) 등의 책자 발행을 통해 조사 내용을 정리하여 대내외에 알리게 된다. 이 중에서 석탄과 관련한 가장 상세한 보고서는 1927년부터 발행한 〈朝鮮炭田調査報告〉(이하 탄전조사보고)라고 할 수 있겠다. 탄전조사보고는 1927년에 제1권 '회령유연탄탄전' 발행을 시작으로 1940년에 제14권 '강원도 삼척무연탄탄전' 발행에 이르기까지 조선 전국의 유연탄 및 무연탄 탄전에 대해 상세하게 기술하고 있다.[10]

이와 같이 산금장려 정책의 주변부에 위치해 있었던 석탄은 각종 조사를 거치며 매장상태와 채탄가능성이 검증되면서 금생산량과 마찬가지로 석탄생산량 역시 꾸준하게 증가하게 된다. 특히 1930년대에 석탄생산은 급격하게 늘어나는데, 〈표 3-3〉과 같이 1932년에는 석탄생산량이 100만 톤을 넘어섰으며, 1935년에는 무연탄만으로도 100만 톤의 생산량을 기록했다(商工省鑛山局 〈本邦鑛業の趨勢〉 1935년, 부록 20쪽). 일본의 대륙 침략이 본격화되는 1930년대 후반으로 가면서부터는 석탄생산량이 금에 비해 상대적으로 늘어나게 되기도 하는데, 태평양전쟁 패전 직전인 1944년에는 석탄생산량이 7백만 톤을 넘어서게 된다.

석탄생산량 증가, 즉 채탄량 증가의 배경으로는 총독부의 조선에서의 무연탄 반출금지 해제를 비롯하여 산업구조의 변화, 일본 내 난방용 무연탄 사용 증가 등을 들 수 있으며, 거시적으로는 일본이 대륙침략을 본격화하는

---

10) 탄전조사보고 중에서 제4권(1928), 제7권(1930), 제9권(1931), 제11권(1934), 제12권(1937)은 각각 '시추작업보고(試錐作業報告)'이다. 조사 담당자도 촉탁, 기사, 기수 등 다양하게 구성되어 있다. 한편, 제14권 '강원도 삼척무연탄탄전'의 경우 대외비를 뜻하는 '㊙' 마크가 찍혀 있는 경우도 있다.

<표 3-3> 광물생산량 비교

구분 연도	금 (단위:킬로)	증감률	석탄 (단위:톤)	증감률	구분 연도	금 (단위:킬로)	증감률	석탄 (단위:톤)	증감률
1911	959,727	1	121,304	1	1925	1,182,770	1.23	624,238	5.15
1912	986,221	1.03	127,870	1.05	1926	1,827,203	1.90	682,896	5.63
1913	1,220,674	1.27	127,989	1.06	1927	5,341,669	5.57	709,578	5.85
1914	1,282,921	1.34	183,262	1.51	1928	5,060,430	5.27	815,817	6.73
1915	1,446,061	1.51	229,121	1.89	1929	5,531,993	5.76	937,902	7.73
1916	1,630,093	1.70	190,760	1.57	1930	5,876,378	6.12	884,138	7.29
1917	1,362,188	1.42	195,140	1.61	1931	8,546,168	8.90	936,282	7.72
1918	1,117,650	1.16	188,623	1.55	1932	8,584,826	8.95	1,104,194	9.10
1919	736,817	0.77	219,554	1.81	1933	10,203,408	10.63	1,306,734	10.77
1920	754,855	0.79	289,036	2.38	1934	10,710,541	11.16	1,688,647	13.92
1921	639,937	0.67	310,590	2.56	1935	12,400,951	12.92	1,999,153	16.48
1922	802,284	0.84	317,330	2.62	1936	14,679,311	15.30	2,281,993	18.81
1923	964,174	1.00	380,378	3.14	1937	19,813,067	20.64	2,431,405	20.04
1924	1,034,311	1.08	399,415	3.29	1938	24,227,163	25.24	3,419,351	28.19

주 : 증감률은 1911년도 생산량을 1로 설정하여 산출
출전 : 商工省鑛山局 〈本邦鑛業の趨勢〉 각 연도

시대적 상황이 크게 작용했다고 할 수 있겠다.

조선총독부 내무국장, 식산국 광산과장 및 식산국장 등을 경험한 고타키 모토이(上滝基)는 당시 상황에 대해 "전쟁이 과열되면서(중략)… 많은 금이 있어도 (구입)할 수 없게 됐다(중략)… 전쟁에 도움이 되는 군수자원을 개발 하지 않을 수 없었다(중략)… 석탄, 철 등 여러 광물을 장려하여 전쟁 말기 에는 상당량을 채굴하게 되었으나, 일반 광업이 반드시 번성했다고는 할 수 없다."고 증언하고 있다.(괄호 필자)[11]

---

11) 学習院大学東洋文化研究所所蔵, 〈未公開資料朝鮮総督府関係者録音記録 朝鮮の鉱業について 第一講〉(강술 자 : 上滝基), 1960년 10월 12일 녹음

4. 삼척탄전 발굴 과정

삼척탄전에 관해서는 일찍부터 총독부에 의해 파악되었는데, 예를 들어 총독부 농상공부 상공국 광무과가 1911년에 편찬한 조선광산지(朝鮮鑛産地)에 강원도 삼척군 견박면(見朴面) 지상리(池上里)에 부존하는 광물자원으로 석탄을 기재하고 있다(72쪽). 물론 이 책에서는 금, 은, 사금을 주요하게 기술하고 있어서 석탄, 흑연 등 여타 광물자원은 산금장려 정책의 주변부로 취급받고 있었던 것이 사실이다.

이러한 경향은 이후에도 지속되는데 앞에서 언급한 광상조사요보 제1책의 1 '조선에 있어서의 석탄' 중에서 '석탄을 포함하는 고생층(含炭古生層)'이라는 항목에서도 '삼척군 견박리'라는 지명만이 기술되어 있는 정도로 매우 한정적인 내용에 불과하며(4쪽), 1924년 발행된 광상조사보고 제7권의 2 '강원도 부도 및 부표'에서도 삼척지역 광상에 대해 언급하고는 있지만, 이 책자에서는 주로 삼척군 근덕면 광태리의 흑운모, 노곡면 고사리의 아연, 하장면 토산리 등지의 금 등이 중점적으로 기술되어 있다.(72쪽)

삼척탄전에 관해 가장 상세하게 기술하고 있는 총독부 자료로는 1940년 발행한 탄전조사보고 제14권 '강원도 삼척무연탄탄전'인데, 이 책 서두에서는 "이 보고서는 1925년 9월부터 1928년 11월까지 5회에 걸쳐 총 230일 간의 실지(実地)조사에 근거"(1쪽)하여 작성되었음을 밝히고 있으며, 삼척탄전의 규모는 "총 면적 187km²에 달하는 삼척, 정선, 영월 3군에 걸친 광활한 지역"(2쪽)으로 파악하고 있다.

이와 같이 총독부는 삼척탄전의 가치에 대해서 일찍부터 파악하고 있었으

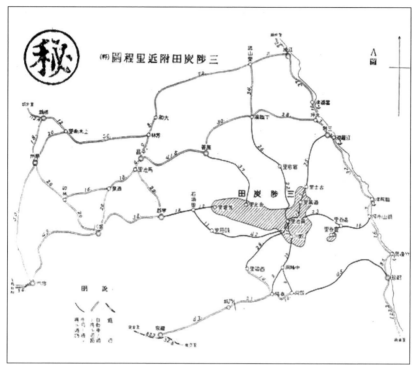

출전 : 朝鮮総督府燃料選鉱研究所 〈朝鮮炭田調査報告〉(第14권 江原道 三陟無煙炭々田), 1940년 5월, 5쪽(일부수정 후 게재)

<그림 3-1> 삼척탄전 부근 이정도(里程圖)

나 본격적인 개발에는 큰 매력을 느끼지 못했을 것이다. 산금과 비교하여 이익 면에서 열등할 뿐만 아니라, 탄전이 고산지대에 분포하고 있는 까닭에 개발에 필요한 비용 면에서도 부담이 되었으리라 추측된다. 〈그림 3-1〉은 철도부설 이전의 삼척탄전과 그 부근의 도로 사정을 나타내고 있는데, 삼척탄전까지는 '겨우 우마(牛馬)가 통과할 정도'(위 책 4쪽)의 도로가 연결되어 있을 뿐이었다. 이로 인해 1926년 5월에는 삼척탄광선 선로조사를 실시하고서도 (《東亞日報》 1926년 5월 27일자), 이후에도 줄곧 유보탄전으로 지정하였으며

1929년 7월에는 삼척탄전 광구권의 해군성 이전을 결정하기도 했다(《中外日報》 1929년 7월 6일자). 하지만 해군성 역시 비용 면에서 개발에 부담을 느꼈으며, 한편으로는 연료의 중심이 중유로 전환되면서 1931년 12월에는 총독부에 광구권을 반환하기에 이른다.(《朝鮮日報》 1933년 7월 21일자)

같은 시기 민간인에 의한 삼척탄전 광업권 획득 움직임도 있었는데, 총독부 식산국 광무과가 1927년에 발행한 조선탄전일람(朝鮮鑛區一覽)에 의하면 삼척군 상장면에 위치한 규모 86만 9,848평의 석탄광구가 광업권자 마쓰이 이스케(松井伊助)로 광구 등록되어 있었다. 마쓰이는 지금의 와카야마현(和歌山縣) 출신으로 오사카 미곡거래소에서 사업하며 부를 축적하였으며 조선광업신탁주식회사 이사, 만선임업토지주식회사 사장 등으로 활동한 인물로 알려져 있다.[12]

이후 상장면 광구는 규모의 변화 없이 광업권자만 계속해서 변경되는데, 앞서의 조선광구일람(朝鮮鑛區一覽) 각 연도에 의하면 1928년에는 광업권자가 기존의 마쓰이에서 히라이 구마자부로(平井熊三郎)로 바뀌었다가, 1929년부터는 히코시마제련소(彦島製鍊所)로 변경되어 이후 1933년까지 지속되다가, 1934년에는 미나리광업(三成鑛業)으로 변경, 1935년에는 다시 히라이로 변경된다. 여기서 주목할 점은 총독부가 해군성에 삼척탄전 광업권을 이전하면서 동시에 일부 광구에 대해서는 민간불하를 고려하고 있었다는 점이다.

또한 민간인 광업권자의 변화 역시 눈여겨볼 만한데, 히라이 구마자부로는 교토 출신으로 일본 내에서 기업가 및 정치가로도 활약했으며, 조선에서

---

12) 참조, 朝比奈知泉編, 《財界名士失敗談》(하권) 每夕新聞社, 1909년, 120-126쪽. 岡村周量著, 《黃金の渦卷へ》, 蒼天書房, 1924년, 29-73쪽. 국사편찬위원회 한국사데이터베이스 한국근현대회사조합자료, 〈朝鮮銀行會社要錄〉, 1923년판 및 1925년판. 참고로 위 〈朝鮮銀行會社要錄〉에 의하면 후술하는 히라이 구마자부로(平井熊三郎)는 조선관업 감사, 만선임업토지 이사로 등록되어 있었다.

는 경성상공회의소, 조선아시아협회 등 다방면으로 활동한 인물로서, 미쓰이광업(三井鉱業)과도 관련이 깊은 것으로 알려져 있다.[13] 여기에 히코시마제련소는 1916년 스즈키합명회사(鈴木合名会社)에 의해 설립되었으나 이후 미쓰이광산에 경영이 위탁되었으며, 미나리광업은 미쓰이광산의 지배하에 있던 회사라는 점도 간과할 수 없다.[14] 따라서 1935년에 광업권자가 다시 한 번 히라이로 변경되었다고는 하지만, 그 이면에는 거대 자본 미쓰이광산의 삼척탄전 진출이라는 계획을 엿볼 수 있다.

그런데 삼척탄전에 대한 집념은 미쓰이만이 갖고 있었던 것은 아니었다. 1933년 6월 시점에서 미쓰이, 동척광업(東拓鉱業), 하마오카(濱岡) 3사가 총독부에 광구 불하를 요청하고 있었으며, 여기에 미쓰비시(三菱), 메이지(明治) 등이 경쟁에 가세했다. 당시 삼척탄전은 평양탄전에 버금가는 매장량을 추정하고 있었으며, 탄질에 있어서도 뒤지지 않는 것으로 파악되고 있었다. 1933년 10월 20일자 〈경성일보(京城日報)〉에 의하면 "평양탄전에서 도토리키 재기를 하고 있는 동척광업, 미쓰비시, 구조무(旧朝無), 신조무(新朝無), 메이지 중에서 삼척의 권리를 손에 쥐는 자만이 반도의 무연탄계에 군림할 수 있기에 다소의 교통 불편이라는 악조건 등은 전혀 문제가 되지 않는다." 라고 당시의 경쟁상황을 표현하고 있다.

삼척탄전을 둘러싼 불꽃 튀는 경쟁이 전개되자 총독부는 이른바 합동회

---

13) 참조, 尾野好三編, 《成功亀鑑》, 大阪実業興信所, 1909년, 42-43쪽. 〈三陟保留炭田を繞る三井と東拓の対立〉, 〈京城日報〉, 1933년 10월 22일자 기사

14) 히코시마제련소는 스즈키(鈴木)합명회사에 의해 1916년 4월에 설립된 회사로 정식명칭은 일본금속주식회사 히코시마제련소이다. 하지만 제1차 세계대전 종식과 함께 사업이 축소, 이후 미쓰이광산주식회사에 경영권이 이전되면서 사명을 미나리광업주식회사 히코시마제련소로 변경, 경영을 계속하게 된다. 참조, 彦島町教育会編纂, 《郷土読本 栄える彦島》, 山口県彦島町教育会, 1933년, 19쪽. 한편, 미나리광업은 1928년 3월에 미쓰이광산주식회사 계열회사로서 조선에서의 금을 채취를 목적으로 설립된 회사이다. 참조, 松下博吉, 《財閥三井の新研究》, 中外産業調査会, 1936년, 243쪽. 〈半島産金界に大資本の拍車で躍動する三井系〉, 〈京城日報〉, 1933년 2월 23일자 기사

사를 통한 개발을 유도한다. 1934년 2월 총독부는 거대 자본간의 경쟁을 피하고 효율적인 자원통제를 꾀하고자 기존의 조선무연탄주식회사, 동척광업 등에 의한 공동개발을 권고하기에 이른다. 이러한 배경으로 1935년에는 기존의 미쓰비시제철주식회사, 미쓰이광산주식회사, 메이지광업주식회사 등으로 구성된 조선무연탄주식회사(구조무)에 동척광업 등이 참가하여 확대 재편된 합동회사(신조무)가 삼척탄전 광업권을 획득하면서 광업권을 둘러싼 갈등이 일단락되고 신조무에 의한 본격적인 개발이 예상됐지만, 이번에는 신조무 구성원간의 내부갈등, 비용문제 등을 둘러싸고 대립하게 된다. 결국 1935년 12월 일본전력 계열 조선전력주식회사가 삼척탄전 광업권을 신탁 계약하기에 이른다.

1936년 2월 조선전력주식회사는 중역회의를 통해 영월탄전과 삼척탄전에 관한 구체적인 개발 계획을 확인함과 동시에 삼척개발주식회사를 설립하여 삼척탄전을 개발, 채탄한 무연탄은 일본으로 반출하는 것을 결정한다. 이러한 결정을 바탕으로 1936년 4월이 되어 나이토 구마키(內藤熊喜)를 사장으로 하는 삼척개발주식회사(이하 삼척개발) 및 삼척철도주식회사가 설립된다. 나이토는 지금의 구마모토현(熊本県) 출신으로 동양제혁주식회사, 동성실업 회사를 거쳐 동방전력, 일본전력 등 전력관계에 종사했으며, 1940년에는 화북전업(華北電業) 설립 당시 부총재에 취임하기도 했다.[15] 이와 같은 과정을 거쳐 최종적으로는 〈표 3-4〉와 같이 삼척탄전의 대부분이 삼척개발을 광업 권자로 하게 되었으며, 이후 삼척개발에 의해 채탄되어 일본으로 반출되게 된다.

---

15) 참조, 馬場守次著, 《名古屋新百人物終篇》, 珊々社, 1926년, 8-10쪽

<표 3-4> 강원도 삼척군 소재 석탄 광구 일람(1941년 7월 1일)

소재지	등록번호	등록년월일	광구평수 또는 연장	광산명	광업권자	주소지
상장면	6106	1921. 1. 18.	84,200			
소달면	12553~12556	1921. 12. 20.	각 1,000,000			
하장면/소달면	12557	1921. 12. 20.	1,000,000			
소달면	12558~12560	1921. 12. 20.	각 1,000,000			
상장면/소달면	12561~12563	1921. 12. 20.	각 1,000,000			
하장면	12564	1921. 12. 20.	1,000,000			
상장면/하장면	12565	1921. 12. 20.	1,000,000		삼척개발	
상장면	12566	1921. 12. 20.	1,000,000	삼척탄광	주식회사	경성부
상장면/소달면	12567	1921. 12. 20.	1,000,000			
상장면	12568	1921. 12. 21.	1,000,000			
상장면	13889	1923. 1. 8.	971,900			
상장면	13890	1923. 1. 8.	989,100			
상장면	13891~13894	1923. 1. 8.	각 1,000,000			
상장면	13895	1923. 1. 8.	618,000			
상장면	13896~13903	1923. 1. 8.	각 1,000,000			
상장면	15454	1924. 2. 24.	877,200			
상장면	15455	1924. 2. 24.	884,200	강원탄갱	岩瀨亮	도쿄시
상장면	15456	1924. 2. 24.	822,800			
말로면	8925	1932. 5. 20.	220,000	삼척탄광	上田作市	부산부

출전 : 朝鮮総督府 殖産局 鉱政課 編, 〈昭和十六年七月一日 現在 朝鮮鉱区一覧〉, 朝鮮鉱業会, 1942년

그렇다면 삼척탄전에서는 얼마나 많은 양의 무연탄이 채탄되어 일본으로 반출되었을까. 1937년 4월 25일자 〈평양매일신문(平壤每日新聞)〉에 의하면 총독부 광산과 무라카미(村上) 이사관은 1, 2년 내 100만 톤을 채탄하여 이 중 50만 톤은 일본으로 반출하고 나머지 50만 톤은 화학공업원료로 사용할 계획임을 밝혔다. 또한 당시 각종 신문보도를 통해서도 1938년 시점에서 연산 30만 톤 채탄, 1941년까지는 연산 100만 톤 채탄이 예상되고 있었다. 그러나 실제로는 이와 크게 달랐는데, 일본석탄주식회사가 1941년 발행한

조선석탄광업사정연구(朝鮮石炭礦業事情研究)에 의하면 삼척개발은 1938년도에 10만 톤, 1939년도에 46만 2천 톤 그리고 1940년도에는 무연탄으로서는 전국에서 가장 많은 62만 톤을 각각 채탄한 것으로 기록되어 있다.[16]

이렇게 채탄된 무연탄은 많은 양이 일본으로 반출되었는데, 〈표 3-5〉와 같이 삼척무연탄은 1930년대 말경이 되어서야 일본으로 반출되고 있음을 알 수 있다. 참고로 〈표 3-5〉는 1940년을 기준으로 반출량이 많은 탄전을 정리한 것인데, 표에서 언급한 탄전 이외에도 구조선무연탄, 삼신동, 흑령, 조무사 그리고 해군성 평양탄전 등도 주요 출탄지로 들 수 있겠다.

〈표 3-5〉 조선 무연탄 이입 실적표(조선→ 일본, 1936년 이후)

(단위 : 톤)

구분 연도	삼척	용등	강동	풍천	전흥	전체
1936	–	44,300	–	20,077	125,527	598,598
1937	–	41,627	3,275	13,630	120,797	544,125
1938	–	54,664	6,392	76,555	178,871	789,421
1939	170,687	60,092	892	87,552	150,644	967,427
1940	427,303	102,819	91,812	86,013	83,035	1,435,587

출전 : 日本石炭株式会社 日本石炭企画部, 〈朝鮮石炭礦業事情研究〉, 1941년, 표 21, 표 22에서 발췌

이렇게 일본으로 반출된 무연탄은 도쿄, 오사카, 나고야 등 대도시 가정용 연료로 소비되었으며, 상기 대도시 이외로는 와카마쓰(若松)를 들 수 있는데, 와카마쓰는 석탄의 집산지이자 반출을 주로 하는 항구로서 해군성 연료공장이 있었던 곳이다. 이와 관련하여서는 총독부 식산국 발행 〈조선광업朝鮮の鉱業〉(1929년)에 "조선에 매장된 석탄의 종류는 2종으로서(중략)…가정용 연탄 및 해군용 연료로서 저명한 무연탄"이라는 기술이 있을 정도로

---

16) 日本石炭株式会社日本石炭企画部, 〈朝鮮石炭礦業事情研究〉, 1941년, 46쪽 및 표 9

(26쪽), 조선에서 채탄된 무연탄은 일본에서 널리 사용되고 있었다.

한편 당초 예상보다는 적은 양이었지만 채탄량이 늘어나면서 일본 반출용 선박 수요 역시 증가하게 된다. 하지만 1937년부터 중일전쟁이 본격화되고, 1938년부터는 총동원체제가 구축됨에 따라 각종 자원 공급이 군 위주로 편성되면서, 무연탄 반출을 위한 선박배당이 계획대로 진행되지 못하게 된다. 삼척개발 1941년도 상반기 제12회 회사영업보고서(1941. 4. 1.~9. 30.)[17]에 의하면 탄질개선, 일본 내 수요증가, 해외시장 개척에도 불구하고 '배선 급감'으로 인해 소기의 성적을 낼 수 없었다고 기술하고 있다(3쪽). 이는 삼척탄전에 국한된 것은 아니며 무연탄 산업 전반에 걸친 상황으로, 앞서의 조선석탄광업사정연구(朝鮮石炭礦業事情硏究)에서도 "생산설비, 출탄 능력 급증에도 불구하고 선박에 의한 능력 부족이 발생하여, (조선)무연탄의 생산력 확충이 제자리걸음인 상태"라고 언급하고 있다.(괄호 필자, 92쪽)

1941년 12월 일본의 진주만 급습으로 전쟁이 확대되면서 자원통제는 더욱 심화되는데, 이로 인해 앞서 언급한 생산설비 및 출탄 능력 향상에도 불구하고 탄출량이 증가하지 못하는 기현상이 지속된다. 삼척개발 제13회 영업보고서(1941. 10. 1.~1942. 3. 31.)에서는 "배선 완화가 시행되지 않고 여기에 더해 동해에 부상하는 기뢰"의 영향으로 탄질향상 및 수요 급증에도 불구하고 반출량은 오히려 감소했다고 기술하고 있다.(4쪽)

---

17) 국사편찬위원회 소장 영인본, 〈東京大学 所蔵 営業報告書12〉(三陟開發株式會社 定款 外, 義州鑛山株式會社 營業報告書) 중 삼척개발 영업보고서. 이후에서는 삼척개발 제 ○○회 영업보고서 등으로 약칭

5. 철도부설 과정

삼척개발은 채탄한 무연탄 수송을 위해 철도부설을 추진하는데, 탄전개발과 마찬가지로 부설과정 또한 복잡다단했다. 총독부 발행 관보(官報) 1937년 4월 1일자에 의하면 1936년 3월 2일 삼척개발이 총독부로부터 최초 철도부설에 관한 허가를 받았을 당시에는 도계에서 정라에 이르는 35.7km 구간으로 궤간은 이른바 1.435mm 표준궤였다.[18]

하지만 오십천 범람의 심각성으로 인해 새롭게 묵호를 종단항(終端港)으로 변경하게 된다. 〈삼척군지〉에 의하면 이른바 무연탄 수송의 종단항이 되는 기점역을 정라에서 묵호로 변경한 직접적인 이유로 1936년 9월 20일에 있었던 폭풍우에 의한 대홍수를 들고 있는데, 이때 오십천이 범람하는 등 정라는 입지 조건으로 적당하지 못하다고 판단하여 변경한 것으로 서술하고 있다.[19] 이러한 이유로 1937년 3월 25일에 기점을 정라에서 6km 떨어진 묵호로 변경하였고, 이로써 현재의 도계~묵호 구간인 41.7km가 결정된다.(5쪽)

한편 철도부설 공사는 기점 변경 이전인 1936년 9월 1일부터 시작되었으

---

18) 당시 조선에서의 철도는 일부 구간 및 전용철도 노선을 제외하고는 일본의 협궤(1.067m)와는 달리 대부분 표준궤간으로 부설되었다. 또한 일본 지배 하로 넘어간 남만주철도 역시 표준궤간으로 변경되면서 일본 내에서는 궤간 변경 논란이 일어난다. 그 중심에는 고토 신페이(後藤新平)가 있었는데, 고토는 대만총독부 민정국장, 남만주철도주식회사 초대 총재, 내각철도원 초대 총재 등을 역임한 인물로서 궤도 변경에 적극적인 입장을 취한다. 하지만 이러한 논의는 무위로 끝나게 되는데, 1930년대 이른바 총력전체제 구축 과정에서 도쿄~시모노세키~부산~중국 대륙을 연결하는 철도 구상, 이른바 대동아종관철도 구상에서 다시 한 번 궤간 변경과 관련한 논의가 있었다. 총력전체제 하에서의 철도, 특히 시모노세키~부산 구간 철도부설과 관련하여서는 다음 문헌을 참조바람. 하라다 가쓰마사(原田勝正), 〈일본에 있어서 철도의 특성과 그 발달(1872년~민영화 이전), 철도기술연구원, 《일본 철도의 역사와 발전, 북갤러리, 2005년, 90~95쪽

19) 〈삼척군지〉에 의하면 당시 피해규모는 가옥유실 1,500호, 인명피해 170명, 선박유실 60척 등으로 "강변에 시체가 즐비하여 인심이 소란할 정도였다"고 함(1916년 향토지 인용). 김일기 외 2인편, 〈삼척군지〉, 삼척군, 1985년, 841쪽

나, 이 과정 역시 순탄하지만은 않았다. 〈매일신보(每日新報)〉에 의하면 삼척
군 말로 하면 철도공사장 터널에서 사고가 발생하여 42명이 생매몰되는 사
고가 발생하는가 하면(1937년 6월 29일자), '궤도 입수난'으로 공사가 지연
되기도 한다(1938년 7월 14일자). 그 외 크고 작은 사건, 사고를 거치면서
1939년부터 일부 구간에서 무연탄 수송을 개시하였으며, 1940년 8월 1일에
는 예정되었던 도계~묵호 간 영업을 개시하게 된다.[20] 보다 자세한 각 역의
영업 개시일은 다음과 같다.(노선도는 〈그림 3-2〉 참조)
　- 1940년 8월 1일 묵호항역 영업 개시
　- 1940년 8월 1일 북평역 영업 개시
　- 1940년 8월 1일 도경리역 영업 개시

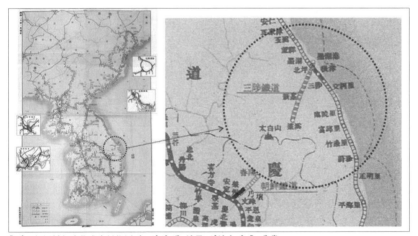

출전 : 朝鮮總督府作成資料(鮮交会, 앞의 책, 부록. 일부수정 후 게재)

<그림 3-2> 조선철도 약도 중 삼척철도 부분

---

20) 그런데 조선교통사(朝鮮交通史)에 의하면 1945년 8월 15일 개통된 구간은 면허선 전선 41.4km로 기술
되어 있으며(866쪽), 당시 신문기사와 각종 자료에서도 동일하게 기술되어 있다. 따라서 총독부 관보에서
공시한 거리와는 0.3km의 차이가 생기는데 그 이유에 대해서는 이후 확인이 필요하겠다.

- 1939년 8월 15일 상정역 역원배치간이역으로 영업 개시
- 1939년 5월 1일 신기역 전용선으로 개통. 무연탄 수송 개시
- 1939년 4월 1일 마차리역 역원배치 간이역으로 영업 개시
- 1939년 4월 1일 고사리역 보통역으로 영업 개시
- 1940년 8월 1일 도계역 철암선 도계역으로 개설되어 보통역으로 영업 개시[21]

삼척철도의 영업 실적은 〈표 3-6〉과 같은데 사설철도 전체 영업거리 1,650.7km 중 3.3%에 해당하는 매우 짧은 구간이었음에도 불구하고(1943년도 기준), 무연탄을 포함한 각종 화물 및 여객 수송에 있어서 꾸준한 증가와 함께 평균 운수수입에 있어서도 여타 사설철도 노선에 비해 높은 성적을 보이고 있다.

<표 3-6> 삼척철도 운수성적

(괄호 안은 사설철도 전체에 대한 비율, %)

구분 연도	영업거리 (km)	여객인원 (명)	화물 톤수 (톤)	운수 수입(엔)				1일 1km 평균 운수 수입(엔)*2
				여객	화물	기타	합계	
1940	41.4	183,237	424,944	99,140	752,312	59,997	911,449	90.60(43.70)
1941	41.4	269,282	541,801	150,508	934,518	80,896	1,165,922	77.16(47.73)
1942	41.4	236,846	581,837	162,907	972,341	127,976	1,263,314	83.60(56.43)
1943	54.3*1	331,491	640,673	199,307	1,087,594	50,709	1,337,610	84.67(64.12)

*1 : 1944년 2월 9일 총독부 관보에 의하면, 1944년 2월 11일에는 국유철도 구간인 북평에서 삼척까지 12.9km가 총독부 철도국에서 삼척철도주식회사로 경영 위탁되면서, 삼척철도는 영업거리 총연장 54.3km가 된다.
*2 : 이하 괄호 안은 사설철도 전체의 1일 1km 평균 운수수입
주 : 1942년도 운수수입 각 항목의 합계액이 원문에서의 합계액과 상이하지만 원문대로 게재함.
출전 : 鮮交会, 앞의 책, 자료편, 163~165쪽

---

21) 참조, 삼척시지발간위원회, 〈삼척시지〉, 삼척시청, 1997년, 611-622쪽. 철도영업 개시 묵호-도계 간(鐵道營業開始 墨湖-道溪間), 〈동아일보〉, 1945년 8월 2일자 등

한편 삼척철도는 탄전이 확대되면서 채탄한 무연탄 및 사업용 재료 수송을 위해 1938년 11월 25일에 도계리에서 흥전리까지 2.7km 구간, 1939년 4월 17일에는 철암리에서 통리까지 8.9km 구간, 1940년 4월 19일에는 흥전리에서 심포리까지 6.0km 구간의 전용철도 부설 면허를 각각 취득한다. 이로써 묵호~도계~나한정~흥전~심포리~통리~철암으로 이어지는 현재의 영동선의 원형이 만들어지게 되는데, 이 중 나한정에서 흥전에 이르는 1.5km 구간은 스위치백 구간이며, 심포리~통리 1.1km 구간은 인클라인, 이른바 강삭노선 구간이다.

이처럼 스위치백과 인클라인 구간 도입에서 알 수 있듯이 이 지역은 특히나 경사가 가파른 산악지대로 전용철도 부설이 예상처럼 쉽지 않았다. 앞서 언급한 삼척개발 제12회 영업보고서(1941. 4. 1~9. 30.)에 의하면 1941년 7, 8월에 연속적으로 있었던 호우로 인해 "나한정~심포리 사이 전용선 공사 및 심포리~통리 사이의 강삭노선 부설공사는 모두 산사태(중략)… 예상치 못한 연약한 지반 등"(4쪽)으로 인해 의도대로 진척되지 않았음을 명기하고 있다. 결국 나한정~흥전~심포리 구간은 1941년 12월 완공하였으며, 심포리~통리 구간은 설계변경을 거듭하여 공사를 진행, 1942년 7월이 되어서야 완공하게 된다.[22]

이와 같이 탄전개발, 철도부설이 진행되면서 삼척군 일대는 크게 변화하는데 일례로 1997년 삼척시지발간위원회에서 발간한 〈삼척시지〉에 의하면 도계리 지역은 '도계광업소를 개설하기 전까지는 국내에서도 유명한 미개척지로 있었으며, 인가로는 화전민이 극소수 정착'하였으나, 개발이 진행되면서 '산업, 문화, 교육 등이 발전, 인구가 증가'했는데(621쪽), 1910년도 45,848명이

---

22) 삼척개발 제13회 영업보고서(1941. 10. 1.~1942. 3. 31.) 4쪽 및 제14회 영업보고서(1942. 4. 1~9. 30.) 5쪽

었던 삼척군 인구는 1920년도 73,044명, 1930년도 83,536명, 철도가 개통되는 1940년도에는 125,081명을 기록했다(243쪽). 또한 1944년 3월 발행된 조선총독부통계연보(朝鮮総督府統計年表)(1942년)에 의하면 "1942년 말 현재 조선의 총인구는 26,361,401명으로 이 중 강원도 인구가 1,866,260명, 삼척군 인구가 148,164명이었으며, 삼척군의 인구 구성은 조선인 145,092명, 일본인 3,042명, 그 외 외국인 30명"으로 기록되어 있다.

삼척군 일대가 무연탄 개발을 매개로 변모하면서 무연탄을 이용한 공업시설 역시 늘어나기 시작하는데, 예를 들어 오노다(小野田) 시멘트 삼척공장, 협동유지(協同油脂) 삼척공장(제2 공장은 청진), 삼척석회질소공장 등의 건설을 들 수 있겠다. 이 과정에서 조선전력은 오노다 시멘트 등이 완공, 가동하게 되면 영월발전소의 발전 능력만으로는 부족하여 이를 해소하기 위해 묵호해안에 최대출력 21만kw급 발전소(5만 3천kw급 × 4기)를 건설하기로 결정하기도 했다.

하지만 이러한 변화는 반드시 지역민을 위한 것만은 아니었다. 개발이 진행되면서 지가 상승으로 토착 주민들이 거주지를 버리고 떠나는 사례가 발생하기도 했으며, 철도의 경우 당초 계획했던 일반여객 및 화물은 취급하지 않아 주민들의 불만을 사기도 했다.

또한 정연수의 표현을 빌리자면 "삼척탄전 개발 및 묵호항 개항, 도계~묵호항 구간 철도개설을 위해 일본의 철도기술, 항만기술, 탄광기술을 총동원하였지만, 그 반면 징용 탄광노동자들은 삼척탄광(도계광업소)의 노동수용소에 갇혀 강도 높은 노동과 비인간적인 처우를 받아야 했다.[23] 특히 1930년대 후반으로 들어서면서 총독부에 의한 채탄독려와 통제강화, 그리고 광

---

23) 정연수, 《탄광촌의 형성, 발전, 쇠퇴》, 삼척시립박물관편, 《강원도 삼척시 도계읍 탄광촌 사람들의 삶과 문화》, 민속원, 2005년, 74-75쪽

부에 대한 관리가 엄격해지면서 처우는 더욱 열악해져 갔다."

6. 맺음말

이상과 같이 이 장에서는 삼천탄전 발굴과 이에 따른 철도부설 과정을 총독부 자료를 비롯한 당시 각종 자료, 신문 등을 중심으로 다각적으로 조망함으로써 일제하 광물자원 정책과 철도의 실제에 대해 고찰해보았다. 특히 오랫동안 유보탄전으로 지정되어 왔던 삼척탄전을 개방한 이유는 무엇이며, 탄전개발 과정은 어떠했는가, 또한 이와 동시에 진행된 철도부설 과정에 대해 그 배경과 실제에 대해 고찰해 보았다.

요약하자면 일제하 삼척탄전은 일찍부터 그 가치가 파악되고 있었지만 비용 등의 이유로 개발이 유보된 채로 이어지다 일단은 해군성에 광업권이 이전되기도 했다. 하지만 해군성이 주연료를 중유로 전환하면서 광업권은 다시 총독부로 반환되었고, 이를 계기로 민간불하를 통한 탄전개발이 독려됐다. 이 과정에서 일본 자본간의 치열한 경쟁이 있었으며 우여곡절 끝에 삼척개발 주식회사를 통한 탄전개발이 본격화되어 동시에 철도부설이 추진되었다. 이러한 일련의 정책결정 과정에 있어서 지역민의 의견, 조선인 기업의 참가, 더 나아가 조선 전체의 균형적인 발전은 고려되지 않았으며, 이는 총독부 관료들이 광복 이후에도 줄곧 주장해왔던 "조선의 발전을 위해 노력했다."는 언설(言說)과는 정면으로 배치된다고 볼 수 있겠다.

물론 당시 삼척군은 탄전개발, 철도부설, 묵호항 개발, 공공기관 및 교육기관 신설, 상하수도를 비롯한 각종 도시 인프라 건설과 함께 급격한 인구 증가를 보이며 크게 변모한 것도 사실이다. 그럼에도 불구하고 삼척은 원료 공급지의 역할에 머물렀으며 어디까지나 개발의 대상에 불과했다. 결과적으로 이러한 일련의 개발과 변화는 초국가주의 일본을 위한 기여라고밖에 할 수 없을 것이다. 허우긍이 언급하는 "민족문제야말로 식민지 조선경제를 이해하는 데 가장 본질적인 것(중략)… 식민지 사회는 이민족에 의한 지배가 핵심이고, 따라서 그러한 사회에 대한 분석에서는 민족문제를 핵심적 요소로 포함하지 않으면 안 된다."라는 지적은 삼척탄전 개발 과정에도 적용될 수 있을 것이다.[24]

다만 이 장에서는 일제에 의해 독려된 개발과 변화에 있어서 그 지역의 정치, 경제, 사회, 문화 등의 다방면에 걸친 검증에는 이르지 못했다. 나아가 삼척 이외 지역과의 비교연구를 통한 개발의 실제에 대한 접근 또한 불충분한 상황이다. 따라서 앞으로는 이 부분과 관련하여 자료수집과 비교연구를 수행함으로써 보다 포괄적인 관점에서 일제하 자원정책의 본질과 실제에 대해 살펴보고자 한다.

---

24) 허우긍, 《일제강점기의 철도 수송》, 서울대학교 출판문화원, 2010년, 24쪽

제4장
철도의 발전과 사회 변화

제4장 철도의 발전과 사회 변화

1. 철도의 시작

현재와 미래의 철도를 조명하기 위해서는 과거의 철도 모습과 상황을 잘 정리하고 이를 해석해야 한다. 즉, 철도의 현재와 미래를 보기 위해서는 과거의 철도역사를 잘 알고 정확하게 분석해야 하는 것이다.

철도의 역사를 거슬러 올라가면 1829년 영국 리버풀에서 맨체스터 간에 어떤 기관차를 달리게 할 것인가를 결정하기 위해 리버풀의 레인힐에서 시합을 벌였다. 여기서 조지 스티븐슨의 아들인 로버트 스티븐슨이 제작한 로켓호가 우승하였고, 후에 1830년 13톤의 화물을 싣고 시속 48㎞로 운행한 것이 리버풀~맨체스터 상업용 철도의 출발점이었다.

우리나라 철도는 1899년 9월 18일 운행을 시작하여 1910년 일제강점기에 철도가 타율적으로 운영되었고, 1917년에서 1925년까지 남만주철도주식회사에 의해 위탁경영 되었다. 1945년 해방을 맞이하였으며, 1963년부터 철도청에 의해 운영하다가 2005년 철도공사가 출범하게 되었다.

고속철도의 역사를 보면 일본에서 1964년 신칸센이 개통되었고, 유럽에서는 프랑스와 독일에서 각각 개통되었다. 고속철도가 개통되면서 철도는 다시 한 번 부흥기를 맞이하였으며 이제 친환경수단으로서 교통혁명의 주역으로 자리 잡고 있다. 우리나라도 2004년 고속철도가 개통되어 10주년을 맞이하였는데 그간 우리나라의 국토와 교통에 큰 변화를 주고 있다. 이 장에서는 고속철도를 포함하여 철도가 가져온 변화를 살펴보고 우리나라 철도의 미래에 대하여 살펴보고자 한다.

2. 철도와 사회의 변화

철도는 다양한 기능을 가진 교통수단으로 여러 가지 측면에서 사회 경제적으로 영향을 미쳤다. 최근 빌로스(2014)는 저서 《철도, 역사를 바꾸다》에서 철도의 영향력을 사회성, 상업성, 정치성, 공학성, 군사성으로 분석, 세상을 바꾼 50가지의 철도이야기를 하면서 주요한 것들을 정리하여 설명해 주고 있다. 이 중 몇 가지를 소개해 보면 다음과 같다.

(1) 미국 볼티모어~오하이오 철도와 대륙철도

볼티모어~오하이오 철도는 미국 최초의 여객철도 노선으로, 피터 쿠퍼는 미국 최초의 공용철도인 이 구간의 철도운행을 위해 미국 최초의 증기기관차 톰섬을 제작하였다. 1777년 독립선언서에 서명한 당시 90살의 찰스 캐롤이 직접 참여해 주춧돌을 놓았다. 그는 "나는 이것이 내 인생에서 가장 중요한 일이라 생각한다. 이는 미국 독립선언문에 서명하는 것에 버금가는 것이다."라고 이야기하였을 정도로 획기적인 사건으로 기록하고 있다.

(2) 캐나다 태평양 철도

브리티시컬럼비아 주민들은 캐나다 연방에 가입하면서 철도를 다른 지역과 연결해 줄 것을 조건으로 내세웠으며, 이를 기초하여 1885년에 캐나다 태평양 철도(벤쿠버~몬트리올, 3,219km)가 개설되었으며, 최초의 대륙 횡단철도 사업이 운행되면서 점차 수익이 발생하였다. 이 사업은 증기선, 호텔, 천연가스, 항공기, 버스, 산림 등의 사업까지 확장되었으며, "이 위대한 작업이 완료되기 전까지 캐나다의 영연방 자치령은 그저 지도상의 선에 불과할 것이다." (존 맥도날드 캐나다 첫 번째 총리)라고 하였다.

철도는 또한 세계의 표준시간 제정의 기초가 되었다. 캐나다 태평양 철도 회사의 측량가인 샌퍼드 플레밍은 아일랜드에서 기차를 놓치고 말았는데 기차 시간이 지역마다 다르게 표기되어 있기 때문이었다. 플레밍은 세계시간을 만들기로 하고 표준세계시간을 구상하였으며, 전 세계를 24개의 지역으로 나누었다. 지구 전체를 360도로 보면 각 지역은 24로 나눈 15도가 한 시간이다. 당시 그의 생각은 채택되지 못했지만 1918년에 현실화되어 사용되고 있다.

(3) 탈리린 철도

영국 웨일즈의 12km 철도구간으로 1870년에 슬레이트를 운반하는 철도였지만 그 후 자동차 발달로 1951년 운행이 정지되었다. 1975년 자원봉사자들이 다시 철도운행을 재개함에 따라 다른 지역에 존재하고 있는 세계유산

철도를 복구하는 노력이 시작되었다.

(4) 시베리아 횡단철도

1891년~1915년 전 세계에서 가장 긴 철도인 시베리아 횡단철도가 건설되었는데 블라디보스토크~첼랴빈스크 간 7,242km이다. 러시아 대륙의 각지를 연결하고 전제 군주제시대와 혁명시대를 잇는 가교 역할을 하였으며, 산업화와 자원발굴이 본격적으로 진행되었고 러시아를 통합하는 데 큰 역할을 하였다.

(5) 도카이도 신칸센

남만주철도 아시아호가 다롄에서 하얼빈 간 882km를 13시간 30분에 주파하였으며, 후에 이를 바탕으로 하여 1964년에 도카이도 신칸센이 운행을 시작하여 전 세계에서 최초의 고속철도가 시작되었다. 이를 바탕으로 세계 각국에서는 고속철도 건설과 기술개발을 위한 노력을 기울여 지금의 고속철도시대를 열었다.

이와 함께 시간이 지난 오래전 이야기이지만 1917년 일본 철도원에서 발행한 자료를 보면 철도는 농업과 임산물 그리고 광산업, 공업, 상업, 문화와 국제관계 등에 큰 영향을 미친 것을 알 수 있다. 일례로 철도를 통해 세계 일주여행이 활성화되었고, 문화의 전파 등 다양한 영향을 사회에 끼쳤다.

<표 4-1> 철도의 사회경제적 영향력

분야	주요 내용	영향력
농업	쌀, 잡곡, 야채, 과일, 비료	- 소비지의 확대(대도시) - 수출입 품목의 철도수송
임산물	목재, 목탄	- 철도역 주변의 목재소 증가 - 수운수송의 감소
축산업	축산물	- 마차에 의한 수송 감소 - 축산물의 철도수송
수산업	해산물과 소금	- 가격의 변화 - 급송 수산물의 철도수송 확대
광산업	금속광업, 석탄, 석유, 채석	- 철도수송에 의한 시장 확대 - 수운의 쇠퇴 - 석유수송의 발달
공업	방직, 직물, 도자기, 시멘트, 기와, 제지, 밀가루, 술 등	- 원료와 제품의 철도수송 - 소비지의 확대
소비	제조 원료의 소비 생활필수품의 소비 재해	- 제조업 원료의 철도 이용(철과 석탄) - 생필품 수송에 의한 생활향상 - 재해시 물자수송
상업	국내 상업 외국무역	- 철도에 의한 화물수송 증가 - 철도 개통에 따른 철도역 주변의 상업발달 - 운송비의 절감 - 외국무역의 성장 - 항만의 철도시설 확대 - 여행이용자의 증대
통신	통신업의 발달	- 우편제도의 발달 - 해외로의 통신시간 단축 - 철도의 우편물수송에 의한 수입증가 - 철도의 통신선을 일반을 위해 사용
육송과 해운업	해운업에 미친 영향 하천과 육상교통에 미친 영향	- 국유철도 직영의 해운업 발달 - 철도 개통에 따른 항만의 성장과 쇠퇴 - 철도 개통에 따른 하천, 호수, 육상교통의 변화
각종 영업	운송업의 발전 창고업의 발전 철도 구내영업의 발전 여관, 음식점의 발달 도선업의 쇠퇴 온천과 관광지의 발달	- 통운사업의 발전 - 창고의 증대 - 역 구내영업의 활성화 - 철도 개통에 따른 여관과 음식점의 성장과 쇠퇴 - 도선업의 쇠퇴 - 새로운 온천지 개발
인구 변화, 도시 발전	도시의 팽창 철도정차역의 발전	- 새로운 도시의 인구증가 - 대도시의 인구 이동 - 철도로 연결되는 지역의 발전 - 철도의 개통으로 인한 도시의 발전과 쇠퇴
문화	문화의 발달	- 학교교육의 발달에 기여(통근, 수학여행, 학교용품) - 지식의 교환(교류의 촉진, 단체여행, 순회강연의 촉진) - 신문, 잡지의 보급(신문잡지의 수송) - 풍속의 변화 (음식, 두발, 의복, 건축, 언어, 제사, 오락, 연극, 사진)

국제 관계	내외국인의 교류증진 국제운송의 발달	- 외국인의 철도 이용을 통한 교류증진 - 외국인의 증가에 대한 철도시설의 확충 - 외국승객 유치활동 - 선박에서의 철도승차권 판매 - 외국승객을 위한 직원의 외국어 교육 - 철도에서의 호텔직영 - 국제여객과 화물의 증가 - 세계일주 티켓의 판매

자료 : 鉄道院(1917), '鉄道の社会及び経済に及ぼせる影響'을 정리

이러한 철도를 통한 사회 변화는 마치 로마의 길이 유럽에 영향을 미친 것과 비교할 수 있으며, 당시의 변화는 최근 고속철도가 개통되면서 사회에 영향을 미친 것과 유사한 면이 있다.

Berechman(2003)은 로마시대의 도로는 군사적인 목적뿐만 아니라 국제무역, 경제교류 활성화, 문화교류 확대 등에 큰 영향을 미쳤다고 분석하고 있다.[25] 기원전 312년부터 시작하여 유럽 전역에 건설된 약 85,000km의 도로는 당시로서는 첨단의 새로운 기술로 건설되었고 군사, 정치, 문화, 경제 사회, 기술 등 사회전반에 큰 영향을 미쳤다. 시간적으로는 약 2,000년의 차이가 있는 고속철도의 경우도 신속한 사람과 물자의 이동으로 경제 교류 활성화 등 시간을 초월하여 거의 동일한 현상을 보이고 있다. 또한 기술적인 측면에서도 두 교통인프라는 신속한 이동을 목적으로 직선으로 설계되었고, 유지보수 비용을 최소화하는 기술을 적용하였고, 노선폭도 6미터 이상으로 설계된 공통점을 가지고 있다.

---

25) Berechman(2003), Transportation-economic aspects of Roman highway development : the case of Via Appia, Transportation Research Part a 37(2003), pp. 453~478

<표 4-2> 로마제국의 도로와 고속철도의 비교

구분	로마시대 도로	고속철도
최초 건설	560km(BC 312) 이태리, 스페인, 영국, 프랑스	553km(1964) 프랑스, 독일, 이태리, 영국, 일본
전체거리	85,000km(372링크) (AD 200)	17,502km(2000)
영향력	군사, 정치, 문화, 경제, 기술면에서 큰 영향력. 특히 무역에 큰 공헌	정치, 문화, 경제, 기술면에서 큰 영향력
특징	직선, 폭은 20~23피트(약 6미터), 훌륭한 배수시설로 유지보수비용을 최소화	직선, 슬라브 궤도 등으로 유지보수비용을 최소화, 단선의 폭(1.435mm), 복선으로 유지하고 여유 공간을 합하면 6미터 이상(TGV의 차량 폭은 2.9미터)

자료 : UIC통계자료(www.uic.asso.fr/railisa)와 http://www.unrv.com/culture/roman-ro ads. php

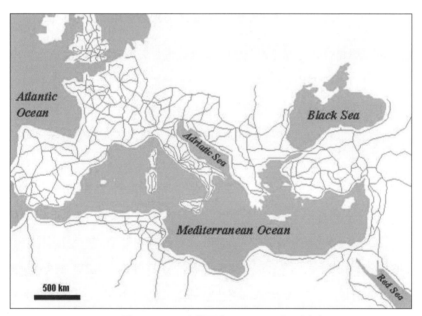

<그림 4-1> 로마제국의 도로, AD 200년경

프랑스와 독일의 경우 철도가 개통 후 철도수송량이 증가하다가 1920~1930년대 자동차의 증가로 철도수송량이 급속하게 감소하였다. 그러나 1980년 이후 프랑스의 고속철도와 1990년 독일의 고속철도가 개통되면서 철도수

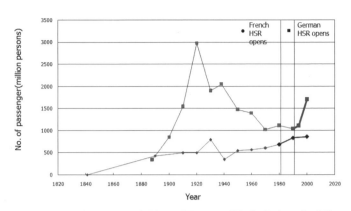

<그림 4-2> 고속철도 개통으로 인한 승객 수요의 변화

송량이 증가하였다. 프랑스의 경우 1840년 철도가 개통된 후 1930년대 자동차의 증가로 철도수송량이 감소한 후 완만한 회복세를 보였지만 1981년 고속철도 TGV 개통 이후 증가하고 있다. 독일의 경우는 1920년을 정점으로 계속 감소하다가 1991년 고속철도의 개통 이후 철도교통량이 증가하고 있는 것을 알 수 있다.

이러한 빠른 철도의 출현은 철도수송량의 큰 변화를 가져오면서 사회에 많은 변화를 미치고 있다. 예를 들면 교통학에서 이야기하는 시간과 공간지도를 보면 1930년대에 도쿄에서 오사카 구간은 8시간 20분 소요되던 것이 1964년 고속철도의 개통으로 3시간 10분이 소요되고, 2027년 개통예정인 리니어 신칸센은 1시간으로 소요시간이 단축, 그만큼 빈번한 이동이 가능하여 새로운 변화를 가져오게 되었다.

각국은 이러한 철도가 사회와 문화에 끼친 영향력을 잘 보존 정리하고 있는데 이를 집대성한 것이 바로 철도박물관이다. 일본은 전국 각지에 철도자료관을 포함하여 약 160여 곳이 있는데, 이는 지방자치단체 혹은 철도회사가 운영하고 있다. 가장 대표적인 것이 오미야철도박물관, 오사카에 있는

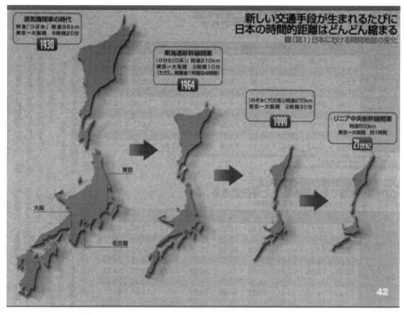

<그림 4-3> 신칸센 개통으로 좁아진 일본 국토

<표 4-3> 각국의 철도박물관 현황

박물관명	운영 주체와 영업 개시일	건설비 및 규모	특징
일본 오미야 철도박물관	동일본철도주식회사 설립 20주년 기념사업 2007년 10월 14일 영업 개시 동일본철도주식회사 소유로 운영은 재단에 위탁	건설비 약 200억 엔 부지면적 12,400평 건물면적 8,460평	차량기지를 개조 철도박물관, 산업박물관, 교육박물관
일본 오사카 교통박물관	1962년 오사카 환상선 개통기념 영업 개시 서일본철도주식회사 소유로 재단에 위탁운영	부지면적 4,355평 건물면적 2,737평	교통박물관, 산업박물관 연간 28만 명 방문, 약 6만 점 16명 근무
영국 요크 국립 철도박물관	국립철도박물관 1925년	부지면적 24,500평	연간 70만 명 방문, 160명 근무, 300만 점 유물보관
중국 베이징 철도박물관	국립철도박물관 2002년	부지면적 47,575평 건물면적 6,212평	교외 위치로 증기기관차 등 차량 위주보존
한국 철도박물관	철도공사소유 1988년	부지면적 8,495평 건물면적 1,451평	연간 20만 명 방문 약 1만 점의 유물소장

교통과학박물관, 나고야에 있는 리니어철도박물관 그리고 규슈의 철도자료관 등이다. 영국엔 세계에서 가장 큰 규모의 요크 국립철도박물관이 있으며, 이웃 중국의 경우에도 북경과 상해에 각각 철도박물관이 있어 그동안 철도가 사회와 경제에 미친 영향력을 잘 보존하고 있다. 특히 일본의 리니어박물관은 고속철도 중심의 특화된 박물관이다.

주 : 로켓호는 조지 스티븐슨의 아들 로버트 스티븐슨이 만든 증기기관차로 1829년 증기기관차 대회에서 우승하여 1830년 리버풀~맨체스터 간에 운행되었다.

요크박물관의 로켓호(증기기관차)

로켓호가 견인한 리버풀~맨체스터 구간의 열차(영국 요크박물관)

나고야 리니어박물관 내의 신칸센

3. 고속철도에 의한 우리나라의 변화

(1) 시간과 공간의 혁명

경부선의 개통으로 지역 간 이동이 신속하게 되었고 국토공간구조가 크게 변화하였다. 당시의 기록에 의하면 1894년 우리나라를 다녀간 영국 여류 지리학자 이사벨라 버드비숍의 견문기에서는 말을 타거나 걸어도 한 시간에 4.8km 이상은 갈 수 없다고 전하고 있다.[26] 따라서 당시 서울~부산 간의 이동은 약 14일이 소요되었는데, 경부선이 개통된 후에는 서울~부산 간 약 11시간이 소요되었다.

1905년 경부선, 1906년 경의선, 1914년의 호남선과 경원선의 개통으로 우리나라는 X자형의 종단철도망이 완성되었다. 이러한 철도망의 영향으로 우리나라는 종축의 철도망 중심으로 발전하기 시작하였고, 동서축은 크게 발전하지 못하였다.

또한 당시 서울~용인~충주~조령~문경~대구~밀양~부산의 도로노선과 철도노선을 비교해 볼 때 철도노선은 충청북도를 지나지 않고 대전 방향으로 충청남도를 통과함으로 해서 그간 교통의 요충이었던 충주와 청주보다는 대전 중심으로 발전하기 시작하였다.

따라서 철도망이 지나는 서울~대전~김천~대구~부산축이 우리나라 국토 발전의 중심축으로 자리 잡기 시작하였다.

---

26) 이사벨라 버드비숍(이인화 옮김)(1994), 《한국과 그 이웃 나라들》, 살림, pp. 154~155

<표 4-4> 교통망과 통행시간의 변화

	철도 개통 이전 교통망(도로)	철도 개통 이후 교통망(철도)
노선	서울~용인~충주~조령~문경~대구~밀양~부산	서울~수원~천안~대전~김천~대구~부산
소요시간	14일	11시간

우리나라 고속철도가 개통된 것은 2004년으로 그 이전에는 새마을호가 가장 빠른 속도로 운행하였다. 새마을호와 고속철도를 비교해 보면 재미있는 결과가 나온다. 고속철도와 새마을호를 비교해 볼 경우 현재 고속철도로 빠른 여행을 하면 공간적으로 예전의 천안은 수원, 대전은 오산, 부산은 대전 이남에 위치하고 있는 것과 같은 결과가 나와서 그만큼 빈번한 이동수요를 발생시켰다고 할 수 있다.

<표 4-5> 고속철도와 새마을호의 소요시간 비교

열차 /구간	새마을호	철도 개통 이전 교통망(도로)	철도 개통 이후 교통망(철도)
서울-천안	1시간 8분	39분	수원(새마을호 39분)
서울-대전	1시간 53분	50분	오산(새마을호 50분)
서울-부산	5시간 7분	2시간 27분	대전 부근이남(새마을호 2시간 27분)

자료 : 코레일 열차시간표

(2) 철도승객의 증가

고속철도 개통 이후의 수송량의 변화를 보면 2004년 이후 철도수송량은 18% 증가하였고, 2004년 철도 이용객 중 고속철도가 18%를 차지하였으나 10년이 지난 2013년에는 41%로 증가하여 고속철도 중심으로 여객수송이 재편되고 있음을 알 수 있다.

<표 4-6> 고속철도 개통 이후 10년간 철도 이용객 추이

(단위 : 명 / 연인원)

구분	KTX	새마을호	무궁화호	통근열차	합계
2004	19,882,337	12,489,399	63,569,297	15,273,297	111,214,330(1)
2005	32,369,540	10,625,570	58,665,188	13,341,993	115,002,291
2006	36,490,137	9,690,267	55,914,007	12,237,045	114,331,456
2007	37,315,135	10,014,723	55,320,438	7,980,323	110,630,619
2008	38,016,405	10,814,239	57,383,295	6,884,560	113,098,499
2009	37,476,940	10,932,361	55,335,056	3,988,179	107,732,536
2010	41,348,500	10,924,731	58,564,906	1,254,992	112,093,129
2011	50,309,398	10,207,027	60,509,859	742,739	121,769,023
2012	52,362,029	9,379,847	63,333,092	741,659	125,816,627
2013	54,744,089	9,035,549	67,163,027	1,090,788	132,033,453 (1.18)

자료 : 철도공사

(3) 도시의 변화

철도망은 서울을 중심으로 부산축, 목포축, 신의주축, 원산축이있는데, 그 중심은 서울·부산 축이었다. 이는 일본과의 교역의 중심이 부산이었고 일본과 대륙간의 물자수송이 경부선을 이용하여 이루어졌음을 알 수 있다. 이러한 경부축 중심의 발전은 인구와 철도수송량, 도시 발전에서 확연하게 드러나고 있다. 1921년과 1940년, 1998년의 인구 변화를 보더라도 영남지방이 호남지방에 비해 크게 증가한 것을 알 수 있다. 따라서 당시의 경부축 중심의 발달은 해방 이후에도 계속되었는데 이는 철도의 발전 축과 무관하지 않다.

김천역은 경부선이 개통되면서 발전한 도시이다.

한편 철도망으로부터 소외되어 발전이 멈춘 대표적인 예의 하나는 경상북도 상주이다. 상주는 조선시대 경상도의 도청이 있던 곳으로, 1928년 통계를 보면 상주 인구는 24,000명, 김천이 13,000명, 안동이 10,000명, 문경이 2,000명, 예천이 5,000명으로 상주는 그 지역의 중심이었다. 상주는 쌀 생산과 양잠으로 유명하였고 예로부터 상주명주는 전국적으로 질이 높기로 유명하였다. 그러나 상주는 경부선이 김천을 경유함에 따라 해방 이후 계속해서 발전으로부터 소외되어 현재에 이르고 있다. 현재는 김천에서 영주까지 연결되는 경북선상에 위치하고 있는데 2013년의 인구는 상주가 10.3만 명, 김천 인구는 13.5만 명이다.

<표 4-7> 철도 개통과 인구 변화

구분	대전	공주	전주	충주	천안	상주	김천
초기인구 (A)	188명 (1904)	7,174명 (1911)	12,617명 (1907년)	10,000명 (1900)	12,000명 (1928)	24,000명 (1928)	13,000명 (1928)
최근인구 (B)	154만 명 (2013)	11.8만 명 (2013)	65.5만 명 (2013년)	21.1만 명 (2013)	60.7만 명 (2013)	10.3만 명 (2013)	13.5만 명 (2013)
B/A	8,191	16.4	51.9	21.1	50.5	4.3	10.0
철도 개통	1905년 (경부선)	없음	1927년 (전라선)	간선철도 교통에서 제외 10,207,027	1905년 경부선 1931년 장항선	1924년 (경북선)	1905년 (경부선)

자료 : 각 도시의 통계연보

고속철도 개통 이후 서울역의 고속철도 이용인원은 2004년에 비해 2.25배, 천안아산의 경우는 4.38배, 대전은 2.55배, 동대구는 1.96배, 부산은 2.11배 증가하였다. 특히 천안의 경우 가장 많은 증가가 이루어진 것을 알 수 있다.

이와 같은 천안의 변화는 천안 주변의 역세권이 발전할 뿐만 아니라 고속철도역 주변으로 역세권과 함께 문화권이 생기는 새로운 변화가 일어나고 있다. 독일의 저명 예술잡지인 〈Art〉는 한국에서 반드시 방문해야 할 곳으로 천안을 선정하였는데, 여기에는 천안역 근처에 아라리오 갤러리가 있기 때문이다. 하루에 약 7만 명이 모이고 있는 이곳에는 조각공원과 백화점 등이 인접해서 문화와 상업의 공간을 이루고 있는데, 이것도 바로 고속철도가 가져온 새로운 변화이다.

<표 4-8> 고속철도 주요 역 이용인원

(단위: 명 / 연인원)

역별 연도	서울	광명	천안아산	오송	대전	동대구	부산
2004	12,206,687	1,615,060	1,320,081		4,019,202	6,572,705	6,877,213
2005	18,391,017	3,601,908	2,298,774		6,447,709	10,698,665	10,400,592
2006	20,111,964	4,448,010	2,849,136		7,649,663	11,846,382	11,071,871
2007	20,020,190	5,014,726	3,149,790		8,008,707	11,839,904	11,122,725
2008	20,093,816	5,344,268	3,453,068		8,177,450	11,781,601	11,002,859
2009	19,741,978	5,314,058	3,715,690		8,174,046	11,548,691	10,518,819
2010	21,767,344	5,831,710	4,305,157	157,162	8,772,180	12,266,751	11,670,955
2011	26,199,189	6,455,839	5,109,220	1,081,668	9,618,015	12,520,344	13,929,575
2012	26,736,432	6,808,170	5,327,520	1,284,769	9,843,717	12,650,154	14,096,484
2013	27,520,242	7,244,032	5,724,038	2,088,361	10,219,714	12,879,162	14,443,842

자료 : 철도공사

(4) 학문의 변화

철도와 고속철도의 개통을 통해 철도에 대한 다양한 학문적인 연구가 진행되었다. 철도 관련 학문에 관련해서는 교통학뿐만 아니라 역사학, 문화와 관련해서는 과학사, 건축학, 경영사, 기술사 등에 큰 영향을 미치고 있으며, 이와 관련해서 좋은 책들이 출판되고 있다.

<표 4-9> 철도와 관련된 학문분야

구분	관련 학문
철도정책	행정학, 정치학, 정책학, 경제학
철 도 사	사학, 경영학, 경제학, 지리학, 사회학
철도기술	토목, 전기, 기계, 건축
철도계획	교통학, 도시계획

<표 4-10> 철도와 관련된 저서들

분야	저서명	저자	특징
철도정책	철도의 르네상스를 꿈꾸며(2004)	서선덕 외	철도부흥과 각국 철도
	철도정책론(2009)	김동건 외	철도정책의 제시
역사	일제 침략과 한국 철도(2004)	정재정	일제강점기 철도 특징
	조선교통사(2012)	철도문화재단	일제강점기 철도 소개
고속철도	고속철도시스템의 이해(1999)	김선호	고속철도의 기술적 이해
대륙철도	시베리아 횡단철도(2006)	최연혜	교통, 역사, 문화 등
해외 철도	일본 철도의 역사와 발전(2004)	이용상 외	철도의 역사, 발전, 문화
기타	매혹의 질주, 근대의 횡단(2003)	박천홍	근대화 속에 철도이야기
	고속철도로 가는 길(1994)	권기안(번역)	신칸센을 만든 사람들 (소고 총재 이야기)
	도시철도론(2002)	김경철	경전철, 급행도시철도 등
	철도여행의 역사(1999)	볼프강 쉬벨부쉬	공간과 시간의 파괴
	철도차량핸드북(1999)	구보다	철도차량에 대한 설명
	한국의 간이역(2009)	임석채	간이역에 대한 설명

4. 철도의 미래

(1) 해외시장

세계 철도시장은 계속 확대될 전망이며 우리나라는 2004년 고속철도가 개통되어 현재 운영 면에서 세계적인 수준에 있는 철도강국이다. 보스턴컨설팅그룹의 리포트에 의하면, 성장률은 최근 동안 약 2.4%로 계속되었다고 한다.

세계시장에서는 2006년 기준으로 약 1,020억 유로 수준에서 2010년 1310억 유로, 2015년에는 1,600억 유로 수준으로

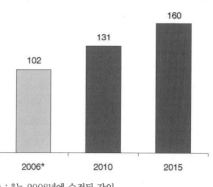

주 : *는 2008년에 수정된 값임.

<그림 4-4> 전체 시장규모(단위 : 십억 유로)

증가할 것으로 예측하여 2015년까지 약 4.1%의 연평균 증가율로 증가할 것으로 예측하고 있다. 이러한 세계 철도시장은 글로벌화, 도시화, 환경보호, 안전 등의 요구에 따라 점차 발전할 것이며, 현재의 철도시장은 경기부양책과 화물수송시장에서의 철도 회복이 주요 동력이 되고 있다.

우리나라는 세계 철도선진국과 어깨를 나란히 하는 고속철도운영국으로, 이를 바탕으로 해외진출 가능성도 매우 높다고 하겠다.

<표 4-11> 각국의 고속철도계획

국가명	구간	비고
중국	베이징~상해 등 '4종4횡' 9노선	2020년 목표로 1만 8,000km 정비계획
베트남	하노이~호치민(약 1,600km)	일본 신칸센 기술채용 요청
태국	방콕에서 3노선	구상단계
인도	뭄바이~아메다바드 등 5노선	인도 정부 자금으로 조사 예정
이란	테헤란~이스파한(약 250km)	건설 중
인도네시아	자카르타~슬라바야(약 680km)	실현가능성 조사 실시
사우디아라비아	메카~메디나(약 440km)	입찰 중

포르투갈	리스본~마드리드~리스본~포르투	곧 공사 착공
폴란드	바르샤바~우지~브로츠와프/포츠나뉴	2020년까지 시속 250km 이상의 노선건설 목표. 조사 중
모로코	케니트라~탕헤르(약 200km)	프랑스가 낙찰, 공사 개시
이집트	카이로~알렉산드리아(약 350km)	실현가능성 조사완료
남아프리카	요하네스버그~더반(약 700km)	
미국	캘리포니아(샌프란시스코~로스엔젤레스) 등 11노선 계획	구 정부자금으로 조사 중. 주민투표로 주채권 발행이 결정
멕시코	멕시코시티~구아달라자라(약 550km)	
브라질	리오데자네이루~상파울로~칸피나스(약 530km)	
아르헨티나	부에노스아이레스~로사리오~코르도바(약 710km)	프랑스 TGV시스템 도입 결정
호주	시드니~캔버라	

자료 : 다다 요헤이(2010), '세계 철도정비계획 현상', 운수와 경제, 2010년 4월, 운수조사국

<표 4-12> 세계 주요 도시철도계획

국가명	도시 명	현상
중국	베이징	지하철 6호선, 7호선(24km) 건설 시작, 8, 9, 10호선 연장 공사 중. 2015년까지 총연장거리 약 560km 목표
	상하이	지하철 선로 연장 중. 엑스포 개최인 2010년 5월까지 총연장거리 400km 목표로 진행되었음.
	충칭	지하철, 모노레일, LRT 5노선 130km 중, 3노선 50km 건설 착수
	우한	도시철도 7노선(220km) 계획 중. 1호선(LRT) 25.8km, 22역 중 10km 고가부분은 2004년 9월 개통완료
	마카오	도시철도(LRT 21km)계획 중
한국	용인	경전철 운영 중
	부산	경전철LRT(컴퓨터 제어·철차륜 신교통시스템(23.2km)) 운영 중
	서울	LRT(컴퓨터 제어·철차륜 신교통시스템(11.5km)) 건설계획
대만	타이중	타이중 MRT(대량고속수송시스템) 건설 중. 전장 16.71km, 환승역 포함 18역 건설
베트남	호치민	지하철 6호선으로 시 중심부와 교외를 연결할 계획. 1호선(약 20km)은 2014년 개통 목표
	하노이	2008년에 2020년을 목표로 5노선 지하철, 교외철도 등 준비계획 결정
싱가포르	싱가포르	지하철 총연장거리를 2020년까지 현재의 138km에서 278km로 확대
필리핀	마닐라	LRT 1공항 방면(12km) 연장공사 중. MRT4, MRT7 계획 중

태국	방콕	퍼플라인(반야이~반스 간 23km), 레드라인(반스~란시트 간 26km) 엔차관 조인, 계획 진행 중. 에어포트 링크(수완나품공항 ~ 반야타이) 간 26.8km 건설중(2010년 완성)
	첸마이	첸마이현 라이트메트로 지하철을 부설하는 안이 각의 결정(4호선, 총연장 27.4km)
인도네시아	자카르타	도심부에 MRT계획. 2009년 3월에 엔차관 공여
	슬라바야	지하철계획 중. 프랑스가 주력. 구체화는 향후
인도	뭄바이	지하철 공사 중. 1호선(11.4km, 베르소바~안데리~카트코파르)는 2010년 말 계통
	뱅갈루	동서 2노선(33km, 32역) 공사중, 2012년 완성 목표. 33%가 엔차관
이라크	바그다드	건설 중단 중이지만 곧 재개 예정
UAE	아부다비	2014년 개통 예정으로 130km의 도시철도계획. LRT(12km) 건설 검토중
이탈리아	블레시아	자동운전 라인 메트로(13.1km, 17역(그 중 지하 8역) 건설중. 2012년 완성 목표
	볼로니아	LRT(11.8km, 지하 6.5km) 건설 중
영국	쉐필드	트램 트레인 건설
알제리	올란	LRT(18km) 건설. 시 중심에서 남, 동으로 연장
	콘스탄틴	LRT(9km) 건설 공사 진행 중
모로코	카사블랑카	LRT(15.5km) 건설 제안이 있음.
나이지리아	라고스	도시철도 2노선 계획 중. 나이지리아 정부는 중국과 계약을 체결한 듯
우루과이	몬테비데오	지하철 3호선(레드, 블루, 옐로라인)과 LRT 1노선 계획 중
브라질	상파울로	지하철 4호선 건설 중. 6호선은 2010년 착공
캐나다	캘거리	급속한 인구 증가에 대처하기 위해 2030년 목표로 라이트레일 지하철계획이 있음.
	오타와	지하철 계획이 시민 간 논의 중
미국	워싱턴	스트리트카(2km) 건설
	호놀룰루	고가철도(32m) 건설 중
러시아	소치	2014년 동계올림픽, 해안지구와 각 회장을 연결하는 철도계획

자료 : 다다 요헤이(2010), '세계 철도정비계획 현상', 운수와 경제, 2010년 4월, 운수조사국

(2) 대륙철도

유라시아철도는 주요한 노선으로는 시베리아횡단철도(TSR : Trans Siberian Railway)와 중국횡단철도(TCR : Trans China Railway)노선이 있다.

시베리아횡단철도는 유라시아 물류의 주요 통로로서 보스토치니 및 하산에서 모스크바를 거쳐 상트 페테르부르크를 경유 핀란드로 연결되는 노선과 벨로루시를 거쳐 폴란드, 독일 등으로 연결되는 노선으로 나뉘어진다.

보스토치니항은 캄차카반도, 사할린, 일본 및 한반도에서 오는 해상화물의 집결지이고, 하산역은 한반도 및 두만강지역의 화물집결지로 운용되고 있다. 궤도의 폭은 광궤(1,520mm)이며, 전 구간 복선전철화 및 36개의 역이 설치되어 있으며, 그 중 13개 역은 컨테이너 취급역이다. TSR의 이용물동량은 1998년에 68,173TEU(20피트 컨테이너)에서 2007년에 620,831TEU로 약 9.1배 증가하였다. 2011년에도 약 60만 TEU를 유지하고 있다. 그 중에서 2007년 기준으로 TSR 이용물동량의 약 71%를 중국과 한국이 이용하고 있다. 중국과 한국의 TSR 이용실적을 보면 중국의 경우 2003년에 79,818TEU에서 2007년에 235,100TEU로 2.94배 증가하였고, 한국이 2003년에 119,501TEU에서 2007년에 206,200TEU로 1.72배에 증가한 것에 비해 크게 증가하였다. 2011년 양국의 이용률은 전체 TSR 물동량의 75%를 차지하고 있다.

중국횡단철도(TCR)는 중국에서 중앙아시아를 경유하여 아시아·유럽 간을 연결하는 국제복합수송루트로, 흔히 중국에서는 '차이나 랜드브리지(CLB : China Land Bridge)'라고 불리며 중앙아시아에서는 '트랜스아시아철도', '유로아시아철도', '실크로드철도'로 부르기도 한다. 중국 내 국제 철도망으로 활용되는 대륙횡단철도로는 TCR(Trans China Railway), TMR(Trans Manchuria Railway), TMGR(Trans Mongolian Railway)이 있으나 TCR이 주로 활용되고 있다.

<표 4-13> 중국과 러시아를 통한 대륙 연결 주요 철도망

주요 철도망	구간	주요 기능
TCR	롄윈강~우루무치	중앙아시아-TSR연계로 유라시아 대륙의 통합물류체계 형성
남서부	청두~쿤밍	동남아시아와 중국 간 경제교류
베이징~몽골~TSR	베이징~몽골~러시아~유럽	새로운 블록트레인 운행노선
베이징~하얼빈 노선	베이징~하얼빈	북한 신의주-한반도 철도(TKR)연결, 한국과 유라시아 대륙 교류의 중요한 역할 수행

중국의 주요한 대륙철도망은 롄윈강(连云港)~아라산코우(啊拉山口)~카자흐스탄(哈萨克斯坦)을 통하여 유럽으로 향하는 이른바 TCR 철도와 청두(成都)~쿤밍(昆明)을 통하여 동남아시아로 연결되는 노선, 베이징(北京)~하얼빈(哈尔滨)을 통한 노선 등이 있다. 중국의 대륙연결은 접경국이 14개국으로 3개의 간선 철도 연결망과 연결되어 있다. 또한 중국 남부에서 아시아를 거쳐 유럽을 연결하는 아시아~유럽 대륙 횡단철도 프로젝트가 추진되고 있다. 유라시아 21개국을 연결하는 15,157km 대륙과 아시아와 유럽을 잇는 제3의 철도는 중국 남부 선전(深川)에서 출발해 아시아 남부와 중동을 거쳐 중유럽 네덜란드의 로테르담까지 연결된다. 주요 노선은 선전(深川)~쿤밍(昆明)~다카(방글라데시)~뉴델리(인도)~이슬라마바드(파키스탄)~테헤란(이란)~앙카라(터키)~로테르담으로 연결된다. 제3의 유라시아 대륙철도는 중국 남부에서 출발해 남아시아, 중동을 거쳐 가기 때문에 겨울에도 철도 관리에 별다른 문제가 없으며, 항구와 공항, 세계 각국의 수도가 연결돼 안전하면서도 운송효율도 높다. 아직 구상 단계이며, 특히 다른 지역에 비해 문화적 이질감이 비교적 큰 중국, 인도, 중동, 유럽의 21개국이 모두 합의해야 성사될 수 있을 것이다.

향후 유라시아 각국은 대륙철도의 경제성과 자원 획득을 위해 치열한 각축을 벌일 것이며, 특히 동아시아 각국은 향후 경제공동체의 핵심이 되는 운송망 구축에 심혈을 기울일 것이다.

자료 : 〈동아일보〉, 2103. 10. 19

5. 향후 철도발전을 위하여 필요한 것들에 대한 제안

(1) 철도의 사회경제적 영향력에 대한 연구

우리나라 철도도 이제 115년의 역사가 지났다. 우리 철도연구도 이제 본격화할 필요성이 있다. 일본의 예에서 보았듯이 철도가 사회에 지대한 영향을 미친 것을 알 수 있으며, 이러한 영향력의 연구가 본격화 되어야 한다. 특히 초기 우리나라 철도에 대한 연구도 보다 활성화될 필요성이 있으며, 아울러 우리나라 철도를 8년간 지배하였던 만주철도의 성격도 함께 살펴볼 필요가 있다.

시기		1910년~1919년	1919년~1930년	1930년~1945년
환경적 요인		러일전쟁, 대륙과의 연결구상	3·1 독립운동	중일전쟁 제2차 세계대전
총독부 정책		무단정치	문화정치	병참기지
철도 정책		대륙과 연결	산업발전	전쟁수행
관료		철도성 관료	철도성 관료와 철도기술자	철도성 관료 조선철도 출신관료
설명요인 (1)	법률	조선경편철도법(1912년)	조선사설철도령(1920년)	국가총동원령(1938년)
	제도	3선 연락운임 국유조선철도위탁계약 (1917년)	철도 12년 계획	철도군사사영에 관한 칙령(1942년)
	사철	전북경편철도주식회사 (1914년)	조선사설철도보조법 (1921년) 제1차 사설철도건설붐	제2차 사설철도건설붐
설명요인 (2)	운영	직영, 만철위탁경영 (1917년~1925년)	직영 북선선의 만철위탁	직영
	조직	총독부 철도국	만철 경성관리국 총독부 철도국 경성철도학교	총독부 철도국 → 총독부 교통국
	문화		박물관, 도서관	
	기술	증기기관차 조립 자동연결기	30톤 무축차	DC3000V전기기관차
	자본	총독부 재정투자	총독부 재정투자	재정 중 19% 투자 (1906년~1943년)
	경영성적 (수지비율)	92.2(1910년)	85.8(1920년) 74.5(1925년) 74.2(1930년)	57.6(1935년)
	영향력	이민, 농수산업, 공업, 상업 하천과 도로교통에서 철도 교통으로 이동	이민, 공업, 상업	이민, 공업, 상업

또한 철도는 우리 사회를 크게 변화시켰다. 예를 들면 영암선 개통으로 석탄 가격이 5분의 1 수준으로 인하되었다. 영암선이 개통되기 이전에 강원도의 석탄이 삼척, 동해항을 통해 남해안을 거쳐 배로 수도권으로 수송하는데 7~10일이 소요되었다. 그러나 철도수송이 가능하여 당일 수송이 가능해

지고 낮아진 가격으로 서민용 연료인 연탄이 만들어졌다. 연탄을 통해 땔감인 나무를 대신하게 되어 우리나라의 산림녹화가 가능하게 되었다.

수도권전철 개통은 지하철 개통과 함께 의미가 있는 것으로 수도권의 인구밀도가 증가하고 위성도시에서 거주가 가능하게 되었으며 교통체증에서 해방되는 계기가 되었다.

<표 4-15> 한국 사회를 바꾼 철도

1. 경인선 부분 개통(1899. 9. 18.)

2. 전차의 개통(1899. 5. 17.)
3. 경부선의 개통(1905),
   경의선 개통(1906)
4. 만주철도의 위탁경영(1917)
5. 금강산 전기철도(1924)
6. 조선해방자호 운행(1946)

7. 산업선 영암선 개통(1955. 12. 31.)

8. 경인선 수도권전철 개통(1974)

9. 경부고속철도 개통(2004)

일제강점기 조선총독부 철도국(용산)

(2) 2040 철도망계획 수립과 대륙철도와의 연결

현재 국가가 수립한 철도망 계획은 2020년까지이다. 앞으로 2020년까지는 얼마 남지 않았으며, 또한 향후 철도의 발전방안을 제시할 수 있도록 현재의 철도망 계획을 2030, 2040년 계획까지 확대하여 수립할 필요가 있다. 이러한 철도망 계획에는 철도망이 항만과 연결되고, 환황해권과 환동해권을 연결하고, 대륙과 연결되는 철도망이 수립되어야 할 것이다.

이러한 남북철도 연결과 함께 대륙철도의 연결도 매우 중요한 과제인데 철도가 부설되면서 우리나라의 변화에 큰 영향을 미쳤으며, 최초의 대륙철도 연결은 경의선을 통한 대륙진출이었다.

한국의 철도 역사를 볼 때 1910년에서 1945년 사이에 급격히 발전한 것을 알 수 있으며 국제적인 성격을 띠고 있었다고 하겠다. 경부선은 1905년, 경원선과 호남선은 각각 1906년, 1914년에 개통하였고, 부산~신의주 구간의 융희호는 1908년 운행을 시작하였다. 1911년 압록강철교가 개통된 이후 중국 봉천까지는 직통운행 그리고 장춘까지 연장 운행되었다. 1934년 부산~봉천, 부산~장춘 직통열차 운행, 1939년 부산~베이징 간 직통열차가 운행되었고 시베리아 횡단철도와는 주 2회이지만 파리까지 연결되었다.

1940년 당시 시간표를 통해 본 당시의 철도운행을 보면 부산~대구~경성~평양~안동~봉천(심양)~신경~하얼빈~모스크바~파리 구간에 총거리는 13,735km로 열차로 약 15일이 소요되었다.

자료 : 이재훈, SRX실현을 위한 철도망 구축과 정책과제(2014. 1. 21. 여의도연구소 발표자료)
한반도 철도망도

<표 4-16> 한국 철도와 국제 철도 연결

일시	국제 철도
1908년 4월 1일	경부선에 부관연락선을 연결(도쿄)
1911년 11월 1일	부산~봉천 직통운전 개시(일본~한국~만주 간의 철도 연결)
1913년 6월 10일	한국과 시베리아를 경유 유럽 주요 도시와 여객과 수화물 연락운송을 개시
1934년 11월 1일	부산~봉천 간 노조미, 부산~장춘 간 히카리 직통급행열차 신설
1939년 11월 1일	부산~북경 간 직통급행열차 흥아를 신설

자료 : 新潮社(2010), 일본 철도여행지도장, p. 5

<표 4-17> 국제 철도 운행시간과 거리

도시	거리(km)	운행시간
도쿄	0	15:00 출발
시모노세키	1097.1	1일 09:25
부산	1337.1	18:00
경성	1787.6	2일 02:47
평양	2048.3	07:27
봉천(심양)	2562.7	17:37
신경(장춘)	2867.5	22:12
하얼빈	3109.5	3일 06:20
만주리	4044.3	4일 10:55
모스크바	10760.0	11일 19:30
바르샤바	12086.0	13일 05:53
베를린	12654.0	15:43
파리	13735	14일 05:30
합계	13,735	약 15일 소요

자료 : 조선총독부 철도국(1940), 조선열차시각표

<표 4-18> 부관연락선 연표

연도	주요 연표
1905년 9월 11일	산요철도주식회사가 시모노세키~부산 간 철도연락선 운항을 개시
1905년 9월 12일	19시에 시모노세키를 출발하여 다음날 아침 6시에 부산에 도착(이키마루 1호)
1906년 12월	산요철도주식회사가 국유화되어 항로는 국철에 이관
1943년 7월 15일	국철이 후쿠오카~부산 간 철도연락선 운항을 개시

자료 : 新潮社(2010), 일본 철도여행지도장, p. 13

　유라시아를 횡단하는 철도는 1917년에 완성되었는데 구간은 모스크바~블라디보스토크까지 9,289km였다. 노선은 중국, 몽골, 한반도까지 연결되었다. 궤간은 1,520mm의 광궤로 모스크바를 통해 유럽으로는 폴란드, 슬로바키아, 독일, 프랑스까지 연결이 가능하다.

　대륙철도에 대한 논의가 진행되고 있는 가운데 앞으로 철도는 대륙을 연결하는 주요한 교통수단이 될 것이다. 과거 제국주의 침략철도에서 이제 평화의 철도로 역할이 기대되는 철도는 이제 대륙과 연결되는 주요한 통로가 될 것이다. 경의선과 경원선을 통해 이제 대륙철도로 연결될 것이다. 현재 국회 차원의 유라시아철도위원회가 만들어졌는데 향후 민간과 기업이 참여하도록 제도적인 장치가 마련되어야 할 것이며, 대륙경제에서 주도권을 잡을 수 있도록 주변국가와 더욱 긴밀한 협력을 마련해야 할 것이다. 예를 들면 국제운송회사의 설립과 참여를 적극 고려해야 할 것이다.

6. 결론

이 장에서는 철도가 가져온 변화와 고속철도가 가져온 변화를 함께 설명하였다. 이를 바탕으로 우리나라 철도가 나가야 할 방향도 함께 설명하였다.

철도의 역사와 변화를 통해 향후 철도의 사회경제적 영향력에 관한 연구가 본격화되고, 국제 철도 연결을 위한 노력 등이 향후 요구될 것이다. 그리고 이러한 철도의 사회경제적 영향력에 대한 분석과 연구를 통하여 앞으로 다가올 미래에 대하여 판단하고 준비하게 될 것이다. 우리나라는 자주적 철도건설이 불가능하였기에 아직까지 많은 철도사에 대한 연구가 부족한 실정이다. 하지만 역사를 통하여 미래를 더욱 정확하게 내다볼 수 있으므로 철도역사에 대한 연구가 더욱 필요할 것이며, 이러한 철도사에 대한 연구는 단순히 철도건설과 기술에 대한 역사 이외에도 철도가 가져온 사회적 변화와 경제적 변화 그리고 당시의 사회경제적 여건하에서의 철도건설에 대한 세부적인 사항에 대한 연구를 통하여 더욱 발전된 철도를 만들어 나갈 수 있을 것이다.

제5장

철도시설 투자사업의 평가

제5장 철도시설 투자사업의 평가[27]

1. 철도시설 투자사업 평가의 개요

(1) 철도시설 투자사업 평가의 역사 [28]

1) 예비타당성 조사

예비타당성조사는 무분별한 사업추진으로 인한 예산낭비를 방지하고자 '공공건설사업 효율화 종합대책'의 일환으로 도입되었다. 당시 '예산회계법 시행령' 9조 2에 의거 총사업비 500억 원 이상의 건설사업에 대하여 예비타당성조사를 실시하도록 법적 근거를 마련하였으나 법적 근거가 명확하게 제시되지 않은 상황이었기 때문에 많은 논란이 있었다. 이후 2006년에 중장기 국가재정의 체계적 운용을 위한 국가재정법이 제정되면서 예비타당성조사의

---

27) 이 장은 국토교통부가 2013년 발간한 〈교통시설 투자평가지침(제5차 개정)〉을 기초로 작성됨. 타 참고문헌에 기초하는 경우 별도의 출처를 명시함.

28) 남궁백규, 정성봉, 김시곤(2012), 교통SOC 투자평가제도 효율화 방안 연구, 2012년도 한국철도학회 춘계학술대회 논문집, pp. 1763~1771

법적 위상을 명확히 하고, 시행령에 예비타당성조사 지침 수립근거를 마련함으로써 안정적으로 예비타당성조사가 운용되고 있다.

예비타당성조사의 법적근거는 국가재정법 제38조, 국가재정법시행령 제13조에 의거 예산낭비를 방지하고 재정운용의 효율성 제고를 기여하는 목적으로 총사업비 500억 원 이상이 투입됨과 동시에 국가의 재정지원 규모가 300억 원 이상인 신규사업에 대하여 적용하도록 제시한다. 예비타당성조사는 대규모 개발사업에 대하여 교통수요 추정, 경제성 분석, 정책적 분석 등 예산투입의 적정성을 평가하는 제도로, 해당사업의 예산안 또는 기금운영계획안에 반영하고자 하는 경우 사업 시행 전년도에 수행하여 사업을 추진하기 위한 근거로 활용되고 있다.

예산낭비를 방지하고 재정운영의 효율성을 제고하기 위하여 예비타당성조사는 기획재정부에서 주관하고, 한국개발연구원 공공투자관리센터에서 수행한다. 1999년 이래로 2010년까지 수행된 철도시설 관련 예비타당성조사는 총 94건이며, 이 중 45.7%인 43건의 사업이 통과되었다.

2) 타당성조사

타당성평가는 예비타당성조사 제도가 도입될 시기인 1999년 '교통체계효율화법'이 제정됨에 따라 도입된 교통 투자평가제도로서, 공공교통시설 개발사업의 교통수요, 비용 및 편익 등에 대한 합리적·객관적인 투자분석 및 평가하여 사업의 추진여부를 결정하는 데 목적을 두고 있다. 2001년에 '교통체계효율화법'이 개정됨에 따라 평가의 일관성을 확보하기 위해 교통시설 투자평가지침 작성근거가 마련되었으며, 현재까지 타당성평가를 수행하기 위한 교통시설 투자평가지침이 4회에 걸쳐 개정되었다.

타당성평가는 국가통합교통체계효율화법 제18조에 의거 총사업비 300억 원 이상의 교통시설 투자사업을 대상으로 사업의 추진여부를 결정할 수 있도록 규정하고 있다. 평가의 합리적, 일관적 평가를 위해 '교통시설 투자평가 지침'을 준용하도록 법으로 규정하고 있다.

타당성평가의 수행실적은 현재까지 전무한 상황이다. '건설기술관리법'에 의해 수행되는 타당성조사가 타당성평가의 항목들이 대부분 유사하여 현재 타당성조사가 타당성평가를 대신하여 수행되고 있는 실정이다. 그러나 타당성조사는 '국가통합교통체계효율화법'에 제시된 평가 기준, 지침 및 근거를 준용하기 때문에 실무적으로 타당성조사가 타당성평가의 기능을 모두 포함하여 분석한다고 할 수 있다. 타당성평가는 '투자평가협회'에 등록된 평가업무대행자가 수행하도록 규정되어 있으나 관리조직에 대한 언급이 없어 과거 평가결과서에 대한 자료가 제대로 관리되지 못하고 있다.

타당성조사는 오래전부터 사업의 추진을 판단하기 위해 널리 쓰여 왔다. 사업시행의 정당성을 설명하기 위해 여러 가지 근거를 문서화하는 것을 예전부터 타당성조사라고 정의하였기에 우리나라에서의 타당성조사 도입경위는 조사가 어렵다. 그러나 교통사업시행을 위해 본격적으로 타당성조사를 시행한 시기는 우리나라의 산업화가 시작되는 1960년대로 추정할 수 있다. 과거 신문을 토대로 검토한 결과 1966년 경제기획원의 신규 차관사업계획을 추진하기 위해 차관사업에 우선순위를 결정하기 위해 조사를 의뢰하였다는 기사를 발견하였다. 이때부터 현재 수행되는 타당성조사의 기초 틀이 마련된 것으로 판단된다. 시대가 흐름에 따라 사업추진을 위한 중요 항목의 패러다임이 변화하여 점점 현재와 같은 타당성조사 구조가 형성된 것으로 판단할 수 있다. 그러나 타당성조사의 법적근거가 마련되어 있지 않았기 때문에 주먹구구식의 교통사업이 추진되었고, 이에 정부는 2000년 3월 건설기술관리법시행령 개정을 통해 '제38조 6(타당성조사)'을 신설하여 총공사비가 500억 원

이상의 건설공사에 대해 타당성조사를 의무화하도록 법적근거를 마련하여 현재에 이르고 있다.

타당성조사는 건설기술관리법시행령 제57조에 의거 총공사비가 500억 원 이상인 사업에 대하여 기술·환경·사회·재정·용지·교통 등 필요한 요소를 고려하여 사업의 타당성을 조사·검토하기 위한 목적으로 수행된다. 타당성 조사를 수행하기 위한 지침이 마련되지 않아 과업지시서에서 조사 항목을 지정하기 때문에 도로, 철도, 항만 및 해운 등의 교통사업별 조사 항목이 다 른 경우가 많다. 일반적으로 과업지시서에서 교통시설 투자평가지침을 준용 하도록 제시하기 때문에 타당성평가와 항목이 대부분 유사하다.

타당성조사는 타당성평가와 마찬가지로 별도의 관리조직을 규정하기 않기 때문에 과거 타당성조사 자료의 관리가 잘 이루어지지 않고 있다. 나라장터 에 등록된 2008~2010년 동안에 발주된 과업을 조사해 보면 총 135건이 발 주되었으며, 이 중 도로시설이 69건으로 가장 많고, 철도시설 48건, 항만시 설 16건, 공항시설 2건 순으로 발주되었다. 발주방식별로 살펴볼 때 타당성 조사 단독으로 수행된 사례가 68건으로 가장 많았으며, 타당성조사 및 기 본계획이 39건, 타당성조사 및 기본설계가 10건, 타당성조사 및 실시설계가 4건, 타당성조사 및 기타가 14건 수행되었다. 타당성조사는 타당성평가와 마 찬가지로 별도의 관리조직을 규정하지 않기 때문에 발주청 또는 발주부서에 서 사업을 관리·감독하는 실정이다.

(2) 타당성평가 수행 주체 및 실시 시기

국가, 지방자치단체 등 교통시설개발사업 시행자는 '국가통합교통체계효 율화법' 제18조에 따라 타당성평가를 직접 수행하거나 '국가통합교통체계효율화법' 제21조에 따라 평가대행자에게 이를 대행하게 할 수 있다. 이 타당성평가의 실시시기는 개별적인 공공교통시설 개발사업을 본격적으로 착수하기 위하여 구체적으로 해당 개별사업 기본계획을 수립하거나 기본설계를 추진하는 단계(이와 유사한 계획 또는 설계를 포함한다)이며, 해당 개별사업을 대상으로 실시한다.

<표 5-1> 교통시설투자평가제도와 예비타당성조사제도 비교

구분	교통시설투자평가제도	예비타당성조사제도
주무부처	- 국토교통부	- 기획재정부
근거법	- 국가통합교통체계효율화법	- 국가재정법
목적	- 국가교통체계의 효율적 구축 등 국가 교통정책 달성도모 - 투자우선순위 조정 등 교통시설 투자 효율화	- 효율적인 예산편성 등 재정운영 도모
적용시기	- 중장기계획 수립단계 - 본 타당성평가 단계	- 예산 편성단계
평가대상	- 총 사업비 300억 원 이상 교통시설 투자사업	- 총 사업비 500억 원 이상이면서 국고 재정지원 300억 이상 투자사업
분석수준	- 교통계획모형 등을 활용하여 종합적, 전문적 상세 분석	- 사전적 타당성 분석
교통수요분석	- 국가교통 DB 활용	- 국가교통 DB활용
평가방법	- 단일사업 : 경제적 타당성평가 위주로 하되 종합평가도 포함 - 수단 내, 수단 간 다수사업 : 투자우선순위 종합평가 • 경제성, 사업의 효과, 정책성, 사업추진 용이성, 지속가능성 등 평가	- 단일사업 : 경제적 타당성, 정책적 타당성평가(AHP기법) - 수단 내, 수단 간 다수사업 : 미실시(최근 일괄예타 실시)
평가기관	- 평가업무대행자 • 평가수행능력의 등록 기준을 갖추어 국토교통부장관에게 대행자로 등록한 자	- 한국개발연구원(KDI)
해외사례	- 대부분 국가 시행	- 정부 차원 사례 없음. *World Bank에서 사용

출처 : 국토교통부(2013) 교통시설 투자평가지침(5차 개정)

통상적으로 타당성평가 절차는 계획 타당성평가 → 예비타당성조사 → 본 타당성평가로 추진할 수 있으나, 계획 타당성평가와 예비타당성조사가 반드시 선후 절차관계가 있는 것이 아니며, 예비타당성조사 → 계획 타당성평가 → 본 타당성평가, 또는 관련 법령 등에 따라 예비타당성조사를 생략하고 계획 타당성평가 → 본 타당성평가 등 다양한 평가절차가 발생할 수 있다.

교통시설개발사업 시행자는 '국가통합교통체계효율화법' 제19조 제3항에 따라 교통시설개발사업의 타당성평가 실시 결과와 예비타당성조사 실시 결과간에 동법 시행규칙으로 정하는 현저한 차이가 발생한 경우에는 국토교통부장관과 협의를 거쳐 관계 행정기관의 장에게 필요한 조치를 할 것을 요청할 수 있다. 국토교통부장관은 '국가통합교통체계효율화법' 제20조에 따라 타당성평가서의 작성 당시에는 예측하지 못한 교통수요 등 같은 법 시행령으로 정하는 사유가 발생한 사업에 대하여 교통시설개발사업 시행자에게 전문기관의 타당성 재평가를 받을 것을 요청할 수 있다.

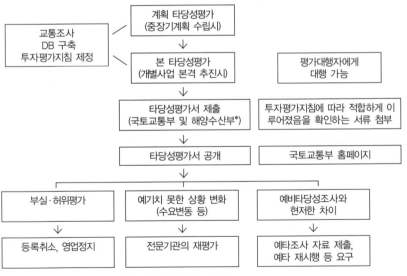

출처 : 국토교통부(2013) 교통시설 투자평가지침(5차 개정)

<그림 5-1> 교통시설 개발사업 투자평가 흐름도

(3) 계획의 단계별 타당성평가 내용 및 방법

국가종합교통체계의 효율적인 구축방향을 제시하고 국가기간교통시설에 관한 장기적·종합적인 투자기본정책을 설정하는 국가기간교통망계획이나 국가철도망구축계획 등과 같은 거시적이고 장기적인 성격을 가지는 계획의 경우는 각 수단 내·수단간 다양한 사업간 우선순위 선정을 포함하는 것을 원칙으로 한다.

재무적 타당성 분석은 개별사업의 타당성평가가 완료된 사업 중 민자사업으로 추진 가능한 사업을 대상으로 하며, 경제적 타당성이 있는 것으로 판정된 사업 중 반드시 재정사업으로 추진하여야 하는 사업이 아닌 경우, 재무적 타당성 분석을 통해 민간투자 사업으로 제안할 수 있도록 한다.

(4) 타당성평가의 수행절차

타당성평가는 일반적으로 광의의 경제성평가를 실시하는 것을 위주로 하되, 네트워크 효과, 균형발전 등 정책적 타당성 분석도 포함하며, 경제성평가를 실시한 내용 재검토 결과 타당성이 있는 것으로 판정된 사업에 대하여는 필요한 경우 민간투자의 가능성을 검토하기 위하여 재무성평가를 실시하여 민간투자사업으로의 전환을 검토할 수 있도록 한다.

광의의 경제성평가 중에서는 지역경제파급효과를 경제성평가 과정의 편익 항목으로 포함하여 경제적 타당성을 평가하는 경우와 경제성평가와 분리하여 지역경제파급효과를 별도로 추정하고, 이를 경제성평가 결과와 종합적으로 고려하여 투자의 타당성을 평가하는 경우로 구분할 수 있다.

개별사업의 경우 지역경제 파급효과와 경제적 타당성 분석을 별도로 분리하여 경제적 타당성 분석결과를 중심으로 사업의 시행여부를 결정하며, 지역경제 파급효과 등 정책적 타당성 분석결과를 판단의 참고자료로 활용하도록 한다. 투자평가의 절차와 각 단계에 적용하는 평가지침은 〈그림 5-2〉와

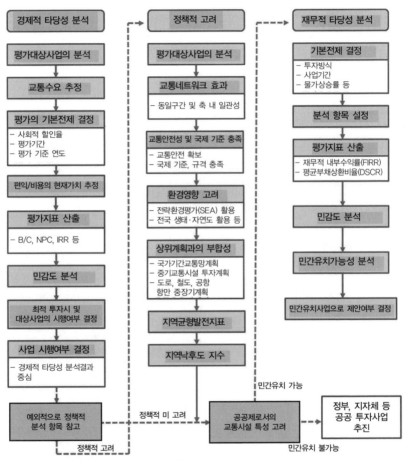

출처 : 국토교통부(2013) 교통시설 투자평가지침(5차 개정)

<그림 5-2> 투자평가의 수행절차(개별사업)

같이 먼저 각각의 투자대상사업들에 대하여 경제적 타당성를 바탕으로 투자평가를 시행한다. 이때, 비용편익비(Benefit / Cost를 말하며, 이하 'B/C'라 한다)가 1 이하인 사업 중에서도 그 추진 필요성이 크다고 판단되는 사업에 한해 정책적 분석결과를 고려하여 사업의 추진여부를 결정하도록 한다. 이상의 평가결과, 타당성이 있고 사업의 민간부문에서의 사업추진이 가능하다고 판단된 사업들에 대하여 재무적 타당성 분석을 실시하여 사업의 추진방식을 결정한다.

2. 해외의 철도시설 투자 평가체계[29)]

미국의 교통시설물에 대한 최종평가는 MIS(Major Investment Study)와 NEPA(National Environmental Policy Act) 프로세스를 통해 결정된다. ISTEA에서는 MPO(Metropolitan Planning Organization)에서 수행해야 할 다양한 교통계획을 규정하고 있으며, 이 중 장기간 교통계획과정에서 새로운 교통시설의 건설 또는 기존 시설물의 확장과 같은 주요 재정투자사업은 MIS를 수행할 것을 제시하고 있다. 이때 MIS는 NEPA에서 요구하고 있는 조항을 감안하여 수행되어야 한다. MIS는 Corridor와 sub-area 수준의 연구에 대해 광역교통계획 수립시 고비용과 주요한 영향을 주는 교통투자사업에 대한 의사결정을 하기에 앞서 수행되어져야 하는 조사이다. MIS 수행시 적절한 비용대안이 지역, 주 그리고 국가의 투자목적에 맞도

---

29) 정성봉, 김시곤, 이원영, 조국환(2010), 철도투자의 활성화 방안(투자평가 방법론 중심으로), 2010년 한국철도학회 추계학술대회 발표자료

록 제시되어야 하며, 다양한 수단대안 또한 감안되어야 한다. MIS에서 정리된 결과는 NEPA 절차를 수행하기 위한 기초자료로 제공된다.

독일의 경우 교통사업평가를 위한 구체적인 추진을 위해 각 연방·주 정부, 철도공사, 교통부에서 사업계획에 대한 제안이 이루어지면 시나리오 설정을 통한 경제성 분석, 환경위험평가 및 공간영향평가 등 총 5단계를 거쳐 투자평가가 이루어진다. 이 중 제4단계에 해당하는 환경위험평가는 시설투자에 따른 환경위험에 대한 정성적인 판단의 근거를 제공하며, 공간영향평가의 경우 지역균형과 발전, 교통량분석 등의 목표를 고려하여 투자대책이 지역의 환경적, 사회적, 경제적 내지는 문화적으로 미치는 영향을 파악한다. 또한 5단계에서는 사업 간 통합교통의 상호 의존성을 평가하며, 마지막으로 정치적인 측면에서 사업의 긴급성에 의거한 우선순위를 결정하는데, 이는 비용-편익분석과 효용가치분석만으로는 교통정책을 제대로 결정할 수 없기 때문이다. 이러한 절차를 바탕으로 철도, 도로 및 해상부문 교통사업의 평가 차원에서 교통시설의 투자에 따른 모든 가능한 효과를 분석하여 상대적인 가치를 평가한다.

영국은 경제성, 기술성에 치중하던 종래의 평가방법을 White Paper에서 제시한 5가지 교통정책방향, 즉 환경성(Environmental), 안전성(Safety), 경제성(Economy), 접근성(Accessibility), 그리고 통합성(Integration) 등을 종합적으로 평가하는 방향으로 전환하였다. 이를 투자평가에 반영한 다수단기준지침(Guidance on the Methodology for Multi-Modal Studies, GOMMMS)이 규정되었으며, 현재는 이를 웹기반 버전으로 전환시킨 TAG(Transport Analysis Guidance)를 적용하고 있다. 또한 NATA(New Approach To Appraisal, 1998)를 제정하여 2003년 1월 17일 발간된 Green Book(Appraisal and Evaluation in Central Government)에서 이후 모든 중앙부처는 이 지침을 따르도록 하고 있다.

3. 철도편익 항목 및 산정방법

(1) 철도편익 항목

철도투자 사업으로 인해 발생하는 편익은 크게 두 가지 개념으로 구분할 수 있다. 철도투자 사업으로 인한 철도 자체에서 발생하는 편익과 도로, 해운 및 항공에서 전환되는 교통수요로 인해 도로 구간이나 항만 및 공항에서 발생하는 편익으로 구분된다. 도로 및 기타 수단에서 철도사업으로 전환하는 교통량이 없다면 도로부분의 편익은 계산할 필요가 없다. 이론적으로 철도부분의 편익 항목은 〈표 5-2〉와 같이 분류할 수 있다.

편익 항목 중에서 철도사업으로 인해 발생되는 도로 및 철도여객의 통행시간 절감, 차량운행비 절감, 교통사고 감소, 주차비용 절감, 환경비용 감소 등 사회적으로 합의되고 현실적으로 계량화가 가능한 항목만을 편익으로 분석한다. 철도차량에 대한 잔존가치는 편익(실제로는 부(-)의 비용)으로 고려한다. 장비에 대한 잔존가치는 편익(실제로는 부(-)의 비용)으로 고려한다.

새로운 노선 건설이나 기존선 개량에 대해서 원칙적으로 동일한 평가 항목을 사용하는 것을 기준으로 하나, 사업의 성격에 따라서 평가의 구체성에는 차이가 있을 것이므로, 전체 사업의 비용 항목으로서 추가 항목의 고려가 필요한 경우 이를 반영하여야 한다.

(2) 편익 산정방법

철도 이용자의 편익은 아래 방법에 따라 산정하며, 도로 및 기타 수단의 전환수요로 인해 발생하는 편익은 각 수단의 편익 산정방법에 의하여 산정되는 것이 바람직하다. 〈표 5-2〉의 편익 항목 중 중요 항목에 대한 편익 산정방법은 다음과 같다.

<표 5-2> 철도부문 편익 항목

구분		투자평가지침 반영		투자평가지침 미반영
직접 편익	철도 이용자 편익	철도 이용자 통행시간 절감	기존 철도 이용자	형평성 향상 편익
			도로-철도 전환 이용자	
		철도화물 통행시간 절감		열차 개량 편익
		통행시간 신뢰성 향상		
		선택 가치 편익		
		교통 쾌적성		
	타수단 이용자 편익	차량운행비 절감		건널목 개선에 따른 사고/지체 감소
		교통사고 감소		항공/해운의 전환수요에 의한 편익
		도로-철도간의 전환수요에 의한 도로통행시간 절감		
간접편익 (비사용자 편익)		환경비용(대기오염/온실가스/소음) 감소		지역개발효과
		주차공간 설치비 절감		시장권의 확대
				지역산업 구조개편 등
				공사중 교통혼잡부(-) 편익
				고속도로 유지관리비 절감
				폐기물처리비용 절감

출처 : 국토교통부(2013) 교통시설 투자평가지침(5차 개정)

1) 철도여객의 여행시간 절감 편익

철도사업으로 인해 속도가 향상되거나 통행거리가 단축될 경우 철도여객의 통행시간 감소에 따른 편익이 발생된다. 통행시간가치(Value of Travel

Time Savings, VTTS)는 통행자가 통행시간 1단위 단축을 위해 지불하고자 하는 금전적 가치를 의미한다. 전국권 기준자료의 철도여객 통행시간 절감 편익 산정시, 여객의 통행목적을 업무와 비업무로 구분하고, 서비스 등급을 일반철도와 고속철도 및 광역·도시철도로 나누어 각각의 시간가치를 적용하여 산정한다. 통행시간 가치는 업무와 비업무로 구분하며 타 수단에 적용하는 시간가치를 철도 등급별 서비스 수준과 연계하여 적용한다. 수도권 및 5대 광역권 기준자료는 권역별로 철도여객통행에 대한 업무와 비업무 통행비율이 다르므로 각 권역별 업무/비업무 통행비율을 적용한 통행시간가치를 산출하여 편익 산정에 적용한다.

<표 5-3> 전국권 철도 1인당 시간가치(2011년 기준)

구분	고속철도		일반철도		광역도시철도	
	업무	비업무	업무	비업무	업무	비업무
통행비율(%)	38.4	61.6	17.5	82.5	7.6	92.4
시간가치(원/시)	20,718	5,621	20,718	4,839	20,718	4,839
시간가치(원/인·시)	7,956	3,463	3,626	3,992	1,575	4,472
평균시간가치(원/인)	11,419		7,618		6,047	

자료 : 철도투자평가편람 전면개정 연구, 한국철도시설공단, 한국교통연구원, 2010
출처 : 국토교통부(2013) 교통시설 투자평가지침(5차 개정)에서 재인용

철도사업의 통행시간 절감효과는 철도 이용자의 통행시간 절감효과와 도로에서 철도로 수단이 전환되면서 도로의 통행시간이 절감되는 효과로 구분할 수 있다. 수단전환에 따라 도로에서 발생하는 통행시간 절감 편익은 도로부문의 통행시간 절감 편익 산정방법을 따른다.

철도 이용자의 통행시간 절감효과는 기존 이용자의 통행시간 절감효과와 도로에서 철도로 수단을 전환하여 이용하는 수단전환 이용자의 통행시

간 절감효과로 구분할 수 있다. 기존 이용자는 사업시행 전·후에 모두 철도를 이용하므로 사업시행 전·후에 철도의 시간가치를 적용하여 총통행시간 비용을 산정한다. 수단전환 이용자는 사업시행 전에는 도로 수단, 사업시행 후에는 철도를 이용하므로 사업시행 전·후 시간가치를 다르게 적용하여야 한다.

통행시간가치를 적용하기 위하여 철도 이용자의 통행시간 절감편익을 기존 이용자와 전환 이용자로 구분하여 산정한다. 기존 철도 이용자의 통행시간 절감편익 산정식은 다음과 같다.

$$OTS^{기존이용자} = VOT^{기존이용자}_{사업미시행} - VOT^{기존이용자}_{사업시행}$$

여기서, $\quad OT^{기존이용자} = \sum_j OD_{ij}^r \times T_{ij}^r \times P^r$

$OD_{ij}^r = $ 철도수단 r의 기점 i부터 종점 j까지 통행량

$T_{ij}^r = $ 철도수단 r의 기점 i부터 종점 j까지 통행시간

$P^r = $ 철도수단 r의 1통행당 시간가치

수단전환 이용자의 통행시간 절감편익 산정식은 다음과 같다.

$$OTS^{수단전환자} = VOT^{수단전환자}_{사업미시행} - VOT^{수단전환자}_{사업시행}$$

여기서, $\quad VOT^{수단전환자}_{사업미시행} = \sum_m \sum_i \sum_j OD_{ij}^{mr} \times T_{ij,사업미시행}^m \times P^m$

$\qquad\quad VOT^{수단전환자}_{사업시행} = \sum_m \sum_i \sum_j OD_{ij}^{mr} \times T_{ij,사업시행}^r \times P^{mr}$

OD_{ij}^{mr} = 도로수단m에서 철도수단r로 전환한 기점 i부터 종점 j까지 통행량

$\quad = OD_{ij,사업미시행}^{m} - OD_{ij,사업시행}^{m}$

$T_{ij,사업미시행}^{m}$ = 사업미시행시 도로수단m의 기점 i부터 종점 j까지 통행시간

$T_{ij,사업시행}^{r}$ = 사업시행시 철도수단r의 기점 i부터 종점 j까지 통행시간

P^{m} = 도로수단m의 1통행당 시간가치

P^{mr} = 도로수단m에서 철도수단r로 전환한 이용자의 1통행당 시간가치

2) 철도화물의 통행시간 절감 편익

철도화물의 통행시간 절감 편익은 품목별로 상이하다. 일반적으로 전체 화물품목을 10품목으로 구분하여 철도화물의 통행시간가치를 산정하며, 철도통계연보에서 제공되는 품목별 수송실적도 이러한 10품목 구분체계에 기반한다. 단, 10품목 중에서 군용물자의 수송과 코레일 자체물자의 수송을 제외한 양곡, 양회, 비료, 무연탄, 광석, 유류, 컨테이너, 잡화 등 8개 품목만을 고려한다.

<표 5-4> 운송화물의 품목별 시간가치

구분 품목	33개 품목구분 (코드)	톤당 가격(만 원)			톤당 시간가치 (원/시·톤)
		입하	출하	평균	
양곡	농산물(1)	850.57	1324.95	1087.76	78.48
양회	석회석광물(6)	1421.70	3033.88	706.15	50.95
비료	기타(33)	856.70	954.56	905.63	65.34
무연탄	석탄광물(5)	278.26	181.70	229.98	16.59
광석	금속광물(8)	873.68	1182.83	1028.26	74.18
유류	원유 및 천연가스 채취물(7)	535.14	474.65	504.90	36.43
잡화	기타(33)	856.70	954.56	905.63	65.34

자료 : 국가교통DB센터, '2006년 전국 지역 간 화물기종점통행량 조사자료의 상세분석', 2007
출처 : 국토교통부(2013) 교통시설 투자평가지침(5차 개정)에서 재인용

화물의 시간가치는 톤당 화물의 금전적 가치에 다음과 같은 파라미터를
곱하여 계산한다.

$$VOT_{화물} = (톤당화물의 금전적 가치 \times 0.0632)/(365 \times 24)$$

화물 시간가치 산정식의 입력변수로 들어가는 품목별 톤당 평균 화물가치
는 〈2006년 전국 지역 간 화물 기종점 통행량 조사자료의 상세분석〉(국가
교통DB센터, 2007)에서 제시된 값을 사용한다. 단, 제시된 톤당 평균 화물
가치가 입하가격과 출하가격이 상이한 경우 그 두 값의 평균값을 적용한다.

화물의 통행시간가치는 운송화물의 시간당 재고관리비용(즉, 기회비용)과
화차의 시간당 감가상각비를 합산하여 구한다. 그러나 화차의 시간당 감가
상각비는 화차 1량을 기준으로 하므로 화물의 평균적재톤수로 나누어 운송
화물 1톤당 화차의 감가상각비를 산정해야 한다.

화차 1량당 평균적재톤수는 '2006년 철도통계연보'의 총 수송 톤-km를
화차의 총 차량 car-km로 나누어 산정할 수 있다. 이를 바탕으로 환산한
톤당 화차의 감가상각비는 〈표 5-5〉와 같다. 단, 화차의 구입비용을 별도로
계상하는 경우에는 이중계상의 오류를 피하기 위해 화차의 감가상각비를
제외한 시간가치를 적용하여야 한다.

<표 5-5> 화차의 시간당 감가상각비

구분	품목	도입가격(도입년)	2007년 가격	시간당 감가상각비
양곡	농산물(1)	850.57	1324.95	78.48
양회	석회석광물(6)	1421.70	3033.88	50.95
잡화	기타(33)	856.70	954.56	65.34

출처 : 국토교통부(2013) 교통시설 투자평가지침(5차 개정)

기존 화물의 운행노선을 개량하는 사업이나 항만 인입선과 같이 일정 수준의 품목별 수요예측이 가능한 경우에는 철도화물의 톤당 시간가치와 도로의 화물차 1대당 평균 시간가치를 적용하여 화물의 통행시간 절감편익을 산정한다.

<표 5-6> 철도화물 운송의 품목별 시간가치

구분		톤당 시간가치(원/시·톤)		비고 ('06년 철도화물 수송실적, 톤)
		화차 감가상각비 포함시	화차 감가상각비 미포함시	
컨테이너		590.12		11,253
비컨테이너	양곡	90.33	78.48	57
	양회	58.53	50.95	15,823
	비료	77.19	65.34	181
	무연탄	24.58	16.59	7,368
	광석	82.17	74.18	1,758
	유류	44.01	36.43	2,202
	잡화	77.19	65.34	3,685
소계(가중평균)		53.17	44.93	

주 : 2007년 기준가격이며, (예비)타당성조사에서 화차의 구입비용을 별도로 계상하는 경우에는 화차의 시간당 감가상각비를 포함하지 않은 시간가치를 적용하여야 함.
자료 : 한국철도공사·한국철도시설공단, '2006년 철도통계연보', 2007
출처 : 국토교통부(2013) 교통시설 투자평가지침(5차 개정)에서 재인용

3) 철도교통사고 절감 편익 산정

철도교통사고는 〈표 5-7〉과 같이 협의의 철도교통사고, 운행장애, 안전사고 등의 세 가지로 구분한다.

사고 유형에 따른 교통사고 비용을 인적피해사고와 물적피해사고로 재분류하며, 인적피해사고는 사망, 중상 및 경상사고로 세분한다. 단, 경상 이상의 인명피해가 발생한 사고로 인명피해와 대물피해가 같이 발생한 경우 인명피해로 분류한다. 교통사고 발생비율 원단위는 인적피해사고와 물적피해사고로 구분하며, 관련 사고비용 또한 양자의 비용을 함께 고려한다.

<표 5-7> 철도교통사고의 구분

사고의 종류	정의
철도교통사고 (협의)	열차 또는 철도차량의 운전으로 발생된 사고로서 열차충돌사고, 열차탈선사고, 열차화재사고, 기타 열차사고, 건널목사고, 철도교통사상사고를 말함.
운행장애	철도 교통사고 이외의 차량탈선, 차량파손, 차량화재, 열차분리, 차량구름, 규정위반, 선로장애, 급전장애, 신호장애, 차량고장, 열차방해 등을 말한다. '철도사고 등의 보고에 관한 지침'개정 전에는 운행장애로 인한 인명피해가 발생한 경우 운행장애로 구분하였으나, 지침 개정 후(건설교통부, 2007. 11. 19.) 운행장애로 인해 인명피해가 발생한 경우 해당 사상사고로 분류하여 철도교통사고(협의)에 포함
안전사고	열차 또는 차량의 운전과 관련 없이 철도 운영 및 철도시설관리와 관련하여 인명의 사상이나 물건의 손괴가 발생된 사고로서 철도화재사고, 철도시설파손사고, 철도안전사상사고, 기타 안전사고 등을 말함.

출처 : 국토교통부(2013) 교통시설 투자평가지침(5차 개정)

이 지침에서는 인적피해를 다시 사망, 중상 및 경상으로 세분화하여 적용하도록 한다. 사고비용을 구성하는 항목(생산손실비용, 의료비용, 물적피해비용 및 행정비용)은 도로 사고비용과 동일하게 정의하며, 심리적 비용(PGS ; Pain, Grief and Suffering)은 도로 사고비용에서와 동일하게 비율을 적용하되, 물적피해사고의 PGS 비용은 발생하지 않는 것으로 가정한다.

<표 5-8> 철도교통사고 비용 원단위(2011년 기준가격)

(단위 : 만 원/건)

구분			생산손실비용	의료비용	물적피해비용	행정비용	계
인 적 피 해	사망	PGS 제외	36,232	505	36	74	36,846
		PGS 포함	13,768	193	14	29	14,003
	중상	PGS 제외	1,092	615	241	823	2,770
		PGS 포함	1,092	615	241	823	2,770
	경상	PGS 제외	128	58	104	200	490
		PGS 포함	11	4	9	16	41
물적피해			–	–	1,060	586	1,646

주 : 1) 2006년 기준비용에 소비자물가지수를 적용하여 2011년 기준으로 보정한 금액임.
　　2) PGS 비용은 물리적 손실 대비 사망 38%, 중상 100%, 경상 8%, 부상신고 0%를 적용함.
자료 : 장수은·정규화(2007), '(예비)타당성조사의 교통사고 감소 편익 산정방안 개선연구', 대한교통학회지 제25권 제5호(출처 : 국토교통부(2013) 교통시설 투자평가지침(5차 개정)에서 재인용)

철도의 교통사고 감소편익은 도로 이용자 감소로 인한 도로의 교통사고 감소 편익과 철도의 교통사고 감소 편익으로 구성된다.

$$VICS = VIC_{\text{사업 미시행}} - VIC_{\text{사업 시행}}$$

$$s.t. \quad VIC = VIC^M + VIC^R$$

여기서, $VICS$: 연간 교통사고 감소 편익
VIC^M : 도로의 교통사고 비용
VIC^R : 철도의 교통사고 비용

도로의 교통사고 감소 편익은 도로부문의 산정식을 준용하여 산정하며, 철도의 교통사고 비용은 열차 등급별, 사고 유형별 철도 교통사고 건수에 사고비용 원단위를 곱하여 화폐가치화한다.

철도의 교통사고도 마찬가지로 사망과 부상으로 구성되어 있던 기존 사고유형에 물적피해를 추가하여 총 세 가지의 사고유형으로 분류한다. 열차등급별·사고유형별 1억 인·km당 인적 교통사고 발생건수 및 물적피해사고 발생건수에 각 열차등급별 사고비용 및 연간 열차 종류별 억 인·km를 곱하여 철도 교통사고 비용을 산정한다.

$$VIC^R = \sum_{m=1}^{3} \left[\sum_{h=1}^{2} (\chi_{mh} \times \lambda_{mh}^R \times RD_m) + (\nu_{mp} \times \lambda_{mp}^R \times RD_m) \right]$$

여기서, χ_{mh} = 열차등급별·사고유형별 인적피해사고 발생건수(건/억 인－km)

ν_{mp} = 열차등급별·사고유형별 물적피해사고 발생건수(건/억 인－km)

λ_{mh}^R = 열차등급별 인적사고 비용 원단위(원/건)

λ_{mp}^R = 열차등급별 물적사고 비용 원단위(원/건)

RD_m = 연간 열차 종류별 교통량(억 인 − km/년)

m = 열차등급(1 : 고속철도, 2 : 일반 및 광역철도, 3 : 도시철도)

4) 대기오염비용 절감 및 온실가스 배출 저감 편익

대기오염물질 발생량 절감을 감안한 철도의 환경비용산정은 다음 식과 같이 철도의 운행거리와 철도 운행시 발생하는 오염물질의 배출계수를 반영하여 산정한다. 열차종류에 따른 차이를 반영하기 위해 철도차량을 총 9종으로 분류하여 환경오염물질 배출량을 산정하고 있다.

$$TE = \sum_{j=6}^{9} \sum_{p=1}^{5} TEF_{j,p} \times l \times 0.001$$

여기서, TE = 오염물질 배출비용

$TEF_{j,p}$ = 오염물질 배출계수
j = 열차종류(6 : 디젤기관차, 7 : 일반동차, 8 : 특별동차, 9 : 새마을호 특별동차)
p = 오염물질(1 : CO, 2 : HC, 3 : NO_X, 4 : PM, 5 : SO_2)
l = 운행거리(km − 객차수)

<표 5-9> 디젤기관차/디젤동차의 각 오염물질별 배출계수

(단위 : g/ℓ)

오염물질	디젤기관차 (배출계수)	디젤동차(배출계수)	
		일반동차 및 특별동차 (무궁화형, 도시통근형, 일반형, 기타형)	특별동차 (새마을호형)
NOx	64.36	15.69	37.75
CO	26.36	5.87	15.07
HC	10.66	1.22	6.20
SO2	1.64	0.43	1.08
PM	4.16	1.14	2.68

자료 : 철도기술연구원, 디젤기관의 배출가스 대기오염 현황 및 저감 방안에 관한 연구, 1997
출처 : 국토교통부(2013) 교통시설 투자평가지침(5차 개정)에서 재인용

소음 절감에 따른 편익을 추정하기 위해 철도차량 등급에 따른 열차속도와 소음도 측정 관계식(〈표 5-10 참조〉)을 이용하여 철도소음 비용을 산정할 수 있다.

〈표 5-10〉 열차속도와 소음도의 관계

종류	관계식
새마을호	L _{max} = 21.76logv+47.74
무궁화, 통일호	L _{max} = 19.71logv+62.04
전기화물열차	L _{max} = 19.12logv+61.84
전철	L _{max} = 42.81logv+6.96

자료 : 1) 강대준, 철도소음의 예측, 한국소음진동공학회지, 1997
     2) 강대준, 철도 소음과 그 영향, 한국소음진동공학회지, 1997
출처 : 국토교통부(2013) 교통시설 투자평가지침(5차 개정)에서 재인용

이러한 소음도를 이용하여 다음과 같이 등가소음도를 예측한다.

$$L_{eq} = \overline{L_{\max}} + 10\log\left(\frac{n \cdot Te}{T}\right) - 15\log r_s$$

여기서,

$\overline{L_{\max}}$ = 개별열차통과시의 최고소음도의 파워평균치, $(dB)A$
n = 관련시간대의 열차통과대수
Te = 열차 1대당 최고소음도지속시간(초) 또는 열차 유효통과시간
T = 관련시간대의 시간(초)
r_s = 기준거리에 대한 예측거리의 비 l = 운행거리(km - 객차수)

소음비용은 〈표 5-11〉의 소음가치 평균원단위를 적용하여 산출한다.

<표 5-11> 소음가치의 평균 원단위(2011년 기준)

(단위 : 원/dB·연·m)

구분	도시부	지방부	평균
소음가치의 평균원단위	4,420	1,908	2,250

자료 : 한국개발연구원, 도로·철도 부문사업의 예비타당성조사 표준지침 수정·보완연구(제4판), 2004
주 : 소비자 물가지수를 이용하여 2011년 자료로 보정함.
출처 : 국토교통부(2013) 교통시설 투자평가지침(5차 개정)에서 재인용

온실가스의 경우 이산화탄소(CO_2), 메탄(CH_4), 아산화질소(N_2O), 수소불화탄소(HFC_s), 과불화탄소(PFC_s) 그리고 육불화황(SF_6) 등이 있으나, 교통수단 이용과 관련한 온실가스는 이산화탄소만 해당되므로, 이산화탄소만 반영한다. 이산화탄소 배출계수 산정시 이산화탄소의 비용을 2011년 기준 톤당 172,818원으로 적용한다.

온실가스 감소 편익은 위에서 살펴본 수단별 온실가스 배출계수와 탄소의 사회적 가치비용을 이용하여 사업 미시행 및 사업 시행에 따른 배출 탄소량의 변화에 따른 값을 이용하여 산정한다.

$$VOGCS = VOGC_{사업미시행} - VOGC_{사업시행}$$

여기서, $$VOCGG = \sum_l \sum_{k=1}^{3} (D_{lk} \times VT_k \times VCO_2 \times 365)$$

D_{lk} = 링크별(l), 차종별(k) 대·km

VT_k = 차종별(k) 해당 링크 주행속도의 km당 배출계수

VCO_2 = 탄소의 잠재가치

k=차종(1=승용차, 2=버스, 3=화물차)

5) 주차비용 절감 편익

철도 투자사업에 따른 주차비용 절감 편익은 철도사업의 경제적 타당성 평가시 반영할 수 있는 사업 특수 편익 항목 중 하나이다. 철도 투자사업의 결과로 승용차에서 철도로 수요의 전환이 일어날 경우, 이와 병행하여 주차수요가 감소하게 된다. 이때 승용차 보유의 감소는 주거지역의 주차 수요를 감소시키고, 자동차 통행의 감소는 비주거지역의 주차수요를 감소시킨다.

감소된 주차수요는 주차시설 확충에 필요한 자원의 소비를 감소시키고 절감된 자원의 기회비용을 편익으로 반영할 수 있다. 단, 지역 간 철도 사업의 경우에는 역 주차장을 건설·운영하므로 주차비용 절감편익은 도시부 철도 (도시철도 및 광역철도를 말한다) 사업에 한정하여 계상한다. 도시부 철도 사업을 통해 주차수요가 감소할 경우 이는 승용차 보유 감소에 따른 주거지 주차수요의 감소보다는 자동차 통행 감소에 따른 도착지 주차수요의 감소로 국한해야 한다.

주차비용 원단위 산정(용지비)은 개별공시지가를 활용한다. 주차장이 위치하는 토지는 이용 특성에 따라 지가에 편차가 존재하기 때문에 표준화된 원단위가 필요하며, 지방자치단체(시·군·구를 말한다)의 단위면적(㎡)당 평균 개별공시지가를 활용하도록 한다.

<표 5-12> 주차장 건설비(2011년 기준)

(단위 : 면, 백만 원)

구분	건축물식1)	지하식2)	평균(2007년 기준)	평균3)(2011년 기준)
주차면수	1,921	2,050	-	
1면당 평균건설비	23	36	26	31

주 1) 2005년도 준공사업 21개소
2) 2001년~2005년도 준공된 15개소 사업
3) 2007년 대비 2011년 소비자물가지수를 적용하여 2011년도로 환산
자료 : 자치구 공동주차장 건설 지원에 따른 건설비 소요예산 비교분석 보고, 서울시 내부자료, 2006
출처 : 국토교통부(2013) 교통시설 투자평가지침(5차 개정)에서 재인용

주차비용 원단위(운영비)는 서울시 공영주차장 6개소에 대한 2005년부터 2006년까지의 예산편성자료를 평균하여 주차장 1면당 운영비를 계산한다. 공영주차장의 운영비는 인건비와 제경비를 포함한 직접관리비와 간접관리비로 구성된다. 〈표 5-13〉은 주차비용 중 운영비 원단위 추정값이다.

<표 5-13> 주차장 운영비

(단위 : 천원 / 연)

구분		2005년 예산	2006년 예산	2005-2006 평균비용	1면당 평균비용 (2007년)	1면당 평균비용 (2011년)
주차 면수	인건비	1,702,324	1,435,259	1,568,792	722	863
	제경비	1,159,676	1,424,741	1,292,209	426	709
	소계	2,862,000	2,860,000	2,861,001	1,148	1,572
간접관리비		322,000	290,000	306,000	141	168
합계		3,184,000	3,150,000	3,167,001	1,289	1,740

주 : 2011년 평균비용은 2007년 대비 2011년 소비자물가지수를 적용하여 2011년도로 환산
자료 : 서울시설관리공단 내부자료
출처 : 국토교통부(2013) 교통시설 투자평가지침(5차 개정)에서 재인용

주차비용 절감편익 산정시 사업 시행 전·후의 주차장 비용의 차이를 편익으로 산정하며 다음과 같은 가정 하에서 계산한다.

$$VOPS = VOP_{사업미시행} - VOP_{사업시행}$$

- 철도 이용의 증가가 자가용 승용차의 보유율을 감소시키지 않으며, 따라서 주거지 주차장 공급에는 영향을 미치지 않는다.
- 자가용 승용차 이용목적 중 귀가 목적을 제외한 출근, 등교, 업무, 기타 통행 규모로 주차비용 절감 편익을 산정(전체 통행량의 60.61%)한다.
- 과다 또는 중복 계상되는 것을 방지하기 위하여 왕복통행 단위로 분석

하며, 주차비용 산정시 전체 목적 O/D를 1/2로 한다.

- 회전율 원단위 2.34회/일과 주차 1면당 평균면적 13.25/면을 고려한다.
- 용지비와 건설비를 산정할 때에는 주차장 유형(지하식 또는 건축물식을 말한다) 및 건물의 연상면적을 고려한다.
- 초기 투입된 용지비와 건설비 외 분석기간 동안 추가 투입 요소가 없는 것으로 전제하였으나 개별 사업별 교통수요분석 및 관련계획 반영 여부에 따라 조정 가능하다.

주차비용(VOP)은 철도 사업의 규모 및 파급효과에 따른 주차수요 감소 정도에 따라 세 가지 유형으로 산정한다.

첫째, 주차수요 감소와 기존 주차장 이용률 저하로 운영비 절감이 예상될 경우의 산정방식은 다음과 같다.

$$VOP = \frac{1}{2} \times \frac{1}{\tau} \sum_{ij} \sum_{p=1}^{4} \sum_{y} \left(D_{ij}^{py} \times \lambda_o^{ky} \right)$$

τ = 회전율
i = 통행의 기점
j = 통행의 종점
p = 통행목적(1 : 출근, 2 : 등교, 3 : 업무, 4 : 기타)
y = 분석기간 중 특정연도
D_{ij}^{py} = 통행목적 p의 기종점(i, j)간 y연도의 승용차 통행량(대)
λ_o^{ky} = y년도의 주차 1면당 평균 운영비(원/면 · 연)

둘째, 기존 주차장 여유 공간 발생 및 운영비 절감이 예상될 경우 운영비용 절감뿐만 아니라 주차장 소요 공간 감소에 따른 기회비용을 편익으로 고려 가능하며, 절감된 소요 공간의 기회비용은 이 지침에서 제시한 용지비 원단위에 타당성조사의 사회적 할인율을 적용하여 산정한다.

$$VOP = \frac{1}{2} \times \frac{1}{\tau} \sum_{ij} \sum_{p=1}^{4} \sum_{y} \left\{ D_{ij}^{py} \left(\delta \times \psi \times \lambda_l^{ky} + \lambda_o^{ky} \right) \right\}$$

δ = 사회적 할인율(6.5%)

ψ = 주차 1면당 평균 면적($13.25m^2$)

λ_l^{ky} = y연도의 단위 면적당 주차장 용지비(원/m^2)

마지막으로 보편적이지는 않으나 신규 주차장 확충에 필요한 자원을 절감할 수 있다고 판단될 경우 주차장 건설 및 운영에 소요되는 자원인 용지비, 건설비 및 운영비 모두를 편익으로 고려한다.

$$VOP = \frac{1}{2} \times \frac{1}{\tau} \sum_{ij} \sum_{p=1}^{4} \left\{ D_{ij}^p \left(\psi \times \lambda_l^k + \lambda_c^k \right) + \sum_y \left(D_{ij}^{py} \times \lambda_o^{ky} \right) \right\}$$

여기서, λ_c^k = 주차 1면당 평균 건설비(원/면)

(3) 철도시설 투자평가시 비용산정 방법

1) 비용산정 개요

〈표 5-14〉와 같이 교통 투자사업 평가시 총사업비용은 크게 건설비와 유지관리로 구분된다. 건설비는 다시 직접공사비, 간접공사비, 보상비로 구분된다. 유지관리비는 시설운영비와 유지보수비로 구성된다.

교통시설 투자사업의 비용산정은 〈그림 5-3〉에서 제시된 과정을 거친다. 먼저 지형도와 현황조사 결과를 토대로 설계 기준을 만족할 수 있는 적정 위치(노선, 위치)를 결정한 후, 각 공종별 물량 및 단위 공사비를 산정하고 이를 이용하여 공사비를 산정한다. 여기에 보상비, 유지관리비를 합산하여 총 사업비를 산정한다.

<표 5-14> 교통 투자사업의 사업비 내용

사업비 항목			사업비 내용
총사업비	건설비	직접공사비	
		토목	– 교통시설의 기초 토목공사 및 구조물
		건축	– 정거장, 휴게소, 영업소 등 교통 관련 건축시설
		시설, 설비	– 부문별 교통시설의 설비 구입 및 설치비
		시스템	– 교통시설 운영 및 관리를 위한 시스템
		간접공사비	– 설계비, 감리비, 조사비, 측량비
			– 간접노무비 및 보험료, 예비비
		보상비	
		용지매입비	– 사업구간 용지매입에 소요되는 비용
		주요 보상비	– 지장물 보상비, 지하보상비, 어업보상비, 기타 관계법령에 의한 보상 항목
	유지관리비	시설 운영비	– 시설운영 인건비 및 경비 – 운영시설(차량, 시스템) 대체비
		유지 보수비	– 관련시설 유지보수비 및 개량비 – 시스템 보수 및 교체비

출처 : 국토교통부(2013) 교통시설 투자평가지침(5차 개정)

출처 : 국토교통부(2013) 교통시설 투자평가지침(5차 개정)

<그림 5-3> 교통 투자사업 시행시 비용산정의 절차

2) 비용 세부항목

철도투자사업의 각 부문별 직접공사비용은 〈표 5-15〉와 같이 구성된다. 우선 직접공사비의 경우 노반(토공 및 구조물), 정거장, 차량기지, 궤도, 전력,

통신, 신호, 건축 등의 8개 부문으로 구분되어 비용을 추정한다. 간접공사비의 경우 설계비, 감리비, 조사비, 측량비 등과 제경비 및 예비비로 구분된다.

보상비의 경우 용지보상비와 지하보상비 등 특수보상비의 두 가지로 구성된다. 유지관리비는 시설유지비, 인건비, 동력비, 시스템 운영비 등을 포함한다. 차량구입비는 전기기관차와 디젤기관차를 포함하는 동력차 부문과 객차, 화차, 전동차 등을 포함하는 객화차 부문으로 구분하여 추정한다.

<표 5-15> 철도투자 사업비 세부항목

구분			세부항목
건설비	직접공사비	노반	• 토공(지반처리, 흙돋기, 깎기) • 구조물(교량, 터널, 옹벽, 기타)
		정거장	• 시발역 • 분기역 • 중간역 (• 지상역 • 고가역 • 지하역)
		차량기지	• 차량기지 및 정비창 • 건축물 및 내부전기 및 기계설비
		궤도	• 본선 궤도부설(자갈도상, 콘크리트도상) • 정거장 궤도부설
		전력	• 송전선로 • 변전설비 • 배전설비 • 전차선
		통신	• 교환전화설비 / 통신선로 / 사령전화 • 역무자동화설비 / 여객자동안내설비 등 • 종합정보망
		신호	• 사령설비 • 현장설비
		건축	• 건물 • 전기설비 • 기계설비
	간접공사비		• 설계비, 감리비, 조사비, 측량비 • 제경비 및 예비비
보상비			• 용지보상비 • 지하보상비 등 특수보상비
유지관리비			• 시설유지비 • 인건비 • 동력비 • 시스템 운영
차량구입비	동력차		• 전기기관차 • 디젤기관차
	객화차		• 객차 • 화차 • 전동차

출처 : 국토교통부(2013) 교통시설 투자평가지침(5차 개정)

예비비는 공사비 산정시 향후 예상되는 공사비 산정의 불확실성과 각종 사전조사 및 홍보비 등 공사수행단계에 따라 발생하는 부대사업비를 고려하여 총 사업비에 반영한다. 노선계획 및 공사비, 용지보상비 등의 비용산정을 위하여 사용하는 수치지도는 1/25,000 축척을 주로 활용하되 도시 등 시가지 근접구간이나 지형이 복잡한 구간 등은 부분적으로 1/5,000 축척 지도를 활용하도록 한다.

4. 경제성 분석

(1) 경제성 분석 절차 및 단계별 주요 내용

철도 투자사업에 적용되는 경제성 분석절차와 단계별 주요 분석내용은 〈그림 5-4〉와 같다.

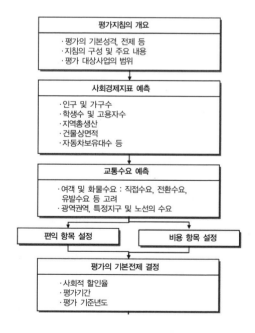

<그림 5-4> 경제성 분석의 절차 및 단계별 수행내용

(2) 경제적 타당성 분석의 전제

1) 분석기간 및 사회적 할인율

철도사업의 분석기간은 40년으로 한다. 철도교통시설의 타당성평가를 위한 사회적 할인율은 5.5%를 적용한다. 단, 장래 30년에서 40년까지는 할인율 4.5%를 적용한다. 단, 국가교통 DB에서 제공하는 O/D의 최종 연도인 2036년 이후에 발생하는 편익에 대해서는 2036년 이후의 편익 증가율이 0이라고 가정하여 동일한 편익을 할인하여 경제성 분석에 반영하도록 한다.

2) 공사기간 및 편익 발생시점

사업의 공사기간은 5년을 원칙으로 하되, 사업의 특성을 고려하여 합리적인 수준에서 조정할 수 있도록 한다. 용지매입은 공사기간 중 초기 2년 동안 이루어지는 것으로 가정하며, 기본설계 및 실시설계 기간은 상기 공사기간에 포함하지 않는다. 즉, 공사기간은 실제로 착공되는 시점부터로 완공시까지로 정의한다. 편익의 발생시점은 완공 후 시설이 공용되는 시점부터이며 공사기간에 따라 총 분석기간의 변화가 있을 수 있다.

3) 분석의 기준시점 및 기준가격

분석의 기준시점은 가격 기준시점과 공사의 기준시점을 정의하여야 한다. 분석을 시행하는 과정에서 변수들의 가격 기준시점은 물가상승률 자료의 취득가능성 등을 고려하여 분석의 기준시점은 착수된 시점의 전년도 말로 설정하고, 공사기간의 시작은 1월 1일, 공사의 완료시점은 12월 31일을 기준으로 하여야 한다.

경제성평가는 기준시점을 기준으로 하여 미래에 발생하는 편익과 비용을 산정하여 이의 크기를 비교하는 방식으로 진행한다. 미래에 발생하는 편익과 비용은 가격 기준시점의 불변가격으로 산정하며, 만약에 편익과 비용을 경상가격으로 산정하는 경우 할인율을 경상할인율로 사용하여 할 수 있다.

(3) 편익 및 비용의 현재가치 산정방법

1) 비용-편익비(B/C Ratio)

비용-편익비의 산정식은 다음과 같다.

$$비용 \cdot 편익비(\text{B/C비율}) = \sum_{n}^{N} BPV_n / \sum_{m}^{M} CPV_m$$

$$= TBPV / TCPV$$

여기서, BPV_n : n항목 편익의 현재가치

CPV_m : m항목 비용의 현재가치

n, N　: 편익 항목의 종류

m, M　: 비용 항목의 종류

철도투자사업의 경우 분석기간이 40년이고, 개통 후 30년을 기준으로 할인율이 다르기 때문에 편익과 비용의 현재가치를 산정할 때는 다음과 같은 식을 적용한다.

$$BPV_n = \sum_{t_0}^{T_{30}} \frac{B_{nt}}{(1+r_a)^{(T_i - t_0)}} + \sum_{T_{31}}^{T_{40}} \frac{B_{nt}}{(1+r_a)^{(T_{30} - t_0)}(1+r_b)^{(T_i - T_{31})}}$$

여기서,　BPV_n : n항목 편익의 현재가치,

T_i : 개통 연도를 0으로 하는 연수(i =연차)

t_i : 분석 기준년도를 0으로 하는 연수(i =연차)

Bnt : 분석 기준년도로부터 t년째의 n항목의 편익

r_i : 사회적 할인율(i =a:개통 후 30년까지의 할인율, b:개통 후 31 ~ 40년까지의 할인율)

n : 편익의 종류

$$CPV_n = \sum_{t_0}^{T_{30}} \frac{C_{nt}}{(1+r_a)^{(T_i - t_0)}} + \sum_{T_{31}}^{T_{40}} \frac{C_{nt}}{(1+r_a)^{(T_{30} - t_0)}(1+r_b)^{(T_i - T_{31})}}$$

여기서,　CPV_n : n항목의 비용의 현재가치

T_i : 개통 연도를 0으로 하는 연수(i =연차)

t_i : 분석 기준년도를 0으로 하는 연수(i =연차)

Cnt : 분석 기준년도부터 t년째의 n항목의 비용

r_i : 사회적 할인율(i =a:개통 후 30년까지의 할인율, b:개통 후 31 ~ 40년까지의 할인율)

n : 비용의 종류

2) 순현재가치(NPV)

순현재가치(NPV)의 산정식은 다음과 같다.

$$\text{순현재가치(NPV)} = \sum_{t=0}^{T} \frac{\sum_{i=n}^{N} B_{it} - \sum_{j=m}^{M} C_{jt}}{(1+r)^t}$$

여기서, B_{it} : i항목의 t연도 편익

C_{jt} : j항목의 t연도 비용

n, N : 편익 항목의 종류

m, M : 비용 항목의 종류

T : 기준 연차로부터 평가대상기간 최종 연차까지의 연수

t : 기준 연차를 0으로 하는 연차

3) 내부수익률(IRR)

일반적으로 공공교통시설 개발사업의 경우 비용이 평가대상 기간의 초기에 집중되고 편익이 시설 완성 후와 평가대상 기간 내에 지속적으로 발생한다. 경제적 내부수익률이 크다는 것은 미래의 편익을 낮게 평가함에도 불구하고 사업의 효과가 있다는 것을 의미하는 것이므로 경제적 내부수익률이 큰 공공교통시설 개발사업은 우량한 사업이라 할 수 있으며, 산정식은 다음과 같다.

$$\text{내부수익률(IRR)} = \sum_{t=0}^{T} \frac{\sum_{i=n}^{N} B_{it} - \sum_{j=m}^{M} C_{jt}}{(1+r)^t}$$

여기서, B_{it} : i항목의 t연도 편익

C_{jt} : j항목의 t연도 비용

n, N : 편익 항목의 종류

m, M : 비용 항목의 종류

T : 기준 연차로부터 평가대상기간 최종 연차까지의 연수

t : 기준 연차를 0으로 하는 연차

ir : 내부수익률

5. 종합 평가

(1) 개요

경제적 타당성이 확보된 개별 교통 투자사업의 종합평가방법을 제시한다. 개별 교통 투자사업의 추진여부결정은 경제성 분석결과와 정책성, 환경성, 지역균형발전, 공공참여 등을 종합적으로 평가하여 사업의 추진여부를 결정할 수 있다.

종합평가는 경제성 분석에서 고려하지 않는 정책성, 환경성, 지역균형발전, 공공참여 등 사업시행에 따른 다양한 효과에 대하여 〈그림 5-5〉와 같이 경제성 분석 결과와 함께 종합적으로 평가하고 각 항목별 문제점을 도출하여 대책을 마련할 수 있다.

출처 : 국토교통부(2013) 교통시설 투자평가지침(5차 개정)

<그림 5-5> 종합평가의 절차

정책성, 환경성, 지역균형발전, 공공참여 등은 공공교통시설 개발사업의 평가에 있어 중요한 항목임에도 불구하고 정형적인 계량화 방법론이 제시되지 않아 타당성평가에 반영되지 않았던 항목들을 분석가의 판단을 통해 정책결정의 참고자료로 제공하는 데에 목적이 있다. 분석가는 각 분석 항목별 해당사업의 특성을 기술하여 정책결정의 참고자료로 제공하여야 한다.

<표 5-16> 종합평가를 위한 분석 항목

분석 항목		세부항목
정책적 분석	상위계획과의 부합성	• 타당성조사에서 제시된 전체계획 대비 본 과업노선의 포함 여부 제시
	교통 네트워크 효과	• 타당성조사 노선과 영향권 내 제시한 기준에 대한 일치 여부와 관련된 체크리스트 작성 • 사업 시행에 따른 접근성 및 혼잡완화효과의 체크리스트 작성
	교통 안전성 향상	• 사업 추진에 따른 교통 안전성 향상 효과의 체크리스트 작성
환경성 분석	공간적 환경성	• 국토환경성평가도(환경부) 및 토공량을 기준으로 사업노선 통과지역의 환경에 미치는 영향 정도 제시
	대기적 환경성	• 건설 후 사업노선의 운영 중 발생되는 대기오염물질 발생에 대한 환경에 미치는 영향 정도 제시
지역 균형 발전 분석	지역 낙후도 지수	• 사업대상지의 낙후도 순위 제시
	지역경제 파급효과	• IRIO(Interregional Input-Output Model)모형에 따라 도출된 결과 제시
공공참여분석		• 관련지역 주민의 의견 제시

출처 : 국토교통부(2013) 교통시설 투자평가지침(5차 개정)

(2) 항목별 분석결과의 종합

경제성, 정책성, 환경성, 지역균형발전, 공공참여 등 다섯 항목에 대한 분석결과에 대하여 종합적인 결론을 도출할 수 있다. 항목별 분석결과는 정책결정자가 의사결정시 참고자료로 활용할 수 있도록 〈표 5-17〉과 같이 의사

결정지원표를 작성할 수 있다.

<표 5-17> 의사결정지원표의 구성

항목		내용	분석결과
경제성 분석	B/C	• B/C ratio 제시	
	NPV	• NPV 제시	
	IRR	• IRR 제시	
정책적 분석	상위계획과의 부합성	• 타당성조사에서 제시된 전체 계획 대비 본 과업노선의 포 함 여부	
	교통 네트워크 효과	• 사업 시행에 따른 네트워크의 일관성, 접근성, 혼잡완화 효과 등의 분석결과	
	교통 안전성 향상	• 사업 시행에 따른 교통 안전성 분석결과	
환경성 분석	공간적 환경성	• 국토환경성평가도(환경부) 및 토공량을 기준으로 사업노 선 통과지역의 환경에 미치는 영향 분석결과	
	대기적 환경성	• 건설 후 사업노선의 운영 중 발생되는 대기오염물질 발생 에 대한 환경에 미치는 영향 분석결과	
지역 균형 발전 분석	지역 낙후도 지수	• 시·군·구 단위로 이루어진 지역 낙후도 지수 제시	
	지역경제 파급효과	• IRIO(Interregional Input-Output Model)모형에 따라 도 출된 생산유발 효과, 부가가치유발 효과, 고용유발 효과, 취업유발 효과 등을 제시	
공공참여분석		• 지역주민의 의견을 개략적으로 제시	

출처 : 국토교통부(2013) 교통시설 투자평가지침(5차 개정)

6. 철도시설 투자평가제도의 한계 및 개선방향

(1) 예비타당성조사와 타당성평가의 관계정립[30]

타당성평가는 계획수립을 위한 계획 타당성평가와 개별사업의 추진여부

---

30) 남궁백규, 정성봉, 김시곤(2012), 교통SOC 투자평가제도 효율화 방안 연구, 2012년도 한국철도학회 춘계
학술대회 논문집, pp. 1763~1771

를 결정하는 개별 타당성평가로 구분한다. 예비타당성조사는 이 두 제도 사이에서 예산투입여부를 결정하는 역할을 하고 개별 타당성평가가 사업의 추진여부를 결정하는 것이 법으로 명시되어 있는 제도별 취지이다. 하지만 현재 예비타당성조사는 사업의 추진여부를 결정하는 중요한 투자평가제도로 인식되어 있고, 개별 타당성평가(조사)는 예비타당성조사 결과를 재확인하는 기능으로써 본래의 목적이 유명무실해진 상황이다. 따라서 이 연구에서는 각 제도의 본래 수행목적에 적합하도록 예비타당성조사와 타당성평가 간 관계정립방안에 대해 제시한다.

계획 타당성평가는 기존과 같이 여러 사업의 투자우선순위 선정을 목적으로 수행하여야 한다. '교통시설 투자평가지침 제4차 개정(2011, 국토해양부)'에서는 투자우선순위 방법을 개략적으로 제시하고 있으나 평가 항목이나 방법이 명확하지 않기 때문에 투자우선순위를 선정함에 있어 어려움이 있다. 따라서 평가단계를 교통 현황분석 및 애로구간 도출, 네트워크 경합관계 분석, 투자우선순위 선정 등 3단계로 구분하여 분석하도록 제시한다. 현재 계획 타당성평가는 사업별 효율성(경제성) 측면에서 투자우선순위를 선정하여 화폐가치화가 어려운 사회성, 환경성, 네트워크 완결성 등을 고려하지 못하는 문제가 있으므로 다양한 효과를 반영하여 객관적인 투자우선순위를 선정하여야 한다. 예비타당성조사는 국가재정법 개정을 통해 계획 타당성평가 결과에서 제시된 투자우선순위를 준용하여 예비타 당성조사가 수행될 수 있도록 개정함으로써 두 제도간 연계성을 확보하여야 한다.

예비타당성조사의 경우 경제성 분석, 정책적 분석, 지역균형발전 분석을 종합하여 AHP분석을 수행 후 AHP 대안이 0.5 이상일 경우 사업추진여부가 결정되고 0.45 ≤ AHP(대안) < 0.5일 경우 회색영역으로 정의하고 분석결과를 제시하고 있으나, 실제 AHP(대안)결과가 0.5 이상일 경우 사업추진을

결정하고 있다. 따라서 평가결과를 단순화하여 계량화된 숫자 대신 예산투입 가능, 불가능, 재검토 등 3가지 항목으로 분류하여 예산투입이 가능하다고 판단될 경우 타당성평가를 통해 사업추진여부를 결정할 수 있도록 한다. 경제성 분석결과 또한 수치 대신 B/C결과를 5단계로 구분하여 AHP분석에 반영함으로써 평가결과를 단순화할 필요가 있다. AHP분석 결과에서 예산투입이 가능한 사업으로 판정된 경우 개별 타당성평가를 수행할 수 있도록 국가통합교통체계효율화법을 개정하고, 재검토 사업은 계획수립단계로 사업이 반려되어 수립된 계획을 수정함으로써 두 제도간 연계성을 강화하여야 한다.

개별 타당성평가는 사업의 추진여부를 결정하는 중요한 투자평가제도로 인식되어야 하며, 이를 위해 '교통시설 투자평가지침'을 예비타당성조사 지침 수준보다 세밀하게 분석할 수 있도록 정비할 필요가 있다. 기술적 측면 및 수요 측면에서의 여러 대안을 검토하여 최적 대안을 설정하고, 배정된 예산의 최적 투입시기를 결정하여 사업추진기간의 적정수준을 제시하도록 한다. 또한 경제성을 포함한 정책성, 환경성, 사회성, 기술성, 공공참여 등 다양한 사업효과를 반영하여 사업추진의 타당성을 종합적으로 평가하고, 사업추진에 대한 각 항목별 문제점 및 해결방안을 제시하여 합리적인 투자평가가 되도록 개정하여야 한다. 개별 타당성평가의 관리조직의 경우 예비타당성조사와는 달리 발주부서(발주청)에서 관리함에 따른 문제를 해결하기 위해 투자평가협회나 새로운 관리조직을 창설하여 전문적으로 타당성평가서를 관리, 분석함으로써 향후 지침개정 및 유사사업 평가시 참고자료로 활용할 수 있도록 한다.

출처 : 남궁백규, 정성봉, 김시곤(2012), 교통SOC 투자평가제도 효율화 방안 연구, 2012년도 한국철도학회 춘계학술대회 논문집, pp. 1763~1771

<그림 5-6> 타당성평가와 예비타당성조사간 관계정립(안)

(2) 타당성평가와 타당성조사의 관계정립[31]

국가통합교통체계효율화법에 의한 타당성평가는 건설기술관리법에 의한 타당성조사로 대체되어 타당성평가가 유명무실한 상황이나 건설기술관리법에서는 타당성조사에 대한 지침, 조사 항목, 조사방법 등을 제시하지 않기 때문에 국가통합교통체계효율화법을 준용하는 현실이다. 교통시설의 경우 국가통합교통체계효율화법이 특별법 성격으로 제정된 만큼 건설기술관리법의 타당성조사보다 특별법에 근거한 타당성평가를 수행하는 것이 합리적이라고 할 수 있다. 또한 타당성조사가 국가통합교통체계효율화법에서 제시하는 지침, 조사 항목 및 방법, 수행 주체 등을 준용하고 있으므로 명목상 타당성조사일 뿐 실제 타당성평가를 수행한다고 볼 수 있다. 따라서 두 제도가 혼용되어 사용되는 상황에서 건설기술관리법의 법 개정을 통해 교통시설에 대한 특별법 적용으로 타당성조사 대신 타당성평가가 수행될 수 있도록 하거나 법 개정이 어려울 경우 법제처 또는 전문가 등을 통해 유권해석을 통한 타당성조사 대신 타당성평가가 수행될 수 있도록 법적관계 정립을 제안한다. 사업의 추진여부가 결정되지 않은 상태에서 기본계획 및 기본설계, 실

---

31) 남궁백규, 정성봉, 김시곤(2012), 교통SOC 투자평가제도 효율화 방안 연구, 2012년도 한국철도학회 춘계학술대회 논문집, pp. 1763~1771

시설계가 수행될 경우 사업 보류판정시 과업중지가 될 수 있기 때문에 현재 통합발주되는 상황을 타당성평가로 단독발주하여 사업의 타당성을 평가하여야 한다.

(3) 복지시대에 맞는 편익 항목의 반영[32]

우리나라 헌법 제31조에는 좁은 의미로 사회복지의 개념을 규정한 복지권을 명시하고 있다. 이는 사회복지를 한정된 약자나 요보호자들을 위한 실천활동으로 보는 것으로 사회사업 또는 사회복지사업과 동의어로 사용된다. 즉, 협의의 복지권을 의미하며, 선택적 복지와 동일한 개념이다. 반면 광의의 복지권은 보편적 복지와 같은 개념인데, 전 국민을 대상으로 하며 사회복지 서비스 외에 보건, 의료, 주택, 고용, 교통 등의 일상생활에 필요한 다양한 서비스를 포함한다.

예비타당성제도나 타당성조사/평가제도 등 현 철도시설 투자평가제도는 위와 같은 선택적 복지나 보편적 복지 측면에서 볼 때 한계가 있다. 선택적 복지와 관련하여 교통약자(장애인)가 철도서비스를 이용할 경우 발생하는 경제적 편익은 일반 이용자들의 경제적 편익보다 크다. 왜냐하면 통행 자체가 불가능하거나 어려운 상태에서 통행을 할 수 있는 상태가 되기 때문이다. 현 평가제도는 이러한 점을 간과하고 있다. 또한 교통약자와 일반 국민간의 이동성 격차가 감소함으로써 발생하는 형평성이 좋아지나, 이러한 점은 편익에 반영되지 않고 있다. 낙후지역 철도노선 평가시 지역낙후도는 경제성 분석에서 제외되고 다면평가를 위한 AHP의 한 항목으로 포함되므로 최소이동

---

32) 박동주(2012), 철도와 교통복지, 경기도/한국철도협회, 철도와 교통복지 정책 세미나, 2012. 2.

권 보장을 위한 철도서비스라도 타당성이 없는 것으로 결론날 수 있는 상황이다. B/C가 0.6~0.8인 사업 중 하나의 사업만이 예비타당성을 통과하였고, B/C가 더 낮은 사업은 모두 통과하지 못했다.

보편적 복지 측면에서도 현 평가체계는 개선되어야 한다. Captive Rider 와 Choice Rider간의 이동성 격차는 철도서비스 개선에 따라 감소하며, 이에 따라 형평성이 증가한다. 따라서 이러한 형평성 개선을 경제적 편익으로 감안해야 한다. 철도시설 투자에 의한 환경성증진(도시미관/여행분위기 등, 영국), 신체건강증진(영국) 등을 반영하는 것이 필요하다.

제6장
철도 재무회계의 역사와 발전

제6장 철도 재무회계의 역사와 발전

1. 정부조직 하의 재무회계 운영 현황

(1) 일반사항

1) 적용법률 및 회계 관련 규정

철도청은 정부기관이나 기업형태로 운영하는 정부 사업에 해당하여 예산과 회계에 있어 예산회계법 및 동법 시행령과 기업예산회계법 및 동법 시행령을 적용하였다.

회계 및 재무제도와 관련해서는 기업예산회계법 특별회계설치 조항에 근거하여 철도사업특별회계를 설치하고, 철도사업특별회계사무처리규칙 및 시행세칙을 제정하여 운용하였다.

철도사업특별회계사무처리규칙 및 시행세칙은 기업회계 기준을 근간으로 하고 있으나 업무처리는 예산회계법에 따라 세입, 세출관점에서 이루어지며 기업회계 기준에 따른 회계처리 및 결산을 병행하였다.

그밖에도 국유철도의 운영에 관한 특례법, 국유재산법 및 동법 시행령과

규칙, 철도청소관국유재산관리규정 등을 적용하였다.

2) 회계단위 및 업무분장

철도사업특별회계사무처리규칙 및 동 시행세칙에 의하여 기능 및 지역별로 구분한 16개의 결산개소(회계단위)를 설치하였다.

각 결산개소는 과단위 또는 소속역 및 사무소 단위를 책임개소로 구분하여 책임개소별로 재무자료를 집계하였다. 각 결산개소별로 대차대조표와 손익계산서를 작성하였으나 재무자료의 집계를 위한 업무기능 단위에 불과하여 책임회계단위로는 볼 수 없었다.

업무분장의 경우 본청 재무과 업무는 기능별로 회계제도팀, 회계팀, 자금팀, 원가계산팀, 결산팀으로 구분되었으며, 기타의 회계단위는 조직의 규모에 따라 업무를 분장하였다.

정부 예산회계의 세입세출에 따른 업무별로 회계기관(세입징수관, 채권관리관, 재무관, 조체급명령관, 출납공무원, 지출관, 계약관, 유가증권취급공무원, 물품관리관, 물품운용관, 물품출납공무원, 재산관리관)을 설치하여 회계관계직원을 임명하였으며, 회계관계직원의 분포는 조직의 업무 및 규모에 따라 달랐다.

일반적으로 회계관계직원은 명령직과 출납직으로 구분되고, 명령직은 각 업무에 대한 책임자에 해당하며, 명령에 대한 집행업무는 출납직이 수행하였으며, 회계관계공무원의 책임에 관한 법률과 각 회계관계직원의 업무와 관련한 규정을 제정, 운영하였다.

세무와 관련해서는 별도 담당부서를 두지 않고 지출업무를 담당하는 팀에서 매입부가가치세 및 원천세를 관리하고 있는 수준이었다.

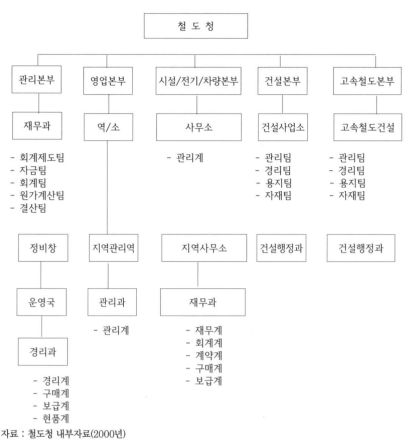

자료 : 철도청 내부자료(2000년)

<그림 6-1> 철도청 회계 관련 조직

3) 계정과목

예산과목코드(기획예산처 규정)와 계정과목코드(철도청 규정)가 구분되어 별도로 운영되었다. 여러 개의 예산과목이 하나의 계정과목에 대응하는 것이 일반적이나, 하나의 예산과목에 다수의 계정과목이 대응되는 경우 선택하여 입력하였다. 전표에 입력되는 과목은 예산과목이나 시스템 내부적으로 계정과목과 연계되었다.

대차대조표 계정으로는 현금, 유가증권, 미수금, 가지급금, 선급금, 재고자산, 투자자산, 유형자산, 건설 중인 자산, 무형자산, 미지급금, 미지급이자, 단기차입금, 수탁공사예납금, 선수금, 예수금, 장기차입금, 자본금, 자본잉여금, 이익잉여금이 있다. 손익계산서 계정은 다음과 같다.

- 영업수익 : 여객수익, 소화물수익, 화물수익, 적자보조금
- 인건비 : 기본급, 상여금, 초과근무수당, 정액수당, 기타수당 및 비정규직 보수
- 경비 : 제세공과금, 피복비, 임차료, 재료비, 사업운영비, 청용품수송비, 업무추진비, 복리후생비, 보상금, 배상금 및 이자비용, 대손상각비
- 자산 관련경비 : 연료 및 유지비, 전기수도료, 보험료, 차량유지비, 감가상각비, 동력비
- 영업외수익 : 임대수익, 광고수익, 이자수익, 기타잡수익
- 영업외비용 : 철도대학운영비
- 경상외수익 : 유형자산처분이익, 외환차익, 자산수증익, 채무면제익, 보험차익
- 경상외비용 : 유형자산처분손실, 재고자산처분손실, 유형자산평가손실, 외화환산손실, 기타

(2) 회계처리 기준

1) 수익인식 기준(철도사업특별회계사무처리규칙)

여객운송수익은 승차일, 도착일에 관계없이 고객이 승차권을 발매한 날을 기준으로 인식하였고, 광고수익은 계약에 따라 청구서를 발행하기 위해서 징수를 결정한 날을 기준으로 하였으며, 임대수익은 계약에 따라 청구서를

발행하기 위해서 징수를 결정한 날 또는 현금의 수납시점을 기준으로 인식하였다.

2) 비용인식 기준

도급경비는 재무관이 분기별로 도급관서(역/소)별로 배정하여 집행하며 배정시 과목별로 비용처리하였다. 철도건설사업 등에 소요되는 청용화물 수송에 대해 일반화물과 같이 요금을 적용하여 수익을 인식하고 동액을 수송비용으로 인식하였으며 결산보고서에도 반영하였다. 결산개소 간 평가를 위한 수익인식인 경우 합리적인 내부거래가격 및 성과평가 대상이 별도 정해져 있지 않아 외부 보고시 내부거래는 상계하여 보고하였다.

(3) 결산체계

1) 소속결산 및 총결산체계

월 단위로 예산결산과 기업회계결산을 병행하였다. 결산은 16개의 소속결산개소 단위의 소속결산과 소속결산을 종합하여 총괄적으로 실시하는 총결산으로 구분하였다. 규정상으로는 월말결산에 대해 다음 달 15일까지, 연간결산에 대해서는 1월 25일까지 마감하도록 하고 있었으나, 월차결산에 50일 정도가 소요되어 2000년 통합회계시스템을 구축한 이후 시스템 운영이 안정화되면서 결산기간이 단축되었다. 담당부서는 관리본부 재무과 회계제도팀에서 결산지침을 시달하고, 결산팀에서 결산업무를 총괄하였다.

월차 결산시 통합회계시스템 입력마감 후 소속결산개소는 시산표를 출력하여 총계정원장과 대사 확인 등 오류사항을 수정하였으며, 총결산개소는 이를 취합하여 총괄시산표, 대차대조표 및 손익계산서를 작성하였다.

결산서는 분기별로 한국은행과 감사원에 제출하고, 연간보고서는 재정경제부장관에게 제출하였다.

2) 연결결산

철도청 출자회사는 2001년 기준 20개사로 이에 대한 관리는 사업개발본부에서 담당하였으며 출자회사에 대한 연결결산을 시행하였다.

<표 6-1> 철도청 출자회사 현황

(단위 : 백만 원)

출자회사	자산	출자액	지분율 (%)	출자회사	자산	출자액	지분율 (%)
한화역사	56,823	4,500	32.3	평택역사	1,558	500	25.0
동인천역 쇼핑센터	24,468	750	20.0	현대역사	50,554	3,500	20.0
롯데역사	403,086	4,500	25.0	수원역사	75,638	4,640	23.0
부평역사	85,430	500	25.0	경인I.C.D	29,128	1,250	25.0
부천역사	94,588	500	25.0	한국철도 종합서비스	5,351	87	43.5
비트플렉스	–	–	–	철도광고	4,173	50	25.0
안양역사	84,945	500	25.0	산본역 쇼핑센터	29,137	652	25.1
성북역사	2,795	500	25.0	대구복합 화물터미널	24,074	7,500	46.2
신촌역사	3,795	1,000	21.7	파발마	2,742	490	49.0
왕십리역사	9,325	3,000	25.0	공항철도	106,598	5,940	9.9

자료 : 철도청 내부자료(2001년)

(4) 재고자산 회계

1) 재고자산 분류체계

물품은 재고자산용품(저장품, 예비품, 재공품, 불용품), 건설가계정용품,

결산품(공용품, 미사용품, 소모품)으로 분류하였다.

<표 6-2> 재고자산용품

구분		내역	기업회계 기준상의 분류
저장품		경상적인 용도에 사용	저장품, 미착품
예비품	상비응급물품	사고 발생, 긴급사태에 대비	
	특수비축물품	전시 또는 비상사태에 대비	
재공품	외주재공품	청 지급재료로 제작 중인 물품	재공품
	청내재공품	청 내에서 제작, 개조, 수선 중인 물품	
불용품		본래의 목적 또는 용도에 사용할 수 없는 물품	저장품

자료 : 철도청 내부자료

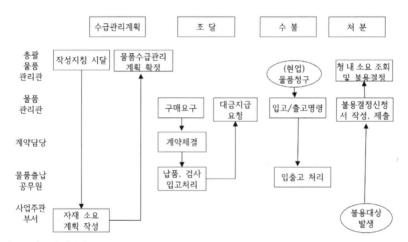

자료 : 철도청 내부자료(2001)

<그림 6-2> 구매절차 흐름도

2) 내외자구매

조달청구매 기준은 내자 5천만 원 이상, 외자 개당 5천달러 이상이며, 중앙조달물품은 조달청을 통한 조달, 본청 조달본부를 통한 조달로 나뉜다.

지방조달물품은 조달청을 통한 조달과 자체조달로 구분되며, 중앙조달물품의 35% 가량을 조달청을 통해 조달하였다.

3) 취득가액 결정

구입시에는 취득가액, 제작시에는 직·간접으로 소요된 일체 비용을 포함하였으며 증여 또는 인도불능화물 및 일시 보관품을 취득하는 경우에는 시가를 적용하고 외자로 도입된 물품은 대금에 관세(부가세 포함), 보험료, 운임, 하역비, 구매수수료 및 기타 제비용을 포함하여 결정하였다.

4) 재고관리

① 적정재고관리

* 품목 선정 기준 : 출급 수요빈도가 많고 공통적으로 사용, 금액이 비교적 크고 수량이 많은 물품, 부패 변질되지 않으며 저장이 용이하고 조달에 장시일을 요하는 중요물품을 선정하였다.

② 적정재고 계산

구분	내역
적정재고수준	안전수준 + 운용수준(조달소요기간 고려)
운용수준	물품 입고시점부터 다음 입고시점까지 평상적인 수요에 대비하기 위한 재고수량
안전수준	급격한 수요변동과 불가피한 조달기간 연장에 따른 재고의 고갈에 대응
조달소요기간	행정소요기간 + 생산소요기간 + 납품소요기간 + 이동소요기간

자료 : 철도청 내부자료(2005)

5) 재물조사

재물조사주기는 정기(연 1회), 수시(물품관리관 및 물품출납공무원 교체시, 수량상태 및 위치 이상 발생시), 특별(재정경제부장관이 시행)조사로 구분하였으며, 조사방법은 폐창식(재물조사기간 출납 중지하고 실시)이 원칙이었고, 부득이한 경우 개창식(입출고 계속실사)으로 시행하였다. 물품의 가액은 표준서식 기록 금액으로 하되 불분명할 경우 시가 또는 견적가격에 의하였다. 재물조정은 재물조사 결과 증감이 발생한 경우 수량 및 가액을 조정하였다.

(5) 고정자산

1) 고정자산 분류체계

① 유형자산의 범위

철도사업특별회계사무처리규칙 제17조(고정자산의 범위 및 관리)에 의하여 고정자산은 자산의 취득가액이 75만 원 이상이고 내용년수가 3년 이상인 자산으로 정의하였다. 고정자산은 국유재산과 물품으로 구분하였다. 철도사업특별회계사무처리규칙시행세칙 제23조에 유형자산은 장기간에 걸쳐 영업목적에 사용되는 구체적 존재형태(토지, 건물, 철도차량 등)를 가지는 자산으로서 목적 수행에 필요하지 아니하여 용도 폐지된 기타유형자산뿐만 아니라 공사시행 등이 진행 중에 있는 건설 중인 자산도 포함하였다.

② 고정자산 분류번호

구분	내역	분류번호
대분류	토지, 건물, 궤도노반 및 구축물, 통신 및 전력설비, 기계장비, 궤도차량, 사무용구, 무체자산	1
중분류	사용목적별, 기능별	2
소분류	중분류를 다시 용도별로 구분	2
세분류	중분류를 종류별, 명칭별로 세분류	3

자료 : 철도청 내부자료(2001)

③ 고정자산 현황

유형자산과 무형자산으로 구분되며 2000년 말 기준으로 유형자산은 토지 38.4%, 궤도 및 구축물 14.8%, 차량 10.2%, 기타 36.6%로 구성되었으며, 무형자산은 지상권(지하권 포함) 160억 원, 저작권 9백만 원 등으로 구성되었다.

2) 자산취득

직접경비에 대해서는 공사번호별로 집계하였고, 간접비 배부는 예산에 의한 사전 직·간접비 배부율을 적용하여 현재 진행 중인 공사에 배부했다.

- 간접비의 배부율 : 당해 예산에 계상된 간접비 총액 ÷ 당해 예산에 계상된 투자사업비 총액
- 배부액 : 배부율 × 공사번호별 준공금액
- 실제로 발생된 간접비 총액과 배부한 금액의 합계액과의 차액은 경상외수익 또는 경상외비용으로 처리
- 간접비 배부상의 문제점 : 실무에서는 당기 준공된 공사에 대해서는 간접비를 배부하지 않고 기말 결산 시점에 관련 규정에 의한 배부율(예산기준)에 따라 진행 중인 공사별 당기 발생비용을 기준으로 금액을 배부하였다. 이로 인해 당기 준공된 공사에 대해서는 간접비가 배부되지 않아 공사비용이 일관성 있게 집계되지 않았고 그만큼의 차액이 향후 조정에 의해 경상외비용으로 처리되었다. 기말에 결산 목적 간접비 배부시에는 예산에 의한 배부율보다 실제 발생비용을 기준으로 배부율을 계산하는 것이 더 합리적인 것으로 나타났다.

3) 자산가액 변동
① 유형자산의 감가상각

- 감가상각의 범위

구분	성격	내역
상각자산	사용 또는 시일의 경과에 따라서 감소한 가치를 상각할 필요가 있는 자산	건물, 구축물, 기계장비, 기관차 및 차량 등
비상각자산	자산의 성격상 감가상각을 하지 않는 자산	토지
대체자산	다수의 동종 구성품으로 이루어진 자산으로서 노후화된 부분의 계속적인 부분 대체를 통해 자산의 사용가치를 영속적으로 유지하는 자산을 말함.	궤도, 도관, 영림설비, 통신선로, 송배전선, 전차선로

자료 : 철도청 내부자료(2004)

감가상각법은 철도사업특별회계사무처리규칙 제30조에 의하여 정액법으로 시행하였고 내용년수는 자산재평가(재평가차액이 발생한 자산에 한함)를 하거나 감가상각이 종료된 고정자산을 재취득하는 경우 잔존내용년수를 잔존년수와 경과년수 40%(2년 미만인 경우 2년) 기간의 합으로 산정하였다.

② 수선비(자본적 지출, 수익적 지출)

유형자산의 취득 이후에 그 자산의 사용과 관련하여 지출(유지비, 개량비 등)이 이루어질 경우 그 지출의 결과가 당해 자산으로부터 얻게 될 미래효익을 증대시키는 것을 자본적 지출(자본화)이라 하고, 그렇지 않은 것은 수익적 지출(비용화)로 구분하였다.

- 수선비 판단 기준

철도사업특별회계사무처리규칙 제34조	철도사업특별회계사무처리규칙시행세칙 제47조
〔자본적 지출과 수익적 지출〕 1. 자본적 지출 　가. 고정자산의 취득, 증설, 개량으로서 그 자산의 내용년수가 연장되거나 효율을 증진하기 위한 지출 　나. 고정자산의 용도변경을 위한 지출 2. 수익적 지출 　가. 고정자산의 보수 및 재해복구를 위한 지출. 다만, 대보수충당금에서 집행되는 것을 제외한다. 　나. 고정자산의 이전에 따르는 지출 　다. 기타 수익을 위한 지출	〔자본적 지출과 수익적 지출의 판정 기준〕 규칙 제34조의 규정에 의한 자본적 지출과 수익적 지출에 관한 사항의 기준은 별도로 정한다.

자료 : 철도청 내부자료(2001)

(6) 자금관리

1) 자금계획

수립절차는 연간 자금소요 추정에서 재원조달계획 수립, 연간 자금집행계획 수립으로 진행되었다. 예산확정과정 안에 자금수지계획 수립이 포함(연간 계획을 월 분할로 수립)되었으며 예산안의 확정을 위한 부속서류로서 예산회계법 제57조에 의해 월별 자금계획서를 작성하였다. 자금계획은 예산수립 과정 중의 일부로서 장기간이 소요되었다.

2) 입출금 및 시재관리

수입유형과 지출유형으로 나누어 관리하였고 운전자금 개념으로는 관리하지 않았다. 시재관리는 일별 배치(Batch) 처리에 의해서 파악하였고, 현금 보유 현황은 일별 현금 현황 파악으로 대체하였다.

3) 자금운용

예산에 근거한 자금의 지출로 여유자금을 자율적으로 운영할 수 없는 제도상의 제약이 있어 실질적으로 기회이익 극대화 목적의 투자활동은 할 수 없었다. 또한 전도금제도를 도급경비 형태로 운영하여 예산편성시 과목별로 별도 편성하였고 분기별로 배정하여 사용하였다.

도급경비는 국고금 지출시 정당한 채권자가 아니면 지출관 또는 출납공무원은 지급할 수 없다. 이에 따라 지출관이 설치되지 아니한 곳에서는 사무의 번잡성, 지연성 등의 불편이 초래됨에 따라 이러한 모순을 없애기 위해 특정 관서에서 일상적으로 소요되는 일정기간의 경비를 그 관서의 장에게 미리 지급하는 것으로서 정당한 채권자에 대한 지출의 특례 사항이었다.

도급경비의 범위는 초과근무수당, 비정규직 보수, 관서운영비, 여비, 특수
활동비, 업무추진비, 자산취득비 중 비용구입비 등이었다. 회계처리는 재무
관 배정시가 아니라 관리부서 지출시 회계처리하였다.

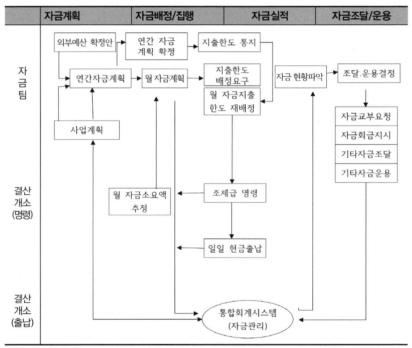

자료 : 철도청 내부자료(2001)

<그림 6-3> 자금관리 업무흐름도

(7) 수송원가제도

1) 원가제도 기초사항

원가계산은 기업예산회계법과 동법 시행령, 철도사업특별회계특별회계사무

처리규칙에 의해 시행하였으며, 수송원가 산정범위는 영업외비용이 원가산정에 포함되었고, 원가산출은 시행세칙에 의하여 연 1회 수송원가계산을 실시하였다.

원가계산의 목적은 서비스별 수익에 대응하는 적정한 원가산정과 요금산정의 기초자료로 제공되었고 내부관리 목적의 경영의사결정 자료로도 활용되었다.

2) 수송원가의 종류

구분	실적원가	순수원가	적정원가
수 익	순수 영업수입 + 정부 지원금	순수 영업수입	순수 영업수입
비 용	영업비용	영업비용 - 지급이자	영업비용 - 지급이자 + 투자보수비
활용목적	경영성적보고서 및 각종 원가정보의 기초자료	내부관리 목적	운임요율 결정

자료 : 철도청 경영성적보고서(2004)

실적원가는 실제 발생한 손익계산서상의 영업비용을 기반으로 행선지별 여객등급별/화물품목별(상품별)로 선별원가를 산출하였으며 기능별/요소별/부서별 원가정보가 별도의 제도가 아닌 실적원가를 산출하는 과정에서 산출되었다.

순수원가는 정부 지원을 받지 않는 상태의 순수입과 지급이자를 제외하여 무부채 기업으로서의 운용을 가정한 경영성적, 내부관리용으로 경영성적보고서에 포함하여 산출하였고, 이는 별도의 원가계산방식을 거치는 것은 아니었다.

적정원가는 내부경영자료, 운임요율 결정수준을 파악하기 위한 것으로 국유철도운영에 관한 특례법에 근거하여 산출하였으며, 적정원가 산출시 사용하는 적정투자보수비는 일종의 투하자본에 대한 회수율(기회비용) 개념과 접목된 것이었다.

적정투자보수비는 타인자본에 대한 지급이자와 자기자본에 대한 기회원가로 구성된 것으로 지급이자, 물가상승 등 경영외적 사유로 인한 불리한 여건에 대비하는 내부유보자금과 기타 철도사업 유지를 위해 필요한 경비에 충당하는 재원이 되도록 하기 위한 비용이었다.

투자보수비 = 자산가액(행정자산 + 건설 중인 자산) 2년 평균치 × 가중평균이자율(타인자본 – 차입선과 약정이자율, 자기자본 – 국내정기예금금리에서 물가상승률 제외)

행정자산 : 국유재산의 대부분이 이에 해당하며 고정자산 중 국가가 직접 행정목적으로 사용되어지는 행정자산을 말하는데 공용자산, 공공용 재산, 기업용 재산으로 구성되었다.

산출된 자산가액에서 채무면제잉여금, 수증잉여금의 금액을 차감하여 총자산 대비 40% 정도 금액이 가중평균 이자율에 곱하여지는 최종 자산가액이다.

3) 수송원가계산

원가대상은 기능별(12가지), 행선지별, 선별(24개 중분류, 61개 세분류)로 구분되었고, 기능별 원가산출 이후 행선지별, 선별 원가가 산출되었다.

기능별은 국철여객, 전철여객, 소화물, 화물, 구내수송, 열차통제, 열차운행, 차량유지, 선로유지, 전차선, 신호제어, 무선제어로 구분하였다.

행선지별 원가는 일종의 고객별 원가계산으로 서울에서 부산으로 가는 고객들에 대한 원가가 산출되는 것으로 세분류하여 산출하였다. 행선지는 출발역과 도착역이 동일하고 물리적으로 동일한 선을 경유하는 동일등급(여객)의 열차로서 경유역의 정차와 통과는 구분하지 않았다. 행선지는 열차번

호에 의해 행선지 번호별 구분이 가능하고 운송 서비스의 특성상 물리적인
선의 구분보다는 행선지별 구분이 수송용역의 제공에 의한 수익과 투입된
원가가 대응이 직접적으로 이뤄지는 행선지별 원가대상으로 계산되었다.

<표 6-3> 행선지별 원가계산과 선별 원가계산의 비교

구분	행선지별	선별
수익 집계 및 배부	수송용역 제공의 수익과 직접 집계가 가능하여 정확한 수익정보의 산출이 가능	수송용역 제공의 수익과 직접 집계가 불가능하여 '연인키로' 배부 기준을 사용하나 운임이 단순히 거리비례제만으로 이뤄지는 것이 아니므로 정확한 수익정보의 산출이 어렵고 배부를 통한 수익정보의 타당성이 미흡함.
원가집계 및 배부	열차운행과 차량유지 기능원가는 직접 집계되어지나 기타 비용은 직접 집계되지 않고 배부 기준을 적용함.	선별 직접 대응되는 원가 비중이 높아 정확성이 높으며 역의 발생비용(분기역 제외), 선로유지, 전차선 유지, 신호제어, 무선제어기능의 원가는 직접 집계되어짐.
관리자료 이용가능성	행선지별 사업성 분석, 손익분기점 분석 등의 경영정보 제공이 선별에 비해 유용함.	지역별 관리의 기초자료로 제공
원가대상	원가 대상의 수 과다	24개 노선으로 중분류 분석
비교가능성	신규 제도이므로 비교가능성 약함.	계속 유지된 제도로 비교가능성 높음.

자료 : 철도청 경영성적보고서(2004)

4) 원가관리

원가산출은 재정경제부장관 지침으로 1982년 12월 24일 제정된 공공요금
산정 기준에 따라 산정하였는데 세부내용을 보면 아래와 같다.

- 총괄원가 = 적정원가 + 적정투자보수비
- 적정원가 = 영업비용 + 영업외비용 - 지급이자 - 영업외수익
  (수탁사업 등의 부대적 사업에 소요된 경비나 특별손실은 적정원가에서
  제외)
- 적정투자보수 = 요금기저 × 적정투자보수율
  * 요금기저 : 기초기말평균 가동설비 순자산가액 - 증여자산, 시설분담

금 등 사업자가 부담하지 않는 자본적 수입의 누계액 + 일정분의 운전
자금 + 일정분의 건설가계정 - 투자자산

* 적정투자보수율은 공익사업의 자본비용 및 위험도, 공급리수준, 물가
상승률, 당해 회계 연도의 재투자 및 시설확장계획 원리금 상환계획 등
사업계획과 물가전망 등을 고려하여 공익사업의 기업성과 공익성을 조
화시킬 수 있는 수준에서 결정하였으며, 타인자본에 대한 대출금리 수
준, 자기자본에 대한 예금금리수준을 가중평균한 비율을 초과할 수 없음.

적정투자 보수비를 적용하는 공공요금산정 기준은 동력자원부, 건설부,
체신부, 철도청, 서울시, 지역난방공사와 상하수도 요금산정 및 일부 공공기
관에서 사용하였다.

공공요금산정 기준과 철도청의 적정원가와의 차이점은 적정원가는 PSO
산정 및 운임인상의 기초자료 사용 목적이나 요금산정에 반영되지 않았으며,
예산서 기준이 아닌 실제원가 기준으로 산정하므로 예측자료로 이용될 수
없었다. 적정원가에는 영업외수익과 비용을 고려하지 않았으며 영업원가만이
반영되었다. 또한 자산기저가액 산정시 운전자금을 포함하지 않았다.

2. 공사전환 후의 재무 현황

(1) 일반사항

공사화 이후 정부투자기관관리기본법과 정부투자기관회계규칙, 정부투자

기관회계 기준을 추가 관련 규정으로 적용하였으며, 회계단위는 관리, 조달, 지역본부와 정비창, 경영연수원, 철도대학으로 구분하여 운영하였다.

- 회계 관련 직원 및 관련장부

회계 관계 직원	장부
수입담당	징수부, 미수금명세부, 정기수입대장, 채권관리부, 채권정리부
지출원인행위담당	지출원인행위부, 외부예산차인부
지출담당	지출한도액차인부 및 지출부
선사용자금담당	선사용자금한도액차인부
선사용자금출납담당	현금출납부, 보관금명세부, 세입세출외현금출납명세부, 회금명세부 및 교부자금명세부
일상경비취급담당	지급원인행위부 및 현금출납부
유가증권취급담당	유가증권수불부
물품관리담당	용품계정예산차인부 및 물품관리출납카드
물품출납담당	물품출납카드, 예비품출납카드, 소모품대장 및 공용품대장
자산관리담당	고정자산대장, 고정자산번호부 및 공사등기록부

자료 : 철도공사 내부자료(2005)

발생한 거래는 전표입력단계에서 예산통제, 필수입력 항목의 입력 및 승인을 거쳐 총계정원장에 입력하고 영업시스템 등 타 시스템에서 입력된 정보는 시스템간 연계를 통해 총계정원장에 정리되었다. 회계시스템과 타 부문시스템의 연계를 통해 필요한 경영정보를 산출하였다.

이러한 회계전표 입력흐름을 나타내면 〈그림 6-4〉와 같다.

1) 수익비용 인식 기준

여객매출은 각 회계단위별로 일일 마감을 통해 수익을 집계하였으며 당일 도착분에 대한 판매분과 익일 이후에 대한 예매에 해당하는 부분을 별도로 집계하여 당일 도착분에 대해서는 익일 수입으로 계상하고 예매분에 대해서는 선수수익으로 인식하였다.

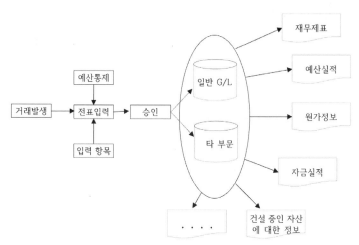

자료 : 철도공사 내부자료(2005)

<그림 6-4> 회계전표 입력흐름

<표 6-4> 수입형태별 회계처리

구분	매출구분	수익인식
여객수익	현금매출	판매시점 매출인식
	예약매출	예약 시점에 매출인식 후 결산시점에 발생주의 전환
	건설수익	정산 후 용역제공 해당 월에 매출인식
	전철수익	판매시점에서 수익인식
	전철(교통카드 등)	카드사와 정산 시점(현금확정시점)에서 매출인식
	반환수수료	반환시점에서 매출인식
화물운송	월정산 매출	정산 후 용역제공 해당월에 매출인식
	일시적 매출	용역제공 시점에서 인식
건설수익	수탁공사	결산 및 완공시점에서 수익인식
부대사업	광고수익	정산 후 용역제공 해당 월에 매출인식
	점용료 수익	용역제공월 수익인식
	사유화차관리수익	용역제공월 수익인식

자료 : 철도공사 내부자료(2005)

화물운송수익은 대부분 계속 거래처에 용역을 제공하고 있어 이에 대해

실적을 월단위로 집계하여 결산하였다. 전철수익의 현금판매분은 판매실적을 바탕으로 매출을 인식하고 RF카드 등은 카드사와의 정산시점에 금액확인이 가능하였으므로 정산시점마다 전표 발생 및 수익을 인식하였다.

2) 연결회계 및 지분법 회계처리

연결회계는 주식회사의 외부감사에 관한 법률시행령에 의하여 지분율 기준으로 운영회사가 의결권 있는 주식 또는 출자지분을 50% 초과하여 소유하는 법인, 지배력 기준으로 지분율 30%를 초과하여 소유하면서 최대 주주인 법인이나 타 회사의 이사회 또는 이에 준하는 의사결정기구에 과반수 이상의 의결권을 행사할 수 있는 법인 등에 해당되어 공사의 계열사에 대해서는 연결회계처리를 시행하였다.

또한 기업회계 기준 해석 42~59에 의하여 피투자회사의 재무 또는 영업에 관한 의사결정에 실질적인 영향을 미칠 수 있는 능력을 보유하고 있는 민자역사 및 협력사에 대해서는 지분법 회계처리를 시행하였다.

3) 국제회계 기준 도입

정부의 공기업 국제회계 기준 결정에 따라 공사는 2011년부터 회계처리 기준을 기업회계 기준에서 한국 채택 국제회계기준(K-IFRS)으로 변경하였다. 국제회계 기준 정책은 4가지 수립원칙에 기초하여 결정하였는데 ① IFRS에 부합하는 회계정책 및 방법론 수립 ② 손익변동 최소화 ③ Industry Practice와의 일치 ④ 실무적 적용가능성을 고려했다.

이에 대한 변경절차는 〈표 6-5〉와 같았다.

<표 6-5> 회계정책 변경절차

예비적 차이분석 수행	상세영향분석 및 회계정책대안 도출	예비적 회계정책(안) 도출	회계정책의 예비적 결정	개선과제 정의 및 마스터플랜 수립
·IFRS 적용 GAAP 차이 파악 ·상세영향분석 항목 도출 － 재무/프로세서/IT 중 요성 기준으로 선정 － 제외 기준 ·실무적 차이 없음. ·중요성이 낮음.	·상세분석 항목 회계정책 대안 도출 ·재무, 프로세스, 시스템 영향분석	·해외 사례 분석, 중요사 항에 대한 Simulation, EY Global에 대한 질의 등을 통한 최적 권고안 제시 ·권고안에 대한 국제회 계도입 준비팀 내 의사 결정	·전문가 그룹 교육/회의 를 통한 예비적 회계정 책(안) 결정 ·미결 회계정책(안)에 대한 향후 계획 수립	·회계정책 확정을 위한 Workshop 개최 및 회 계정책 확정 ·회계정책보고서(안)에 근거한 개선과제 및 마스터플랜 수립
· IAC("Impact Assessment Checklist") · 예비 분석 결과 보고서	· 상세영향분석 보고서		· 회계정책보고서	· 업무 개선사항 및 전환매뉴얼 · IT 마스터플랜

자료 : 철도공사 내부자료(2009)

① 철도차량 장부가액은 공정가치를 적용한 간주원가 계상

2010년 1월 1일 기준으로 철도차량에 대한 감정평가가 필요하였으며 감정 결과에 따라 KOVIS(공사 ERP시스템) 자산 데이터를 변경하였다. 공정가치 로 평가할 경우 감액발생(약 1조 7천억 원)이 되었으며, 감액 금액은 자본(이 익잉여금)으로 계상하였다.

② 철도차량 감가상각

객화차를 제외하고 KTX, 디젤기관차, 디젤동차, 전기기관차, 전동차는 세 분화하여 감가상각을 하였다. 또한 KTX 중수선 경비는 정기적인 종합검 사 원가로 자산화하여 별도로 감가상각하였으며, 해외동종업체인 SNCF DBAG 등도 철도차량을 세분화하여 감가상각하였다.

③ 유형자산 상각방법 및 내용년수, 잔존가액 산정방법 변경

유형자산의 감가상각방법, 내용년수, 잔존가액은 기존과 동일하게 적용하 였다. 다만 KTX 및 전기기관차, 화차는 25년에서 30년으로 연장하였다. 이 는 철도안전법 시행규칙 제70조의 철도차량 종류별 내구연한 기준에 따라 조정한 것으로 매 회계 연도 말 재검토하는 것으로 하였다.

④ 자산손상

현금창출단위(CGU, Cash Generating Unit)는 7개(여객, 광역, 물류, 다원, 수탁, 공항철도, 기타 계열사)로 구분하였다. 현금창출단위는 다른 자산이나 자산 집단에서의 현금 유입과는 거의 독립적인 현금유입을 창출하는 식별가능한 최소 자산 집단이며 매 회계 연도마다 현금창출단위별로 자산손상 징후 검토 후 손상확인시 자산손상을 인식하였다.

⑤ 종업원 급여

임직원에 대한 퇴직급여충당부채는 기존 전 임직원이 일시 퇴직시 지급할 금액을 계상하였으나 보험수리적 가정을 적용하여 계상하는 것으로 하였으며, 보험수리적 가정의 변동은 자본(기타포괄손익)으로 즉시 인식하였다. 연월차 관련 종업원급여는 기존에 근로 제공한 다음 연도에 연월차 미사용분만을 미지급비용으로 인식하였으나 종업원이 근로를 제공한 시점에 즉시 미지급비용으로 인식하였다.

(2) 재고자산

구분	내역
적정재고수준	안전수준 + 운용수준(조달소요기간 고려)
운용수준	물품의 입고시점부터 다음 입고시점까지의 평상적인 소요에 대비하기 위한 재고수량
안전수준	급격한 수요변동과 불가피한 조달기간의 연장에 따른 재고의 고갈에 대응하기 위함.
조달소요기간	행정소요기간 + 생산소요기간 + 납품소요기간 + 이동소요기간

자료 : 철도공사 내부자료(2005).

적정재고관리를 위해 적정재고 대상을 판정하였고, 수요예측 및 소모율을 결정하였으며, 행정소요기간과 생산소요, 납품소요기간 등을 감안하여 조달소요기간을 산정하였다.

* 적정재고수준 = 안전재고 + 운용재고수준 = 안전재고 + 조달소요기간
  × 소모율*

 (*소모율 : 과거 3년 소요량을 단순평균, 이동평균, 최소자승법에 의해 계
  산한 일일소요량)

장부상의 보유재고와 현품을 수량, 상태, 위치 등을 대사하여 과부족
에 대한 재고조정 및 기타 필요한 조치를 하기 위해 재고자산 실사를 하였
다. 실사주기는 결산목적에 의해 연 1회 실시하였고, 품목을 중요도에 따라
ABC로 분류하여 A품목은 월 1회, B품목은 연 3~4회(분기별), C품목은 연
1~2회 하는 것을 원칙으로 하였으며, 필요에 따라 수시로 시행하였다.

진부화된 재고 및 불용재화의 평가는 기업회계 기준에 따라 자산이 진부
화, 물리적인 손상 및 시장가치의 급격한 하락 등으로 인하여 당해 자산의
장부가액이 회수가능액(순실현가능가액)을 초과하고 그 초과액이 중요한 경
우에는 이를 당기 손실(영업외비용)로 처리하였으며, 차기 이후에 감액한 자
산의 회수가능액이 장부가액을 초과하는 경우에는 당해 자산이 감액되지
않았을 경우의 장부가액을 한도로 하여 그 초과액을 당기 이익으로 처리하
였다.

* 순실현가능가액 : 추정판매가액 − 판매시까지 정상적으로 발생하는 추
  정비용
* 재고자산감모손실 = (장부상수량−실제수량) × 취득원가
* 재고자산평가손실 = 실제수량 × (취득원가 − 순실현가능가액)

미사용 재고의 불용처리시에는 순실현가능가액에 의한 자산평가 후 재고자산평가손실을 인식하였고, 비용처리된 공용품의 불용처리는 처분에 따른 추가 비용이나 처분이익만을 고려하였다. 고정자산 부산물의 취득 처리 또는 처분시 취득할 경우는 공정가액으로 자산을 평가하고 고정자산의 처분손익 또는 자산비중만큼 고정자산의 장부가액을 조정하였다.

(3) 고정자산

공사 전환 후 현물출자 자산의 취득가액은 2개 이상 감정평가법인의 평가액의 평균을 이용하여 산정하였다. 물품고정자산의 취득가액은 기존자산일 경우 법인세법상 100만 원 이상의 감가상각 대상자산에 대해서 즉시 상각할 경우에만 조정을 시행하였고, 기준가액 이하의 자산을 자산으로 계산하는 것에 대한 조정은 시행하지 않았다. 신규취득 자산에 대해서는 100만 원으로 기준가액을 상향하여 자산화 여부를 결정하였다.

공사가 취득하는 고정자산 중 취득일로부터 1년 이상의 장기에 걸쳐 대금을 지급할 경우에는 현재가치평가에 의한 자산 취득가액을 결정하였다.

현재가치 평가대상	현재가치 평가대상 제외 항목
① 장기연불조건의 매매거래 　일반적 상거래에서 발생하는 재고자산의 매매거래, 용역의 수수거래, 유형자산의 매매거래 등을 포함하며 장기 금전대차 거래에는 특수관계자와의 금전소비대차거래 등을 포함 ② 장기금전대차거래 ③ 이와 유사한 거래에서 발생하는 채권, 채무	① 전세권, 전신전화가입권, 회원권, 임차보증금, 기타보증금 ② 장기의 선급금, 선수금 ③ 이연법인세 차·대 등

자료 : 철도공사 내부자료(2005)

(4) 자금관리

1) 자금관리

자금관리는 자금의 수입과 지출을 항목별로 추정하여 미래의 현금흐름을 예측함으로써 현금을 중심으로 기업활동을 계획하고, 동시에 최적 자금조달과 여유자금의 효과적인 관리를 위한 기본 정보를 제공하는 활동과 계획된 항목의 집행실적을 비교분석하는 활동까지를 포함하는 것으로, 자금수지계획은 연/월 자금수지계획과 주/일 자금운용계획을 수립·시행하였다.

* 업무흐름도

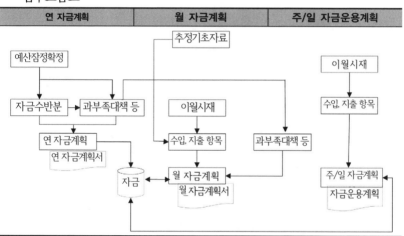

자료 : 철도공사 내부자료(2005)

2) 자금조달

공사 전환 후에는 정부 지원, 정부관리기금으로부터의 차입, 타 회계로부터의 전입 등 정부 관계기관 등으로부터의 조달이 원활하지 못함에 따라 부족자금의 원활한 조달을 위하여 직접금융(공사채 발행 등) 및 간접금융(금융기관 차입 등)의 형태로 조달하였다.

사채는 직접 또는 간접으로 일반대중인 투자자로부터 비교적 장기의 자금을 집단적·대량적으로 조달하기 위하여 채권발행의 형식에 의해서 부담하는 채무로, 기업의 설비투자 및 장기자금의 일시 조달, 거액의 운영자금 조달, 기발행사채의 상환 등에 적합한 자금조달 방법으로 주로 활용되었다.

사채의 발행은 기업등록(증권거래법 제3조) → 이사회 결의(상법 제469조) → 주간사 선정 및 채권인수의뢰서 제출 → 원리금지급보증계약 체결 → 인수단 구성과 총액인수 및 수탁계약 체결 → 유가증권신고서 제출 → 청약과 납입 → 사채권 발행 교부 순이며, 발행자는 채권발행에 의해 자금을 조달하는 주체로 특별법에 의해 설립된 공사가 발행하였고, 투자자는 자금의 대여자로 기관투자자와 개인투자자로 구분하였다.

* 사채의 종류 : 이표채, 할인채, 복리채, 보증사채/담보부채, 단·중장기채, 확정금리부/변동금리부 사채, 특수채(전환사채, 신주인수권부사채, 교환사채, 이익참가부사채, 옵션부사채)

– 특수채

구분	내용
전환사채 (CB : Convertible Bond)	일정한 조건에 따라 채권을 발행한 회사의 주식으로 전환할 수 있는 권리가 부여된 채권으로 전환 전에는 사채로서의 확정이자를 받을 수 있고, 전환 후에는 주식으로서 이익을 얻을 수 있는 사채와 주식의 중간형태 채권
신주인수권부사채 (BW : Bond with Warrants)	사채권자에게 소정의 기간이 경과된 후 일정한 가격으로 발행 회사의 신주의 일정분을 인수할 수 있는 신주인수권이 부여된 채권
교환사채 (EB : Exchangeable Bond)	소지인에게 소정의 기간 내에 사전에 합의된 조건(교환조건)으로 당해 발행회사가 보유하고 있는 유가증권으로 교환청구를 할 수 있는 권리가 부여된 채권으로 교환 시 발행사의 자산(보유유가증권)과 부채(교환사채)가 동시에 감소하게 되는 특징
이익참가부사채 (PB : Participating Bond)	기업수익의 급증으로 주주가 일정율 이상의 배당을 받을 때 사채권자도 참가할 수 있는 권리가 부여된 사채로서 이익분배부사채 또는 참가사채라고 하며 누적적 이익참가부사채와 비누적적 이익참가부 사채로 구분
옵션부사채 (BO : Bond with imbedded Option)	채권 발행시 제시되는 일정 조건이 성립되면 만기전이라도 발행 회사는 사채권자에게 매도청구(Call Option)를, 사채권자는 발행 회사에 상환청구(Put Option)를 할 수 있는 권리가 부여된 채권

자료 : 철도공사 내부자료(2005)

3) 자금운용

자금운용은 수익성과 안전성, 유동성의 조화로서 예금 등 금융기관 예치와 주식, 부동산 등의 투자처를 분산하였는데 다양한 현금흐름의 유가증권에 투자하고 투자대상 업종의 분산과 투자시기 등을 조정하여 운용하였다. 일시적인 여유자금의 효율적인 투자를 위해서 자금투자 기준과 같은 운용기준과 분석체계를 마련하였고 이를 운용하기 위한 전담인력과 부서도 운영하였다.

(5) 원가계산

공사전환 후 회계환경 변화로는 시설자산 및 고속철도건설공단의 시설자산은 국가의 소유로 관리권이 시설공단으로 이양되었고, 동 자산의 권리는 공사에서 위탁운영하게 되었다.

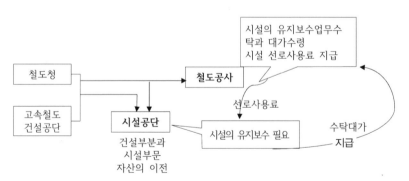

자료 : 철도공사 내부자료(2005)

<그림 6-5> 시설유지보수체계 변경

원가계산은 원가계산지침에 의하여 사업별, 상품별 수익에 대응하는 합리적인 원가를 산출함으로써 경영의사 결정 지원정보를 제공하기 위한 것이었으며, 원가계산의 범위로는 운송사업, 철도산업, 다원사업, 수탁사업으로 구분하여 계산하였다. 운송사업의 원가는 총원가와 총괄원가 순수원가로 세분화되었다.

<표 6-6> 운송사업 원가의 종류

구분	총원가	총괄원가	순수원가
수익	영업수익	영업수익	영업수익 – PSO수익
비용	영업비용	영업비용 + 적정투자보수비*	영업비용
용도	경영성적 평가(실제원가)	철도운임산정 활용	PSO 보상 관련

자료 : 철도공사 경영성적보고서(2005)

적정투자보수비는 타인자본에 대한 지급이자와 자기자본에 대한 기회원가로 구성된 것으로 지급이자, 물가상승 등 경영외적 사유로 인한 불리한 여건에 대비하는 내부유보자금과 기타 철도사업 유지를 위해 필요한 경비에 충당하는 재원이 되도록 하기 위한 것이다. 투자보수비는 요금기저에 적정투자보수율을 곱하여 산출하였다.

* 요금기저 : 기초기말평균 가동설비 순자산가액 – 증여자산, 시설분담금 등 사업자가 부담하지 않는 자본적 수입누계액 + 일정분의 운전자금 + 일정분의 건설가계정 – 투자자산
* 적정투자보수율 : 공익사업의 자본비용 및 위험도, 공금리수준, 물가상승률, 당해 회계 연도의 재투자 및 시설확장계획 원리금 상환계획 등 사업계획과 물가전망 등을 고려하여 공익사업의 기업성과 공익성을 조화시

킬 수 있는 수준에서 결정

원가계산방식은 실제원가를 기초로 한 활동기준원가(ABC)제도를 활용하였으며, 주요 환경변화로는 2004년까지 이자비용이 영업비용으로 간주하여 계산되었으나 공사 전환 후에는 영업외비용으로 처리되어 제외하였다. 회계기준 또한 일반회계기준(K-GAAP)에서 2011년도부터 국제회계기준(K-IFRS)으로 변경 적용하여 산출하였다. 산출대상은 운송사업인 경우 열차종류별, 노선별, 출발·도착역, 화물품목별로 산출하였으며, 다원사업은 유형별, 수탁사업은 유형별 및 대상별, 오더별로 구분하여 계산하였다.

<표 6-7> 운송사업 원가산출 예시

열차종류	주요 선	선	출발역	도착역	품목	활동	CCTR	계정	원가
KTX	01	01	서울역	부산역	-	매표	감사실	급료와 임금	x,xxx
"	"	"	"	"	-	"	"	연차수당	x,xxx
"	"	"	"	"	-	"	"	지급수수료	x,xxx
:	:	:	:	:	:	:	:	:	x,xxx
"	"	"	"	"	-	매표	서울역	급료와 임금	x,xxx
:	:	:	:	:	:	:	:	:	

원가배부는 우선 직접비를 일괄 최종활동으로 집계하였는데 직접비는 열차운영수수료, 동력비, 차량감가상각비, 선로사용료, 차량청소비 등으로 구성되었다. 이후 간접비를 배부하였는데 간접비는 전사지원부서 → 본사지원부서 → 본사 영업·기술부서 → 지역본부 스태프 → 지역본부 영업·기술부서 → 유지보수 → 역, 승무 → 최종활동 순으로 배부하였다.

* 최종 활동내역

구분	역	승무사업소	차량관리단/사업소	시설전기사업소
최종활동 (Activity)	여객영업, 광역여객영업, 물류영업, 열차통제, 열차조성, 매표 부대사업관리	열차운전, 야간열차운전 열차승무, 야간열차승무	차량유지보수 검수설비유지보수 출발통과검수	수탁시설유지보수 운영시설유지보수 장비검수 장비작업

자료 : 철도공사 경영성적보고서(2005)

(6) 회계분리

1) 회계분리의 목적

회계분리는 책임경영체제의 근간인 권한과 책임의 위양을 통하여 사업부별

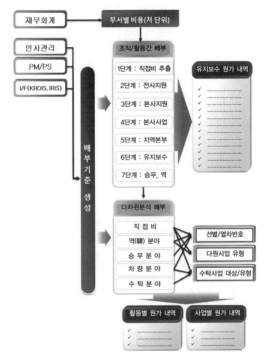

자료 : 철도공사 경영성적보고서(2008)

<그림 6-6> 원가계산의 흐름도

경영효율화와 경영성과 향상을 도모할 수 있는 기초정보를 제공하는 것으로 책임경영체제 지원과 의사결정 효율성 제고, 자산관리의 효율성 향상, 경영선진화를 그 목적으로 하였다.

① 책임경영체제 지원은 책임경영 단위별 재무상태와 경영성과에 대한 구분 정보를 제공하고, 사업부별 업적 평가 및 보상체계의 기초를 제공하며, 사업부별 경영자에게 책임경영에 대한 동기부여 역할을 한다.

② 의사결정 효율성 제고는 사업부별 의사결정에 활용될 수 있는 재무상태 및 경영성과에 대한 정보를 제공함으로써 사업부 경영진의 경영계획의 수립 및 통제기능 수행에 도움을 줄 수 있다.

③ 자산관리의 효율성 향상은 회계단위별 재무상태표가 산출됨으로써 회계단위별 투하자산 통제가 가능하고 효율적 자원배분 및 투하자본 관리 효율성이 증가한다.

④ 경영선진화는 2008년 10월 10일 발표된 제3차 공기업 선진화 계획에 의하여 여객, 화물 등 사업단위별 회계분리를 통한 경영효율성 증대 및 시장의 공정경쟁 유도, 공정거래 등을 위한 외부규제기관의 요구에 신속히 대응하고 기업의 지배구조 결정을 위한 중요 정보를 제공하는 데 목적이 있다.

2) 회계분리의 기본원칙

회계분리는 경영활동에 대한 권한과 책임의 소재에 따라 자산, 부채, 자본 및 손익을 구분하는 과정으로 4가지 원칙을 들 수 있다.

① 연관관계에 의한 귀속원칙 : 매출 및 원가, 기타 경비 중 각 사업부와 직접 연관된 항목은 각 사업부별로 구분하여 집계하며, 제반 투자활동 및 재무활동과 관련된 계정은 그 발생원천에 따라 원가부서로 분류하여 해당 사업부에 귀속한다. 지원사업부의 비용 중 각 사업부로 직접 추적 가능한 비

용은 해당 사업부로 처리한다.

② 공통자산 및 손익의 합리적인 배부 : 여러 사업부가 공용으로 사용하는 공통자산은 합리적인 배부 기준으로 각 사업부에 배부하며, 지원사업부의 비용 중 직접 추적이 불가능한 항목은 합리적인 배부 기준을 사용하여 각 사업부에 배부한다.

③ 내부거래 처리 기준의 정립 : 내부거래는 내부거래가격 결정방법 및 내부거래절차를 별도로 정하여 각 사업부간의 거래에 대하여 합리적인 기준에 따라 처리한다.

④ 통제가능성과 투하자본 및 손익의 대응 : 투하자본의 적절한 측정 및 투하자본과 손익의 대응, 자산·부채의 통제가능성과 관련 활동을 억제한다.

3) 구분회계의 개념 및 주요 내용

구분회계란 전사수준의 재무정보를 각 구분회계단위별(사업부)로 세분화하여 산출하는 것으로, 구분회계를 통하여 각 사업부별로 재무상태 및 경영

전사수준에서 재무건전성은 양호하나 4개의 단위로 세분화하여 구분회계
적용 결과 A사업부의 재무건전성이 매우 미흡한 것으로 판명됨.

자료 : 철도공사 내부자료(2013)

<그림 6-7> 구분회계 개념도

성과를 명확히 파악할 수 있다. 예를 들자면, 기업 전체 수준의 재무제표 상에서는 재무건전성도 양호하고 경영성과도 우수한 것으로 나타날 수 있으나, 사업부별로 세분화하여 재무제표를 산출할 경우에 특정 사업부의 재무건전성 및 경영성과는 미흡할 수 있어 이를 명확히 파악하여 효과적인 경영의사결정을 지원하는 도구로 구분회계가 활용될 수 있다.

4) 구분회계제도의 도입 배경 및 기대효과

최근 공공기관 부채가 급속하게 증가함에 따라 전체 국민경제로의 부담전이 및 서비스 축소 가능성 등에 대한 우려가 증가하여 부채관리 강화의 필요성이 전면적으로 대두되었다. 이에 정부는 '공공기관 합리화 정책방향'을 마련하고 '공공기관 부채관리 강화'를 8대 주요 과제 중 하나로 채택하였다. 특히 공공기관 부채관리 강화를 위해서는 '중장기 재무관리계획'의 실효성을 제고하기 위한 '구분회계제도' 도입으로 부채의 발생 원인별 분석을 통해 부채증가의 책임성을 명확히 하고 회계 투명성을 강화하고자 하였다.

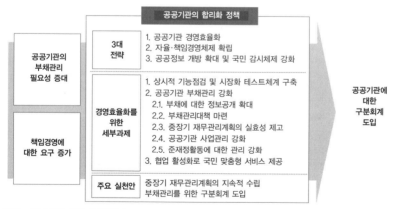

자료 : 철도공사 내부자료(2013)

공사는 철도운임 산정 기준이 2013년 말에 개정되어 구분회계를 활용한 운임산정용 재무제표를 작성해야 한다.

기대효과로는 기존 Top-down방식의 기업 전체 수준의 경영개선대책만으로는 근본적인 체질개선을 달성하기가 어려워 세부사업별로 경영악화 원인을 분석하고 이를 개선할 수 있도록 Bottom-up 방식의 경영개선대책 수립 및 실행이 요구되었다.

공사의 재무건전성 악화 원인 중에는 영업적자와 건설부채 증가로 기인한 것도 있으나 운영사업 중 어떠한 사업에서 영업이 악화되어 있고 부채가 증가되었는지 구체적이고 명확한 원인 규명이 되어야 전사 차원의 경영개선대책이 마련될 수 있기 때문이었다.

따라서 과거의 Top-down방식의 분석과 개선대책에서 나아가 실질적인 개선 효과를 달성토록 부채발생 원인 등 경영악화 원인을 각 사업별로 세분화하여 명확히 하고 이같은 원인을 개선할 수 있는 Bottom-up방식의 대책 수립 및 실행이 필요하였다.

각 구분회계단위별로 '책임성'과 '통제성'이 있도록 규정하고 있는 이유 또

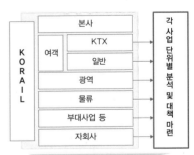

자료 : 철도공사 내부자료(2013)

한 자구노력을 공사 전체 차원이 아닌 하위의 사업단위로 하향 조정하려는 취지이므로 대내외적으로 설득력 있는 구분회계 단위 설정을 시행하고 책임과 통제력이 있는 사업단위별로 재무성과가 관리되면 실질적인 부채발생 원인이 파악되어 합리적인 자구노력 계획이 수립되고 자구노력의 실행 또한 각 사업단위가 책임지게 됨에 따라 공사 차원의 부채관리라는 목표 달성도 가능하게 될 것이다.

5) 구분회계 재무제표 산출

<표 6-8> 독일 철도(DB) 사업구분 현황

구분	기능	부문별 업무
DB Bahn Long Distance	• 독일/유럽여객 장거리 수송	• 국가간 혹은 지역간 장거리 여객수송 활동 수행 • 야간 수송 활동과 morail 활동 수행
DB Bahn Long Reginal	• 근접지역수송(독일 내)	• 근접지역간의 수송활동을 모두 포함
DB Arriva	• 독일 이외 유럽지역수송	• 독일 이외의 12개의 유럽국가 내에서의 버스 및 기차의 수송활동을 수행함.
DB Schenker Logistics	• 물류운송 & 보급	• 육해공 모든 운송수단을 통한 물류운송 및 보급활동을 포함
DB Schenker Rail	• 물류운송 & 보급	• 동유럽과 중앙유럽, 서유럽의 물류운송 및 보급활동을 포함
DB Netze Track	• 운송 트랙 및 환적장소 유지, 보수	• 트랙유지와 구조물 보호 • 다른 수송수단으로 환적하는 터미널 관리 • 각 구성부분의 네트워크 관리
DB Netze Stations	• 터미널 관리	• 다른 운송수단과의 허브 관리
DB Netze Energy	• 연료제공	• 운송수단의 연료 보급
DB Services	• IT 및 네트워크 관리	• 수송수단의 검사 및 최신화 • 회사 내의 IT 및 Telecommunication 제공 • IT와 네트워크 관리 및 유지 / 보안
DB Systemtechnik	• 철도 레일 관리	• 철도 및 체인 등 기술연구 • 안전성 실험
Other affiliates	• 기타	• 재산 관련 서비스 • 철도 관련 인프라 제공 • 해외정보제공 • 주차장 등

자료 : 철도공사 내부자료(2013)

구분회계 단위가 어떻게 결정되느냐에 따라 부채관리 책임소재, 구분재무제표 작성 주체, 요금수준 결정 및 성과평가 결과 등이 좌우될 수 있으므로 다양한 요소를 종합적으로 고려하여 단위를 결정해야 하며, 여기에 구분회계 관련 법·제도 및 관련지침, 성과평가 및 예산제도, 중장기 재무계획 수립 등 구분회계 단위에 영향을 미치는 사항 등을 고려하여 결정하여야 한다.

또한 구분회계 단위별 재무제표 산출을 위해 계정과목 분석, 조직분석 및 자산/부채/수익/비용 항목의 속성을 상세히 분석하여 구분회계 단위로 귀속하고 공통 항목의 구분회계 단위별 귀속방안으로 자산/부채의 속성 등에 대한 상세분석과 조직간 수혜관계 분석 등을 통해 합리적인 배부 기준을 마련하여 각 구분회계 단위로 배부하고 귀속불분명 항목의 발생원인 유형별 분석을 통해 구분 재무제표를 산출한다.

사내거래제도 마련을 위해 발생 가능한 사내거래 유형을 정의하고 사내거래에 적용할 수 있는 적정한 사내거래가 산정 기준과 운용프로세스를 정립한다.

제7장
철도의 안전관리

제7장 철도의 안전관리

1. 서론

철도교통은 안전, 신속, 쾌적, 편리한 서비스를 제공하여 공공의 의무를 하여야 하는데 서비스 중에서도 가장 중요한 것은 안전의 확보이다. 신속하고 쾌적한 환경의 열차라도 안전이 확보된 후에 신뢰를 받을 수 있다. 철도교통은 일반 도로보다 사고가 극히 적게 일어나는 것은 사실이지만 사고가 발생하면 다수의 인명 손실과 대량의 재산피해가 발생하여 사회적인 물의를 일으키고 철도교통 전반에 대한 불안감을 유발하게 된다. 한국 철도의 역사를 볼 때 크고 작은 사고가 많았지만 2003년 2월 18일 오전 9시 53분경 대구지하철 1호선 중앙로역에서 발생한 화재사고는 역대 가장 많은 사망자가 발생하면서 온 국민들에게 슬픔과 불안감을 안겨 주었다. 반면에 안전에 대한 경각심을 더해 주었고, 전동차 내장재의 불연 또는 난연재 사용의무화, 터널구간 비상조명등 안전펜스 설치, 비상대응매뉴얼 개발 등 38개 도시철도종합안전대책이 수립되어 시설, 장비, 교육 등 전반적인 도시철도 안전관리체계를 정비하게 하였으며, 철도안전법(2004. 10. 22. 제정)에도 많은 영향을 주어 철도에서 화재, 폭발, 탈선 등의 비상사태 발생에 대비한 예방 대비 대응 복구를 위한 비상대응계획의 수립, 철도운영자 등이 철도안전법에 따라 철도안전관리를 성실하게 수행하고 있는지에 대하여 2년마다 심사평가하는 종합안전심사제도(2013년까지 시행) 시행, 철도운영기관 자체 기준에 따라 선발 교육하였던 철도차량운전자양성을 철도차량운전면허 전문교육훈련기관을 지정하여 일반인도 철도차량운전면허를 취득할 수 있도록 철도차량운전면허제도 도입, 관제업무종사자의 교육훈련의무화, 철도시설 및 차량의 안전관리, 철도차량운행안전 및 철도보호, 철도사고, 철도안전기반 구축 등의 안전관리를 국가가 책임을 지고 제도적으로 정착 발전할 수 있는 초석이 되었다. 그리고 2014년 4월 16일 오전 8시 48분경 전라남도 진도군 조도면 해상에서 발생한 세월호 침몰사고(사망 293명, 실종 11명, 2014년 6월 30일 현재) 수습과정에서 드러난 안전관리체계의 심각한 문제점에 대하여 해경 해체, 국가안전처 신설 등 안전관리분야의 대대적인 개혁이 예고되고 있다.

여기에서는 1960년대 이후 우리나라 철도사고의 역사를 살펴보고 안전확보를 위한 제도 및 안전관리의 발전 방향에 대하여 알아보고자 한다.

2. 한국 철도사고의 역사

철도의 지속적인 발전을 위해서는 안전 보장 없이는 다른 부분에 질 좋은 서비스를 제공한다고 하더라도 이용자로부터 비난과 외면을 받게 될 것은 분명한 것이다. 그런데 110여 년의 한국 철도의 역사를 통해 시스템 결함, 인적 오류 등에 의한 크고 작은 철도사고는 끊이지 않고 반복되고 있다. 역사를 더해 갈수록 발생 건수는 줄어들고 있지만 고속화에 따른 대형사고 발생의 가능성은 여전히 남아있다.

(1) 주요 사고 목록

1) 일반철도 및 고속철도

1960년대 이후 일반철도 및 고속철도의 주요 사고 현황은 〈표 7-1〉과 같다.

〈표 7-1〉 주요 사고 현황

순번	발생 연월일	사고명	인명피해(명)
1	1960. 1. 26.	서울역 승객압사사고	사망 31, 중경상 38
2	1961. 5. 15.	장항선 신례원-예산 건널목사고	사망 2, 중경상 48
3	1964. 7. 30.	중앙선 반곡-치악 열차충돌사고	사망 3, 중경상 18
4	1968. 12. 18.	경춘선 열차충돌사고	사망 18, 중경상 11
5	1969. 1. 31.	경부선 천안 열차충돌사고	사망 41, 중경상 131
6	1970. 10. 14.	장항선 모산역 건널목사고	사망 46, 중경상 31
7	1973. 8. 12.	경부선 영동역 유조열차전복사고	사망 39, 중경상 89
8	1976. 5. 23.	방학동 갈월건널목사고	사망 19, 중경상 98
9	1977. 11. 11.	이리역 화약열차폭발사고	사망 59, 중경상 1,343
10	1984. 10. 2.	경원선 휘경역 구내 열차충돌	사망 3, 중경상 41
11	1987. 6. 19.	충북선 청주-오근장 간 열차충돌	사망 2, 중경상 10
12	1990. 6. 21.	경부선 전의역 열차추돌사고	사망 2, 중경상 63
13	1990. 1. 28.	경부선 노량진-영등포 간 열차탈선사고	사망 2, 중경상 57
14	1993. 3. 28.	물금-구포역 간 117 열차탈선사고	사망 78, 중경상 113
15	1994. 8. 11.	경부선 미전역 무궁화호 열차충돌사고	사망 4, 중경상 300
16	1997. 3. 24.	전라선 서도건널목사고	사망 16, 중경상 15
17	2003. 8. 8.	경부선 고모-경산 간 열차충돌사고	사망 2, 중경상 57
18	2007. 11. 3.	경부선 부산역 KTX 열차충돌사고	중경상 13
19	2011. 2. 11.	경부고속선 KTX 광명역 열차탈선사고	중경상 1
20	2013. 8. 31.	대구역 열차추돌사고	중경상 18

2) 도시철도 및 광역철도

도시철도 및 광역철도[33]에서 발생한 주요 사고 현황은 〈표 7-2〉와 같다.

<표 7-2> 도시철도 및 광역철도 주요 사고 현황

순번	발생 연월일	사고명	인명피해(명)
1	1984. 10. 2.	회기역 추돌사고	사망 3, 중경상 30
2	1990. 9. 2.	부산지하철 추돌사고	중경상 78
3	1991. 10. 30.	개봉역 전철추돌사고	중경상 50
4	2000. 6. 2.	부산지하철 탈선사고	중경상 10
5	2002. 2. 22.	수원전동차 추돌사고	중경상 31
6	2003. 2. 18.	대구지하철 화재사고	사망 192, 중경상 151
7	2005. 1. 3.	서울지하철 7호선 방화사건	경상 1
8	2007. 5. 12.	영등포역 추돌사고	중경상 9
9	2011. 12. 9.	인천공항철도 작업인부 참사	사망 5, 중상 1
10	2012. 11. 22.	부산지하철 구원열차추돌사고	중경상 114

(2) 주요 철도사고

1) 이리역 화약열차 폭발사고

이리역 폭발사고는 1977년 11월 11일 오후 9시 15분, 전북 이리시(현 익산시)의 이리역(현 익산역)에서 발생한 대형 열차폭발사고이다.

인천에서 광주로 가던 한국화약의 화물열차인 제1605열차는 당시 정식 책임자도 없이 다이너마이트와 전기 뇌관 등 40t의 고성능 폭발물을 싣고 이리역에서 출발 대기하던 중 폭발사고를 냈다. 당시 수사당국의 발표에 따르면 호송원이 어둠을 밝히기 위해 밤에 켜 놓은 촛불이 화약상자에 옮겨 붙은 것이 원인이었다. 화약류 등의 위험물은 역 내에 대기시키지 않고 바로 통

---

33) 광역철도 : '대도시광역교통관리에 의한 특별법' 제2조 제2호 나목에 따른 철도를 말한다.

과시켜야 하는 원칙을 무시하였고, 허술한 안전 의식이 커다란 재앙을 불러 왔다는 비판을 받았다.

이 사고로 이리역 주변 반경 500미터 이내의 건물 9,500여 채에 달하는 건물이 대부분 파괴되어 9,973명의 이재민이 발생했고, 사망자는 59명, 부상자는 1,343명에 달했다. 이 중 철도인은 16명이 순직하였다. 철도에서의 피해도 만만치 않았는데, 기관차 5량, 동차 4량, 화차 74량, 객차 21량, 기중기 1량이 파손되었고, 이리역을 통과하는 호남선 130m와 전라선 240m가 붕괴되어 총 23억여 원의 재산 피해를 낳기도 하였다.

2) 물금~구포 간 열차탈선사고

물금~구포 간 열차탈선사고는 1993. 3. 28. 17:29 경부선 물금~구포역 사이(서울역기점 427km 지점)에서 발생한 열차탈선사고이다. 원인은 부산행 열차가 한전의 전력케이블(지중선)을 철도선로 및 지하에 매설하기 위한

이리역 폭발사고 현장(1977. 11. 11.)

굴착공사 중 발파작업으로 인한 노반 함몰로 전복되어 사망 78, 중상 54, 경상 144명과 기관차(7116호) 대파, 객차 7량 대파, 발전차(99236호) 대파, 레일 240m 굴곡, PC침목 192개 파손, 노반 35m 유실, 케이블 30m, 제어케이블 900m, 트라우 150m가 파손되었다. 사고 발생 5분 전인 17:40분경 약 94km/h로 사고현장을 운행한 제175열차 통과 후 노반이 함몰된 것으로 추정되며, 서울역을 12:45 출발하여 부산으로 가던

물금~구포 간 열차탈선사고(1993. 3. 28.)

무궁화호 제117열차가 물금역을 17:23 통과하여 약 85km/h로 운전 중 선로노반이 침하되어 있는 것을 약 100m 전방에서 발견하고 비상제동을 걸었으나 제동거리가 미치지 못해 기관차 및 발전차 객차 2량 등 총 4량이 탈선 전복되어 사상자가 다수 발생함으로써 열차운행이 37시간 30분 동안 불통된 사고이다.

문제점으로는 철도법(법류 제714호 1961. 9. 18.) 제76조에 의하면 철도경계선으로부터 약 30m 범위 안에서 열차 운행에 지장을 주는 각종 공사는 할 수 없도록 되어 있고 또한 공사시 행정 관련 기관의 승인을 받은 뒤 시행하도록 되어 있으나, 열차 운행선의 노반 밑을 관통하는 지하 전력구를 설치하기 위한 발파작업을 하면서 협의를 하지 않은 채 시공회사가 임의로 작업을 시행하였다는 것이다.

3) 대구지하철 화재사고

대구지하철 화재참사(大邱地下鐵 火災慘事)는 2003년 2월 18일 대구도시철도 1호선 중앙로역에서 방화범의 방화로 일어난 화재이다. 대구지하철 방화사건으로 불리기도 한다. 이로 인해 2개 편성 12량(6량 × 2편성)의 전동차가 모두 불타고 뼈대만 남았으며 192명의 사망자와 151명의 부상자가 발생하였다. 중앙로역도 불에 타서 2003년 12월 30일까지 복구를 위하여 영업을 중지하였다.

사고 당시 화재가 처음 발생한 안심행 1079열차에는 방화범을 포함한 250여 명이, 반대방향(대곡행) 1080열차에는 180여 명의 승객이 탑승한 상태였다.

사고가 나자 경찰관과 소방관이 긴급 출동하여 현장지휘소를 설치함과

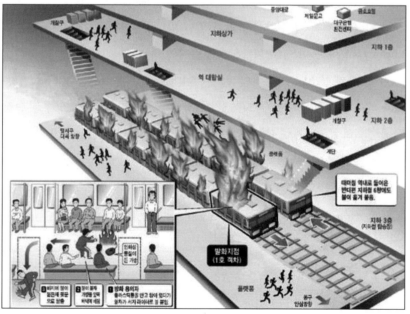

화재사고 현장(대구지하철)

동시에 중앙로 일대 차량출입을 전면 통제하고, 소방인력과 장비를 동원하여 화재진화와 구조작업을 펼쳤으나, 화염과 유독가스로 현장접근이 힘들어 구조가 지연돼 많은 사상자가 발생하였다.

불에 탄 전동차(대구지하철)

방화범 김〇〇은 2001년 상반기경 뇌경변을 일으켜 지체장애 2급 판정을 받았고 증세가 호전될 가망이 없게 되자 삶을 비관하여 주유소에서 휘발유 7,500원어치 상당을 구입하여 샴푸통에 담은 후 송현역으로 들어가 안심 방향 승강장에서 09:30경 안심역 방면으로 운행하는 1079호 전동차 1호 객차에 탑승하였다.

09:53경 1079호 전동차가 중앙로역에 도착할 무렵 2호 객차와 가까운 1호 객차 노약자석 옆 일반석에 앉아 있던 방화범은 1회용 가스라이터를 켠 다음 샴푸통에 들어 있는 휘발유에 불을 붙였다.

09:55:30경 1079호 전동차와 반대방향(대곡)으로 운행하는 1080호 전동차가 대구역을 출발하여, 09:56:45경 현장상황을 알지 못한 채 상행선 승강장에 진입하여 정차함으로써 1079호 전동차에서 발생한 불길이 1080호 전동차로 옮겨 붙으면서 화재가 확산되었다.

1079호 전동차의 승객 대부분은 대피한 반면, 반대방향으로 운행 중이던 1080호 전동차로 화재가 확산되어 많은 사상자가 발생되었다.

4) 대구역 열차사고

대구역 열차사고는 2013년 8월 31일 07시 13분경 대구역 구내에서 부산발 서울행 무궁화호 열차가 1번선에서 대기 중 1번선에 정지신호가 현시된 상태에서 여객전무 출발전호만 믿고 열차를 출발시켜 마침 2번선으로 통과하는 KTX(4012열차)열차를 추돌하여 양 열차가 탈선하였고, 이후 07시 18분경에 대구역으로 들어오는 하행선(KTX 101열차) 열차에 이를 통보하지 않아 탈선한 KTX(4012열차)와 충돌사고가 발생하였다. 사고의 원인은 대구역 열차운용팀장(로컬관제[34]담당), 무궁화호 기관사, 무궁화호 여객전무의 업무상 과실이 경합되어 발생한 사고로서 대구역 열차운용팀장은 구로관제센터 관제사로부터 무궁화호를 대피시키라는 임시운전명령을 접수하였음에도 추돌 가능성이 없다고 임의로 판단하여 이를 무궁화호 기관사, 여객전무에게 미통보하였으며, 무궁화호 기관사는 여객전무의 출발전호만 믿고 출발신호기를 제대로 확인하지 않고 출발하였으며, 무궁화호 여객전무는 1번선 출발신호기 정지신호와 2번 출발신호기 진행신호를 착각하여 무궁화호 기관사에게 잘못된 출발전호를 한 사고로서 승객 18명이 중경상을 입고 열차수리비 125

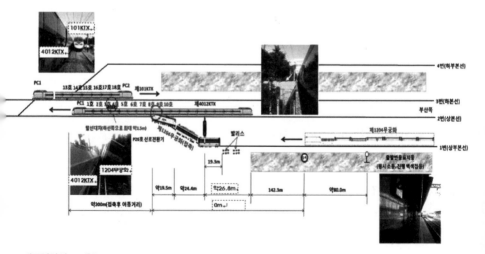

대구열차사고 개요도

---

34) 로컬관제(Local control) : 폐색취급, 연동장치제어(신호취급), 열차운행정보교환 등의 업무를 정거장운전 취급자가 직접 수행하는 것을 말한다.

대구열차사고 당시 신호기 사진

억 원 상당의 재산피해가 발생하였다.

(3) 한국의 철도사고 현황

한국의 철도행정과 철도안전을 감독하는 곳은 국토교통부이다.

국토교통부에서는 철도의 사고를 7가지로 분류하고 있으며, 열차 또는 철도차량의 운행으로 발생된 제①부터 제⑥의 사고를 통칭하여 '철도교통사고'라 하고, 제①부터 제④의 사고를 통칭하여 '열차사고'라 한다. 7가지 종류의 철도사고의 정의는 아래와 같다.

① 열차충돌사고 : 열차가 다른 열차(철도차량) 또는 장애물과 충돌하거나 접촉한 사고

② 열차탈선사고 : 열차를 구성하는 철도차량의 차륜이 궤도를 이탈하여 탈선한 사고

③ 열차화재사고 : 열차에서 화재가 발생하여 사상자가 발생하거나 열차의 운행을 중지한 사고

④ 기타열차사고 : 열차에서 위해물품이 누출되거나 폭발하는 등으로 사
　상자 또는 재산피해가 발생한 사고
⑤ 건널목사고 : '건널목개량촉진법' 제2조의 규정에 의한 건널목에서 열
　차 또는 철도차량과 도로를 통행하는 자동차(동력을 가진 모든 차량
　을 포함한다)와 충돌하거나 접촉한 사고
⑥ 철도교통사상사고 : 위 제1호 내지 제4호의 사고를 동반하지 않고 열
　차 또는 철도차량의 운행으로 여객(이하 철도를 이용하여 여행할 목적
　으로 역 구내에 들어온 사람이나 열차를 이용 중인 사람을 말한다), 공중,
　직원(이하 계약을 체결하여 철도운영자 등의 업무를 수행하는 자를 포함
　한다)이 사망하거나 부상을 당한 사고
⑦ 철도안전사고 : 제1호 내지 제6호의 사고 및 제4항의 재난을 동반하지
　않고 철도운영 및 철도시설관리와 관련하여 인명의 사상이나 물건의 손
　괴가 발생한 다음 각 목의 사고를 말한다.
　가. 철도화재사고 : 역사, 기계실 등 철도시설 또는 철도차량에서 발생
　　한 화재
　나. 철도시설파손사고 : 교량, 터널, 선로 또는 신호 및 전기설비 등 철도
　　시설이 손괴된 사고
　다. 철도안전사상사고 : 위 '가'목과 '나'목의 사고를 동반하지 않고 대
　　합실, 승강장, 선로 등 철도시설에서 추락, 감전, 충격 등으로 여객,
　　공중, 직원의 사상이 발생한 사고
　라. 기타철도안전사고 : 위 각 목의 사고에 해당되지 않는 사고

1) 철도사고 현황

2006년부터 2012년까지 철도운영기관의 철도사고 2,523건 중 한국철도

공사에서 2,017건(79.94%) 발생하였고, 서울메트로 218건(8.64%), 서울도시철도공사 109건(4.32%), 부산교통공사 100건(3.96%)으로 철도사고의 약 80%가 철도공사에서 발생하였다.

<표 7-3> 운영기관별·연도별 철도사고 발생건수

운영기관		연도 '06년	'07년	'08년	'09년	'10년	'11년	'12년	합계
철도시설관리기관	한국철도시설공단	26	2	4	0	0	0	1	33
철도운영기관(건)	고속, 일반, 광역 한국철도공사	315	307	324	305	290	254	222	2,017
	도시철도 서울메트로	66	61	35	38	8	5	5	218
	서울특별시도시철도공사	26	31	23	19	1	3	6	109
	부산교통공사	16	19	15	12	13	12	13	100
	대구광역시도시철도공사	3	1	5	3	1	1	1	15
	인천교통공사	6	7	1	3	2	0	0	19
	광주광역시도시철도공사	1	0	0	1	1	0	1	4
	대전광역시도시철도공사	1	1	1	1	0	1	0	5
	코레일공항철도	–	0	0	0	0	1	0	1
	서울메트로9호선	–	–	–	0	1	0	1	2
	신분당선(네오트랜스)	–	–	–	–	–	0	0	0
	부산–김해경전철	–	–	–	–	–	0	0	0
	의정부경전철	–	–	–	–	–	–	0	0
합계		460	429	408	382	317	277	250	2,523

전체 철도운영기관의 7년간의 철도사고 발생추이는 〈그림 7-1〉과 같이 지속적으로 감소하는 우하향하는 추세를 보이고 있다. 2006년 460건의 철도사고 발생에서 2012년 250건으로 줄어들어 2006년 대비 210건 45.65% 감소하였으며, 연평균으로는 9.56% 감소하였다.

도시철도운영기관의 철도사고 발생추이는 〈그림 7-2〉와 같다. 서울메트로의 경우 2006년 66건에서 2012년도 5건으로 연평균 26.35%의 감소율을 보였다. 이는 모든 철도운영기관 중에서 가장 높은 감소율이다. 특히 2009년

38건에서 2010년 8건으로 78%의 감소율을 기록한 이후로 지속적으로 감소 또는 유지를 하고 있다. 서울도시철도공사는 2006년도 26건에서 2010년도 1건으로 지속적으로 감소하였으나, 2011년 3건, 2012년 6건으로 2년 연속 증가 추세를 보였다. 부산교통공사는 연평균 2.22%의 감소율을 보였고, 다른 운영기관도 다소 등락을 보였지만 전체적으로 우하향하는 감소 추세를 보이고 있다.

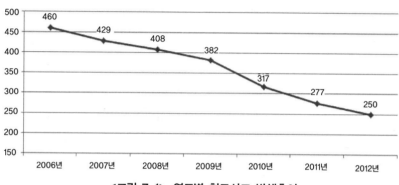

<그림 7-1> 연도별 철도사고 발생추이

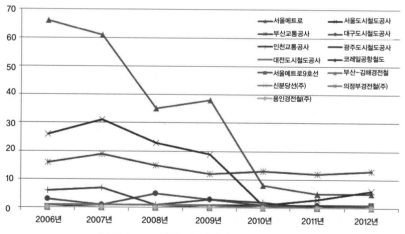

<그림 7-2> 도시철도운영기관 철도사고 발생추이

2) 인명피해

2006년부터 2012년까지의 인명피해 현황을 살펴보면, 인명피해는 2006년 443명에서 2011년 275명으로 지속적으로 감소 추세를 보이며 연평균 8.81%의 감소율을 보였으나, 2012년도에는 318명으로 2011년 대비 43명(15.64%) 증가하였다. 이것은 부산교통공사에서 발생한 1호선 대티역 전동차화재사고 (2012년 8월)로 인한 인명피해 16명과 3호선 물만골역 구원열차 추돌사고 (2012년 11월)로 인한 인명피해 34명이 발생하였기 때문에 2012년도 인명피해 발생이 증가하였다.

<표 7-4> 운영기관별·연도별 인명피해 현황(명)

구분			연도	'06년	'07년	'08년	'09년	'10년	'11년	'12년	합계
시설관리기관	한국철도시설공단		사망	12	1	3	0	0	0	0	16
			중상	14	2	0	0	0	0	0	16
			경상	0	0	0	0	0	0	0	0
			소계	26	3	3	0	0	0	0	32
철도 운영 기관	고속, 일반, 광역	한국철도공사	사망	132	129	115	123	123	110	96	828
			중상	98	117	142	106	113	74	70	720
			경상	69	59	69	90	51	64	52	454
			소계	299	305	326	319	287	248	218	2,002
	도시 철도	서울메트로	사망	23	29	22	17	2	2	1	96
			중상	19	9	7	15	0	3	7	60
			경상	20	24	6	6	5	0	23	84
			소계	62	62	35	38	7	5	31	240
		서울특별시 도시철도공사	사망	13	21	11	12	0	1	2	60
			중상	9	5	7	5	1	2	0	29
			경상	7	6	6	2	0	0	3	24
			소계	29	32	24	19	1	3	5	113

부산교통공사	사망	5	7	5	6	7	5	8	43
	중상	8	11	9	6	22	6	8	70
	경상	3	1	1	0	22	0	45	72
	소계	16	19	15	12	51	11	61	185
대구광역시 도시철도공사	사망	2	1	3	1	1	1	1	10
	중상	1	0	0	0	0	0	0	1
	경상	0	0	2	1	0	0	0	3
	소계	3	1	5	2	1	1	1	14
인천교통공사	사망	3	4	0	2	2	0	0	11
	중상	3	1	1	1	0	0	0	6
	경상	0	2	0	0	0	0	0	2
	소계	6	7	1	3	2	0	0	19
광주광역시 도시철도공사	사망	0	0	0	0	0	0	0	0
	중상	1	0	0	0	0	0	1	2
	경상	0	0	0	1	1	0	0	2
	소계	1	0	0	1	1	0	1	4
대전광역시 도시철도공사	사망	0	0	0	0	0	0	0	0
	중상	0	0	1	1	0	1	0	3
	경상	1	2	0	0	0	0	0	3
	소계	1	2	1	1	0	1	0	6
코레일공항철도	사망	-	0	0	0	0	5	0	5
	중상	-	0	0	0	0	1	0	1
	경상	-	0	0	0	0	0	0	0
	소계	-	0	0	0	0	6	0	6
서울메트로9호선	사망	-	-	-	0	0	0	0	0
	중상	-	-	-	0	0	0	1	1
	경상	-	-	-	0	0	0	0	0
	소계	-	-	-	0	0	0	1	1
신분당선 (네오트랜스)	사망	-	-	-	-	-	0	0	0
	중상	-	-	-	-	-	0	0	0
	경상	-	-	-	-	-	0	0	0
	소계	-	-	-	-	-	0	0	0

부산-김해경전철	사망	–	–	–	–	–	0	0	0
	중상	–	–	–	–	–	0	0	0
	경상	–	–	–	–	–	0	0	0
	소계	–	–	–	–	–	0	0	0
의정부경전철	사망	–	–	–	–	–	0	0	0
	중상	–	–	–	–	–	0	0	0
	경상	–	–	–	–	–	0	0	0
	소계	–	–	–	–	–	0	0	0
합계	사망	190	192	159	161	135	124	108	1,069
	중상	153	145	167	134	136	87	87	909
	경상	100	94	84	100	79	64	123	644
	소계	443	431	410	395	350	275	318	2,622

철도운영기관의 전체 인명피해는 〈그림 7-3〉과 같이 지속적으로 우하향 하는 감소 추세를 보이고 있다. 사망, 중상, 경상자를 포함한 모든 인명피해 는 2006년 443명에서 2012년 318명으로 감소하여 연평균 4.74%의 감소율 을 보였다. 이 중 사망자수는 2006년 190명에서 2012년 108명으로 연평균 6.68% 감소하였고, 중상자 감소율은 7.39%였다. 경상자는 2011년도까지는 감소 추세를 보였으나 2012년도에 123명으로 급증하여 2006년 대비 23% 증가하였다.

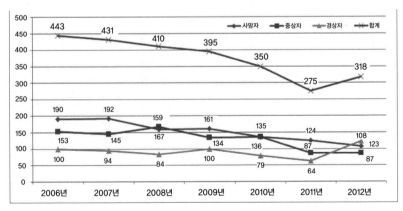

<그림 7-3> 인명피해 발생추이

〈그림 7-4〉는 철도시설공단과 철도공사의 인명피해 발생추이 현황이다. 철도시설공단은 2009년 이후 인명피해는 발생하지 않았다. 철도공사는 2006년 299명에서 2008년 326명으로 2년 연속 증가하였으나, 2009년 이후부터는 연평균 9.47%의 감소율로 지속적으로 우하향하는 추세를 보였다.

도시철도운영기관의 인명피해 발생추이는 〈그림 7-5〉와 같다. 서울메트로의 경우 2006년 62명에서 2011년도까지는 5명으

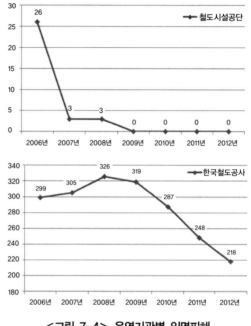

<그림 7-4> 운영기관별 인명피해
(사망 + 중상 + 경상자) 현황

로 연평균 29.03%의 감소율을 보였으나, 2012년도에 31명으로 크게 증가하였다. 서울도시철도공사는 2006년 29명에서 2010년도에는 1명으로 연평균 32.56% 감소율을 보이다가 2011년 3명, 2012명 5명으로 다시 증가하였다. 부산교통공사는 2010년도와 2012년도에서 인명피해가 급격히 증가하는 추세를 보였다. 위의 세 기관 모두 2011년 대비 2012년도에 인명피해가 증가하였다. 부산-김해경전철, 신분당선, 의정부경전철은 인명피해가 발생하지 않았다.

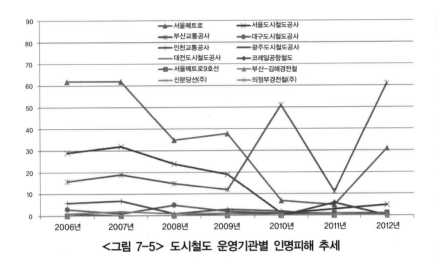

<그림 7-5> 도시철도 운영기관별 인명피해 추세

위의 내용에서 살펴본 바와 같이 2006~2012년도까지 철도사고는 지속적
으로 감소하고 있음을 알 수 있다. 여러 가지 감소요인이 있겠지만, 철도안전
법의 시행에 의한 안전관리규정의 제정 및 규정의 준수, 철도안전법의 준수
여부를 심사하는 2년 주기의 종합안전심사(2014년부터는 철도안전관리체계
승인 검사), 스크린도어 설치 등 안전설비의 보강, 철도차량형식승인·철도차
량제작자승인·철도용품형식승인 등의 안전 기준의 강화 영향으로 철도사고
는 감소하고 있는 추세이지만, 차량고장, 설비의 노후화, 인적 오류에 의한
사고나 장애의 발생을 줄이기 위한 대책이 요구된다.

(4) 철도사고 인적 오류의 예방

1) 사고 요인의 변화 추세

과학기술의 지속적인 발전으로 기계적인 안전성은 높아지고 있는 반면에

시대가 바뀌어도 인간 고유의 특성은 크게 바뀌지 않기 때문에 인간의 행위(Human Factor)에 의한 사고 비중이 상대적으로 더 높아지고 있다.(E. Hollnagel, 1999~2000 : James Reason, 1990)

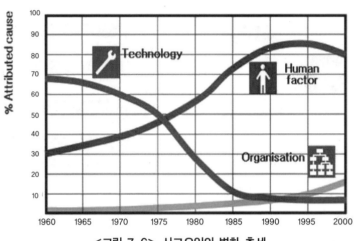

<그림 7-6> 사고요인의 변화 추세

2) 인적 오류에 대한 정의

- 인적 오류 발생의 의미

인적 오류가 발생했다는 것은 의도한 목적을 이루기 위해 계획한 행위들이 실패하여 〈그림 7-7〉과 같이 의도하지 않은 결과가 발생하는 것이다.

- 인적 오류의 유형

사람이 저지를 수 있는 불안전한 행위(인적 오류)는 〈그림 7-8〉과 같이 크게 오류(error)와 위반(violation)으로 나눌 수 있고, 오류는 일반적으

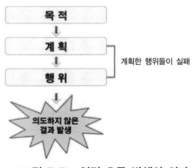

<그림 7-7> 인적 오류 발생의 의미

로 실수(slip), 망각(lapse), 착오(mistake)로 구분할 수 있다.

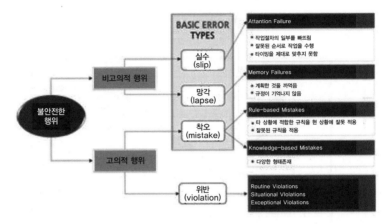

<그림 7-8> 인적 오류의 유형

3) J. REASON의 스위스 치즈 모델

스위스 치즈 모델은 인간이 실수를 범할 수 있는 요인에 대한 시스템적 접근방법을 <그림 7-9>와 같이 제시한 모델(인적 오류를 바라보는 두 가지 관점 중 system approach)이다.

이 모델은 1980년대 사고조사과정에서 인적 오류라는 원인이 규명될 경우 그 이상의 분석작업을 행하지 않았던 항공사고 조사관행을 벗어나 조직적인 요인까지 확대해야 한다는 이론적 근거를 제시하였다.

스위스 치즈 모델에 의하면, 항공기 사고는 최종적으로 조종사의 불안전한 행위에 의해 발생하지만 그 배경에는 불안전행위의 유발조건, 감독의 문제, 조직의 문제가 있으며, 이러한 요인들이 하나로 연결되어 사고의 원인으로 작용하게 된다고 볼 수 있다(다양한 층에 있는 치즈의 구멍이 일치함으로써 사고가 발생). 따라서 사람의 불안전한 행위 즉, 인적 오류는 사고의 원인이 아니라 사고원인의 근본요인을 분석하는 시작점이며, 사고의 원인은 하나 이상이다. 인적 오류는 사고의 근본원인이 아니며, 인적 오류를 유발한 직간접요인, 잠재요인 등을 밝혀내야 한다. 이를 위해서는 WHY를 지속적으로 물어봐야 한다고 한다.

결과적으로 사고분석을 통해 잠재적인 시스템의 취약점을 예방할 수 있다.

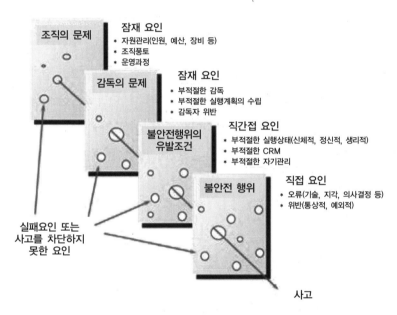

<그림 7-9> J. REASON의 스위스 치즈 모델

4) 국내 철도사고 인적 오류 분석

인적 오류의 사고가 주요 사고원인인 2011년도 열차사고의 사고건수를 보면 총 22건이 발생하였는데 인적요인에 의해 발생한 경우가 12건으로 54.5%를 차지하고 있으며, 오류 주체별로 보면 기관사 6건(50.0%), 유지보수자 3건(25.0%), 관제사 2건(16.7%), 기타 1건(4.5%)으로 나타나고 있다. 2012년 11

월 22일 부산교통공사 3호선 추돌사고, 2013년 8월 31일 07시 13분경 대구역 구내 KTX(4012열차)열차 추돌사고 등 최근 들어 인적 오류에 의한 대형 철도교통사고가 발생하고 있다.

5) 인적 오류에 대한 새로운 인식의 필요성

인적 오류는 일반적인 인간행위의 한 부분으로 모든 사람이 일상적으로 오류를 범한다. 실수를 하고 싶어 하는 사람은 아무도 없으며, 오류라고 해서 반드시 나쁜 결과를 초래하는 것은 아니다. 오류를 통해 배우며, 간단한 오류분류를 통해 다양한 유형의 오류를 이해할 수 있다. 사고의 원인은 하나 이상이며, 인적 오류는 사고의 근본원인이 아니다. 인적 오류에 영향을 미친 근본원인을 찾아 인적 오류의 원인이라 할 수 있는 제도·시스템 개선, 교육훈련의 개선을 통하여 인적 오류를 줄일 수 있어야 할 것이다.

3. 철도안전 확보의 구조 및 제도

국내철도의 안전관리는 철도청이 한국철도공사로 전환(2005. 1. 1.)되기 전까지는 철도법, 교통안전법, 도시철도법에 따라 운영기관이 자체적으로 마련한 안전관리규정을 근거로 안전관리체계, 안전점검, 안전교육 등에 대한 세부계획을 수립하여 시행하여왔다. 철도산업구조개혁으로 국유철도에 대한 운영은 한국철도공사로, 시설은 한국철도시설공단으로 상하 분리됨에 따라 안전에 대한 불안감을 해소하고 변화된 철도환경에 적극적으로 대응해나가기 위해 철도안전법이 제정시행(2005. 1. 1.)되었다.

철도안전법의 시행으로 철도운영기관 및 시설관리자는 자체안전관리 강화를 위해 안전관리규정 및 비상대응계획을 수립하여 국가의 승인을 받도록 했으며, 고속철도의 개통과 지하철운행도시의 확대에 따라 철도차량운전자의 면허제 및 철도교통관제사의 자격 기준을 시행했다. 또한 철도운영기관에서 직접 사고조사를 하던 것을 객관성의 한계, 시설과 운영자의 분리에 따른 책임전가 등의 문제를 예방하기 위해 전문적이고 공정한 철도사고조사를 할 수 있도록 항공·철도사고조사위원회를 설치하였으며, 철도의 건설·운영이 확대되고 철도사고가 빈발함에 따라 철도안전 확보를 위한 국가의 관리감독 강화를 위해 철도운영기관의 철도안전업무와 안전관리실태에 대하여 주기적으로 점검·심사·평가하고 개선명령을 할 수 있도록 철도종합안전심사제도를 교통안전공단에 위탁하여 2년 주기로 시행하고 있다.

2014년 3월 19일부터는 철도종합안전심사제도가 폐지되고 안전관리체계 승인제도가 시행(2014. 5. 26.)되어 철도운영자 및 철도시설관리자 등이 국가가 요구하는 안전관리체계를 갖추었는지 사전에 확인하여 승인하고 수시 또는 정기검사를 통해 승인받은 안전관리체계가 지속적으로 유지되고 있는지에 대하여 확인하는 시스템으로 철도안전관리를 강화하였다.

(1) 국토교통부의 철도업무 조직과 관리

철도사업의 관리는 국토교통부에서 담당하고 있다. 철도업무를 수행하기 위해서 철도국을 두고 있으며 주요 업무를 보면 철도정책수립, 국가철도망 구축 및 철도건설계획, 철도투자개발 및 민자사업, 철도건설사업관리, 도시철도건설지원, 간선 및 광역철도 운영계획 수립, 철도안전종합계획 및 시행계획 수립, 철도시설개량사업관리, 철도용품표준화 및 품질인증업무, 항공·철도사고조사업무, 안전감독관 운용업무, 해외철도산업진출업무 등이다.

2014년 6월 30일 현재 철도국 산하에 철도정책과, 철도운영과, 철도투자개발과, 철도건설과, 광역도시철도과, 철도기술안전과가 있으며, 별도의 철도산업구조기획단 내에 철도운행관제팀, 철도시스템안전팀, 철도산업팀, 국제 철도팀이 설치되어 있다. 이 중 안전업무는 주로 철도기술안전과와 철도운행관제팀에서 담당하고 있다.

– 철도안전업무 담당부서 및 업무

- 철도국 철도기술안전과 : 철도안전정책, 철도차량형식승인, 철도강소기업육성, 철도안전 국제표준 및 국가간 국제협력, 철도차량 및 용품 표준화(KRS), 철도차량의 안전 기준 및 철도용품의 품질인증, 철도차량의 형식승인·제작자승인·완성검사, 철도안전종합계획 및 시행계획 수립 시행
- 철도산업구조기획단 철도운행관제팀 : 철도사고 및 운행장애 수습복구, 철도안전관리체계 기술 기준운영, 재난 및 대테러, 철도교통관제시설의 관리 및 운용, 철도사고통계, 철도안전관리체계승인 및 검사 관련 준비업무, 철도안전감독관 운용, 철도운영기관 수시 및 불시점검 등의 업무수행

(2) 국토교통부 및 위탁기관 등에 의한 안전규제

국토교통부 철도국에 의한 안전규제는 철도안전법에 따라 사업용철도와 전용철도,[35] 도시철도가 규제를 받는데 철도안전감독업무는 국토교통부 철도산업구조기획단 철도운행관제팀에서 철도운영기관을 직접 관리하고 있으

---

35) 전용철도 : 철도사업법 제2조 제5호에 따른 철도로서 다른 사람의 수요에 따른 영업을 목적으로 하지 아니하고 자신의 수요에 따라 특수 목적을 수행하기 위하여 설치하거나 운영하는 철도를 말한다.

며, 2006년부터 2년 주기로 철도운영기관을 종합 심사했던 철도종합안전 심사업무(2013년까지 시행)와 철도안전관리체계승인 및 검사업무(2014. 3. 19.부터 시행)를 교통안전공단에 위탁하여 시행하여 관리하고 있다.

1) 철도안전감독관의 관리감독 업무

철도안전감독관은 '철도안전법' 제7조, 제8조, 제25조, 제31조, 제38조, 제 39조의 2, 제60조, 제61조 및 제73조에 따른 안전관리체계의 승인, 안전관 리체계의 유지, 형식승인 등의 사후관리, 종합시험운행, 철도차량의 운행제 한 및 안전조치, 철도사고 등의 발생시 조치 등의 업무를 효율적으로 수행하 기 위해 2012년 조직되어 철도안전감독 업무를 수행하고 있다.

– 임무 및 분야별 업무

철도안전감독관은 감독대상기관의 현장 점검 및 검사 등 지도감독으로 사 고예방활동과 사고 발생시 수습·복구를 위한 안전조치 임무를 맡고 있으며, 업무분야는 철도안전분야, 철도운전분야, 철도관제분야, 철도차량분야, 철 도신호분야, 철도정보통신분야, 철도전철전력분야, 철도시설(노반·궤도)분야 및 건축 및 소방(설비포함)분야 등으로 구분하며, 각 분야별 담당업무는 아 래와 같다.

- 철도안전 : 철도안전분야 안전관리체계수립 및 이행상태 점검
- 철도운전 : 철도운전분야 안전관리체계수립 및 이행상태 점검
- 철도관제 : 철도관제분야 비상대응계획수립 및 이행상태 점검
- 철도차량 : 철도차량분야 안전관리체계수립 및 이행상태 점검
- 철도신호 : 철도신호분야 안전관리체계수립 및 이행상태 점검
- 철도정보통신 : 철도정보통신분야 안전관리체계수립 및 이행상태 점검
- 철도전철전력 : 철도전철전력분야 안전관리체계수립 및 이행상태 점검

- 철도시설 : 철도시설분야 안전관리체계수립 및 이행상태 점검
- 건축 및 소방분야 : 철도건축분야 안전관리체계수립 및 이행상태 점검
- 업무의 범위

철도안전감독관의 감독대상기관 및 감독업무 범위는 표 〈표 7-5〉와 같다.

〈표 7-5〉 철도안전감독관 업무 범위

대상기관	감독업무 범위
철도운영자	- 철도운영자의 철도운영에 대한 철도안전 수행업무 전반
철도시설관리자	- 철도시설관리자의 철도시설, 개량, 철도보호지구 등 철도시설의 철도안전에 관한 관리업무 전반
철도차량형식승인기관 철도차량제작자승인기관	- 철도차량 형식승인 및 제작자 승인이 철도안전 및 기능 확보가 적합하도록 시행하는지 적정성
철도차량완성차검사기관	- 철도차량 제작 시 품질 및 안전성 확보를 위한 제작검사 인증의 적정성
철도용품형식승인기관 철도용품제작자승인기관	- 철도 용품의 품질수준을 유지하기 위한 품질인증의 적정성
형식승인 등의 사후관리기관 (차량,용품)	- 차량 및 용품의 형식승인 등의 사후관리의 적정성
안전인증체계검사기관	- 안전인증체계에 의한 검사(승인, 정기, 수시)에 따른 안전 확보 활동의 적정성
철도전문인력자격관리기관	- 철도운행안전관리자 및 철도안전전문기술자 자격부여 등 관리의 적정성
철도차량 운전에 관한 전문교육훈련기관	- 철도차량운전면허 교육관리 등의 적정성
철도차량 운전면허관리기관	- 철도운전면허 발급 및 갱신 등의 관리 적정성

- 점검결과에 대한 조치

철도안전감독관은 현장 사고예방활동 및 사고대응시 감독대상기관의 사업장에 출입하여 점검할 수 있으며 감독업무수행 중 감독대상기관의 규정위반, 불안전한 행동 및 상태, 안전저해요소를 발견하였을 때에는 시정지시, 개선권고 및 현지개선조치 등을 요구할 수 있다.

철도안전감독관은 상시점검, 수시검사, 특별점검 등을 통하여 감독대상

기관을 출입 감독할 수 있으므로 지속적인 안전관리가 이루어진다고 볼 수 있다.

- 철도안전감독관제도의 개선 필요사항

철도안전감독관의 업무수행 범위는 전국의 철도운영기관, 철도시설관리자, 전문교육훈련기관의 안전감독 및 안전관리체계에 대한 정기검사 또는 수시검사, 철도차량운전면허시험의 실시, 종합시험운행 결과의 검토, 형식승인검사, 제작자검사 등 국토부의 업무를 위탁받아 수행하고 있는 기관의 안전감독을 대상으로 하고 있는데, 업무수행 감독관 인원은 5명(2014. 6. 30. 현재)으로 매우 부족한 현실이며, 부족인력에 대하여 유관기관 전문가를 지원받아 운영하고 있으나 우수인력 확보가 어렵고, 감독의 일관성 및 책임성 확보에 한계가 있어 이에 따른 적정한 감독관인원을 보충하여 보다 체계적이고 과학적인 안전감독이 요구되는 현실이다.

2) 외국의 철도안전감독관 운용 사례

- 미국
- 연방 철도안전법(Federal railroad safety act)에 의해 DOT(Department of transportation) 산하 FRA(Federal Railroad Administration)에서 운영
- FRA의 8개 권역, 약 400명의 감독관
- 주요업무 : 미연방법, 규정, 규칙과 표준의 준수여부 조사와 사고조사 및 보고
- 5개의 전문분야(신호, 선로 등)

<표 7-6> 미국 철도안전감독관분야 및 업무

분야	업무
신호와 열차제어(signal and train control)	전기, 열차운영, 철도신호
선로(track)	선로 건설 및 유지보수
원동기 및 장치(motive power & equipment)	기관차 제작과 유지보수
위험물(hazardous materials)	위험물취급규정 준수여부
운영(operating practices)	열차의 운영

- 캐나다

• 철도안전법(Railroad safety act)에 의해 장관이 적절한 자격을 갖춘
사람을 철도안전감독관(inspector)으로 임명

• 주요 업무 : 운영, 장치, 시설, 건널목분야의 철도안전, 보안, 환경의 감시
와 교육 및 규제활동

• 불안전한 작업이나 장치의 사용을 제한하거나 금지할 수 있도록 철도안
전법에서 명시(27조, 31조)

• 주요 업무분야

• TC(Transport Canada)의 5개 권역, 약 60명

<표 7-7> 캐나다 철도안전감독관분야 및 업무

분야	업무
철도작업(Railway works)	선로, 신호, 건널목, 교량 등
철도장비(Railway equipment)	철도차량
철도운영(Railway operations)	철도운영규정
보안(Security)	보안 관련

- 영국

• 도입 : 영국의 철도감독관(HMRI : Her Majesty's Railway Inspectorate)제도는 1840년을 시작으로 현재까지 영국 철도안전분야 전반을 책임

- 처음에는 비정부 기구로 운영되다가 90년대 정부기구인 HSE(Health and Safety Executive)에 편입되었으며,
- 2006년에 ORR(Office of rail regulation)로 합병된 후 2009년에 Safety Directorate로 명칭 변경
- 주요 임무 : 철도안전업무 등에 대한 감독 및 승인, 철도사고 대응 및 조사업무 수행
- Rail Inspector가 현장 조사 후 관련 규정 등 위반사항 확인시 ORR이 해당 철도 운영자 또는 시설관리자 등에게 벌금 등을 부과

* 철도사고의 경우 별도로 RAIB(Rail Accident Investigation Branch)에서 철도사고 조사업무를 수행 중(조사관 26명 운영)

- 운영형태 : 현재 총 180명의 Rail Inspector가 6개 등 현장을 중심으로 근무 중

- 일본

- 국토교통성(国土交通省)의 철도국(鉄道局)에 철도안전감사관(鉄道安全監査官, railway safety inspector) 상주
- 국토교통성의 지방운송국(10개 권역, 약 120여 명 활동) 철도분야의 감독 및 감사업무
  - 철도사업자의 신규 사업의 개시, 확장시 설계 기준, 시공 기준의 적절성 검사
  - 구조물이나 신호시스템 등 철도시설 기준의 적합 확인(정기 보안감사, 5년 주기)
  - 중대 사고 발생시 임시감사

외국의 사례에서 알 수 있듯이 철도안전감독관은 각 분야별, 권역별로 안전감독을 하고 있으며, 업무의 범위 또한 세분화되어 있고, 권한을 강화하여 실제적인 현장의 안전관리가 이루어질 수 있도록 체계적으로 되어 있음을 알 수 있다.

우리나라 안전감독관의 점검분야는 현재 9개 분야로 나누어져 있는데 전방위적인 철도사고 예방을 위하여 분야별 적정인원 확보(2014. 8. 10명 증원 예정, 총 15명) 및 철도망 확장에 따른 신속한 대응을 위해 권역별로 안전감독관 배치가 필요하다고 본다.

3) 철도종합안전심사

철도종합안전심사는 철도운영기관 등이 철도안전법에 따라 안전에 관한 업무를 성실하게 수행하고 있는지에 대하여 교통안전공단에서 종합적으로 심사하고 그 결과를 국토교통부에 보고·평가하여 철도교통안전을 확보하도록 하고 있는데, 2006년도 첫 심사를 시작하여 2013년도를 마지막으로 종료하였다. 2014년 5월 26일부터 개정된 철도안전법령에 따라 철도안전체계 승인제도에 의한 검사가 이루어지고 있다. 철도안전법 시행 이전에는 운영기관 자체적으로 시행하던 안전관리를 철도안전법 제정 시행으로 국가에서 철도종합안전심사와 철도안전체계승인제도를 통하여 체계적으로 관리를 한 결과 지속적으로 철도교통사고의 감소를 가져왔으며 안전의식이 높아졌음을 철도종합안전심사결과를 통해서 알 수 있다.

– 점검결과에 대한 조치 현황

철도운영기관별 철도종합안전심사 결과 개선필요사항 건수는 〈표 7-8〉과 같다.

<표 7-8> 철도종합안전심사결과 개선필요사항 건수 총계

구분		개선필요사항(건)					비고 (%)
		개선 명령	개선 권고	현지 시정	합계	4년 평균 건수	
시설관리	한국철도시설공단	45	65	5	115	28.75	6.9
철도운영	한국철도공사	73	169	33	275	68.75	16.6
	서울메트로	46	107	5	158	39.5	9.5
	서울특별시도시철도공사	39	92	14	145	36.25	8.7
	부산교통공사	39	124	17	180	36	8.7
	대구광역시도시철도공사	48	71	4	123	30.75	7.4
	인천교통공사	37	51	3	91	22.75	5.5
	광주광역시도시철도공사	25	45	4	74	18.5	4.5
	대전광역시도시철도공사	32	67	4	103	25.75	6.2
	코레일공항철도(주)	9	57	1	67	22.3	5.4
	서울메트로9호선(주)	1	51	1	53	26.5	6.4
	부산-김해경전철(주)	2	24	–	26	26	6.3
	신분당선(주)	–	22	–	22	22	5.3
	의정부경전철(주)	1	10	–	11	11	2.6

- 철도사고 발생 현황

• 2006년 철도종합안전심사제도 시행 이후 7년간('06~'12) 철도사고 발생건수는 〈표 7-9〉와 같이 2006년 총 460건에서 2012년 250건이 발생하여 연평균 9.56%가 감소하였음.

• 열차사고 및 건널목사고는 2006년 이후 꾸준한 감소 추세

- 인명피해 현황

• 인명피해는 〈표 7-10〉과 같이 2006년 443명에서 2012년 318명이 발생하여 2011년까지 연평균 8.8% 감소하였으나 부산교통공사에서 발생

한 1호선 대티역 전동차화재사고로 인한 인명피해 16명과 3호선 물만골역 구원열차추돌사고로 인한 인명피해 34명이 발생하였기 때문에 2012년도 인명피해 발생이 증가하였다.

- 사망자는 2006년 190명에서 2012년 108명이 발생하여 연평균 7.2% 감소

<표 7-9> 철도사고 발생 현황

(단위 : 건, 명)

구분			연도	'06년	'07년	'08년	'09년	'10년	'11년	'12년
철 도 사 고 (건)		철도사고 합계		460	429	408	382	317	277	250
	철 도 교 통 사 고	열차사고	열차충돌	1	2	2	0	0	0	1
			열차탈선	6	4	5	3	4	2	4
			열차화재	0	0	0	0	0	0	1
			기타 열차사고	0	0	0	0	0	0	0
			소계	7	6	7	3	4	2	6
		건널목사고		26	24	24	20	17	14	10
		철도교통 사상사고	여객	177	147	127	128	110	68	73
			공중	105	118	105	97	78	93	62
			직원	14	7	19	13	16	9	15
			소계	296	272	251	238	204	170	150
		소계		329	302	282	261	225	186	166
	철 도 안 전 사 고	철도화재사고		1	1	1	2	2	2	0
		철도안전 사상사고	여객	3	10	30	42	18	16	8
			공중	8	7	13	2	6	8	0
			직원	114	109	82	75	66	63	73
			소계	125	126	125	119	90	87	81
		철도시설파손사고		5	0	0	0	0	2	3
		기타철도안전사고		0	0	0	0	0	0	0
		소 계		131	127	126	121	92	91	84
열차주행거리(단위 : 100만 km)				178.91	185.14	187.40	187.97	193.33	207.03	214.98

<표 7-10> 인명피해 현황

(단위 : 명)

구분		연도	'06년	'07년	'08년	'09년	'10년	'11년	'12년	합계
피해 현황	인명피해 (명)	사망	190	192	159	161	135	124	108	1,069
		중상	153	145	167	134	136	87	87	909
		경상	100	94	84	100	79	64	123	644
		합계	443	431	410	395	350	275	318	2,622

- 철도종합안전심사 성과

• 철도사고 감소

철도종합안전심사 시행 전 '05년도 열차
운행 1억 km당 24.3건에서 '11년도 7.72건
으로 68% 감소

※ 철도사고 : 열차사고(충돌, 탈선, 화재) 및 건널목사고 해당

※ 11년 유럽철도국(ERA) 열차운행 1억 km당 실적

　영국(4.16), 한국(4.76), 독일(8.65), 이탈리아(8.82), 프랑스(12.96)

　⇒ '12년 10월 말 현재 ERA통계 기준 우리나라 2.38건

• 사망자 수 감소

철도종합안전심사 시행 전 '05년도 216
명에서 '11년도 124명으로 43% 감소(자살
자 포함)

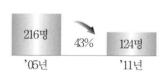

• 운행장애 발생건수 감소

철도종합안전심사 시행 전 '05년도 268
건에서 '11년도 163건으로 39% 감소

4) 철도안전관리체계승인제도

철도안전관리체계승인제도는 철도종합안전심사제도가 폐지('06~'13년까지 시행)되고 2014년 3월 19일부터 시행된 제도로서 철도운영자 등(전용철도의 운영자는 제외한다)은 철도운영을 하거나 철도시설을 관리하려는 경우에는 인력, 시설, 장비, 운영절차 및 비상대응계획 등 철도 및 철도시설의 안전관리에 관한 유기적 체계(안전관리체계)를 갖추어 국토교통부장관의 승인을 받아야 한다.

국토교통부장관은 철도안전경영, 위험관리, 사고조사 및 보고, 내부점검, 비상대응계획, 비상대응훈련, 교육훈련, 안전정보관리, 운행안전관리, 차량 및 시설의 유지관리 등 철도운영 및 철도시설의 안전관리에 필요한 기술 기준을 정하여 고시하여야 하며, 철도운영자 등은 철도운영을 하거나 철도시설을 관리하는 경우에는 승인받은 안전관리체계를 지속적으로 유지하여야 한다.

국토교통부로부터 철도안전관리체계에 대한 정기검사 또는 수시검사업무를 위탁 받은 교통안전공단은 철도운영자 등이 안전관리체계를 지속적으로 유지하는지를 점검·확인하기 위하여 국토교통부령으로 정하는 바에 따라 정기 또는 수시로 검사할 수 있다.

철도운영기관은 개정된 법 시행 이후 1년 이내 안전관리체계의 기준을 갖추어 국토교통부장관의 승인을 받아야 한다. 철도안전관리체계 2014~2015년도 최초 승인검사 계획은 〈표 7-11〉와 같다.

<표 7-11> 철도안전관리체계승인검사 계획(2014~15)

검사 연도	대상기관	비고
2014	한국철도공사, 한국철도시설공단	
〃	서울메트로, 서울도시철도공사	
〃	부산교통공사, 대구도시철도공사	
〃	인천교통공사, 광주도시철도공사	기관당 2~3개월
〃	대전도시철도공사, 코레일공항철도	정도 소요
〃	부산김해경전철, 용인경전철	
2015	서울9호선, 의정부경전철	
〃	신분당선, 인천자기부상철도	

이전의 종합안전심사제도는 2년 주기로 철도운영자 등이 철도시설·철도 차량 및 철도운영 등과 관련된 철도안전에 관한 업무를 성실하게 수행하였 는지 여부를 종합적으로 평가하는데 있었지만, 철도안전관리체계승인검사는 안전관리체계에 대하여 1년마다 1회의 정기검사를 실시하고, 철도사고 및 운 행장애 예방 등을 위하여 필요하다고 인정하는 경우에는 수시로 검사할 수 있도록 함으로써 지속적인 안전관리가 시행될 수 있도록 하였다.

또한 체계적이고 과학적인 관리를 위해 철도안전관리체계 기술 기준을 제 정하여 철도운영자 등이 지속적인 위험요인의 식별, 위험도 분석, 평가 및 안 전대책 등에 대한 관리사항을 결정하기 위해 문서화된 절차를 수립, 실행 및 유지하여야 하며, 위험요인의 식별, 위험도 분석, 평가 및 안전대책 등을 결정 하도록 위험도평가에 대한 세부 기준 제시와 철도비상사태 발생시 유형별 표 준운영절차, 비상대응훈련계획, 사이버테러 대책 등을 포함한 비상대응계획 수립을 위한 세부 기준 제시, 노후차량 및 철도시설에 대한 유지관리의 방법 및 절차 등에 대한 세부 기준을 제정 시행함으로써 현장에서 안전관리를 편 리하고 체계적으로 시행할 수 있도록 하였다.

(3) 사고조사제도

1) 철도사고조사의 필요성

철도는 고속 대량의 원활한 수송능력을 가지고 있는 반면에 인적 또는 시스템적 오류에 의해 사고가 발생하는 경우 그 피해 또한 대형화하고 있다. 대형화하고 복잡한 철도사고의 원인을 규명하기 위해서는 고속화, 전철화, 자동화하는 시설장비의 현대화와 상응하여 관련시스템의 기술에 대응한 사고조사자의 능력과 사고조사기법과 원인분석방법 등에 대한 연구가 있어야 동종사고의 재발방지를 위한 예방대책을 수립하여 지속적으로 관리함으로써 철도의 안전을 더욱 향상시킬 수 있을 것이다. 철도안전법이 시행되기 이전까지 모든 철도사고조사는 각 운영기관 안전관리부서에서 담당하였다. 철도안전법시행(2005. 1. 1.) 이후에는 철도산업 구조개혁에 따라 시설과 운영이 한국철도시설공단과 한국철도공사로 분리되면서 현재 대부분의 선진철도국가가 주요 철도사고의 조사를 위해 중립적인 위치의 조직이 갖추어진 것과 같이 우리나라 철도도 국토교통부에 항공·철도사고조사위원회가 설립되어 독립성, 공평성, 전문성, 공개성을 가지고 시설관리자 및 각 철도운영기관의 주요 철도사고를 국가 차원에서 조사처리 하고 있다.

2) 항공·철도사고조사위원회

국토교통부 철도사고조사위원회는 2005년 7월 28일에 발족하여 독립적으로 업무를 수행하다가 먼저 발족한 항공사고조사위원회(2002. 8. 12.)와 '항공·철도사고조사위원회'로 발족(2006. 7. 10.)하였다

항공·철도사고조사위원회는 '항공·철도사고조사에 관한 법률'에 따라 설립되었으며, 철도조사팀은 철도사고조사단 구성·운영, 철도사고보고서

작성 및 배포, 안전권고 발행 및 이행실태 확인, 철도분과위원회 운영에 관한 사항, 철도 관련 대내·외 기관과의 협력, 철도사고조사 관련 국가 및 국제기구와 협조, 철도사고조사기법의 연구 및 발전에 관한 사항, 사고예방과 관련한 장치의 기술개발에 관한 사항, 기타 철도사고조사 관련 사항 등의 업무를 수행한다. 항공·철도사고위원회는 위원장 1인을 포함한 12인 이내의 위원으로 구성하고 위원의 임기는 3년으로 하되 연임할 수 있다. 이 위원회 산하에는 항공사고조사를 담당하는 8명의 조사관, 철도사고를 조사하는 5명의 조사관이 있으며, 연구분석조사관 2명, 위원회 업무를 사무적으로 보좌하는 기준팀 직원 6명이 배치되어 있다. 항공·철도사고조사위원회의 회의는 위원장이 소집하고 의장이 되며, 위원회의 의사는 재적위원 과반수로 결정한다.

'항공·철도사고조사에 관한 법률'에서 정의하는 철도사고는 철도(도시철도를 포함한다)에서 철도차량 또는 열차의 운행 중에 사람의 사상이나 물자의 파손이 발생한 사고로서 다음의 어느 하나에 해당하는 사고를 말한다.

- 열차의 충돌 또는 탈선사고
- 철도차량 또는 열차에서 화재가 발생하여 운행을 중지시킨 사고
- 철도차량 또는 열차의 운행과 관련하여 3명 이상의 사상자가 발생한 사고
- 철도차량 또는 열차의 운행과 관련하여 5천만 원 이상의 재산피해가 발생한 사고

철도사고조사팀은 프랑스(BEA), 미국(NTSB), 캐나다(TSB), 일본(JTSB) 등 해외 철도와 교통안전공단, 한국철도기술연구원, 한국전기연구원과 양해각서(MOU)를 체결하여 철도사고조사 및 원인분석 등 철도사고조사 절차에 있어 상호 협력하여 운영하고 있다.

철도사고조사팀의 철도사고조사 처리절차는 〈표 7-12〉와 같다.

<표 7-12> 철도사고조사 처리절차

단계	처리절차	
1단계	사고 발생 보고 접수	철도운영자 등
2단계	사고조사 개시	사고조사단 구성
3단계	현장조사	현장보존, 관련정보 및 자료수집
4단계	시험 및 분석	ARAIB 분석실 및 관련 전문기관
5단계	사실조사보고서 작성	분야별 사실조사 정보 통합
6단계	공청회	사실정보검증, 필요시 사실정보 보완, 사고조사의 객관성, 공정성 및 신뢰성 확보
7단계	최종보고서 작성	원인 및 안전권고사항 포함
8단계	위원회 심의의결	최종보고서 완료
9단계	사고조사의 결과발표 및 최종사고조사보고서 발표	언론매체 등을 통한 발표 및 관련 기관 배포

2005년 7월 28일 철도사고조사위원회가 설치된 이래 2014년 6월 30일까지 실시한 철도사고조사는 열차충돌사고 7건, 열차탈선 39건, 화재 4건, 인명피해 3건, 재산피해 4건 등 총 55건이 조사 처리되었다. 철도사고조사 현황은 〈표 7-13〉과 같다.

<표 7-13> 철도사고조사 현황

순번	사고명	발생일자
1	한국철도공사 동해남부선 경주역 구내 화물열차탈선사고	2006 .9. 29.
2	한국철도공사 경부선 대전역 구내 화물열차탈선사고	2006. 10. 28.
3	한국철도공사 경의선 화전역 구내 통근열차탈선사고	2006. 11. 20.
4	한국철도공사 경부선 소정리역 구내 화물열차탈선사고	2006. 12. 17.
5	한국철도공사 경원선 의정부-동두천 간 단전사고	2006. 12. 27.
6	한국철도공사 경전선 옥곡역 구내 무궁화호 열차탈선사고	2007. 01. 04.
7	한국철도공사 경부선 수원역 구내 새마을호 동력차화재사고	2007. 01. 08.
8	한국철도공사 중앙선 신녕역 구내 화물열차탈선사고	2007. 01. 18.
9	한국철도공사 영동선 나한정역 구내 무궁화호 열차탈선사고	2007. 03. 11.
10	한국철도공사 경원선 왕십리역 구내 화물열차탈선사고	2007. 03. 19.

11	한국철도공사 경부선 영등포역 구내 열차추돌사고	2007. 05. 12.
12	한국철도공사 영동선 분천역 구내 화물열차탈선사고	2007. 07. 05.
13	한국철도공사 경부선 부산역 구내 KTX 고속열차충돌사고	2007. 11. 03.
14	한국철도공사 경춘선 퇴계원~금곡 간(고재건널목) 열차충돌사고	2007. 11. 12.
15	서울메트로 4호선 당고개역 구내 전동열차탈선사고	2007. 12. 04.
16	한국철도공사 경부선 남성현역 구내 화물열차탈선사고	2008. 01. 18.
17	한국철도공사 경부선 대구역 구내 무궁화호 열차충돌사고	2008. 02. 22.
18	한국철도공사 중앙선 매곡역 구내 무궁화호 열차탈선사고	2008. 03. 11.
19	한국철도공사 중앙선 지평역 구내 화물열차탈선사고	2008. 03. 29.
20	서울특별시도시철도공사 7호선 온수역 전동열차탈선사고	2008. 04. 14.
21	한국철도공사 경부선 청도역~상동역 간 작업열차충돌사고	2008. 07. 01.
22	한국철도공사 태백선 자미원역 무궁화호 열차탈선사고	2008. 12. 25.
23	공항철도 계양역 구내 전동차급전장애	2009. 01. 26.
24	한국철도공사 경의선 서울역 구내 새마을호 열차탈선사고	2009. 02. 15.
25	한국철도공사 경부선 대신~아포역 간 화물열차탈선사고	2009. 07. 23.
26	서울메트로 제2호선 신도림역 구내 전동열차탈선사고	2010. 01. 20.
27	진해선 진해~통해역간 새마을호 열차탈선사고	2010. 03. 03.
28	서울메트로 전동열차 과천선 범계~금정역간 탈선사고	2010. 04. 11.
29	호남선 익산역 구내 화물열차탈선사고	2010. 09. 14.
30	경부선 천안역 구내 전동열차탈선사고	2010. 10. 18.
31	서울시메트로9호선 신논현역 구내 전동열차탈선사고	2010. 10. 28.
32	경부선 용산역 구내 화물열차탈선사고	2010. 10. 29.
33	한국철도공사 경부선 전동~서창역 간 단행열차탈선사고	2011. 01. 26.
34	경부고속선 광명역 KTX 열차탈선사고	2011. 02. 11.
35	한국철도공사 경부선 미전신호소 고속선로전환기파손사고	2011. 03. 06.
36	한국철도공사 전라선 전주역 구내 화물열차탈선사고	2011. 03. 09.
37	한국철도공사 분당선 죽전역 구내 전동열차탈선사고	2011. 04. 23.
38	부산교통공사 1호선 범내골역 전동열차화재사고	2011. 10. 31.
39	코레일공항철도 계양~검암역 간 전동열차사상사고	2011. 12. 09.
40	한국철도공사 서울1호선 종로5가역 전동열차탈선사고	2012. 02. 02.
41	한국철도공사 호남선(황등~익산 간) 오룡건널목사상사고	2012. 04. 06.
42	한국철도공사 경부선 의왕역 화물열차탈선사고	2012. 04. 14.
43	한국철도공사 중앙선 운산~무릉역 간 화물열차탈선사고	2012. 05. 20.
44	한국철도공사 태백선 자미원역 무궁화호 열차탈선사고	2012. 05. 22.
45	한국철도공사 경부선 천안역 전동열차탈선사고	2012. 06. 03.

46	한국철도공사 경부선 신탄진역 구내 입환차량탈선사고	2012. 06. 21.
47	서울메트로 4호선 동작~총신대입구역 간 공사열차충돌사고	2012. 08. 07.
48	부산교통공사 1호선 대티역 구내 전동열차화재사고	2012. 08. 27.
49	부산교통공사 3호선 배산~물만골역 간 전동열차탈선사고	2012. 11. 22.
50	한국철도공사 호남선 익산~황등역 간 화물열차탈선사고	2013. 02. 09.
51	한국철도공사 KTX고양기지 내 급전중단사고	2013. 05. 09.
52	한국철도공사 경인선 동인천역 구내 화물열차탈선사고	2013. 05. 15.
53	한국철도공사 경부선 평택~서정리역 화물열차탈선사고	2013. 05. 21.
54	한국철도공사 경부선 대구역 KTX 열차충돌탈선사고	2013. 08. 31.
55	한국철도공사 울산항선 매암건널목사상사고	2013. 11. 06.

한국의 항공·철도사고조사위원회는 항공·철도사고조사에 관한 법률 제
4조 제2항에 국토교통부장관은 일반적인 행정사항에 대하여는 위원회를 지
휘·감독하되, 사고조사에 대하여는 관여하지 못한다고 법률로 정해져 있지
만 위원회가 국토교통부 산하에 설립되어 있어 행정으로부터 독립성을 완전
히 갖추지 못하고 있으며, 미국의 NTSB, 영국의 RAIB 등과 같이 국토교통
부로부터 독립하여 개편될 필요가 있다. 철도의 업무분야는 10여 개 정도이
나 현재 사고조사관은 운전분야, 차량분야, 전기 및 신호분야, 궤도분야, 안
전분야 5명의 철도사고조사관이 업무를 담당하고 있으며, 연구조사 분석조
사관도 2명이 업무를 담당하고 있어 전체적인 조직의 규모가 빈약한 편이므
로 확충할 필요성이 있다.

또한 세월호 사고와 같은 해난사고의 원인분석과 사고조사를 위해 〈표
7-14〉의 외국의 경우처럼 해난사고도 함께 조사처리할 수 있는 통합조직으
로의 변화가 필요하다고 본다.

<표 7-14> 외국의 사고조사기관 현황

구분		국가	명칭(조사기능)	설립 연도	비고
통합형	대통령직속	미국	국가교통안전위원회(NTSB)	1967. 4.	1975년 독립
	장관직속	일본	항공·철도사고조사위원회(ARAIC)	1974. 1.	'01. 10. 철도 추가
		네덜란드	국가교통안전위원회(TOR) (항공, 철도, 해난, 파이프 등)	1999.	항공·철도 통합형
		핀란드	사고조사위원회(FAIB) (항공, 철도, 해난 등)	1985.	
		캐나다	국가교통안전위원회(CTSB) (항공, 철도, 해난, 파이프 등)	1990. 3.	
		뉴질랜드	교통안전위원회(TAIC) (항공, 철도, 해난 등)	1990. 9.	'93 철도 '96 해양
		호주	국가교통안전위원회(ATSB) (항공, 철도, 해난, 도로 등)	1999.	
단일형 (정부형태)		영국	항공조사국(AAIB), 철도조사국(RAIB)	1996. 1974.	
		독일	항공사고조사국(AAIB), 철도국(BMV-EBA)	1998. 1994.	
		프랑스	항공사고조사국(BEA), 철도사고조사위원회(임시)	1946. 2003.	

4. 맺음말

이 장에서는 한국 철도의 사고 및 철도안전 확보의 구조와 제도에 대하여 알아보았다. 우리나라 철도사고는 시스템의 보완 및 안전관리제도의 발전 등으로 지속적으로 감소하고 있다. 전체 철도사고를 분류해 볼 때 기술력의 발전에 의해 시스템결함에 의한 사고는 큰 폭으로 감소하고 있지만 인적 오류에 의한 사고는 감소폭이 적음을 알 수 있었다. 인적 오류는 어떠한 경우에도 발생하지만 인적 오류의 발생에 대하여 제도·시스템 개선, 교육훈련의 개선을 통하여 인적 오류를 저감할 수 있어야 하며, 또한 철도종사자들이 현장업무를 하면서 안전을 최우선시하는 태도, 신념, 가치관이 문화적으로 정착되어 인적 오류를 지속적으로 줄여나가야 한다고 본다.

한국 철도는 철도산업구조개혁에 따라 철도산업발전기본법의 제정(2003. 7. 29.)으로 철도건설과 운영을 동시에 수행했던 철도청 조직이 철도건설은 한국철도시설공단(2004. 1. 1. 시행)이, 운영은 한국철도공사(2005. 1. 1. 시행)가 담당하는 상하 분리운영을 하는 정책이 결정되면서 철도건설과 철도운영의 상호인터페이스의 안정적 관리와 철도운영자와 시설관리자의 안전관리 책무범위의 명확화, 철도청의 공사 전환에 따른 철도청 내부규정(훈령, 지침)으로 시행해오던 주요 안전관리제도의 법규화, 도시철도운행기관의 확대와 민간철도의 건설 등으로 안전 기준의 정비를 위해 철도안전법이 제정되었다. 이 법이 시행된 이후 2006~2012년까지 7년간의 철도사고 발생추이는 460건의 철도사고 발생에서 2012년 250건으로 줄어들어 2006년 대비 210건 45.65% 감소하였으며, 연평균으로는 9.56% 감소하였음을 보았다.

2014년 3월 19일부터 개정 시행된 철도안전법의 주요 내용은 철도차량형식승인, 제작자승인, 완성검사에 대하여 상시 감독할 수 있도록 하였고, 전문인력양성제도를 보완하여 교육수료만 하면 업무에 종사할 수 있었던 관제업무종사자의 자격제도를 신설하여 교육수료 후 시험에 합격한 자에게 자격증을 발급하도록 하였으며, 매 2년 주기로 운영기관의 안전관리실태를 심사하였던 종합안전심사제도가 사전 안전관리체계승인검사제도로 개정되어 안전관리체계를 준수하지 않을 경우 승인 취소 또는 업무 정지(6개월 이하)나 그에 갈음하여 30억 원 이하 과징금 부과 기능을 확보하여 실효성을 확보하였고, 철도운영자 등이 철도노선을 새로 건설하거나 개량하여 운영하려는 경우 종합시험운행결과보고에 대한 검토를 위탁기관인 교통안전공단에서 시행하여 검토결과 부적합사항이나 보완사항이 있을 경우 개선·시정명령을 통하여 조치 후 영업을 할 수 있도록 제도적으로 강화되었다.

시스템적 보완과 제도의 변화로 사고는 많이 감소하고 있지만 속도의 향상, 차량 및 시스템의 노후화, 시스템의 다변화, 휴먼에러 등에 의한 대형사고의 발생가능성은 상존하고 있다. 이에 대한 대비를 철저히 하여 철도의 사명이라 할 수 있는 안전수송을 확보하기 위해서는 안전관리가 철도경영자 및 업무종사자에게 문화로 정착되어 철도를 이용하는 사람들에게 가장 안전하고 편리한 교통시스템이 되도록 노력하여야 한다고 본다.

제8장

철도교통관제

제8장 철도교통관제

1. 개요

철도교통관제란 열차운행을 집중 제어·통제·감시하는 업무를 말한다. 열차집중제어시스템인 CTC(Centralized Traffic Control)가 설치·운영되기 전까지는 철도교통관제실과 각 정거장 간에 직통전화기를 설치하여 철도교통관제사(운전사령)가 각 정거장 운전취급자로부터 열차운행상황을 통보받고 실제운행시간과 열차운행다이어그램[36]을 비교하여 열차의 교행·대피, 임시정차, 비정상적 상황이 발생하였을 때의 조치 등을 정거장 운전취급자에게 지시하고, 열차를 출발시키는 정거장의 운전취급자와 열차가 도착하는 정거장의 운전취급자 간에 열차출발에 관한 협의(폐색취급) 및 신호취급단계를 거쳐 열차를 운행하는 방식으로 철도교통관제가 이루어졌다.

이후, 신호 및 정보통신기술 발전과 더불어 현장 신호장치(신호기, 궤도회

---

36) 열차운행다이어그램 : 세로축을 거리(정거장), 가로축을 시간으로 하여 열차가 각 정거장을 통과·정차하는 시간을 그래프로 표시한 것으로서 거리-시간그래프(space-time graph) 또는 열차 시간표(time table)라고도 한다.

로, 선로전환기)와 철도교통관제시스템을 연결시켜 집중화된 장소에서 열차
운행을 통제함으로써 열차운행 효율성과 안전성 향상, 정거장 운전취급인력
축소 등을 도모할 수 있게 됨에 따라 열차 위치와 신호장치 상태 등을 관제
사 워크스테이션에 표시하고 열차운행스케줄[37]에 따라 열차운행진로(route)
를 원격제어(remote control)할 수 있는 CTC가 구축·운용되고 있다.

CTC는 1927년 미국 뉴욕 센트럴철도(63.8km)에서 정거장 운전취급자가
배치되지 않은 정거장을 대상으로 열차운행을 집중 제어한 것이 그 효시로,
유럽에서는 1938년경, 일본은 1954년 사철에서 시작하여 1962년 국철노선
으로 본격 운영되었으며, 우리나라는 1966년 중앙선 망우~봉양 간(영국 웨
스팅하우스 기술로 설치)에 최초로 운영되었다.

유럽연합(European Union) 철도의 'Network Statement'에는 '철도
시설관리자가 승인한 열차운행계획에 따른 열차운행을 보장하는 것(The
purpose of the management of train movements is to ensure that
trains run according to the train diagram approved by infra-
structure manager)'을 철도교통관제업무라고 정의하고 있다. 이와 같이
철도교통관제는 선로사용계획에 따른 열차운행과 철도시설물 유지보수작업
을 통제하고 열차운행 중 발생하는 각종 이례적 상황에 적기 대응, 열차운
행정상화를 도모함으로써 철도망의 효율적인 사용과 안전하고 편리한 철도
서비스를 보증하는 핵심 업무라고 할 수 있다.

---

37) 열차운행스케줄(Train Operating Schedule) : 열차마다 열차번호, 각 정거장 착발선로와 시간(time) 정
보를 가진 열차운행다이어그램(열차별 거리-시간그래프)으로서 CTC의 열차운행진로 자동제어 등에 사용
된다.

2. CTC의 주요 기능

CTC는 철도교통관제를 위한 신호장치 제어와 열차운행상태 모니터링, 열차운행스케줄 작성 및 이에 따른 열차번호 자동부여(automatic train numbering) 및 운행진로 자동제어(automatic route control)를 수행한다. 이를 위하여 CTC에는 모든 열차운행 위치와 신호장치 상태 등을 표시하는 중앙 미믹 패널(central mimic panel), 열차 이동을 감시하고 신호장치를 제어하는 관제사 워크스테이션, 주컴퓨터(main traffic computer), 정보통신망 등을, 선로에는 열차 위치 표시를 위한 궤도회로와 원격 제어되는 선로전환기가 설치된다.

CTC 내부에는 운전정리기능, 열차표시기능, 신호제어기능, 열차운행스케

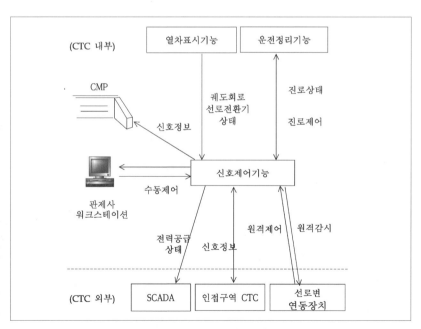

<그림 8-1> CTC기능간의 인터페이스

줄링기능이 있으며 외부장치인 SCADA[38], 인접구역 CTC장치, 선로변 연동 장치와 연동된다.

(1) 운전정리(Regulation)기능

운전정리기능은 열차표시기능에서 제공된 정보(열차 위치, 열차번호)와 신호제어기능에서 제공된 정보, 열차운행스케줄 또는 철도교통관제사의 제어에 의하여 다음과 같은 기능을 수행한다.
- 상황에 따른 열차운행 추가 또는 삭제, 출발시간 수정 등 열차시간 변경
- 열차이동 추정, 계획된 열차운행스케줄과의 변동상황 분석
- 열차경합(operating conflict) 검지
- 열차 위치 및 열차시간표에 따른 운행진로 자동제어

자동진로제어기능은 열차번호, 운행시간, 운행경로 등을 분석하여 철도교통관제사의 개입이 없어도 사전 지정된 경로에 따라 열차가 운행할 수 있도록 신호장치(선로전환기, 신호기)를 자동원격제어(automatic remote control)하는 기능이다. 철도교통관제사는 필요한 경우 이를 수동제어(manual control)할 수 있다.

(2) 열차표시(Train describer)기능

열차표시기능은 열차의 궤도회로 점유, 열차운행스케줄 또는 철도교통관제사에 의한 열차번호 제어에 의하여 중앙 미믹 패널(CMP) 및 관제사 워크

---

38) SCADA(Supervisory Control And Data Acquisition System) : 선로변의 변전, 배전, 전차선 등 전철전력장치를 원격제어·감시하는 시스템

스테이션에 열차이동상태(궤도회로 점유)와 열차번호를 표시함으로써 열차 운행위치를 감시할 수 있게 한다.

(3) 신호제어(Signal control)기능

신호제어기능은 신호장치와 열차운행진로를 제어하는 것이다. CTC는 각 정거장의 연동장치[39]와 연결되어 신호장치의 상태를 표시하고 이를 원격 제어할 수 있도록 한다. 신호제어기능은 열차표시기능 및 운전정리기능과 정보를 교환하며 관제사 워크스테이션에 그래픽심벌과 알람 형태로 신호장치 상태를 표시한다.

(4) 열차운행스케줄링(Scheduling)기능

열차운행스케줄링기능은 각 열차에 대한 열차번호, 운행경로(정거장별 착발선로)와 정차시간 등을 작성하고 표시하는 기능으로 자동진로제어(automatic route control)와 열차번호 자동부여(automatic train numbering)를 위해 사용된다.

(5) CTC 운영모드

CTC 운영모드는 연동장치 제어방식과 관계된다. 연동장치는 원격제어모

---

39) 연동장치 : 신호, 선로전환기, 궤도회로 등의 작동을 기계적 또는 전기적으로 연동(interlocking)시켜, 일정한 순서와 메카니즘에 의해서만 동작되도록 함으로써 오동작 또는 취급 과오에 따른 사고를 방지하도록 구성된 시스템

CTC 관제센터

CTC 주컴퓨터

CTC 중앙전송장치

정거장 전송장치

선로변 신호기계실

선로변 신호기, 선로전환기

<그림 8-2>
CTC 정보전송 흐름

드(remote control)일 때에는 CTC(철도교통관제사)에서 제어되고 현장제어
모드(local control)일 때에는 정거장의 운전취급자에 의해서 제어된다.

3. CTC 설치·운영 현황

(1) 노선별 CTC 설치 연혁

2013년 12월 현재 철도영업거리 3,594.5km(일반철도 3,226km, 고속철도
368.5km) 중 총 2,876.7km에 CTC가 구축되어 677개 정거장 중 552개 정
거장(연동장치 설치정거장 420개)이 제어될 수 있도록 하여 일간 3,372개 열
차에 대한 관제가 이루어지고 있다.

<표 8-1> CTC 구축 현황

구간	CTC 구축 거리 (km)	총 정거장 수	연동장치 설치 정거장 수
경부고속철도(광명~부산)	366.7	6	6
경부선(서울~부산)	441.7	91	71
호남선(대전조차장~목포)	252.5	39	34
경인선(구로~인천)	27.0	20	6
경원선(용산~소요산)	55.6	31	13
경의선(서울~도라선, 신경의선)	62.1	25	16
분당선, 일산선, 과천선, 안산선, 수인선	125.5	73	39
영동선(영주~강릉)	192.7	32	30
중앙선(청량리~영천)	337.8	73	67
태백선(제천~백산)	104.1	17	17
경춘선(망우~춘천)	80.7	19	10
전라선(익산~여수엑스포)	180.4	29	25

장항선(천안~익산)	154.4	28	23	
충북선(조치원~봉양)	115.0	17	16	
경전선(삼랑진~마산, 광양~순천)	224.5	30	28	
기타선(기지선, 삼각선 등)	156.0	22	19	
계	2,876.7	552	420	

\<표 8-2\> CTC 설치 연혁(계속)

연도	선별	구간	정거장 수	총연장(km)	비고
1977	경부선	서울~수원	11	41.5	수도권 CTC사업
	경인선	구로~인천	6	27.0	
	경원선	용산~성북	4	18.2	
	경의선	서울~수색	3	8.2	
	중앙선	신원역 신설	1	–	
1985	경원선	성북~창동	1	3.6	
1986	경원선	성북~의정부	2	9.4	
1987	태백선	제천~철암	25	126.9	태백선 CTC사업
1989	경부선	수원~동대구	40	285.6	경부선 CTC사업
1992	–〃–	동대구~부산	15	117.4	–〃–
1994	과천선	금정~선바위	5	14.4	서울통합사령실
	안산선	금정~안산	3	19.5	
	분당선	수서~오리	9	18.5	
1996	일산선	지축~대화	7	19.2	
1997	경부선	전동~내판	2	–	역 구내 개량사업
	중앙선	청량리~봉양	31	147.8	서울통합사령실
1999	경부선	화명역 신설	1	-0.2	제어영역 조정
	중앙선	봉양~영주	14	72.3	
	태백선	제천~백산	-5	-23.4	
	영동선	영주~철암	13	87	
2000	영동선	백산~강릉	19	106.6	
	삼척선	동해~삼척	1	13.7	
	묵호선	동해~묵호	1	5.1	
	중앙선	영주~영천	22	126.1	
	호남선	서대전~강경	9	61.8	
	안산선	안산~오이도	3	6.5	
	함백선	예미~함백	–	9.6	

연도	선명	구간	역수	연장	비고
2003	분당선	선릉~수서	5	6.6	
	경의선	수색~화전	1	3.4	
2004	호남선	용동~목포	25	190.7	
	광주선	동송정~광주	3	11.9	
	가야선	범일, 부전, 가야	3	7.8	
	고속신선	시흥~대구	19	238.6	도중건넘선(IEC) 포함
2005	중앙선	청량리~영천	-	-6	기존선 개량
	분당선	오리~분당차량기지	-	2.6	전철역 신설
2006	경원선	의정부~동안	7	23.2	전철역 신설
2007	충북선	조치원~봉양	16	115.0	구로통합관제실
2008	장항선	천안~신창	4	19.4	복선전철 개량
	경의선	화전~문산	13	44.4	복선전철 개량
	중앙선	국수~용문	1	-1.4	복선전철 개량
2009	기타선	용산삼각선(0.5), 구로삼각선(1.2), 천안직결선(3.1), 오송선(4.6), 대전선(5.7), 수색객차출발선(2.4), 북송정삼각선(1), 동해남부선(4.6), 부전선(2.2), 부산신항선(9.6), 제천조차장선(2.3), 북영주삼각선(0.7), 태백삼각선(0.8), 미전선(1.6), 병점차량기지선(2.2)		43.5	
2010	고속선	동대구~부산	11	121.1	도중건넘선(IEC) 포함
	경춘선	망우~춘천	10	81.3	
	경전선	삼랑진~마산	8	42.1	
	전라선	익산~여수엑스포	25	180.4	복선전철 개량
2011	경전선	순천~광양	2	8.0	
	전경삼각선	평화~성산	-	3.0	
	장항선	신창~신성	7	39.2	
	분당선	죽전~기흥	1	5.9	복선전철 연장
2012	장항선	신성~익산	12	95.8	기존선 개량
	장항화물선	장항~장항화물	1	4.2	기존선 개량
	수인선	오이도~송도	4	13.0	복선전철 개통
	분당선	왕십리~선릉	4	6.7	복선전철 연장
	분당선	기흥~망포	3	7.3	복선전철 개통
	경전선	마산~진주	5	49.3	복선전철 개통
	경전선	순천~동송정	13	118.5	
	용산선	DMC~공덕	1	6.1	복선전철 개통
	중앙선	용문~서원주		-4.7	복선전철 개통
	영동선	동백산~도계		-0.9	철도이설사업

	태백선	제천~쌍용	-2	–	장락, 송학역 철거
2013	분당선	망포~수원	1	6.1	지하 수원역 신설
	오봉선	의왕~오봉	1	4.4	오봉역 신설
2014	광양항선	광양~태금	5	27.5	
	우암선	부산진~신선대	3	6.1	

(2) 관제센터 운영

1) 통합 철도교통관제센터 운영 이전

2006년 12월 21일 철도교통관제센터가 구축·운영되기 전까지 일반철도 노선은 5개 지역본부(서울, 대전, 부산, 순천, 영주)로 나뉘어 철도교통관제가 수행되었으며, 경부고속철도 1단계 개통구간(광명~오송, 대전~대구)을 운행하는 고속열차(KTX)를 관제하기 위해 광명역에 경부고속철도 관제실을 설치하여 2004년 1월부터 운영하였다.

CTC가 설치되지 아니한 구간에 대한 철도교통관제는 재래방식과 같이 철도교통관제사와 정거장 운전취급자 간 직통전화기를 사용하여 이루어졌다.

2) 통합 철도교통관제센터 구축·운영

국토교통부(한국철도시설공단)는 열차운행관리 효율화 및 수송경쟁력 확보를 위하여 국유철도의 전국 5개 지역(서울, 대전, 부산, 영주, 순천)에 분산 운영되던 일반철도관제실과 광명역에 설치된 경부고속철도관제실을 1개소에 통합 운영하고자 '철도교통관제센터 구축사업'(사업기간 2002년 11월~2015년 12월)을 시행하였다. 이에 따라 서울에 철도교통관제센터(대지 18,600.76㎡, 건축면적 14,982.67㎡, 지하 1층, 지상 4층 규모)를 구축하여 2006년 12월 22일 일반철도 관제시스템을 수용하고, 경부고속철도 2단계건설사업 완료 직전인 2010년 8월 광명역에 설치된 고속철도관제시스템을 수용하여 철도교통관제센터에서 전국 각 노선을 운행하는 열차에 대한 관제를 시행하고 있다.

아울러 한국철도시설공단은 국가철도망 구축계획에 따라 호남고속철도 등 신설 노선에 CTC를 구축함과 동시에 기존관제설비의 수명주기와 기술발전을 고려하여 이를 개량 또는 교체하는 작업을 계속 시행하고 있다.

철도교통관제센터에 설치된 주요 관제설비(2013년 12월 현재)는 〈표 8-3〉과 같다.

<표 8-3> 철도교통관제센터 주요 관제설비

명칭	일반철도관제	고속철도관제	계
중앙 미믹 패널(CMP)	357면	48면	405
CTC서버	3대	1대	4
통신서버	2대	1대	3
관제사 워크스테이션	44대	8대	52

(3) 예비관제센터 운영

철도교통관제센터

예비관제센터는 재해, 테러 등으로 통합관제센터에서 관제업무를 정상적으로 수행할 수 없을 경우에도 관제업무를 계속 수행할 수 있도록 하고자 국토교통부의 '철도교통예비관제시설 구축계획'에 따라 대전광역시 소재 철도기관 공동사옥에 이를 설치, 2012년 1월 1일부터 운영하고 있다.

철도교통관제센터 CTC서버와 예비관제센터 CTC서버는 실시간(real time)으로 정보를 교환하면서 필요한 경우 관제권을 전환하여 관제업무를 시행할 수 있다.

예비관제센터에 설치된 주요 관제설비(2013년 12월 현재)는 〈표 8-4〉와 같다.

<표 8-4> 철도교통예비관제실 관제설비

명칭	일반철도관제	고속철도관제	계
대형표시반(CMP)	34면	33면	67
CTC서버	2대	1대	3
통신서버	2대	1대	3
관제사 워크스테이션	32대	8대	40

4. 해외 철도의 관제운영 현황

(1) 스웨덴

1) 운영 현황

중앙정부기관으로 기업에너지교통부(Ministry of Enterprises, Energy and Communications)가 교통정책(도로, 철도, 항공)을 총괄하며, 교통청(Sweden Transport Administration)이 철도시설의 건설 및 관리(유지보수 포함), 선로사용계약, 선로배분 및 선로사용료 징수 등을, 교통관리처(Sweden Transport Agency)는 사업면허, 안전, 위생, 자격 등 철도 관련 규제집행(철도운송사업 안전증명 발급 등)의 업무를 수행한다.

철도운송업은 SJ(공기업), Tagcompaniet, Veolia 등 12개 주식회사가 담당하고, 역사 및 차량기지 관리는 Jernhusen(100% 정부 소유, SJ와 별도 법인)이, 선로유지보수는 교통청이 민간회사에 아웃소싱(외주화 비율 100%)하여 시행한다.

2) 선로배분 및 관제

교통청(철도교통관리국)에서 수송수요와 시설상태를 기초로 열차운행시간 및 선로작업시간 배정 등 선로배분업무를 담당한다. 교통청과 TAA(Track Access Agreement) 간 선로사용계약을 체결한 후 선로를 사용할 수 있으며, 관제업무는 스웨덴 교통청(국가조직) 소속의 8개 관제센터에서 수행한다.

(2) 영국

1) 운영 현황

교통부(DfT)는 여객운송회사의 프랜차이즈 계약, 철도예산 및 보조금 관리업무를 담당하고, ORR(Office of Rail Regulation)은 안전규제기관으로서 면허(네트워크면허, 여객·화물운송면허, 역사면허, 차량기지면허) 발급, 철도운송요금 결정, 시설관리자 감독 및 안전 규제, 선로사용계약(선로사용료) 승인 등을 담당한다.

철도시설관리자인 Network Rail이 부지, 선로, 차량기지 등 인프라를 소유하면서 선로의 유지보수와 개량, 선로사용료 징수를 담당한다. 또한 Network Rail은 모든 역사를 소유하고 관리(19개 주요 역사는 직접 관리, 나머지 역사는 철도운영회사에 임대)한다. 철도운송사업은 16개 프랜차이즈 여객회사, 8개 일반여객회사(open access operators), 8개 화물회사(open access operators)가 담당한다.

2) 선로배분 및 관제

선로사용계약은 운송사업자가 각 노선의 열차시간표를 제출하면 Network Rail이 운송사업자와 합의를 통해 상충부분을 해결하고 계약을 체결하되, 운송사업자와 합의가 이루어지지 않을 경우 Network Rail이 조정하고 선로사용계약은 ORR 승인 후 그 효력이 발생한다.

(3) 프랑스

1) 운영 현황

교통부에서 철도정책 및 면허발급을 담당하며, EPSF(Etablissement Public de Securite Ferroviaire)는 교통부를 대신하여 안전성 인증 및 안전감독업무를 수행하며, ARAF(Autorite de Regulation des Activites Ferroviaires)는 선로사용료 정책 및 이와 관련된 분쟁을 조정함으로써 모든 철도회사가 동일조건에서 국가철도망을 사용할 수 있도록 보장하는 역할을 한다.

RFF(Reseau Ferre de France)는 철도선로의 소유자이자 관리자로서 선로배분, 철도의 건설과 개량 등 철도시설을 관리하며, 선로유지보수는 SNCF(infra)에 위탁하여 시행한다. 기존 역사는 SNCF(Societe Nationale des Chemins de fer Francais)가 소유·관리하며, 신규 역사는 RFF가 소유·관리한다. 민간참여자도 역사 관리업무를 담당할 수 있다.

철도운송사업은 SNCF가 국내여객철도를 독점(국제여객철도는 개방)하고, 화물은 2006년부터 개방하여 2011년 7월 현재 19개 화물회사가 운영 중이다. SNCF 외 운송사업자의 수송분담률(2010년)은 톤킬로 기준 24%, 열차킬로 기준 16%이다.

2) 선로배분 및 관제

RFF가 선로배분을 시행한다. 선로사용자가 열차운행계획(열차시간표)을 1년 단위로 4월 15일~9월 15일 사이에 RFF에 신청하면, RFF는 선로배분 규칙에 따라 선로사용자의 요구 및 RFF의 필요에 의해 수정·보완을 거쳐 이를 최종 확정한다. 선로사용은 철도망 사용 카탈로그 규정에 맞게 신청한 선로사용자, 월~금요일 RFF가 선정한 시간대에 신청한 선로사용자, 운행거리가 긴 구간 열차 및 선로사용이 많은 선로사용자 순으로 우선 배정된다.

선로배분계획상 일간 30% 정도의 시간은 선로보수작업을 위한 여유시간으로 남겨둔다. 유지보수차량 운행은 1년 전에 신청하며 선로시설의 정상기능 확보를 위해 우선권을 가진다. 또한 이례적인 상황 발생시 보수장비 긴급투입도 우선권을 가지나 운송사업을 위한 임시열차설정은 불가능하다. 부득이 임시열차를 운행할 필요가 있는 경우에는 해당 운송사업자의 열차운행을 중지시키고 그 해당 시간대에 임시열차를 운행할 수 있으므로 임시열차 설정은 의미가 없다.

관제업무는 철도구조가 상하로 분리된 다른 유럽국가와 달리 철도운송사업자인 SNCF 내 독립기구인 DCF(Direction de Circulation Ferroviaire)에 의하여 수행된다. DCF는 SNCF가 아닌 RFF를 대행하여 관제업무를 수행하며 DCF의 장을 국가(총리)가 임명함으로써 독립성을 유지하고 있다.

관제조직은 1개소의 종합상황실 CNOF(Centre National des Operations Ferroviaires) 외 21개 지역에 분산된 지방관제소(EIC)로 구성되어 있다. CNOF는 열차운행지휘통제 및 정보관리, 이례적인 상황 발생시 신속한 의사결정(분야별 전문가가 참여하는 회의에서 15분 내 의사결정) 및 열차운행 정상화 유도, 고객에게 열차운행정보 제공 등의 기능을 수행한다. 지방관제소(EIC)는 고속열차 및 일반열차에 대한 관제를 직접 시행한다.

한편 유럽연합의 철도시설관리자는 선로이용자에게 제공하는 네트워크 설명자료인 Network Statement를 매년 발행한다. Network Statement에는 철도시설사용 및 관제에 관한 정보, 국가철도망 운영규칙, DCF에 의한 계획된 열차운행 실행 및 모니터링, 철도운영자와 DCF간 교환정보, 이례적인 상황 발생시 철도망운영규칙(열차 간 운행우선순위, 선로용량제한, 업무우선순위), 철도망 유지관리규칙(선로보수시 통제규칙, 이례적인 상황시 운영) 등이 정의된다.

(4) 독일

1) 운영 현황

독일연방철도청(EBA)은 독일연방교통부(BMV) 산하기관으로서 철도시설 관리감독, 운송사업자들에 대한 영업노선의 개설 및 폐지에 대한 허가, 신선 건설 허가, 사고조사 및 안전 규정의 제정, 철도사업의 재정계획과 실행, 안전 인증서 발급 등의 업무를 담당한다.

선로와 역은 국가 소유이며, 선로의 건설과 유지보수는 시설관리자인 DB Netz AG(지주회사인 DB AG의 자회사로 1998년 주식회사로 설립)가 직접 수행한다. 역사의 관리와 운영은 역시 DB AG 자회사인 DB Station & Service AG가 담당한다.

철도운송사업은 DB AG 자회사인 DB ML AG 산하 4개 운송회사(장거리수송주식회사 DB Bahn Long Distance, 지역수송주식회사 DB Bahn Regional, 도시교통주식회사 DB Arrival, 화물수송주식회사 DB Schenker Rail)와 385개 이상의 여객·화물열차운영회사가 수행한다.

2) 선로배분 및 관제

공정한 노선배분을 위해 DB AG가 수행하던 선로배분업무를 자회사인 DB Netz AG에 1998년 이관하여 DB Netz AG가 직접 수행한다. 운송사업자(DB 자회사 및 민간운송사업자)가 노선, 기간, 선로사용료가 포함된 선로사용신청서를 제출하면 DB Netz AG가 이를 검토하여 전년도 12월 9일까지 선로배분을 결정한다.

선로사용 우선순위는 장거리열차, 국제열차, 화물열차 순이며, 동일노선 복수 입찰시에는 최고금액 제안자에게 우선 배정된다. 선로사용계약은 DB Netz AG가 철도운영회사 간에 체결된다. 관제업무 또한 DB Netz AG가 중앙관제와 로컬관제를 직접 수행한다.

(5) 이탈리아

1) 운영 현황

교통부(Ministry of Infrastructure and Transport) 내 철도서비스규제

기구(Rail service Regulatory Body)가 철도경쟁 관찰 및 감독, 철도시설 관리자 및 철도운영자에 대한 정책결정 및 조정, 면허 발급 등을 담당한다.

2008년 설치된 ANSF(National Safety Authority)는 교통부 감독을 받으면서 안전승인 등의 업무를 수행하고, 2012년 독립조직으로 설치된 교통청(Transport Authority)은 독점상황 통제, 경쟁 편익분석 등을 수행한다.

지주회사인 FS(Ferrovie Dello Stato Italiana, 이탈리아 국철)의 자회사인 RFI(Rete Ferroviaria Italiana, 철도시설관리자)가 철도의 건설, 시설의 소유 및 유지보수를 담당하며, 역사는 FS의 자회사인 Grandi Stazioni가 대규모 역(13개)을, 자회사 Cento Stazioni가 중규모 역(103개)을 관리한다. 철도운송사업은 Trenitalia 등 총 40개(여객 20, 화물 20) 업체가 담당하며 고속철도 운송분야에 최초로 민간회사(NTV, 2012년 4월)가 등장하였다. 지역 간 여객철도회사는 Trenitalia, NTV, Arenaways, SBI, Treno 등 총 5개이다.

2) 선로배분 및 관제

선로사용계약(Track Access Agreement)은 시설관리자인 RFI와 운송사업자 간에 체결(선로사용계약기간은 10년)하며, 신청 선로용량, 열차출발 지연, 추가정차 요청, 열차정보 변경, 할당받은 선로의 미사용, 선로사용 취소 및 변경 공지 등에 관한 사항을 그 내용으로 한다. 선로배분은 기본 슬롯(slot) ± 10분 범위 내에서 열차시간을 정한다. 철도관제(로컬관제 포함)는 RFI가 담당하며 운송사업자의 직원을 관제기관에 파견하지는 않는다.

(6) 일본

1) 운영 현황

국토교통성(철도국)은 철도건설 및 운영 기준 확립, 철도안전규제 및 감독, 운영회사의 재무관리 감사, 전국철도망구축계획 수립 등의 업무를 담당하며, 본청(도쿄 소재)과 10개 거점도시에 운수국을 배치하고 있다. 또한 철도건설, 철도 및 해상운송사업자 등에 의한 운수시설정비를 촉진하는 지원업무를 수행함으로써 대량수송기관을 기반으로 하는 육상·해상·항공 수송체계 확립 등을 도모하고자 운수시설정비사업단(1997년 10월 설립)과 일본철도건설공단(1964년 3월 설립)을 통합하여 2003년 10월 1일 독립행정법인인 철도건설·운수시설정비지원기구를 설립하였다.

철도운송사업부문을 보면, 1987년 4월 국철이 JR히가시니혼(東日本), JR도카이(東海), JR니시니혼(西日本), JR홋카이도(北海道), JR시코쿠(四國), JR규슈(九州) 등 6개 여객철도회사와 1개 화물철도회사(JR화물)로 민영화되었다.

2011년 현재 철도운송사업자 수는 JR 여객 6개사, 보통 사철 137개사, 공영철도 8개사, 화물 12개사(JR 1, 일반 11) 등 총 199개이다.

선로사용에 있어서 신칸센인 경우 신칸센보유기구가 신칸센 4개 선로를 보유하여 혼슈 3개사(JR東日本), JR東海, JR西日本)에 임대하고 있으며, JR화물철도회사는 6개 JR여객철도회사에 선로사용료를 지불하고 선로를 사용한다.

2) 관제

일본 철도는 철도시설관리와 철도운영이 분리되지 않은 형태로서 지역단위 5개 철도회사(동일본, 서일본, 동해, 홋카이도, 규슈)가 각각 자기 구역에 대하여 관제업무를 수행하고 있다. JR동일본의 도쿄종합지령실(ATOS)은 도쿄, 요코하마, 하치우치, 오미야, 지바, 미토 등 도쿄권 6개 지사로 구성되며, 수송총괄사령장, 정보총괄사령장, 운용총괄사령장, 신호통신사령장, 시설사령장, 급전사령장, 전력사령장과 각 사령장 아래에 노선별 사령자를 배치하고 있다. 열차운용은 운용총괄사령장 아래에 동해도(Tokaido), 중앙(Chuo), E電, 동북(Tohoku), 상반(Joban) 등 5개 사령장이 담당하며 사령자는 각 지역의 담당자가 파견된다.

JR 동일본 신칸센지령실(COSMOS)은 운전지령, 신호통신지령, 전력지령, 시설지령으로 구성되어, 운전지령자 외 신호통신지령, 전력지령, 시설지령자는 JR에서 파견된다. 도호쿠(東北)·조에쓰(上越) 신칸센은 중앙지령조직으로 도쿄에 신칸센 종합지령본부(신칸센 지령업무 담당)와 수도권총국(재래선 지령업무)를 설치, 여객지령자, 열차지령자, 운전지령자, 전력지령자, 시설지령자를 배치하고 현업조직인 철도관리국이 신칸센과 재래선의 지령업무를 담당한다.

5. 한국 철도의 관제운영

(1) 철도산업구조개혁 전까지의 관제운영

1) 운영체계 및 조직

철도산업발전기본법에 따라 철도청이 2005년 한국철도공사로 변경되기 전까지 철도청이 철도교통관제시설을 설치하고 관제업무를 수행하였다. 당시 관제업무를 수행하는 사람을 '운전사령(運轉司令)'이라 하여 '철도청장 또는 지방청장의 책임으로서 운전정리(運轉整理)를 하는 계원'으로 정의하고, 철도사고 또는 장애 등으로 열차운행에 혼란이 발생하였거나 혼란의 염려가 있을 경우 열차의 운행조건 및 일정 등을 변경하여 열차를 정상적으로 운행할 수 있도록 행하는 수단을 '운전정리(運轉整理)'라는 용어로 정의하여, 철도청 내부 규정과 업무절차에 따라 관제업무가 이루어졌다.

철도청은 2004년 당시 본청사령실, 고속철도사령실(광명역), 5개 지역본부의 일반철도사령실을 설치하고 운전사령, 여객사령, 화물사령, 보선사령, 전기사령, 검수사령, 신호사령 등을 배치하여 관제업무를 수행하였다. 2004년도 사령업무인원은 〈표 8-5〉와 같다.

<표 8-5> 2004년도 철도청 사령실 근무인원

구분		운용 과장	운전사령 운전계획	여객사령 화물사령	전기사령 신호사령	보선사령	검수사령	계
본청 사령실		2	10	6	4	2	4	28
일반철도	서울지역	3	79	9	28	2	6	127
	대전지역	1	42	6	8	2	4	63
	부산지역	2	29	8	8	2	4	53
	순천지역	1	30	6	8	2	4	51
	영주지역	1	30	8	10	2	6	57
경부고속철도		3	20	–	15	2	2	42
계		13	240	43	81	14	30	421

2) 사령업무 관련 규정

① 사령근무자의 주요 담당업무

사령근무자들의 업무절차, 근무시간, 보고체계 등은 철도청사령요원근무지침, 철도청 사령실근무규칙, 운전사령업무 기준절차 등에 규정되어 시행되었다. 세부업무내용을 보면 다음과 같다.

ㄱ. 수송조정실장
- 사령요원 총괄 지휘감독
- 사고 발생 보고 및 복구 지시

ㄴ. 사령주무
- 사령업무 총괄
- 사고 발생 개황 작성 및 보고
- 사고복구에 따른 장비 및 복구자재 수송조치

ㄷ. 운전사령
- 열차 운전정리, 동력차운용
- 사고 발생 현황 수보 및 보고, 사고복구장비 출동에 따른 지원

ㄹ. 여객사령
- 여객열차의 운용상태 및 여객동태 파악
- 이례상황 발생시 여객수송대책 수립 및 조치

ㅁ. 화물사령
- 화차 운용
- 화물수요에 따른 화물열차 운행조정
- 이례상황 발생시 화물수송대책 강구

ㅂ. 시설사령
- 선로차단작업 관리 및 통제
- 이례상황 발생시 장비 및 인력동원 지원

ㅅ. 검수사령
- 동력차 및 객화차의 정상기능 유지

- 차량 입출창관리
- 이례상황 발생시 장비 및 인력동원 지원
ㅇ. 전기·신호·통신사령
- 전기·신호·통신설비 정상기능 유지
- 장애 및 사고 발생시 장비 및 인력동원 지원
② 사령업무규정과 절차

사령업무규정과 절차에 관하여는 철도청 사령실근무규칙, 운전사령업무기
준절차를 제정하여 적용하였고, 이에 규정되지 아니한 근무지침이나 업무절
차는 각 지역사령실별로 따로 내규를 정하여 시행하였다.

그러나 실질적으로는 운전사령, 기관사, 역장, 현장의 신호취급자 및 유지
보수자 등 열차운전에 관련된 모든 관계자들의 시행사항을 통합한 운전취
급규정 및 세칙, 열차운전시행절차, 업무지시 등을 바탕으로 사령업무가 이
루어졌다.

(2) 철도산업구조개혁 후의 관제운영

1) 2004년 철도산업구조개혁

① 기본방향

정부는 중추교통수단으로서 철도의 역할증대, 철도산업의 경쟁력 강화,
철도운영부문 경영효율성 제고와 국민부담 경감, 다른 교통수단과의 공정한
경쟁여건 조성, 철도시장에 경쟁도입과 고객중심의 서비스 개선을 기본목표
로 2004년 철도산업구조개혁을 실행하였다. 철도산업구조개혁의 기본방향
을 보면 아래와 같다.

ㄱ. 철도시설과 운영부문의 분리

철도사업의 비경쟁적 부문인 선로 등 기반시설부문과 경쟁적 부문인 운영부문을 분리하여 경쟁부문에 경쟁을 도입·촉진할 수 있는 기반을 조성한다. 철도기반시설은 사회간접자본(SOC) 차원에서 국가 책임으로 투자 및 관리하고, 철도운영은 경영효율성 제고를 위해 기업경영체제로 전환한다.

ㄴ. 철도운영부문의 시장기능 도입과 적정한 경쟁 조성

철도운영부문을 기업경영체제로 전환하여 시장기능과 민간경영방식 도입 등을 통해 효율성을 향상시킨다.

더불어 철도운영을 여객사업부문과 철도화물사업부문을 분리하여 전문경영체제를 구축하는 방안도 검토한다.

ㄷ. 철도서비스 감독과 정책 수립을 위한 국가의 역할 강화

교통수단간 효율적 역할분담을 통한 사회적 비용절감을 위해 철도망을 확충·구축 및 유지하며, 안전·요금·적정서비스 보장 등을 통해 철도 이용자를 보호하고 만족도를 향상시킨다.

② 관련 법령 및 기관 정비

철도산업구조개혁을 실행하기 위하여 아래와 같은 법령이 제정되었고, 이에 따라 관계기관의 역할과 기능이 재정비되었다.

ㄱ. 철도산업발전기본법 및 한국철도시설공단법 국회통과(2003. 6. 30.) 및 공포(2003. 7. 29.)를 토대로 철도산업 재정비를 위한 법률 제정

ㄴ. 한국철도공사법 국회통과(2003. 12. 18.) 및 공포(2003. 12. 31.)

ㄷ. 철도서비스 시장 활성화, 거래질서 확립 등 체제정비를 위하여 철도사업법 제정·공포(2013. 3. 23.)

ㄹ. 철도시설과 운영의 분리 및 운영의 공사체제 전환에 따른 국가의 안전책임 및 규제기능 확보, 시설관리자와 운영자의 안전에 대한 역할과 책임을 명확히 하기 위한 철도안전법 제정·공포(2013. 8. 6.)

ㅁ. 기타 종전의 한국고속철도건설공단법, 국유철도의 운영에 관한 특례법, 철도소운송업법, 철도법 등 철도 관련 법령과 기타 관련 법률 정비

ㅂ. 한국철도시설공단법에 따라 철도청 및 한국고속철도건설공단의 철도시설의 건설 및 시설관리 관련부문을 통폐합하여 한국철도시설공단 설립 (2004. 1. 1.)

ㅅ. 한국철도공사법에 따라 기존 철도청 및 한국고속철도건설공단의 운영 관련부문을 전환하여 한국철도공사 설립(2005. 1. 1.)

③ 철도산업구조개혁에 따른 기관별 역할과 기능

철도산업구조개혁 전후의 기관별 역할과 기능은 아래와 같다.

ㄱ. 구조개혁 전

- 국가(건설교통부) : 철도업무 지도감독
- 철도청 : 수송, 영업, 차량관리, 철도건설 및 개량관리, 시설 투자, 안전 규제 등
- 고속철도건설공단 : 고속철도 건설관리, 고속철도 차량관리

ㄴ. 구조개혁 후

- 국가(건설교통부) : 철도정책, 안전, 시설 투자계획
- 철도공사 : 철도운송, 철도차량관리 등 철도영업
- 철도시설공단 : 철도건설과 개량, 철도시설관리. 단, 철도시설유지보수 업무는 철도시설관리자(국토교통부, 철도시설공단)가 권한을 가지되 그 시행업무는 철도공사에 위탁

철도산업구조개혁에 따른 철도시설의 사용 및 관리에 관한 기관별 시행사항을 보면 〈표 8-6〉과 같다.

<표 8-6> 철도산업구조개혁에 따른 기관별 시행사항

구분		관리청(국토교통부)	한국철도시설공단	한국철도공사
선로용량배분		- 선로배분지침 수립·고시	- 선로용량배분 대행	- 선로배분 신청
철도 교통관제		- 관제시설 설치·운영	- 철도교통관제시설 설치	- 국토교통부로부터 관제 및 관제시설관리업무를 수탁 시행
철도 시설 관리	일반 철도	- 철도시설 소유자	- 국토교통부를 대행하여 철도시설관리	- 유지보수 수탁 시행
		- 철도시설자산관리업무를 철도시설공단에 위탁	- 국토교통부를 대행하여 국가소유의 철도시설에 대한 사용료징수 등 관리업무 잡행 - 국토교통부로부터 철도시설자산관리업무 수탁 시행	- 선로사용료를 납부하고 열차운행
		- 철도시설유지보수업무 철도공사에 위탁		- 철도시설유지보수업무를 국토교통부로부터 수탁 시행
			- 철도시설개량사업 시행 - 일부 철도시설개량사업, 안전진단, 재해복구업무를 철도공사에 위탁	- 일부 철도개량사업, 안전진단, 재해복구업무를 철도시설공단으로부터 수탁 시행
	고속 철도	- 철도시설 소유자	- 철도시설 관리자	- 유지보수 수탁 시행
		- 철도시설공단에 철도시설관리권 설정	- 유지보수계획 수립 - 재원조달, 감독 등	- 선로사용료를 납부하고 열차운행
			- 철도시설자산관리업무를 국토교통부로부터 수탁 시행	
			- 유지보수업무를 철도공사에 위탁 시행	- 유지보수 수탁 시행
철도운영				철도운영

2) 철도교통관제운영 변화

철도산업구조개혁의 결과로 철도시설부분은 한국철도시설공단에서 건설·관리하고, 철도운영부문은 한국철도공사에서 담당하도록 하면서 철도교통관제업무는 철도운영자로부터 독립적이며 다수 철도운영자에게 중립적인 업무수행이 가능하도록 국가 책임으로 인식되어 철도교통관제 시행주체를 국토교통부장관으로 규정하였다. 이에 따라 국토교통부장관이 철도교통관제시설을 설치·운영하고, 철도교통관제업무는 2005년 1월 1일부터 국토교통부장관이 한국철도공사에 위탁하여 시행하고 있다.

관련 법령의 내용을 보면,

① 국토교통부장관은 철도교통의 안전과 질서유지를 위하여 철도교통관제시설을 설치·운영(철도산업발전기본법시행령 제24조 제4항)

② 철도교통관제시설의 관리업무 및 철도교통관제업무를 한국철도시설공단, 한국철도공사 중에서 국토교통부령이 정하는 자에게 위탁(철도산업발전기본법시행령 제50조 제3항)

③ 국토교통부장관은 철도교통관제시설의 관리업무 및 철도교통관제업무를 한국철도공사에 위탁(철도산업발전기본법시행규칙 제12조 제2항)

④ 국토교통부장관은 한국철도공사에 철도교통관제업무를 위탁하는 경우 철도공사로부터 철도교통관제업무종사자의 독립성 보장에 필요한 조치를 하여야 함(철도산업발전법시행규칙 제12조 제3항).

⑤ 철도차량을 운행하는 자는 국토교통부장관이 지시하는 명령과 운행기준, 방법, 절차, 순서에 따라야 함(철도안전법 제39조의 2).

(3) 철도교통관제업무의 내용

1) 관제업무범위

철도산업발전기본법시행령은 국토교통부장관이 철도차량 등의 운행정보의 제공, 철도차량 등에 대한 운행통제, 적법운행 여부에 대한 지도·감독, 사고 발생시 사고복구 지시 등 철도교통의 안전과 질서를 유지하기 위하여 필요한 조치를 할 수 있도록 철도교통관제시설을 설치·운영하는 것으로 규정하여, 철도교통관제시설의 설치 목적인 철도차량 등의 운행정보 제공, 철도차량 등에 대한 운행통제, 적법운행에 대한 지도감독, 사고 발생시 사고복구 지시 등 철도교통의 안전과 질서유지에 필요한 조치를 시행하는 것을 철도교통관제업무로 정의할 수 있다. 또한 철도안전법은 철도교통관제업무를 '철도차량의 운행을 집중 제어·통제·감시하는 업무'라고 정의하여 철도산업발전기본법시행령이 보다 넓게 철도교통관제업무 범위를 정의하고 있다고 본다.

더불어 철도안전법시행규칙(제76조 제4항)에 따라 국토교통부장관이 제정·고시(2014. 3. 24.)한 철도교통관제운영규정에는 철도교통관제업무범위를 다음과 같이 규정하고 있다.

① 철도차량의 정상적인 운행 유지 및 적법운행 여부에 대한 지도·감독

② 철도사고 등으로 열차운행에 혼란이 발생하거나 혼란의 염려가 있을 경우 열차의 운행조건 및 일정 등을 변경하여 열차가 정상적으로 운행할 수 있도록 철도차량 등의 운전정리

③ 철도사고 등 발생시 보고 및 상황 전파, 사고 확산 방지 및 피해 최소화를 위한 사고수습·복구 등의 조치지시

④ 긴급한 선로작업을 포함한 열차운행선지장작업에 대한 승인·조정·통제

⑤ 열차 출발 또는 작업 개시 72시간 이내에 시행하여야 하는 사전계획이 되지 아니한 긴급·임시 철도차량의 운행설정·승인 및 작업구간의 열차운행 통제

⑥ 귀빈 승차 및 국가적 행사 등으로 특별열차가 운행하는 경우 조치

⑦ 관제업무 수행에 필요한 관제운영 및 철도사고 등에 관한 정보의 입수·분석 및 판단, 전달·전파, 기록유지에 관한 업무

⑧ 관제시설의 관리 및 비상대응훈련

⑨ 기타 국토교통부장관이 관제업무와 관련하여 지시한 사항

아울러 철도안전법(제2조 및 동법 시행령 제3조)은 '철도차량의 운행을 집

중 제어·통제·감시하는 업무에 종사하는 자'를 '관제업무종사자'로, '정거장에서 신호기, 선로전환기 또는 조작반 등을 취급하는 자'를 '안전운행 또는 질서유지종사자'로 규정하여, 정거장 운전취급업무(폐색취급, 신호취급)와 종전에 철도청에서 사용하던 전력사령, 신호사령, 통신사령, 보선사령, 여객사령, 차량사령이라는 직명과 이들이 수행하던 업무는 제외되고 열차운행통제에 직접 관련된 업무만 철도교통관제업무로 지정되었으며, 그 결과로 국토교통부는 관제업무종사자에 대한 비용만으로 관제위탁비용을 산정하여 한국철도공사에 지불하고 있다.

2) 운전정리의 내용

운전정리(運轉整理)란 열차운행에 혼란이 발생하거나 혼란의 염려가 있을 경우 열차의 운행조건 및 일정 등을 변경하여 열차가 정상적으로 운행할 수 있도록 행하는 수단으로, 그 종류는 다음과 같다.

① 운전휴지 : 열차운행을 일시 중지하는 것

② 운행순서변경 : 먼저 운행할 열차의 운행시간을 변경하지 않고 운행순서를 변경하는 것

③ 운행선로변경 : 소정의 열차운행방향을 변경하지 않고 운행선로를 변경하는 것

④ 단선운행 : 복선구간에서 사고 등 기타로 한쪽 방향의 선로를 사용할 수 없는 경우 다른 방향의 선로를 사용하여 상·하행열차를 운행하는 것

⑤ 운행시간 변경 : 계획된 열차운행시간을 앞당기거나 늦추는 것

⑥ 열차합병 : 운행 중 2 이상의 열차를 1개 열차로 편성하여 운행하는 것

⑦ 특발 : 지연열차의 도착을 기다리지 아니하고 따로 열차를 조성하여 출발시키는 것

⑧ 교행변경 : 단선구간에서 열차의 교행정거장을 변경하는 것

⑨ 대피변경 : 복선구간에서 열차의 대피정거장을 변경하는 것

⑩ 열차번호변경 : 소정의 열차번호를 변경하는 것

⑪ 폐색구간 또는 폐색방식 변경 : 신호, 차량 등에 장애가 발생하여 폐색구간 또는 폐색방식을 변경하는 것

⑫ 임시서행 : 철도사고 등으로 열차속도를 낮추어 운행하는 것

⑬ 임시정차 : 철도사고 등의 발생, 부상자 긴급후송, 선로의 긴급수리 등을 위하여 열차를 임시로 정차시키는 것

⑭ 편성차량변경 : 열차 소정의 철도차량 연결량 수를 변경하는 것

⑮ 임시열차운전 : 철도사고 등에 따른 구원열차, 임시열차의 운행을 승인 또는 지시하는 것

⑯ 그밖에 철도교통의 안전과 질서유지에 필요한 사항

(4) 철도교통관제운영조직과 인원

1) 관제운영조직

2015년 1월 현재 한국철도공사 안전본부(본사)에 관제운영실을 두고, 1차 기관으로 철도교통관제센터를 운영하고 있다. 따라서 철도교통관제센터장과 철도교통관제사는 〈그림 8-3〉과 같이 관제운영실장을 통하여 한국철도공사 사장 및 안전본부장의 직접적인 지휘를 받고 있다.

부서별 주요 시행사항을 보면 아래와 같다.

① 관제처

- 철도교통관제업무의 위·수탁계약, 관제수탁예산 운용관리

- 철도교통관제업무 관련 제도·지침관리

- 철도교통관제사 인력운용 및 교육훈련
- 관제센터 통제 및 중요 운전취급 결정
- 열차운행조정·통제
- 임시열차(특별동차, 귀빈열차 포함)의 설정 및 운행관리 업무
- 이례사항 발생시 상황반의 요청 등에 의한 임시운전명령 처리
- 열차지연원인분석, 철도교통관제업무 관련 대내외 보고
- 예비관제실 운영
② 종합관제실
- 열차운행에 대한 집중제어·감시·통제
- 상황반 요청에 의한 임시열차 운명 처리 및 운행정리, 긴급을 요하는 열차운행선 지장공사 승인과 통제
- 관제업무 국토교통부 보고 및 상황반 업무종합
- 이례상항 발생시 통보 및 상황반과 수송대책 협의 후 열차운행 통제 및 조정, 사고복구 책임자 및 복구인원 신속 투입과 복구 지시
- 기상상황 파악, 철도기상특보(주의보, 경보) 발령 수정필요

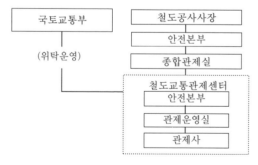

＜그림 8-3＞ 한국철도공사 관제운영조직

③ 운영상황실

여객·광역·물류·차량·시설·전기분야 직원을 24시간 배치시켜 철도공사
내 사업부서와 연계된 최종의사결정, 각종 재난 및 이례적인 상황에 대한 총
체적인 위기관리센터 기능을 수행한다.

운영상황실장은 종합관제실장이 겸임하며, 사고 등이 발생한 경우 열차운
행 통제 및 조정에 대한 수송대책 종합보고, 사고 발생시 초동단계의 대외
홍보자료 작성, 사고대책본부 설치 이전의 초동단계 지휘, 사고대책본부와의
긴밀한 협조를 통한 열차운행 정상화 등을 담당한다.

2) 관제업무인원

① 철도교통관제센터

<표 8-7> 철도교통관제센터 권역별 관제구간 및 관제인원

구분	권역	관제구간	관제사 워크스테이션	관제인원 (명)
고속철도		광명~부산 고속선구간	4	8
일반 철도		관제부장		1
	1권역	경부선 서울~병점, 경인선	3	8
	2권역	경부선 오산~추풍령	3	7
	3권역	경부선 신암~부산	3	7
	4권역	호남선 서대전~목포, 전라선 익산~여수	5	10
	5권역	중앙선 청량리~죽령, 태백선 제천~백산	5	11
	6권역	중앙선 희방사~경주, 동해남부선 부산진~포항, 영동선, 장항선, 충북선	8	15
	7권역	경춘선, 경의선, 경원선, 경전선, 과천선, 안산선, 수인선, 분당선 왕십리~망포	8	13
	일근	–	–	1
계			39	81

2013년 12월 현재 철도교통관제센터에는 3조 2교대 근무체계로 총 243명의 관제사가 배치되어 관제업무를 수행하고 있다. 권역별 관제구간 및 1조당 근무인원은 〈표 8-7〉과 같다.

② 종합관제실 등 한국철도공사 본사 인력

한국철도공사 본사에는 종합관제실 18명, 관제처 6명의 인력이 사고 등 이례적인 상황시 열차정상운행 관련 조치, 열차운행 관련 각종 보고 및 통계 작성, 예비관제센터 기능유지 등의 업무를 수행하고 있다.

3) 관제운영비용

한국철도공사는 국토교통부와 '철도교통관제업무 위탁에 관한 계약'에 의하여 매년 위탁비용을 산정하여 국가에 제출하고 예산을 배정받아 사용 후 정산하고 있다. 이 계약에는 수탁자의 의무, 관제업무집행계획의 승인 및 변경, 관제업무 성과지표, 비용지급 및 결산·정산, 계약해지, 계약 준수사항 위반시 제재, 분쟁 해결·조정, 기밀누설금지 등이 규정되어 있어, 한국철도공사의 수탁업무 처리가 위법 또는 부당하다고 인정되는 때, 천재지변 또는 국가시책의 변경 등으로 계속 관제업무를 수행할 수 없는 경우, 기타 사정으로 쌍방이 위탁계약을 해지하기로 합의한 때에는 계약을 해지하거나 정지할 수 있다. 2013년도의 관제업무위탁비용은 약 260억 원으로 인건비(219억 원)가 대부분을 차지한다.

(5) 정거장운전취급

정거장운전취급이란 폐색취급, 연동장치제어(신호취급), 열차운행정보교환 등의 업무를 정거장운전취급자가 직접 수행하는 것을 말하며 '로컬관제(local control)'라고도 한다.

CTC구간은 철도교통관제센터에서 모든 열차운행상황을 감시하고 관계정거장의 신호장치를 원격제어하여 운전정리를 시행하나, 열차운행상황과 정거장 운전취급조건 등에 따라 정거장에서 직접 이를 수행하는 것이 더 안전하고 효율적인 경우가 있고, CTC의 원격제어기능 장애, 신호장치 고장 또는 사고 발생시에는 CTC에 의한 원격제어가 불가능하므로 정거장운전취급자에게 이를 위임하고 있다.

운전취급정거장은 상시(24시간) 로컬취급정거장과 관제센터의 위임을 받은 시간 동안에만 업무를 수행하는 수시로컬취급정거장으로 구분된다. 2013년 12월 현재 정거장운전취급자는 CTC구간에 1,689명(상시로컬취급 89개 정거장 727명, 수시로컬취급 170개 정거장 962명), 비 CTC구간의 48개 정거장에 231명이 배치되어 있다.

(6) 철도교통관제사 양성

1) 철도교통관제사 자격조건

철도안전법령에 규정된 철도차량운전자에 대한 면허제도와는 달리 현재 철도교통관제사에 대한 국가자격제도는 없다. 다만, 철도안전법시행규칙에 철도교통관제업무 수행요건을 다음과 같이 규정하고 있다.

① 관제업무종사에 적합한 신체상태를 갖추고 있는지를 확인하는 신체검사에 합격할 것

② 관제업무 종사에 적합한 적성을 갖추고 있는지를 확인하는 적성검사에 합격할 것

③ 전문교육훈련기관에서 관제업무수행에 필요한 교육훈련을 이수할 것

④ 교육훈련 이수 후 관제업무 수행에 필요한 기기 취급, 비상시 조치, 열차운행의 통제·조정 등에 관한 실무수습교육을 100시간 이상 받을 것

⑤ 교육훈련을 수료한 날부터 5년마다 국토교통부장관이 정하는 교육훈련을 받을 것

2) 신체검사

철도교통관제사는 '철도차량운전면허응시자 및 철도종사자신체검사에 관한 지침'에 따라 신체검사의료기관에서 신체검사를 받아야 한다. 신체검사 항목은 〈표 8-8〉과 같다.

<표 8-8> 철도교통관제사 신체검사 항목

검사 항목	검사방법	정상범위 참고치	관련 질환 등
이학적 검사	상담/문진/진찰		
	신체계측		신장 체중 비만도
	시력검사		
	색신검사	정상	
	혈압		
안과검사	안과 검진	정상	안질환 유무
심전도검사	12전도		심근경색증, 심장기능장애
청력검사	좌우 청력		난청의 조기발견, 청력장애
흉부방사선검사	흉부사진 촬영	정상	폐결핵, 폐기종, 기관지염, 폐암
소변검사	PH 요단백 요당 적혈구	5~8 0~30mg/dl 0~50mg/dl 0~10㎕	신장질환 황달 당뇨병 신장질환
간기능검사	SGOT	0~37U/l	간질환, 간기능장애
	SGPT	0~37U/l	급만성 간염
	r-GTP	남 11~63U/l 여 8~35U/l	지방간, 알콜성 간장애
순환기계검사	T. Cholesterol Triglyceride	120~230mg/dl 40~200mg/dl	고지방혈증, 간경변, 관상동맥경화, 기타 지질대사
혈당검사	Glucose(공복)	70~126mg/dl	당뇨병

신장기능검사	크레아틴	0.5~1.41mg/dl	신우신염, 통풍성 관절염
혈액검사	적혈구 수	400~520만 개/㎕	각종 빈혈, 빈혈의 원인
	혈색소	남 13~18g/dl 여 1,216g/dl	진성다혈증, 기타 혈액질환
	헤마토크릿트	남 38~52% 여 36~47%	비장암, 조혈기능장애
	백혈구 수	4,500~1만 개/㎕	출혈성 질환, 출혈의 원인

3) 적성검사

관제사는 '철도차량운전면허응시자 및 철도종사자적성검사시행지침'에 따라 적성검사를 받아야 한다.

<표 8-9> 적성검사 항목 및 불합격 기준

검사 주기	검사 항목		불합격 기준
	문답형검사	반응형검사	
최초검사	• 지능 • 작업태도 • 품성	• 주의력 – 선택적 주의력 – 주의배분능력 • 민첩성 – 적응능력 – 판단력 – 동작 정확력 – 정서안정도	• 지능검사점수 85점 미만인 자(해당 연령대 기준 적용) • 작업태도검사, 선택적 주의력검사, 주의배분능력검사, 적응능력검사 중 부적합등급이 2개 이상이거나 작업태도검사와 반응형검사의 점수합계가 50점 미만인 자 • 품성검사결과 부적합자로 판정된 자
정기검사	• 작업태도	• 주의력 – 선택적 주의력 – 주의배분능력 • 민첩성 – 적응능력 – 판단력 – 동작 정확력 – 정서안정도	• 작업태도검사와 반응형검사의 점수합계가 40점 미만인 자
특별검사	• 지능 • 작업태도 • 품성	• 주의력 – 선택적 주의력 – 주의배분능력 • 민첩성 – 적응능력 – 판단력 – 동작 정확력 – 정서안정도	• 지능검사 점수가 85점 미만인 자(해당 연령대 기준 적용) • 작업태도검사, 선택적 주의력검사, 주의배분능력검사, 적응능력검사 중 부적합등급이 2개 이상이거나 작업태도검사와 반응형검사의 점수합계가 50점 미만인 자

적성검사의 종류와 그 대상자는 다음과 같다.

① 최초검사 : 철도교통관제업무에 종사하고자 하는 자

② 정기검사 : 최초검사 또는 정기검사를 받은 날(판정일 기준)부터 10년이 도래하는 자

③ 특별검사 : 철도사고 등을 발생시켰거나 질병, 공황장애 또는 외상 후 스트레스 장애 등의 사유로 해당업무를 적절히 수행하기 어렵다고 철도운영자 등이 인정하는 자

철도안전법시행규칙에 규정된 적성검사 항목 및 불합격 기준은 〈표 8-9〉와 같다.

4) 교육훈련 및 실무수습

① 교육훈련기관

철도교통관제업무 종사자는 철도안전법 제16조 제3항에 의한 철도차량운전에 관한 전문교육훈련기관에서 이수하여야 한다. 교육훈련기관은 철도안전법시행령(교육훈련기관 지정절차와 지정 기준) 및 철도안전법시행규칙(교육훈련기관 세부지정 기준)에 따라 이론교육을 담당하는 교수요원(책임교수, 선임교수, 교수, 기능교수)과 시설(강의실, 기능교육장, 시뮬레이터, 편의시설 등)을 갖추어야 한다. 2013년 12월 현재 철도교통관제 전문교육훈련기관으로 지정된 기관은 한국철도공사와 서울메트로 두 기관이다. 한국철도공사는 고속철도·일반철도·도시철도 관제교육훈련과정을 제공하고, 서울메트로는 도시철도 관제교육훈련과정을 제공하고 있다.

② 교육시간

철도안전법시행규칙에 규정된 관제사 교육시간은 아래와 같다.

㉠ 전문교육훈련기관의 교육훈련 : 신규자 360시간 이상. 철도차량운전업

무종사자 및 철도신호기·선로전환기나 신호조작반 취급 5년 이상의 경력이 있는 사람은 105시간 이상

ⓒ 관제업무 수행에 필요한 기기 취급, 비상시 조치, 열차운행의 통제·조정 등 실무수습 : 100시간 이상(철도운영자가 시행)

ⓒ 5년마다 35시간 이상의 보수교육(철도운영자 또는 교육훈련기관이 시행)

ⓔ 분기별 6시간 이상의 안전교육(철도운영자가 시행)

③ 교육내용

'철도종사자 등에 관한 교육훈련시행지침'은 철도안전법령 및 제 규정, 철도안전·운전·차량·시설·전철·신호통신 등 철도시스템, 열차운행선 지장공사 시행을 위한 협의 및 승인절차 등 안전관리, 운행정보시스템의 구성 및 운영, 철도사고 등 비상상황 발생시 대응, 열차운행스케줄, 조작판취급 등 관제설비의 운영, 기타 철도관제시스템 일반 등을 관제사에 대한 교육과목으로 규정하고 있다. 이에 따라 2013년 12월 현재 한국철도공사는 아래와 같이 세부교육과목과 교육시간을 정하여 교육을 시행하고 있다.

㉠ 신규자과정(25과목 380시간)
  - 철도안전법(12시간), 운전취급규정(24시간), 운전이론(12시간)
  - 운행정보시스템(28시간), 열차운행스케줄(14시간)
  - 관제설비운영(20시간), 고속철도관제시스템(8시간), 신호조작반 취급(16시간)
  - 열차운행선관리(12시간), 비상상황 발생시 조치(28시간)
  - 철도차량 : 디젤기관차(8시간), 전기기관차(10시간), 전동차(10시간), 고속차량(8시간), 객화차(8시간), 철도장비(8시간)
  - 철도시설 : 선로(8시간), 전철전력(8시간), 통신(8시간), 역운영(12시간)
  - 도시철도시스템 : 인천메트로(4시간), 서울메트로(4시간), 신분당선(4시간)

- 교양 및 평가(3시간)
- 현장실습(82시간)
ⓒ 경력자과정(20과목 114시간)
- 철도안전법(4시간), 운전취급규정(3시간), 운전이론(4시간)
- 관제설비운영(10시간), 관제일반(8시간), 고속철도관제시스템(4시간), 신호조작반 취급(7시간)
- 열차운행스케줄(8시간), 열차운행선관리(8시간), 비상상황 발생시 조치(8시간)
- 철도시설 : 선로(3시간), 신호제어(4시간), 전철전력(2시간), 통신(3시간)
- 철도차량 : 디젤기관차 및 고속차량(6시간), 전동차 및 전기기관차(5시간), 객화차(3시간), 철도장비(3시간)
- 교양 및 평가(9시간)
- 현장실습(16시간)
④ 실무수습

'철도종사자 등에 관한 교육훈련시행지침'은 철도운영자 등으로 하여금 관제업무수행에 필요한 교육훈련을 이수한 사람에 대하여 교육교재, 평가 등 교육 기준을 마련하고, 자격 기준을 갖춘 실무수습담당자를 지정하여 실무수습을 시행하고, 실무수습을 이수한 사람에 대하여는 교통안전공단에 실무수습기간, 실무수습을 받은 구간, 인증기관, 평가자 등을 통보하고 철도안전정보망에 관련 자료를 입력하도록 규정하고 있다.

실무수습 내용은 다음과 같다.

㉠ CTC 및 워크스테이션 운용(시스템 운용을 포함한 현장설비의 제어 및 감시능력 포함)

㉡ 운행정리 및 작업의 통제와 관리(선로작업수행을 위한 협의·승인 및 통

제 포함)

ⓒ 규정, 절차서, 지침 등의 적용능력

ⓔ 각종 응용프로그램의 운용능력

ⓜ 각종 이례상황의 처리 및 운행정상화 능력

ⓗ 작업의 통제와 이례상황 발생시 조치요령

ⓢ 기타 관제업무 수행을 위해 필요한 사항

6. 철도교통관제운영 관련 법령 및 규정

(1) 개요

철도교통관제에 관한 법령으로는 철도산업발전기본법령 및 철도안전법령이 있다. 이러한 법령의 규정에 따라 국토교통부장관은 관제업무종사자에 관한 교육훈련, 적성검사, 신체검사, 비상대응에 관한 사항을 지침 또는 고시로 정하였다. 그러나 철도산업발전기본법령 및 철도안전법령에는 철도교통관제에 관한 일반원칙을 규정하고 있을 뿐 세부적인 사항은 한국철도공사의 운전관계규정·세칙·지침, 매뉴얼 등에 혼재되어 있다. 이는 상하분리형태로 철도가 관리·운영되고 있는 유럽의 일부국가와는 달리 한국 철도는 당초부터 철도운영자가 철도교통관제업무를 수행하여 철도운영자의 고유 업무인 영업, 열차운전, 신호취급, 유지보수, 안전관리 등과 철도교통관제업무를 체계적으로 분리하고 상호 연계하는 과정이 없었기 때문이다.

국토교통부는 이러한 문제점을 개선하고 한국철도공사에 관제업무를 위탁하여 시행하는 과정에서 관제업무의 공정성과 독립성을 확보하고자 2014년 3월 '철도교통관제업무규정'을 제정·고시하였다.

(2) 국가 법령의 주요 내용

1) 철도산업발전기본법령

① 철도산업발전기본법시행령 제24조

- 국토교통부장관은 철도차량 등의 운행정보의 제공, 철도차량 등에 대한 운행통제, 적법운행 여부에 대한 지도·감독, 사고 발생시 사고복구 지시 등 철도교통의 안전과 질서를 유지하기 위하여 필요한 조치를 할 수 있도록 철도교통관제시설을 설치·운영

② 철도산업발전기본법시행령 제50조

- 국토교통부장관은 철도교통관제시설의 관리업무 및 철도교통관제업무를 한국철도시설공단과 철도운영자 중에서 국토교통부령이 정하는 자에게 위탁

③ 철도산업발전기본법시행규칙 제12조

- 국토교통부장관은 철도산업발전기본시행령 제50조 제1항의 철도교통관제시설의 관리업무 및 철도교통관제업무를 한국철도공사에 위탁

- 국토교통부장관은 한국철도공사에 철도교통관제업무를 위탁하는 경우 한국철도공사로부터 철도교통관제업무에 종사하는 자의 독립성이 보장될 수 있도록 필요한 조치 시행

2) 철도안전법령 등

철도안전법(제39조의 2)에는 철도교통관제운영에 관하여 아래와 같이 규

정하고 있다.

① 철도차량을 운행하는 자는 국토교통부장관이 지시하는 이동·출발·정지 등의 명령과 운행 기준·방법·절차 및 순서 등에 따라야 한다.

② 국토교통부장관은 철도차량의 안전하고 효율적인 운행을 위하여 철도시설의 운용상태 등 철도차량의 운행과 관련된 조언과 정보를 철도종사자 또는 철도운영자 등에게 제공할 수 있다.

③ 국토교통부장관은 철도차량의 안전한 운행을 위하여 철도시설 내에서 사람, 자동차 및 철도차량의 운행제한 등 필요한 안전조치를 취할 수 있다.

④ 제1항부터 제3항까지의 규정에 따라 국토교통부장관이 행하는 업무의 대상, 내용 및 절차 등에 관하여 필요한 사항은 국토교통부령으로 정한다.

국토교통부는 위 철도안전법에 정한 바에 따라 관제업무의 공정성과 독립성, 철도차량의 안전을 강화하고자 그간 한국철도공사 사규로 제정·시행되고 있던 '철도교통관제업무규정'을 새로 제정하여 2014년 3월 24일 고시하였다.

'철도교통관제업무규정'의 주요 내용은 다음과 같다.

- 운전정리의 내용
- 관제업무의 독립성과 공정성 보장
- 국토교통부장관의 관제운영감독관 지정
- 관제업무 범위
- 관제운영조직과 업무분장
- 관제업무종사자의 권한, 철도운영관계자 및 철도종사자 등의 의무
- 관제업무수행자의 운영규정 승인
- 관제업무종사자의 업무방법
- 철도차량 운행통제 등의 승인

- 기상특보에 따른 열차운행 제한
- 관제시설 운용 및 관제업무 보고
- 관제업무종사자 자격 기준 및 선발방법, 중점관리대상자 관리, 관제인력
  수급계획
- 관제업무종사자의 약물·음주 제한, 주정음료 측정
- 관제업무 수행 중 휴대전화 등 전자기기 등 사용제한
  철도사고 발생시 조치 및 사고 관련 자료의 관리
  이밖에 국토교통부장관은 철도종사자 등에 관한 교육훈련시행지침, 철도
차량운전면허응시자 및 철도종사자 적성검사시행지침, 철도차량운전면허응
시자 및 철도종사자 신체검사에 관한 지침을 제정·고시하여 시행하고 있다.

(3) 관제업무수행기관의 규정

현재 철도교통관제업무를 위탁받아 수행하고 있는 한국철도공사의 사규
중 철도교통관제에 관계되는 주요 규정, 세칙, 지침은 아래와 같다.
- 고속철도 및 일반철도 운전취급규정, 세칙, 지침
- 귀빈열차운용 및 경비지침
- 열차운행선로지장작업업무지침
- 운전보안장치 및 운전장표취급지침
- 운전취급지침
- 연결선운전취급지침
- 화물수송지침
- 철도공사 운영상황실 운영지침
- 고속철도 CTC운용매뉴얼, 일반철도 CTC운용절차서

- 비상대응계획시행지침
- 철도운행에 관한 안전지침
- 고속철도 대형사고 위기관리실무매뉴얼
- 영업사고처리지침

이밖에 한국철도시설공단의 철도시설 재난예방지침, 사고 및 품질결함예방지침, 급전제어지침, 전철전력설비 유지보수지침, 신호제어설비 유지보수지침, 선로유지보수지침 중 선로의 사용 및 열차운행에 관계되는 사항은 철도교통관제업무와 관계된다고 볼 수 있다.

7. 결론 및 제언

철도교통관제업무는 국가사무로 선로사용자(철도운송사업자, 시설유지보수자)로부터 독립성과 공정성을 확보함으로써 국민에게 안전하고 편리한 철도교통서비스를 제공하는 데 궁극적인 목적이 있다.

국토교통부는 2013년 6월 철도운영의 공영체제를 유지하면서도 경쟁을 유도하고 경영의 투명성과 전문성을 높이고자 철도운송시장구조개편을 내용으로 하는 철도산업발전방안을 발표한 바 있다. 그 내용을 보면, 한국철도공사는 간선노선 중심으로 여객운송사업을 영위하면서 지주회사기능을 겸하는 형태로 운영하고, 수서발 고속철도운영회사가 모회사인 한국철도공사와 경쟁하며, 철도물류, 철도차량관리, 철도시설 유지보수분야는 점진적으로 자회사로 전환하여 경영효율화를 도모한다는 것이다. 이를 위하여 출자회사에 대한 한국철도공사의 경영권은 보장하되 부당한 경영간섭을 배제하고, 철도운송사업자들에 대한 선로용량배분과 열차통행순위 등은 정부에서 공정하게 정하고, 서비스품질과 안전 등에 대한 주기적인 평가를 통해 선로배분 등 인센티브를 제공함으로써 실질적인 경쟁효과를 얻는다는 것이다.

이러한 철도운송시장 구조개편이 이루어지는 경우 여객운송사업자 간에, 여객운송사업자와 물류운송사업자 및 시설유지보수자 간에 지연열차 처리, 임시열차 운행, 시설물 유지보수시간 할당, 비정상적인 상황에서의 대응 등에 있어 차별적 대우가 발생하는 경우 철도교통관제업무의 공정성과 독립성, 의사결정의 투명성 확보 등을 보장하기 위한 제도적 개선요구가 증대될 것이다. 따라서 철도운송사업과 국가의 철도교통관제업무를 효율적으로 분리하고 운송사업자들에게 공정하고 안전한 철도교통관제서비스를 제공할 수 있는 방안이 계속 개발되어야 할 것으로 보인다.

일본 철도는 1987년 4월 여객철도와 화물철도회사로 분리되면서 여객철도회사와 화물철도회사 간 운수영업에 관한 기본협정, 직통여객열차와 화물열차의 운전계획에 관한 기본협정, 열차다이어 설정의 우선도에 관한 표준협정, 직통여객열차와 화물열차의 운전정리 및 운전수배에 관한 협정, 이상시에 있어 사고처리 및 수송수배에 관한 협정 등을 제정한 바 있다.

아울러 전국 100여 개 정거장의 열차취급을 철도운송사업자(정거장 운전취급자)에게 위임하고 있는 점, 관제인력운영의 효율성, 업무절차의 적정성 등에 대해서도 철도교통관제서비스 품질향상과 철도차량운행의 안전 확보를 위해 계속 연구해야 할 것으로 보인다.

최근 국토교통부는 철도교통관제업무종사자에 대한 전문성을 강화하고자 철도교통관제사에 대한 자격증명제를 도입할 계획으로 있어, 철도교통관제사 능력을 객관적으로 검증하기 위한 프로그램 개발과 동시에 철도교통관제사 개개인의 경험에 의해 축적된 역량에 의존하기보다 사전 정의된 프로세스와 매뉴얼에 따라 열차운행의 안전이 확보되는 철도교통관제시스템이 구축되어야 할 것으로 보인다.

제9장

철도건설의 역사와 발전방향

제9장 철도건설의 역사와 발전방향

1. 철도건설의 시대적 변천사

(1) 과거(일제강점기 병참철도) : 우리나라 철도건설의 태동시기

우리나라 최초의 철도는 1899년 9월 18일에 개통한 경인선(노량진~인천) 구간이다. 이때부터 우리나라 철도망이 구축되었으며, 1905년에 경부선을 시작으로 1906년에 경의선, 1914년에 경원선과 호남선이 개통되었다.

구한말 일본, 러시아 등 주요 강대국들은 우리나라 철도 부설권을 확보하기 위하여 치열하게 경쟁하였으며, 일제강점기에 들어서면서 일본은 만주·러시아 등 대륙진출을 위한 수단과 경제수탈을 위한 도구로서 철도건설을 본격화했다.

(2) 1950~1980년대(경제발전 견인하는 간선철도 건설)

6·25 전쟁이 휴전된 후부터 기존 철도의 피해복구와 경제발전을 견인하

는 철도산업선 건설에 주력하였다. 이때 일반철도는 충북선(조치원~봉양, 129㎞, 1959), 강경선(호남선 강경~연무대, 6.5㎞, 1958), 우암선·울산선 등이 건설되었다.

1960년대 초 우리나라는 경제 발전 기반을 구축하기 위하여 철도 수송력 강화에 주력했다. 철도를 통한 수송력 확보를 위하여 능의선(능곡~의정부, 31.9㎞, 1963), 동해북부선(북평~경포대, 50.3㎞, 1962), 경북선(김천~점촌, 58.6㎞, 1966), 경전선(삼랑진~송정리, 80.5㎞, 1968), 경인 복선(주안~영등포, 23.3㎞, 1965) 등의 간선철도가 추진되었다.

1960년대 후반부터 1980년까지는 완전한 자립경제를 갖춘다는 목표 하에 철도수송력 강화와 안전하고 능률적인 수송체계를 확립하고자 노력했으며, 충북선 등 신선을 추가 건설하고 호남선, 중앙선, 태백선 등 기존선의 복선 개량과 전철화 사업이 추진되었다.

(3) 1970~1990년대(대도시 지하철 건설)

'60~'70년대 급격한 경제 개발기를 거치면서 도시의 급속한 팽창과 인구 유입으로 수도권 및 광역권 교통문제 해결이 주요 이슈로 대두되었다. 우선적으로 수도권 교통 혼잡을 해소하기 위하여 수도권 도시철도를 중심으로 지하철 건설이 추진되었다.

지방 광역권은 1985년 부산지하철 1호선을 시작으로 대구, 인천, 광주, 대전 등 광역시의 교통문제 해결을 위한 지하철 노선이 운영되었다.

<표 9-1> 도시철도 운영 현황(2014. 12. 현재)

구분	노선	연장(km)	역수	구간	사업비(억 원)	개통일(최초)
합계	21	615.3	591	–	369,332	–
서울	1호선	7.8	10	서울역~청량리	984	'74. 8. 15.
(9)	2호선	60.2	50	성수~성수	11,171	'80. 10. 31.
	3호선	38.2	34	지축~오금	13,798	'85. 7. 12.
	4호선	31.7	26	당고개~남태령	8,315	'85. 4. 20.
	5호선	52.3	51	방화~상일, 마천	30,215	'95. 11. 15.
	6호선	35.1	38	응암~봉화산	25,496	'00. 8. 07.
	7호선	57.1	51	장암~부평구청	39,676	'96. 10. 11.
	8호선	17.7	17	암사~모란	8,502	'96. 11. 23.
	9호선	27.0	25	개화~신논현	34,640	'09. 7. 24.
	소계	327.1	302		172,797	
부산	1호선	32.5	34	노포동~신평	9,751	'85. 7. 19.
(4)	2호선	45.2	43	장산~양산	28,552	'99. 6. 30.
	3호선	18.1	17	대저~수영	17,395	'05. 11. 28.
	4호선	12.0	14	안평~미남	12,616	'11. 3. 30.
	소계	107.8	108		68,314	
대구	1호선	25.9	30	대곡~안심	15,187	'97. 11. 26.
(2)	2호선	31.4	26	문양~영남대	26,147	'05. 10. 18.
	소계	57.3	56		41,334	
인천	1호선	29.4	29	계양~국제업무지구	24,320	'99. 10. 06.
광주	1호선	20.5	20	녹동~평동	16,658	'04. 4. 28.
대전	1호선	20.5	22	판암~반석	18,931	'06. 3. 16.
부산-김해	부산-김해	23.2	21	사상~가야대	13,241	'11. 9. 17.
의정부	발곡역~탑석역	11.1	15	장암동~고산동	5,470	'12. 7. 01.
용인	기흥~광교	18.4	15	기흥~전대·에버랜드	6,970	'14. 4. 26.

(4) 고속철도 개통과 일반철도 고속화 추진

1970년대부터 기존 경부고속도로의 경우 서울~수원, 천안~대전, 김천~대구 등 전체 구간의 38%에서 수송 애로구간이 발생하고 있고, 급격한 자동차 증가로 애로구간은 더욱 늘어날 것으로 예상되었다. 또한 급격한 자동차 증가(1988년 204만 대 → 2000년 말 1,206만 대, 약 6배 증가)로 고속도로 추가 확장에도 불구하고 근본적인 교통정체가 해결되지 않았다.

철도도 경부선 수원~대전 간(125.3km)은 이미 용량 한계에 도달하였으며, 대전 이남은 다소 여유가 있으나 수원~대전 간 용량 한계로 추가 운행은 불가능한 실정이었다. 이를 해결하기 위한 대안으로 기존선을 전철화하여 선로용량이 15% 정도 증가하더라도 2000~2003년경에는 한계에 도달할 것으로 예상되었다.

국내외에서는 이러한 경부축 교통문제를 해결하기 위하여 경부축에 고속철도 건설 방안을 제시하였다. 고속철도는 고속도로(4차선)나 재래식 복선철도보다 건설비는 2배 정도 비싸지만 단위 건설비·시간당 수송효율이 약 2~3배 뛰어난 교통수단으로 평가되었다.

이후 노선, 경유지, 공사방법 등 다양한 논란 끝에 타당성조사 등을 거쳐 1992년도에 착공하여 12년 만인 2004년 4월 1일에 경부고속철도 1단계 구간(서울~대구)을 개통하였다. 경부고속철도 2단계 구간(대구~부산)은 2002년에 착공하여 2010년에 개통하였으며, 대전·대구 도심구간은 2015년 완공을 목표로 추진 중이다.

(5) 철도산업 구조개혁 추진

철도는 1970년대까지 우리나라 중추 교통수단으로서 핵심적인 역할을 수행하였으나, 경부고속도로 개통(1970년)과 소득수준 상승에 따른 개인 자동차 보유대수의 급격한 증가로 교통부문 수송분담률이 감소하고, 1970년대 중반부터 철도의 적자 경영이 고착화되었다.

정부는 만성적인 철도문제 해결을 위하여 다양한 경영개선과 철도청 자구 노력을 도모하였으나, 여러 한계로 세계은행(IBRD)과 철도차관 도입 협정시 ('80. 5. 21.) 철도청을 철도공사로 전환하는 것을 약속하였고, 1980년부터 철도에 대한 구조개혁에 대하여 꾸준하게 논의하게 되었다.

이후 여러 전문기관의 연구 등을 거쳐 1989년 '한국철도공사법'을 제정·공포(법률 제4192호)하고, 구체적인 시행을 위해 1991년 '한국철도공사법시행령'을 제정·공포(대통령령 제13247호)하였다. 그러나 관련 법 제정에도 불구하고 철도청 및 철도노조의 반대와 정부의 강력한 추진의지 부족 등으로 1995년 한국철도공사법이 폐지되고 철도 구조개혁은 무산되었다.

이후 국영체제 하에서 철도청이 추진한 경영개선 노력에도 불구하고 영업비용이 지속적으로 상승하는 등 철도청의 영업적자가 오히려 증가하여 국영철도체제의 한계에 봉착하였다.

참여정부 들어 인수위 조정('03. 1.), 노조협의 및 대통령 토론회('03. 4.) 등을 거쳐서 철도 구조개혁 방향이 수정되어 시설과 운영을 분리하되 운영은 민영화 대신에 공사화를 추진하는 방향으로 결정되었으며, 2003년 수정입법안(3건)을 마련하여 철도 구조개혁의 법적 근거가 마련되었다.

건설과 운영조직을 분리하고 2004년 1월 1일 한국철도시설공단법에 따라서 철도청 건설분야와 한국고속철도건설공단이 통합되었으며, 2005년 1월 1일 기존 철도청은 운영조직으로 변신하여 공기업인 한국철도공사로 전환 발족되어 철도의 시설과 운영을 상·하 조직으로 하는 부분적인 구조개혁이 완성되었다.

<표 9-2> 연도별 철도건설 개통 현황

- ~1950년대

선별	구간	착공일	준공일	비고
경인선	노량진~인천	1897. 3. 22.	1899. 9. 18.	1900. 7. 8. 전선 개통
경부선	영등포~부산(초량)	1901. 8. 20.	1904. 12. 27.	1905. 1. 1. 개통
경의선	용산~신의주	1902. 3.	1906. 4. 3.	지정열차 운행(1905. 3. 10.)
호남선	대전~목포	1910. 10.	1914. 1. 11.	
경원선	용산~원산	1910. 10.	1914. 8. 16.	1914. 9. 6. 개통
충북선	조치원~충주	1920. 3.	1929. 12. 25.	
금강산선	철원~내금강	1920. 3.	1931. 7. 1.	
장항선	천안~장항	1920. 12. 1.	1931. 8. 1.	
전라선	익산~여수	1929. 4. 18.	1936. 12. 16.	
수인선	수원~인천항		1937. 8. 6.	
동해남부선	부산진~경주	1930. 7. 10.	1937. 12. 1.	
경춘선	성동~춘천	1936.	1939. 7. 25.	1946. 5. 10. 국유화
중앙선	청량리~경주	1936. 12.	1942. 4. 1.	
경의선	서울~신의주	1938.	1943. 5. 15.	복선
경부선	서울~부산	1936.	1945. 3. 1.	복선
가은선	점촌~가은	1953. 1. 18.	1955. 9. 15.	복선
영동선	영주~철암	1949. 4. 8.	1955. 12. 31.	- 구 영암선, 1963. 5. 영동선 통합

- ~1960년대

선별	구간	착공일	준공일	비고
교외선	능곡~의정부	1959. 10. 14.	1963. 8. 20.	최초 명칭 능의선
경인선	영등포~인천	1963. 11. 22.	1965. 9. 18.	복선
고한선	예미~고한	1963. 11. 22.	1966. 1. 19.	현 태백선
경북선	영주~예천	1962. 5. 10.	1966. 10. 10.	1966. 11. 9. 개통
정선선	증산~정선	1962. 5. 10.	1967. 1. 20.	
경전선	진주~광양	1964. 4. 29.	1968. 2. 7.	

- ~1970년대

선별	구간	착공일	준공일	비고
중앙선	청량리~제천	1968. 5. 29.	1973. 6. 20.	전철
고한선	고한~황지	1969. 8. 23.	1973. 10. 16.	현 태백선
태백선	제천~고한	1969. 7. 9.	1974. 6. 20.	전철

영동선	철암~북평	1970. 10. 5.	1975. 12. 5.	전철
호남선	대전~익산	1968. 1. 4.	1977. 12. 31.	1978. 3. 30. 복선 개통

- ~1980년대

선별	구간	착공일	준공일	비고
충북선	조치원~봉양	1975. 10. 20.	1980. 10. 17.	복선
경부선	영등포~수원	1977. 6. 8.	1981. 12. 23.	2복선
호남선	익산~정읍	1981. 2. 4.	1985. 11. 15.	복선
경원선	성북~의정부	1982. 1. 28.	1986. 9. 2.	복선전철
광양제철선	광양~제철소	1985. 7. 1.	1987. 9. 22.	
호남선	정읍~송정리	1982. 3. 25.	1988. 9. 6.	복선
안산선	금정~안산	1986. 2. 28.	1988. 10. 25.	복선전철
중앙선	제천~영주		1988. 12. 23.	전철

- ~1990년대

선별	구간	착공일	준공일	비고
경부선	영등포~구로	1988. 7. 2.	1991. 3. 31.	3복선 개통
경부선	용산~영등포	1988. 7. 2.	1997. 12. 30.	3복선 개통
동해선	덕하~호계	1987. 12. 27.	1992. 8. 20.	철도 이설
울산항선	울산~울산항	1987. 12. 27.	1992. 8. 20.	신설
장생포선	울산~장생포	1987. 12. 27.	1992. 8. 20.	신설
중앙선	금장~황성	1990. 2. 12.	1992. 11. 1.	철도 이설
과천선	금정~인덕원	1989. 12. 29.	1993. 1. 15.	부분개통
과천선	남태령~금정	1989. 12. 29.	1994. 3. 31.	신설
분당선	수서~오리	1990. 3. 24.	1994. 8. 31.	신설
일산선	지축~대화	1990. 12. 31.	1996. 1. 29.	복선전철
중앙선	금교~치악	1992. 8. 22.	1996. 7. 12.	철도 이설
경인선	구로~부평	1991. 11. 23.	1999. 1. 28.	2복선
경부선	물금~구포	1995. 12. 26.	1999. 3. 10.	철도 이설
전라선	신리~동순천	1989. 11. 18.	1999. 5. 17.	전라선 개량 1단계
경전선	유수~다솔사	1994. 11. 2.	1999. 7. 10.	철도 이설

- ~2000년대

선별	구간	착공일	준공일	비고
안산선	안산~오이도	1995. 9. 18.	2000. 7. 27.	신설
경전선	효천~송정리	1995. 12.	2001. 8. 28.	철도 이설

호남선	송정리~임성리	1995. 9. 20.	2001. 12. 17.	복선화
경인선	부평~주안	1996. 9. 12.	2002. 10. 31.	2복선전철
경부선	수원~병점	1996. 9. 6.	2003. 4. 30.	2복선전철
분당선	선릉~수서	1995. 3. 29.	2003. 9. 3.	신설
경의선	문산~군사분계선	2000. 9. 18.	2003. 12. 31.	철도 복구
호남선	일로~대불공단	1997. 9. 5.	2004. 3. 12.	단선 신설
호남선	대전~목포	2001. 7. 31.	2004. 3. 24.	전철화
경부고속선	서울~동대구	1992. 6.	2004. 4. 1.	서울~대구 1단계 신선
호남선	임성리~목포	1999. 5. 20.	2004. 4. 1.	복선화
전라선	임실~금지	1998. 6. 12.	2004. 8. 30.	전라선 개량 2단계
전라선	압록~구례구	1998. 6. 12.	2004. 8. 30.	전라선 개량 2단계
충북선	조치원~봉양	1999. 6. 14.	2004. 12. 31.	전철화
경부선	천안~조치원	2000. 6. 1.	2004. 12. 31.	전철화
경부선	병점~천안	1996. 9. 6.	2005. 1. 20.	2복선전철
호남선	안평~화물기지	2002. 11. 25.	2005. 6. 15.	내륙화물기지 신설
경부선	조치원~대전	2002. 2.	2005. 9. 5.	전철화
영동선	동해~강릉	2002. 5.	2005. 9. 8.	전철화
대구선	동대구~청천	1987. 8. 27.	2005. 11. 1.	철도 이설
동해선	저진~군사분계선	2002. 9. 18.	2005. 12. 12.	철도 복구
경인선	주안~동인천	1996. 9. 12.	2005. 12. 21.	2복선전철
중앙선	청량리~덕소	1998. 12. 28.	2005. 12. 16.	복선전철
경부선	대전~대구	2002. 7.	2006. 12. 8.	전철화
경원선	의정부~소요산	1997. 10. 8.	2006. 12. 15.	복선전철/동안~소요산 단선
	철도교통관제센터		2006. 12. 21.	
인천공항철도	김포공항~인천공항	2001. 4. 30.	2007. 3. 23.	복선전철(BTO사업)
장항선	천안~온양온천	2000. 5. 15.	2007. 3. 30.	단선 비전철
장항선	신창~신례원, 장항~군산	2000. 5. 15.	2007. 12. 21.	단선 비전철
장항선	주포~남포	2000. 5. 15.	2007. 12. 21.	단선 비전철
분당선	오리~죽전	2002. 9. 16.	2007. 12. 24.	복선전철
대구선	K2-인입선	1999. 8. 27.	2007. 12. 27.	개통
중앙선	덕소~팔당	2001. 5. 17.	2007. 12. 27.	복선전철
장항선	천안~온양온천	2000. 5. 4.	2008. 12. 15.	복선전철
장항선	온양온천~신창	2001. 11. 15.	2008. 12. 15.	복선전철
장항선	신례원~신성, 간치~서천	2001. 11. 17.	2008. 12. 15.	단선 비전철
중앙선	팔당~국수	2001. 5. 17.	2008. 12. 29.	복선전철

경의선	성산~문산	1999. 11. 26.	2009. 7. 1.	복선전철
중앙선	국수~용문	2001. 5. 17.	2009. 12. 23.	복선전철
전라선	여수역 신설	2007. 12. 10.	2009. 12. 23.	역사 이전(준공 10. 7. 31.)
경부선	중부권화물기지	2006. 11. 6.	2009. 12. 31.	내륙화물기지 신설
경부선	영남권화물기지	2006. 12. 5.	2009. 12. 31.	내륙화물기지 신설
중앙선	제천~도담	2002. 9. 10.	2009. 12. 29.	단선전철
경부선	당정역 신설	2008. 5. 8.	2010. 1. 21.	신설
경부선	서동탄역 신설	2008. 8. 4.	2010. 2. 26.	신설
경부고속선	동대구~부산	2002. 7. 8.	2010. 11. 1.	대구~부산 2단계 신설
부산신항선	진례~부산신항	2003. 12. 8.	2010. 12. 13.	복선 비전철
경전선	삼랑진~마산	2003. 12. 8.	2010. 12. 15.	복선전철
경춘선	상봉~춘천	1999. 12. 29.	2010. 12. 21.	
중앙선	오빈역사 신설	2009. 2.	2010. 12. 21.	신설
인천공항철도	김포공항~서울역	2004. 1. 1.	2010. 12. 29.	복선전철(BTO사업)
중앙선	제천~도담	2002. 9. 10.	2011. 3. 31.	복선전철
전라선	익산~신리	2007. 7. 31.	2011. 10. 5.	복선전철(BTL사업)
전라선	신리~순천	2005. 5. 12.	2011. 10. 5.	복선전철
전라선	순천~여수	2003. 11. 20.	2011. 10. 5.	복선전철
신분당선	강남~정자	2005. 7. 21.	2011. 10. 28.	복선전철(BTO사업)
부산신항선	진례~부산신항	2003. 12. 8.	2011. 11. 1.	복선전철
경전선	동순천~광양	2004. 7. 7.	2011. 11. 21.	복선 비전철
분당선	죽전~기흥	2004. 10. 13.	2011. 12. 28.	복선전철
전라선	동순천~광양	2004. 7. 7.	2012. 6. 21.	전철화
영동선	동백산~도계	1999. 12. 20.	2012. 6. 27.	단선전철
수인선	오이도~송도	2004. 12. 29.	2012. 6. 29.	복선전철
중앙선	용문~서원주	2002. 4. 3.	2012. 9. 25.	복선전철
분당선	왕십리~선릉	2003. 6. 20.	2012. 10. 6.	복선전철
경원선	신탄리~철원	2007. 12. 31.	2012. 11. 20.	철도 복구
분당선	기흥~망포	2004. 12. 31.	2012. 12. 1.	복선전철
경전선	마산~진주	2003. 12. 23.	2012. 12. 5.	복선전철
경의선	공덕~DMC	2000. 12. 21.	2012. 12. 14.	복선전철
중앙선	문수~마사	2011. 8. 5.	2013. 3. 28.	단선 이설
망우선	상봉~광운대	2012. 6. 18.	2013. 9. 30.	단선전철 개량
태백선	제천~입석리	2004. 11. 24.	2013. 11. 14.	복선전철
분당선	망포~수원	2005. 4. 8.	2013. 11. 30.	복선전철
경춘선	천마산역 신설	2012. 3. 27.	2013. 11. 30.	신설
경춘선	신내역 신설	2011. 10. 26.	2013. 12. 28.	신설

2. 철도건설 관련 법령 변천과정

철도법은 일제강점기의 '경편철도법(조선총독부법률 제18호, 1916. 3. 6. 시행)'이라는 법을 폐지하고 만들어진 근대의 철도 관련 법령이다. 이후에 철도 건설 관련 법령은, 철도법에서 고속·일반·광역철도는 국유철도건설촉진법, 공공철도건설촉진법, 고속철도건설촉진법 그리고 철도건설법으로 발전하였고, 도시철도는 지하철도건설촉진법, 지하철도의 건설 및 운영에 관한 법률에서 현재의 도시철도법으로 변천하였다.

철도건설 법령 중 고속 및 일반철도 관련 법령의 주요 변천사항을 짚어보면 다음과 같다.

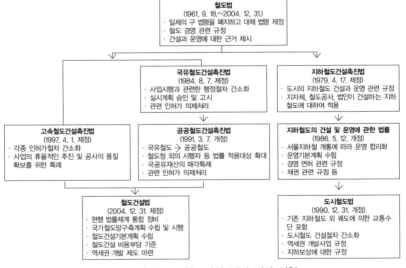

<그림 9-1> 철도건설 관련 법령 연혁

(1) 철도법(법률 제714호, 1961. 9. 18. 제정, 1962. 1. 1. 시행)

철도법 제1조에는 "본 법은 철도를 원활히 운영하여 공공의 복리를 증진함을 목적으로 한다."라고 철도법의 목적을 명시하고 있다. 이 법을 통하여 철로 이루어진 궤도 위에 차량을 운전하여 여객과 화물을 운송하는 설비라고 철도를 정의하고 있다.

철도법의 주요 항목은 제1장 총칙, 제2장 여객운송, 제3장 화물운송, 제4장 철도경영자의 책임, 제5장 철도보호, 제6장 벌칙으로 구성되어 있다. 주요 항목에서 알 수 있듯이 이 법은 철도에 대한 기본적인 정의와 여객 및 화물에 대한 운송과 철도운영자의 책임을 중심으로 기술되어 있음을 알 수 있다.

(2) 국유철도건설촉진법(법률 제3749호, 1984. 8. 7. 제정, 1984. 8. 7. 시행)

이 법은 국유철도의 건설·개량사업의 시행에 필요한 행정절차를 간소화하여 국유철도를 효율적으로 건설·개량할 수 있게 함으로써 철도 교통망의 확충과 공공복리의 증진에 이바지함을 목적으로 제정되었다. 이 법에는 철도사업 시행과 관련된 행정절차 간소화를 위한 조항 등을 명시하여 철도건설 절차의 효율화를 도모하였다.

주요 내용으로는 아래와 같은 조항이 기술되어 있다.
- 실시계획 승인 고시 규정
- 토지수용법의 규정에 의한 사업인정 의제처리
- 관계 법률에 의한 각종 인허가 의제처리

- 도로의 설치와 관련된 재산의 처리에 관한 사항 규정
- 공공용지의 취득 및 손실보상에 관한 특례법의 적용

(3) 공공철도건설촉진법(법률 제4357호, 1991. 3. 8. 일부개정, 1991. 3. 8. 시행)

이 법은 공공철도의 건설·개량사업의 시행에 필요한 행정절차를 간소화하여 공공철도를 효율적으로 건설·개량할 수 있게 함으로써 철도 교통망의 확충과 공공복리의 증진에 이바지함을 목적으로 제정되었다. 여기서는 보다 광의의 철도법에서 정의하는 철도 중 공공철도의 건설, 기존 공공철도의 전철화, 선로개량, 정거장 확장 등을 위하여 제정된 촉진법이다.

한국철도공사법(1989. 12. 30, 법률 제4192호)의 제정과 관련하여 국유철도를 공공철도로 전환, 사업의 효율적인 시행을 위하여 필요한 사항을 규정하였다. 주요 법령 내용으로는 아래와 같은 조항이 기술되어 있다.

- 법률의 제명을 공공철도건설촉진법으로 변경
- 공공철도의 정의 규정 신설
- 철도청 외의 자도 공공철도의 건설·개량사업을 시행할 수 있도록 함.
- 국·공유재산의 매각특례 규정
- 실시계획의 승인 고시한 때 관련 인허가 의제처리

(4) 고속철도건설촉진법(법률 제5250호, 1996. 12. 31. 제정, 1997. 4. 1. 시행)

이 법은 고속철도의 신속한 건설에 필요한 사항을 규정함으로써 고속철

도 건설사업을 효율적으로 추진하여 급증하는 교통수요에 대비하고 나아가 국민경제의 발전에 이바지함을 목적으로 명시하고 있다. 이 법은 고속철도라는 개념을 다음과 같이 정의하고 있다. 고속철도는 열차가 주요 구간을 시속 200킬로미터 이상으로 주행하는 철도로서 건설교통부장관이 그 노선을 지정·고시하는 철도이다.

이 법의 주요 내용은 고속철도 건설사업을 촉진하기 위하여 고속철도건설사업의 시행에 따른 각종 인·허가절차를 간소화하고, 사업의 효율적인 추진 및 공사의 품질 확보를 위한 특례 등을 지정하고 있다. 주요 법령 내용으로는 아래와 같은 조항이 기술되어 고속철도 건설을 시행하는 절차에 대한 의제처리 사항 등을 포함하고 있다.

- 고속철도건설에 관한 추진위원회 심의
- 관계 법률에 의한 인허가 의제처리
- 고속철도건설심의위원회 지정
- 특수기술 또는 특수장치를 사용한 경우 소방·방화·방재 등에 대한 별도 기준 적용

(5) 철도건설법(법률 제7304호, 2004. 12. 31. 제정, 2005. 7. 1. 시행)

철도건설법의 목적은 제1조와 다음과 같이 명시하고 있다. "이 법은 철도망의 신속한 확충과 역세권 개발사업의 활성화를 위하여 철도망구축계획의 수립, 철도건설, 역세권 개발에 관한 사항을 규정함으로써 철도교통망의 효율적인 확충과 공공복리의 발전에 이바지함을 목적으로 한다." 기존의 철도 관련 법과의 가장 큰 차이점은 전용철도, 공공철도, 국유철도 등 개별 철도에 대한 내용 외에 철도망이라는 네트워크에 대한 개념을 최초로 제시하

였다.

제2조 정의의 5항에서 철도망의 정의는 "철도시설이 서로 유기적인 기능을 발휘할 수 있도록 체계적으로 구성한 철도교통망을 말한다."라고 언급하고 있다. 개별 철도사업을 중심으로 접근하던 기존의 법체계와 달리 국가 전체를 고려한 철도망에 대한 법 조항을 구체화하여 중·장기적인 목표를 가진 국가철도망 구축이 가능하게 되었다.

국가철도망이라는 개념과 이를 구체화하기 위한 법적 근거를 '제4조 국가 철도망구축계획의 수립 및 변경'이라는 조항으로 명문화하였다. 이에 근거하여 최초의 국가철도망 구축계획이 2006년 3월에 최초 고시되었다.

이 법은 고속철도와 일반철도 건설을 담당하는 한국철도시설공단의 발족('04. 1.)에 따라 철도건설사업의 효율적인 추진기반을 조성하기 위하여 제정되었으며, 주요 항목은 다음과 같다.

- 국가철도망구축계획 수립 시행
- 고속철도건설촉진법과 공공철도건설촉진법을 통·폐합하여 철도건설 절차 단일화
- 사업별 철도건설기본계획을 수립
- 철도건설의 비용부담 기준 명시
- 역세권 개발구역의 지정제도 마련

3. 분야별 주요 건설기술 변천

현행 철도건설법 제19조에 따라 철도의 건설 기준에 관하여 필요한 사항

<표 9-3> 철도건설규칙 변천 현황

구분	선로등급 설계속도 (km/h)	곡선반경 한도 (m)	종단구배 (‰)	선로 부담력	레일중량 (kg)	캔트 한도 (mm)	비고
조선국유철 도건설규정 조선총독부 령(1927. 10.)	갑, 을, 병	갑 : 400 을 : 300 병 : 200	갑 : 10 을 : 15 병 : 25	표준활하중 (부도)	갑 : 50 을 : 37 병 : 30	×	
(1942. 1.)	1급선 : 130 2급선 : 100 3급선 : 80 4급선 : 70	1급선 : 600 2급선 : 400 3급선 : 300 4급선 : 250	1급선 : 8 2급선 : 12.5 3급선 : 15 4급선 : 25	1급선 : L-22 2급선 : L-20 3급선 : L-18 4급선 : L-16	1급선 : 60 2급선 : 50 3급선 : 37 4급선 : 37	×	
국유철도 건설규정 대통령령 (1961. 11.)	상동	상동	상동	1급선 : L-22 2급선 : L-22 3급선 : L-18 4급선 : L-18	상동	160	철도법 제3조
(1962. 12.)	1급선 : 150 2급선 : 120 3급선 : 80 4급선 : 70	상동	상동	상동	상동	상동	
국유철도 건설규칙 교통부령 (1977. 2.)	1급선 : 150 2급선 : 120 3급선 : 90 4급선 : 70	상동	상동	1급선 : L-22 2급선 : L-22 3급선 : L-18 4급선 : L-18 전동차 : L-18	상동	상동	철도법 제3조
건교부령 (2000. 8.)	1급선 : 200 2급선 : 150 3급선 : 120 4급선 : 70	1급선 : 2000 2급선 : 1200 3급선 : 800 4급선 : 400	1급선 : 10 2급선 : 12.5 3급선 : 15 4급선 : 25	일반철도 : L-22 전동차 : EL-18	1급선 : 60 2급선 : 60 3급선 : 50 4급선 : 50	상동	
철도건설 규칙 건교부령 (2005. 7.)	고속선 : 350 1급선 : 200 2급선 : 150 3급선 : 120 4급선 : 70	고속선 : 5000 1급선 : 2000 2급선 : 1200 3급선 : 800 4급선 : 400	고속선 : 25 1급선 : 10 2급선 : 12.5 3급선 : 15 4급선 : 25	고속선 : HL-25 일반철도 : L-22 전동차 : EL-18	고속선 : 60 1급선 : 60 2급선 : 60 3급선 : 50 4급선 : 50	고속 180 일반 160	철도 건설법 제19조
철도건설 규칙 국토해양부령 (2009. 9.)	등급 삭제	설계속도를 고려하여 설정	설계속도 대 역별로 설정	고속선 : HL-25 일반철도 : LS-22 전동차 : EL-18	설계속도 대역별로 설정	도상 형식별 구분	상동

을 철도건설규칙으로 정하고 있다. 철도건설규칙은 철도건설법 제19조(철도의 건설 기준) "철도건설사업은 국토교통부령으로 정하는 기준에 맞게 시행하여야 한다."는 조항에 따라 이에 필요한 사항을 정하는 것으로서, 철도기술의 발달과 고속화 등에 따라 기존의 '국유철도건설규칙'(교통부령 제522호, 1977. 2. 15.)을 기반으로 제정된 '철도건설규칙'(건설교통부령 제453호, 2005. 7. 6.)이 전면 개정되었다.

기존 철도건설규칙은 고속선 및 1~4급선의 등급체계를 기반으로 곡선반경·종단구배 등 각종 설계 기준에 관한 구체적인 수치를 규정한 바 있으나, 개정된 철도건설규칙은 철도의 건설에 관한 원칙적인 사항을 위주로 기술하고 구체적인 기술적 항목에 대하여는 '철도의 건설 기준에 관한 규정'을 신설하여 별도로 정하였다.

철도건설의 가장 큰 변화는 〈표 9-3〉의 철도건설규칙 변천 현황을 보면 알 수 있다.

(1) 노반분야

1) 토공

토공기술은 1945년~1960년대에는 건설의 경제성을 최우선으로 하여 설계·시공되었다. 이에 따라 노선 중 구조물(교량, 터널)보다 건설비가 상대적으로 저렴한 토공 시설계획을 선호하였다. 따라서 과거 철도노선(경부선, 호남선 등)의 토공 구간이 차지하는 비율이 구조물 쪽보다 많은 것도 이와 같은 이유이다. 또한 경제적인 건설을 위해서 토량의 유토곡선을 그려서 종단의 구배와 평면의 선형을 조정하면서 깎기와 쌓기 수량의 균형을 조정하였다. 근래 들어서는 도로와의 입체화, 도시계획 구간 내의 고가화 또는 지하화, 고속화 철도를 위한 선형 제약으로 교량과 터널이 늘어나고 있어 상대적으로 토공 구간이 줄어들고 있는 실정이다

현재의 노반 폭은 열차의 속도 향상과 전철화 사업을 위한 전차선주의 설치, 선로의 성능 향상을 위하여 1970년대 이전보다 넓어졌다. 또한 흙깎기나 흙쌓기 비탈면의 기울기도 경제성을 우선으로 설계했던 지난날과는 달리 현재는 안전성이나 유지보수 측면을 고려하여 비탈면의 기울기를 안전하게 완화시키고 있는 실정이다.

1950~60년대 건설한 정선선, 경전선 등은 노반 폭을 5.4m로 시공했고, 그 후에는 대부분 6.0m로 건설했다. 노반 폭 5.4m는 계산상으로는 궤도 부설 후 양쪽으로 0.58m의 폭이 남아 도상 유지에는 문제가 없는 것으로 보였다. 그러나 실제로는 도상 자갈의 퍼짐과 노견의 유실과 침하 등으로 노반 폭이 줄어들어 계산상의 폭이 유지되지 못했다.

<표 9-4> 과거 선로 등급별 노반 폭

선로등급	궤도중심간격(m)	시공기면 폭(m)	복선 노반 폭(m)	단선 노반 폭(m)
1급선	4.3 이상	4.0	12.3 이상	8.0
2급선	4.0 이상	4.0	12.0 이상	8.0
3급선	4.0 이상	3.5	11.0 이상	7.0
4급선	4.0 이상	3.0	10.0 이상	6.0

따라서 1990년대에는 정규도나 국유철도건설규칙에는 5.4m로 명시되어 있으나, 실제는 6.0m 이상으로 시행되었다. 그러다가 근래에 와서는 철도의 전철화에 따라 전차선주의 건식과 각종 케이블 덕트의 설치 등으로 노반 폭을 더 확대할 필요가 있게 되었다. 이에 따라 3급선이나 2급선 모두 단선은 8.0m로 복선은 12.0m로 시행하게 되었다. 노반 폭의 확대는 바로 투자비의

증가를 가져왔으며, 노반 폭을 5.4m에서 8.0m까지 확대하는 큰 변화를 가져왔다.

고속철도는 속도 시속 350km/h로 설계되었으므로 고속운행에 따른 풍력, 안전 등을 감안해 노반 폭을 단선은 9.0m로 일반철도보다 1.0m 확대했고, 궤도중심간격도 5.0m로 해서 일반철도보다 1.0m 확대해 복선의 노반 폭을 14.0m로 시행하였으나, 최근 SOC 예산 제약 상황에서 경제적 설계를 위하여 현재 시공 중인 수도권고속철도(수서~평택)는 궤도중심간격은 4.5m, 복선의 노반폭은 13.0m로 최적화하여 시공 중이다.

2) 교량

① 건설재료에 따른 변화

주로 교량재료를 중심으로 교량 형식과 적용 경간에 대해 철도 창설 당시부터 현재까지의 변천과정을 개괄적으로 살펴보면 다음과 같다.

ㄱ. 석축 아치교

석축 아치교는 경간 5.0m 미만의 구교(Culvert)와 함께 반원형 5.0~7.5m의 경간으로 한국 철도 초창기부터 상당한 개소에 축조되었다. 그 내구성은 우수하나 교각 가공에 시간과 노력이 많이 소요되어 1945년 8·15 광복 후에는 거의 채택되지 않았다. 아치교는 작용하중에 의해 부재에서는 압축력만이 작용하도록 하는 교량형식이다. 터널의 라이닝단면과 같이 벽돌 또는 석축을 통하여 내공단면을 구성하여 철도의 좌우측을 연결하는 통로를 확보함이 그 주요 목적이다.

ㄴ. 콘크리트교(무근 콘크리트 아치교)

경간 5.0~7.5m의 무근 콘크리트아치교는 경간 5.0m 미만의 구교와 함께 단경간, 2경간 연속, 3경간 연속의 형식으로 한국 철도 초창기부터 1945년

8·15 광복 후 1960년대 중반까지도 채택되었으나, 그 이후에는 무근 콘크리트 아치교는 시공되지 않고 있다.

ㄷ. 철근콘크리트교(슬래브교)

한국 철도 초창기부터 경간 5.0~6.0m의 단순 철근콘크리트 슬래브교가 주로 사용되었으나 1980년 철도청 정규도 및 표준도의 개정에서는 단순 경간 5.0~10.0m 및 3경간 연속 3@6.0m, 3@8.0m, 3@10.0m의 철근콘크리트 슬래브 철도교를 제정하여 사용했다.

한편 1992년 고속철도건설공단에서 제정한 고속철도 상부구조 표준도에서는 단순 경간 6.0~12.0m의 철근콘크리트 슬래브교를 제정하여 사용했다.

ㄹ. T형단면 철근콘크리트교

한국 철도 초창기에는 경간 6.0~12.0m의 단순 T형단면 철근콘크리트교가 1960년대까지 계속 사용되어 왔다. 그러다 1968년의 정규도 및 표준도의 개정에서는 경간 6.0~18.0m의 단순 T형 단면 철근콘크리트교를 제정하여 사용했다. 인장측 콘크리트, 즉 거더의 하단부의 콘크리트는 인장력에 저항하지 못하므로, 하중에 저항하는 철근을 제외한 콘크리트의 단면을 제거하여 자중을 감소시킬 수 있는 장점이 있다.

1980년의 정규도 및 표준도에서는 경간 9.0~18.0m로 점차 장경간화의 경향을 보이고 있음을 알 수 있다. 이는 콘크리트의 설계 기준강도 및 허용응력의 수준상승에 기인한 것이다. 그러나 1960년대 초에 PSC합성형교의 보급으로 점차 가설 공기 단축 및 시공의 용이성 때문에 PSC합성형으로 대체되어 1980년대 이후에는 이 교량의 가설이 급격히 감소, 현재는 좀처럼 보기 힘든 실정이다.

ㅁ. 철근콘크리트 라멘교

철근콘크리트 라멘교는 지상에는 연속하여 4@6.0(24)m, 4.5@56.0(27) m, 4@8.0(32)m, 4.5@8.0(36)m 등이, 지하에는 단경간 5.0m, 6.0m, 8.0m, 2경간 연속 2@6.0(12)~2@12.0(24)m 등이 주로 사용되었다. 특히 최근에 는 철도의 고가화로 철근콘크리트 라멘교가 많이 건설되고 있는 실정이다.

ㅂ. PSC 형교

1980년대 중반부터 일반철도교에 채택되기 시작해 주로 연속교로 설계되 어 시공되고 있으며, 특히 1990년부터 시작된 경부고속철도의 설계에 2경간 연속 2@40.0m, 3경간 연속 3@40.0m를 주 교량으로 채택하였다.

ㅅ. 강교(강형교)

1970년대 초기부터 상자단면 강합성교가 가설되기 시작하여 최근에는 강 형교의 대표적인 존재가 되었다. 단선의 경우에는 1실 상자단면, 복선의 경우 에는 2실 상자 단면 또는 1실 상자단면 병렬 등으로 사용되고 있다. 경간은 20.0~35.0m 정도가 일반적이다.

ㅇ. 강트러스교

장경간에 적용되는 교량형식으로 차량의 하중이 세로보와 가로보를 통하 여 트러스의 격점에 전달되는 하중경로를 갖고 있다. 트러스 부재에는 압축 력과 인장력만이 작용하는 구조적인 특징이 있다. 한강철교, 금강철교, 낙동 강교량 등 주요 대형교량에서 적용되었다.

② 기초방식에 따른 변화

한국 철도 창설 초기에는 소 교량의 교대, 교각, 옹벽 등의 기초에 나무말 뚝을 많이 사용해 왔지만 1945년 8·15 광복 후에는 점차 사용하지 않게 되 었다.

이후 1960년대 경제개발계획의 추진에 따른 시멘트 생산이 활발해짐에 따 라 원심력 철근콘크리트 말뚝이 거의 모든 구조물의 기초에 사용되었다. 원심력 철근콘크리트 말뚝은 공장제작으로 생산되었기 때문에 상당수준의 품질의 신뢰성 확보가 가능하였다. 원심력 철근콘크리트 말뚝은 교각 그 자체로도 사용된 적이 있었으나 열차 통과시 상당히 큰 진동이 수반되는 단점이 발견된 이후는 교각용으로 사용하지 않게 되었다.

프리스트레스트 콘크리트의 이론을 적용한 PSC말뚝(Prestressed Concrete Pile)의 경우, 1960년대 후반부터 원심력 철근콘크리트 말뚝 이후에 일부 사용되었으며, 현재는 원심력 철근콘크리트만큼은 많이 사용되지 않고 있다.

1970년대 중반부터 철강재의 국산화에 힘입어 강관 말뚝 기초도 RC말뚝에 버금가게 사용되기 시작했다. 이 같은 활용은 지지지반이 깊은 경우의 깊은 기초에 사용할 때 그 용접 이음이 용이하고 품질이 보증된다는 장점을 갖고 있기 때문이었다.

한국 철도 초창기에는 확대 기초(footing)에 석조기초가 상당히 축조되었다. 석조기초는 내구성에 있어서는 우수하나 가공에 시간과 노력이 소요되는 단점이 있다. 따라서 1945년 8·15 광복 후에는 채택되지 않고 있다.

우물통기초(Open Caisson)는 한국 철도 초창기부터 현재까지 수중의 깊은 기초에 널리 채택되고 있다. 공기압 우물통(Pneumatic Caisson)은 특히 수심이 깊은 경우에 채택되는 우물통 기초이나, 이 공법에는 공기 압축기, 송기 설비, 전력 설비 등이 필요하고 구조 자체도 밀폐로 하는 등 상당히 복잡하고 작업자의 잠함병(Caisson Disease)의 염려도 있다. 경인선의 한강 B선 및 A선 철도교(1900년, 1911년), 경부선의 한강 C선 철도교(1941년), 압록강 철도교, 중앙선의 북한강 철도교(1939년) 등 주로 8·15 광복 전의 장대 강 트러스교의 일부 개소에 적용된 실례가 있을 뿐, 이 공법은 광복 후에 건설되는 철도교 기초에는 채택되지 않았다.

3) 터널

처음으로 한국인 기술진이 계획, 설계하여 건설한 공사가 태백산 지역 험준한 산악지대의 난공사인 산악철도였으므로 이때부터 철도터널기술을 우리나라 기술로 축적하기 시작하였다. 정부수립 후 우리 기술자들이 최초로 설계, 시공한 철도터널은 1949. 3.~1952. 12. 25.에 완공한 영월선(현재 태백선) 쌍용~입석리 간의 입석터널(405m)이다.

① 1960~1970년대 철도터널

1981년(제4차 기간) 경제개발계획에 따라 국민생활의 기본연료인 무연탄을 개발, 수송키 위해 황지선 통리~심포리 간 8.5km, 황지지선 백산~황지 간 9.0km, 정선선 예미~정선 간 41.6km 등의 철도와 서울지하철 1호선을 계기로 수도권전철 경부선 서울~수원 간 41.5km 복선전철화, 경인선 서울~인천 간 38.9km 복선전철화, 경의선 서울~수색 간 8.2km 복선전철화 등이 건설되면서 이때부터 철도건설은 전철화를 고려한 철도시설을 설계·시공하게 되었다.

터널단면크기 및 형식은, 전철화를 고려하여야 하므로 정선선, 정선지선, 고한선은 그림과 같이 처음으로 제2종 마제형으로 설계하여 시공하였다. 제4종형 마제형으로 시공한 황지선, 황지지선, 영암선, 영월선, 중앙선 등 기존 제4종형 마제형 터널내공단면 높이가 부족하여 특수한 방법으로 전철화를 하였으며, 철도기술 향상에 기여하였다.

1962. 5.~1966. 1. 정선선 증산~고한 간 16.7km 철도건설공사에서 6개소 1,120m의 터널 중 소산제2터널(379m)과 도사제1터널(265m) 등 2개 터널을 점보드릴로 철도터널에서 최초로 반단면 공법을 시험 시공하여 종래 공법을 개선하고자 계획하였다. 그러나 소산제2터널은 지반이 애추지대로 불

량하여 점보드릴로 반단면 공법을 하지 못하고, 도사제2터널을 최초로 점보드릴 반단면 굴착공법인 신공법으로 시공하였다.

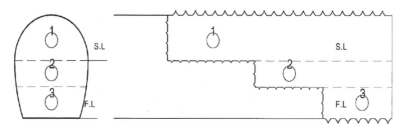

<그림 9-2> 철도터널 최초의 점보드릴 반단면 굴착공법

② 제어발파(Smooth Blasting) 시험시공

1979. 5.~1984. 7. 건설한 서울남부화물기지의 인상선 오봉터널(복선 750m)을 시공할 때 우리나라에 NATM공법이 처음으로 소개되었다. 1981. 5. 10.~5. 17.(7일간) 프랑스 니스에서 열린 국제터널협회(ITA) 제7차 총회에 우리나라가 처음으로 가입하였으며, 이때부터 터널공사는 NATM으로 해야 한다는 인식이 확산되었고, 프랑스, 스웨덴, 오스트리아, 노르웨이, 독일 등 유럽 터널공사 현장견학 등 NATM 기술습득에 열중하던 시기였다.

이 당시 우리나라의 터널 기술수준과 터널 굴착장비의 수준으로는 NATM 도입에 선행되어야 할 조건들이 있었다. 첫째, 터널발파 후 암반면의 요철이 적고 여굴이 적은 제어발파기술이 없었고, 둘째, 제어발파에 사용하는 폭약의 국산화가 초기 단계였고, 셋째, 제어발파 및 NATM은 굴착장비, 즉 착암기의 성능이 자동조정 장치가 된 유압점보드릴을 확보해야 하고, 넷째, 숏크리트 혼화재 및 장비·기능공을 확보해야 하고, 다섯째, 락볼트·계측 장비 등이 문제였으며, NATM 성공여부는 제어발파의 성공이 선행되어야 하므로 철도터널에서 처음으로 제어발파를 시험 시공하게 되었다.

③ NATM 공법 설계 및 시공

1986. 2.~1988. 10. 안산선 금정~안산 간 20km 복선전철 건설공사에서 철도터널을 처음으로 NATM으로 설계하여 시공하였다.

안산선의 터널은 4개소 2,084.5m(최장 1,072.5m)로서 터널단면 크기 및 형식은 복선터널마제형이고, 터널별 지반조사를 하여 지반조건에 따라 NATM으로 설계하고 라이닝콘크리트의 두께와 모양은 숏크리트인 지보패턴에 따라 40~45cm로 하였다. 지보패턴은 I, II, III으로 구분하여 시공하였다.

터널굴착장비는 간이점보드릴, 공기압축기 600cfm, 버럭적재 쇼벨로다, 버럭운반 8ton 덤프트럭, 숏크리트 장비는 Aliva Concrete Spraying Machine으로 하고 라이닝콘크리트는 전단면 철재거푸집, 콘크리트는 레미콘회사에서 레미콘운반차로 현장에 반입, 콘크리트펌프로 타설하였다.

안산선 복선전철건설 이후부터 최근까지는 과천선, 일산선, 분당선 등 지하철의 터널과 전라선, 호남복선 송정리~목포 간, 장항선 개량, 경춘선 복선전철화, 중앙선 청량리~원주 간 복선전철화, 경의선 용산~문산 간 복선전철화, 영동선 동백산~도계 간 철도개량 등 터널은 모두 NATM으로 설계·시공 중에 있다. 철도터널은 상반단면 선진공법을 기준하여 터널암반조건에 따라 벤치컷 또는 전단면 공법으로 전환하여 굴착하고 있다.

④ 실드터널(Shield tunnel)

지반 내에 실드(Shield)라고 칭하는 강제 원통형의 외곽을 가진 굴진기를 추진시켜 터널을 구축하는 공법을 실드공법(Shield method)이라 한다. 실드 공법은 19세기 초에 영국의 하저 터널 건설에서 개발되어 왕년에는 하저·해저에서의 특수공법으로 적용되었다.

시공법은 실드를 유압잭의 추진력으로 지중으로 추진시키며, 실드의 전단에 있는 커터날의 회전력으로 굴착하여 버럭을 후방으로 보낸다. 즉, 보통의 공법에서는 굴착 절삭날개의 토류가 곤란함에 비하여 실드공법은 일반적으로 절삭날개의 토류 기구를 설치하여 용이하게 행한다. 더욱이 잭 추진력의 반력은 후부의 복공 세그먼트로 부담시킨다. 실드 후부에는 실드 안쪽에서 강제 또는 철근콘크리트의 세그먼트를 조립하여 복공을 한다.

잇따라 실드를 추진시키면 실드판의 두께와 같은 공극이 복공과 원지반 사이에 생기지만, 되도록 신속하게 이 공극에 시멘트 밀크를 충전한다.

이 실드공법은 일반적으로 지반이 연약한 도시부의 터널을 굴착하는 공법으로 발달하였으며, 실드 굴착기의 종료는 전면의 흙무더기가 노출되어 있는 개방형 실드와 전면이 회전식의 커터 헤드로 폐쇄되어 있는 밀폐형으로 구분된다.

(2) 궤도분야

궤도의 구조는 깬 자갈(Crushed stone), 친 자갈(gravel) 등(이 부분을 도상이라 한다)을 깔아 침목을 부설하고 그 위에 2줄의 레일을 일정한 간격으로 평행하게 체결한 것이 일반적이다. 차량의 안전한 주행과 우수한 승차감(riding quality)의 기능을 확보하면서 경제성이 높고 보수가 용이한 것이 조건으로 된다. 최근에는 궤도 유지보수의 저감과 고속화를 목적으로 콘크리트궤도의 적용이 늘어나고 있다.

1) 자갈궤도

도상에는 친 자갈(과거에 사용), 깬 자갈(현재 주로 사용) 등의 자갈이 지탱을 하고 도상자갈은 열차로부터 레일, 침목을 거쳐 전달된 하중을 널리

분산시켜 노반으로 전하며 차량의 진동, 온도로 인한 레일의 신축에 따른 침목의 이동을 방지하고 빗물의 배수 등을 용이하게 한다.

자갈궤도는 건설비가 비교적 낮으며, 궤도틀림의 정정이 콘크리트궤도 대비 상대적으로 용이한 점 등에서 합리적이고 경제성이 뛰어나므로 예전부터 궤도 방식으로 널리 적용되었다.

열차의 주행에 따라 궤도틀림(레일의 수평이나 좌우 등의 변화)은 중량 레일, 장대레일, PC침목, 깬 자갈 등의 채용에 따라 감소하고 있다. 궤도틀림의 보수와 자갈치기에는 많은 인력이 요구되고 증가되는 열차운행횟수로 작업시간을 확보하기가 점점 어려워짐에 따라 작업성이 좋지 않은 터널 구간에서는 콘크리트궤도 적용이 늘고 있다.

2) 콘크리트궤도

일반적으로 지하철이나 장대터널 등의 유지보수와 배수가 곤란한 선로에서는 콘크리트 도상에 직접 궤도를 설치하는 구조가 사용된다. 콘크리트 도상은 탄성이 부족하고 레일 이음매의 손상이 있지만, 그 후에 탄성 체결장치의 개발, 레일의 장대화에 따라 이 문제가 해소되어 궤도틀림이 적고 보수가 거의 불필요한 것이 최대의 이점이며, 최근 지하철 및 고속철도에서는 주요 궤도시스템으로 적용되고 있다.

콘크리트 도상은 일반적으로 고가교, 터널 등의 콘크리트 구조물에 이용된다. 건설비가 자갈도상의 약 5배의 고가이고, 또한 기존선의 개량은 수십일간의 안전 유지를 필요로 하기 때문에 일반 선로에서 채용은 어려움이 있다.

자갈궤도는 열차운행에 따른 궤도틀림이 생기므로 보수 작업이 필요하지만, 근래에는 노동력 부족, 환경문제 등으로 보선작업 수행에 많은 제약을 초래하고 있다. 따라서 자갈 다지기 등의 작업을 감소시킬 목적으로 콘크리트궤도를 부설하는 경향이 많아졌다.

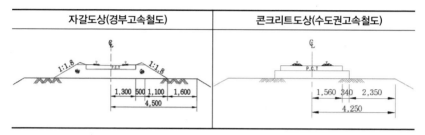

자갈도상(경부고속철도)	콘크리트도상(수도권고속철도)

<그림 9-3> 도상형식별 도상 단면도

(3) 건축분야

철도역사의 기능은 일차적으로 여객을 안전하게 수송하는 것이다. 이러한 기본적인 기능은 초기의 역사에서부터 현재 시공 중인 모든 역사에도 최우선적으로 고려되어야 하는 사항이다.

일제강점기에는 대부분이 목구조 형식으로 건설되었고, 몇몇 중요한 도시의 역(부산역사, 신의주역사, 대구역사, 대전역사, 조치원역사)들이 벽돌구조나 블록구조형식으로 건설되었다. 특히 1925년 건축된 경성역사(지금의 구서울역사)는 철근콘크리트구조 형식으로 설계되었다.

이러한 경향을 이어서 1960년대 이후부터 철골구조가 역사 건축에 도입되기 시작하였다.

초기의 역사와 1970년대까지의 역사들은 이러한 기능을 수용하기 위해 단순히 공간만을 제공하였다면, 최근의 역사들은 여객이 편리하고 안전하게 역의 모든 시설을 이용할 수 있도록 공간배치에서부터 여객동선계획, 규모계획까지 고려하여 역사의 공간을 계획하고 있다. 이러한 기능이 역사내부 공간

구성에 대한 것이라면 최근에는 철도역사가 그 도시의 관문이며 중심 그리고 교통의 결절점이라는 인식이 확산되어 도시공간으로서의 기능이 중요하게 부각되고 있다. 도시공간으로서의 철도역사는 철도역사라는 기능 이외에 다양한 기능과 시설들이 복합적이면서 유기적으로 구성되어 도시의 커뮤니티 역할을 수행하는 것이다.

이러한 관점에서 1980년대 이후 민간자본을 유치해 민자역사 개발이 이루어짐으로써 역사개발에 새로운 방향이 형성된다. 기존의 노후화한 시설을 개량하고 상업시설 등을 유치하여 건설하는 방식으로 영등포역사, 서울역사, 안양역사, 수원역사, 용산역사 등이 개발되어 운영 중에 있다. 민자역사의 개발이 선로로 인해 단절되어 있던 후면 지역과 주변지역이 개발될 수 있는 매개체 역할을 수행하여 균형 있는 도시로 성장할 수 있도록 했다는 긍정적인 평가를 받고 있다.

또한 신설 노선에 따라 새롭게 건설되는 역사는 역세권 개발 등이 이루어져 새로운 도시가 탄생되고 있다. 고속철도 천안아산역사와 그 주변지역이 이와 같은 방식으로 개발되고 있으며, 고속철도 시대를 맞는 지금에는 선로와 승강장을 덮는 대공 간 구조물이 유리와 금속 그리고 트러스 구조를 이용하여 건설되는 첨단건축기술을 역사건축에 적용하고 있다.

(4) 전철전력분야

전차선은 차량의 팬터그래프와 접촉하여 전기를 공급하는 시설이며, 전차선과 팬터그래프의 동적 특성이 철도의 속도를 좌우하는 중요한 요소 중 하나이다.

전차선로 가선특성, 열차속도에 따른 집전특성, 전차선로의 수명, 경제성,

시공성 등을 감안하여 적합한 가선방식을 선택하게 된다. 다음은 주요 국외 고속철도 전차선로시스템 방식이다.

<표 9-5> 커티너리 형식별 비교

구분	심플 커티너리	변Y형 심플 커티너리	콤파운드 커티너리
형상			
특징	• 조가선과 전차선의 2조로 구성되어 있음. • 조가선에서 드로퍼에 의하여 전차선이 궤도면에 평행하게 조가함. • 드로퍼의 간격을 조정하고 장력을 크게 하여 고속운전에 적합함.	• 심플 커티너리 조가방식의 지지점 부근에 나란히 15(m) 정도의 가는 Y선을 가선함. • Y선은 지지점 부근의 압상량을 크게 하여 지지점 밑의 팬터그래프 통과에 의한 경점 경감. • 경간 중앙부와의 압상량 차이, 이선 및 아크를 적게 하여 가선특성을 향상.	• 심플 커티너리 조가방식의 조가선과 전차선 간에 보조 조가선을 가설하여 조가선에서 드로퍼로 보조 조가선을 매달고 보조 조가선에서는 행거로 전차선을 조가함. • 가선의 집전용량이 크고 팬터그래프에 의한 가선의 압상량이 비교적 균일함.
속도 특성	300km/h, 350km/h, 400km/h(호남고속)	330km/h	300km/h, 350km/h
사용 실적	경부고속철도, 프랑스 TGV(동부선)	독일 ICE	일본 신칸센, 대만고속철도

(5) 신호분야

1825년 영국의 스티븐슨이 스톡턴과 달링턴 간 처음으로 열차를 운행하였을 때의 신호설비는 기마수가 신호기를 들고 열차 앞에서 달리며 선로의 이상 유무를 알려주는 것으로부터 시작되었다. 당시의 열차운전은 기관사가 전방의 운행조건을 눈으로 보면서 운전할 수 있는 25㎞/h 정도의 속도였으나 점차 열차운행횟수가 증가하고 사고가 발생함에 따라 1841년 완목식 신호기가 등장하고 전신이 사용되게 되었다. 이후 철도신호 근대화 작업은

1872년 윌리엄 로빈슨의 궤도회로 발명, 1907년 연동폐색의 개발, 1927년에는 열차집중제어장치를 실용화하게 되었다.

우리나라에서는 1899년 철도가 개통되면서 완목식 신호기와 통표폐색을 사용하기 시작한 이래 1942년 자동폐색신호기 설치, 1955년 계전연동장치의 사용, 1968년에는 중앙선 망우~봉양 간에 열차집중제어장치가 개통되었다. 신호설비는 그동안 열차안전운행을 위한 수단으로 발전되어 왔으나 열차의 고속·고밀도 운전으로 선로의 효율적 이용은 물론 다양한 운전정보 제공 등 철도통합관리시스템과의 연계가 이루어지고 있다.

또 최근에는 ATC, ATP 등 컴퓨터를 이용한 첨단기술의 열차제어시스템이 개발되면서 신호설비는 열차안전운행의 확보와 선로용량의 증대 및 운전업무의 자동화 등을 통하여 철도의 이상을 실현시킬 수 있는 설비로 주목받고 있다.

다음에는 현재 적용되는 철도신호체계에 대하여 알아보자.

1) ATS(Automatic Train Stop)

기관사가 악천후(짙은 안개, 눈보라) 또는 졸음 등의 상황에서 신호를 무시하거나 정해진 속도를 초과하여 운전할 경우 5초간 경보를 하고 자동으로 열차를 정지시키는 장치이다.

2) ATC(Automatic Train Control)

열차안전운행에 필요한 속도정보를 레일을 통하여 연속적으로 차량의 컴퓨터에 전송하여 허용속도를 표시하며, 운행속도가 허용속도 초과시 자동으로 감속, 제어하는 장치이다. 대표적으로 ATO(Automatic Train Operation)는 열차의 정지위치와 가속, 견인력 및 출입문개폐를 자동으로 제어하며 운행하는 장치이다.

3) ATP(Automatic Train Protection)

열차운행에 필요한 각종 정보를 지상자를 통해 차량으로 전송하면 차량의 컴퓨터가 열차의 속도를 감시하다가 일정속도 이상을 초과하여 운행 시 자동으로 감속, 제어하는 장치(ERTMS/ETCS Level1)이다. 대표적으로 ERTMS/ETCS(European Railway Traffic Management System, European Train Control System)는 유럽 권역의 약 15개 간선철도망 및 고속철도망의 통합과 상호 연계운행 확보를 목적으로 유럽의 철도 신호시스템을 표준화한 유럽표준 열차 신호제어시스템으로, Level 1, 2, 3으로 구분된다.

4) CBTC(Communications Based Train Control)

무선통신을 기반으로 지상에서 열차의 운전조건을 차상으로 전송하여 열차의 출발, 정차, 출입문 개폐 등을 자동으로 동작토록 하여 기관사 없이 운행할 수 있는 지능형 열차 신호제어시스템이다. 대표적으로 RF-CBTC(Radio Frequency-Communications Based Train Control)는 CBTC의 일종으로 무선주파수를 활용한 열차 신호제어시스템이다.

4. 철도건설 쟁점사항

(1) 국외 철도건설 기준 비교

<표 9-6> 고속철도 국가별 건설 기준 비교

구분	단위	프랑스 대서양선	프랑스 북부림선	프랑스 지중해선	독일 ICE	독일 ICE	독일 ICE	독일 ICE	스페인 AVE	이탈리아 디렉티시마	영국 영불해협	한국 KTX	대만	일본(신칸센) 도카이도센	일본(신칸센) 산요센	일본(신칸센) 도호쿠센	일본(신칸센) 조에쓰센
구간		파리~르망	파리~칼레	발랑스~마르세이유/님	만하임~슈투트가르트	하노버~뷔르츠부르크	쾰른~프랑크푸르트	뉘른베르크~잉골슈타트	마드리드~세빌야	로마~피렌체	런던~북스톤	서울~부산	타이페이~고웅	도쿄~신오사카	신오사카~하카타	도쿄~모리오카	도쿄~니가타
신선연장	(km)	280	333	250	99	327	135	89	471	237	108	412	345	515	554	497	270
공기	(연)	1985~1990	1988~1993	1995~2001	1976~1991	1979~1991	1995~2002	~2006	1987~1992	1971~1992	1기 70km구간 1998~2003	1992~2004/2010	1999~2005	1959~1964	1967~1972	1969~1982	1972~1982
궤간	(mm)	1,435	1,435	1,435	1,435	1,435	1,435	1,435	1,435	1,435	1,435	1,435	1,435	1,435	1,435	1,435	1,435
설계최고속도	(km/h)	330	350	350	300	300	330	330	300	250	300	350	350				
영업최고속도	(km/h)	300	300	300	280(250**)	280(250**)	300	300	300	250	300	300	300	190~270	240	275(240)	275(240)
최소곡선반경	(m)	4,545	6,000	6,250	7,000(5,100)	7,000(5,100)	4,000(3,000)	4,000	3,900	3,000		7,000	6,250	2,500	4,000	4,000	4,000
최소종곡선반경	(m)	25,000	25,000	25,000	30,000	30,000	11,500		24,000	20,000		25,000	25,000	10,000	15,000	15,000	15,000
최대캔트	(mm)	180	180	180	80	80	160(170)		140	135(145)		180	160(180)	180(200)	180(200)	180(200)	180(200)
허용캔트부족	(mm)	75	85	65	70	70	150		100	120		90	60				
최급기울기	(‰)	25	25	35	12.5	12.5	40	40	12.5	8.5	25	15(35)	25(35)	20	15	15	15
궤도중심간격	(m)	4.2	4.5	4.8	4.7	4.7	4.5	4.5	4.3	4.2	4.5	5.0	4.5	4.2	4.3	4.3	4.3
차체폭	(m)	2.9	2.9	2.9	3.1	3.1	3.1	3.1	2.9	2.9	2.9	2.9	3.4	3.4	3.4	3.4	3.4
차체높이	(m)	4.1	4.1	4.1	4.3	4.3	4.3	4.3	4.1	H	H	4.1	4.5	4.5	4.5	4.5	4.5

국명		프랑스			독일				스페인	이탈리아	영국	한국	대만	일본(신간센)			
구간		대서양선	북유럽선	지중해선	ICE				AVE	디레시마	영불해협	KTX		도카이도센	산요센	도호쿠센	조에쓰센
		파리~르망	파리~깔레	발롱스~마르세이유~돌	만하임~슈투트가르트	하노바~월스부르크	쾰른~프랑크푸르트	뉘른베르크~잉골슈타트	마드리드~셀바야	로마~파렌체	런던~북스톤	서울~부산	타이페이~고웅	도쿄~신오사카	신오사카~하카타	도쿄~모리오카	오미야~니가타
주요 건설기준	최대축중 (톤)	17	17	17	20	20	20		17.2	22.5	17	17	25.5				
	노반폭 (m)	13.6	13.9	14.2	13.7	13.7	12.1(12.4)		13.3	13.0	14.0	14.0	13.0(14.4)	10.7	11.6	11.6	11.6
	복선터널 단면적 (m²)	71	100	100	82	82	92	92	75	54/60/68		107	90	64내외	64내외	64내외	64내외
신선구간 구조물 현황	토공 (km)	265(93%)	326.5(99%)	220(88%)	64(65%)	177(54%)	126(75%)		445(95%)	120(50%)	66(60%)	111(27%)	33(9%)	274(54%)	70(12%)	28(6%)	2(1%)
	교량·고가교 (km)	3(1%)	5.4(1.7%)	17(7%)	5(5%)	30(9%)	6(3%)		10(2%)	46(20%)	17(16%)	112(27%)	247(72%)	172(33%)	209(36%)	324(70%)	162(60%)
	터널 (km)	16(6%)	1.1(0.3%)	13(5%)	30(30%)	120(37%)	47(22%)	27(30%)	16(3%)	71(30%)	26(24%)	189(46%)	65(19%)	69(13%)	275(50%)	114(24%)	106(39%)
	궤도형식	자갈도상	자갈도상	자갈도상	자갈도상	자갈도상	슬래브도상	슬래브도상	자갈도상	자갈도상	슬래브·자갈도상	자갈도상	자갈도상	자갈도상	슬래브·자갈도상	슬래브·자갈도상	슬래브·자갈도상
	전기 공급방식	교류 25,000V 50Hz	교류 25,000V 50Hz	교류 25,000V 50Hz	교류 15,000V 16 2/3Hz	교류 15,000V 16 2/3Hz	교류 15,000V 16 2/3Hz		교류 25,000V 50Hz	직류 3,000V	교류 25,000V 50Hz	교류 25,000V 60Hz	교류 25,000V 60Hz				
	용지매수 (hr)	2,300	2,300	2,300	250	660											
	건설비 (차량비 제외)	100억 프랑(1990년가격)	134억 프랑(1990년가격)	250억 프랑(2000년가격)	36억 마르크(1984년가격)	111억 마르크(1984년가격)	100억 마르크(200 0년가격)		약 4,300억 페세타 (시설물)		42억 파운드(19 98년가격)	약 18조 4,358억 원	4,419억 원	3,800억 엔	9,420억 엔	28,010억 엔	16,860억 엔
	노선의 성격 및 기능	여객전용	여객전용	여객전용	여객·화물용	여객·화물용	여객전용	여객·화물용	여객·화물용	여객·화물용	주로여객 여객전용	여객전용	여객전용				

(2) 국가재정 예산 제약을 감안한 시설물 최적화

국가재정의 효율성과 경제성을 제고하기 위하여 복지분야 등 고정적인 세출분야 이외의 SOC분야는 전반적으로 재정지원이 감소할 것으로 예상된다. 특히 정부 공약 추진을 위해서는 당초 중기재정보다 대폭적인 예산 절감이 요구된다. 한정된 재원으로 사업효과를 조기에 달성할 수 있도록 진행 중인 사업에 대한 선택과 집중 투자 전략이 필요한 시점이다. 이에 따라 신규 사업은 최대한 착수시기를 순연하고, 완공 위주의 철도사업을 중심으로 집중투자하는 것만으로 정부의 SOC 예산 감축에 대응이 곤란할 것으로 예상되므로 기존에 설계 및 시공 중인 철도사업에 대한 적극적인 시설물 최적화 방안 수립이 요구되는 시점이다.

2013년 5월 국가재정전략회의에서는 SOC분야 세출 구조조정 방안에 대한 강도 높은 회의가 진행되었다. '14~'17년 기간 중 당초 중기계획 대비 국토부 교통SOC(도로, 철도부문) 예산에서 총 11.8조 원 세출 구조조정 방안이 검토되었다.

철도분야 주요 내용으로는 터널 단면적 최적화, 교량 공동관로 최적화 등 설계 기준 합리화를 통한 제도개선이 주요 사항으로 논의되었다. 이제 시설물 최적화를 통한 경제적인 설계·시공이 최우선적으로 요구되는 시대적 상황인 것이다.

다음은 고속철도분야 주요 설계 개선사항을 설명하고 있다.

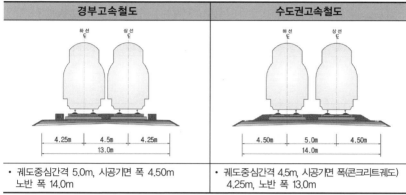

경부고속철도	수도권고속철도
하선 상선 4.25m | 4.5m | 4.25m 13.0m	하선 상선 4.50m | 5.0m | 4.50m 14.0m
• 궤도중심간격 5.0m, 시공기면 폭 4.50m 　노반 폭 14.0m	• 궤도중심간격 4.5m, 시공기면 폭(콘크리트궤도) 　4.25m, 노반 폭 13.0m

<그림 9-4> 고속철도 궤도중심간격 및 노반 폭

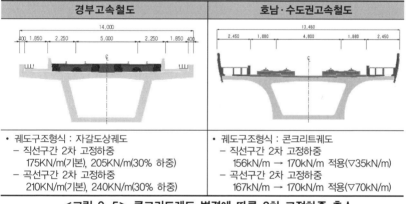

경부고속철도	호남·수도권고속철도
14,000 400 | 1,850 | 2,250 | 5,000 | 2,250 | 1,850 | 400	13,460 2,450 | 1,880 | 4,800 | 1,880 | 2,450
• 궤도구조형식 : 자갈도상궤도 　- 직선구간 2차 고정하중 　　175KN/m(기본), 205KN/m(30% 하중) 　- 곡선구간 2차 고정하중 　　210KN/m(기본), 240KN/m(30% 하중)	• 궤도구조형식 : 콘크리트궤도 　- 직선구간 2차 고정하중 　　156kN/m → 170kN/m 적용(▽35kN/m) 　- 곡선구간 2차 고정하중 　　167kN/m → 170kN/m 적용(▽70kN/m)

<그림 9-5> 콘크리트궤도 변경에 따른 2차 고정하중 축소

항목	경부고속철도	호남고속철도	수도권고속철도
개념도			

궤도 중심간격	5,000mm	4,800mm	4,500mm
터널 내공높이	R.L+9,050mm (도르레식 자동 장력조절장치)	R.L+8,750mm (스프링식 자동 장력조절장치)	R.L+8,482mm (도르레식 자동 장력조절장치)
배수구	400mm × 800mm	300mm × 800mm	300mm × 800mm
보조도상 두께	250mm(1단계)	200mm	200mm
내공단면적	107m²	96.7m²	89.5m²
맹 암거 유지관리	유지관리용 관 설치	유지관리용 맨홀 설치	유지관리용 맨홀 설치(중앙배수)
기초 콘크리트	암질과 관계없이 타설	암질이 좋은 경우 타설 생략	암질이 좋은 경우 타설 생략

라이닝 두께 조정:

지보패턴	라이닝 두께	비고
PD-1,2,3	무근 40cm	-
PD-4	철근 40cm	-
PD-5	철근 40cm	-
PD-6	철근 50cm	-
PD-6-1	철근 50cm	-

지보패턴	라이닝 두께	비고
PD-1,2,3	무근 30cm	▽10cm
PD-4	철근 40cm	-
PD-5	철근 40cm	-
PD-6	철근 50cm	-
PD-6-1	철근 50cm	-

지보패턴	라이닝 두께	증감
PD-1,2,3	무근 30cm	-
PD-4	무근 30cm	▽10cm
PD-5	철근 30cm	▽10cm
PD-6	철근 40cm	▽10cm
PD-6-1	철근 40cm	▽10cm

<그림 9-6> 고속철도터널 설계 개선사항

(3) 전국의 효율적인 국가철도망 구축

최초의 철도 국가계획은 2006년 3월에 고시한 제1차 국가철도망 구축계획이 있다. 이 계획에서 처음으로 국가 단위의 철도투자 효율적·체계적 수행을 위한 중장기 철도망 계획이 제시되었다. 이어서 2011년 4월 2차 국가철도망을 개정·고시하며 일반철도의 고속화 및 전 국토의 90분대 연결이라는 정책적인 목표를 제시하였다.

<표 9-7> 제1차, 제2차 국가철도망 비교

구분	제1차 국가철도망('06. 3.)	제2차 국가철도망('11. 4.)	비고
비전 정립	• 철도경쟁력의 획기적 제고 　- 다른 교통수단과 경쟁, 교통수요 최 　　대한 흡수 　- 수송분담률 제고로 대량·대중 교통 　　수단 위상 확립	• 철도망을 통해 국토를 통합·다핵·개방 　형 구조로 재편	
목표	[목표] • 속도경쟁력 대폭 향상 　- 운행속도 180km/h~200km/h 이상 　- 대도시간 2~3시간 이내 이동 • 접근성 개선 　- 주요 철도역에 30분 이내 접근 • 안전성·친환경성·쾌적성 등 향상 　- 인간·환경 중심적 교통수단으로서 　　역할 강화	[목표] • 전국 주요 거점을 일상 통근시간대인 1 　시간 30분대로 연결하여, 하나의 도시 　권으로 통합 　- 광역경제권 통행패턴에 부합하는 국 　　가망 구상 　- 사업성 높은 노선 우선, 지역균형발 　　전 및 미싱링크 등 정책사항 고려 　⇨ X자형+ㅁ자형의 결합노선 　⇨ 건설·운영 180~230km/h, 신규 　　250km/h	
국가 철도 망도			

최초 국가철도망 구축계획 수립 이후 경부고속철도 개통 등 대폭적인 철도의 변화가 있었지만, 아직도 철도의 교통수단 분담률은 도로에 비하여 상당히 낮은 수준이다. 이제까지 교통수단이 단순히 빠르게 접근하고 이동시간을 줄이는 것이 목적이었다면, 다음을 준비하는 가칭 제3차 국가철도망 구축계획에서는 철도를 통해 사회적 문제를 해결하는 바탕을 제시할 수 있

는 보다 포괄적인 계획으로 검토가 요구되는 시점이다.

5. 철도건설 발전방향

(1) 국내 기술 발전방향

미래 철도기술 방향성을 정리하면 속도 경쟁력 확보와 수송능력 최적화로 압축될 수 있을 것이다. 특히 철도건설 측면에서 보면, 건설비와 운영비를 절감할 수 있는 방향으로 기술개발이 이루어질 것으로 예상된다.

노반분야에서는 건설비 절감을 위한 터널 내공단면적 최적화, 속도 경쟁력 확보를 위해서는 터널 입출입구 미기압파 저감 등에 대한 기술개발이 요구된다.

1) 노반

① 터널단면 최적화

경부고속철도는 우리나라 고속철도 건설 기준이 정립되지 않은 시점에서 TGV 차량을 도입하고 프랑스 기술을 반영하여 건설되었으나, 호남고속철도의 경우에는 경부고속철도 건설 및 운영 경험과 외국의 고속철도 기술발전 추이 등을 감안하여 터널단면적이나 궤도중심간격 등 철도건설규칙을 일부 조정하였으며, 이를 통한 경부고속철도 대비 사업비 절감도 이룰 수 있었다.

우리나라 최초 경부고속철도 내공단면적은 107㎡에서 호남고속철도 96.7㎡로 축소되고, 수도권고속철도에서는 89.5㎡로 다시 한 번 최적화되었다.

터널 단면적의 감소는 터널 굴착에 따른 암 버럭량 감소와 운반비 감소 등 연쇄적인 비용 절감이 가능한 부분이다. 국제 철도건설 시장에서 우리나라 건설사들이 경쟁력을 확보하기 위해서는 철도터널 단면적 최적화를 통한 건설비용 최적화 방안에 대한 지속적인 연구개발이 필요한 실정이다.

② 승강장 형식 통일

최근 지속적인 철도망 확충으로 철도 통행시간이 단축되고 있으나, 운행 중인 고속철도는 저상홈 승강장을 운영함에 따라 고상홈 대비 과다한 승·하차 시간이 소요되는 등 신규 철도사업 본선 고속화를 통하여 확보한 통행시간 절감과 고속화 효과가 상대적으로 반감되고 있는 실정이다. 철도 건설 효과를 극대화하고 철도 속도 경쟁력 확보를 위해서는 현재 건설·운영 중인 노선의 승강장 변경이 필요한 시점이다.

저상홈은 차량탑승을 위하여 계단을 이용함에 따라 승객 1인당 승하차 시간이 약 4.89초가 소요되고, 고상홈은 2.64초가 소요된다. 저상홈은 계단 이용에 따른 이용자 편의성이 떨어지고, 개인 수하물이 있는 경우에는 이동 접근성에 제약으로 작용한다.

향후 고령화 사회로 접어드는 인구구조 변화 추이를 감안할 때, 교통약자를 위한 이동 편의성에 대한 부분은 심각한 고민이 필용한 부분이다. 우리나라 65세 이상 인구비율이 2005년 10.3%에서 2015년에는 15.3% 수준으로 상승할 것으로 예상되는 등 노선별 승강장 형식 결정 및 단계별 실행방안 수립이 필요하다.

현재 운행 중인 차량별 승강문 높이가 상이하고, 차량 길이 등 차량규격이 상이하므로 지금이라도 차량에 대한 표준화 계획에 대한 마스터플랜 검토가 필요하다.

③ 토공노반의 강성 강화

일반적인 토공노반은 노반형성을 위한 일정한 사면기울기를 가지게 되며, 이러한 사면기울기로 인하여 토공 높이에 따라 필요한 용지가 많아지고, 사면유실에 따른 유지보수의 어려움이 항시 상존함에 따라 경관, 지역주민의 민원 및 공사비의 증액 측면에서 많은 약점을 가지고 있다. 이러한 문제점을 해결할 수 있는 대안으로 철도 선진외국의 경우, 보강성토 및 보강토옹벽과 같은 다양한 보강토공법을 철도현장에 적용하고 있는 반면, 국내의 철도분야에서는 적용 사례가 미미한 실정이다.

최근에 국내에서도 철도분야에 적용을 위한 다양한 공법들이 선보이고 있으며, 이러한 공법들의 확대에 대하여 적극적으로 검토할 필요가 있다.

④ 특수교량 기술력 증대

특수교량은 기술력의 선도지표로서 중국, 일본, 유럽 등 선진국들은 최장 경간의 교량 건설 경쟁을 펼치고 있다. 일본은 수많은 해상교량을 건설하였으며, 유럽의 각 국에서도 다양한 현수교 및 사장교가 운영 중에 있으며, 중국 또한 다수의 사장교 및 현수교를 시공 중에 있다. 또한 철도의 경우에도 다양한 사장교 및 Extra dosed 교량이 중국과 일본에서 설계·시공되고 있으며, 이탈리아에서 계획 중인 메시나 해협 횡단 현수교는 중앙경간 3.3km로 설계되고 있다.

국내 경부고속철도는 대부분 경간장 50m 이내의 PSC 박스거더와 소수 주형 강합성형 교량이 시공되었으며, 경부고속도로를 횡단하는 모암아치교만이 125m의 특수교량으로 설치된 상황으로, 남해안 고속철도의 건설 등 섬과 섬을 연결하는 연륙철도교의 건설 등이 가시화하고 있는 실정에서 다양한 형식의 특수교량에 대한 경간 길이 및 기술사양을 결정하여 세계수준의 장대교량 기술을 축척하여야 할 것으로 사료된다.

2) 궤도

궤도는 최종적으로 노반시설물과 차량이 접촉하는 시설물로서 운행 중에는 차량의 승차감, 주행 안전성과 운영비용을 결정하는 중요한 요소이다. 최근 고속화 철도망 구축 현황을 감안할 때 고속화에 따른 유지비용을 절감할 수 있는 궤도구조 개발이 필요한 부분이다.

자갈도상궤도의 경우, 지속적인 궤도변형, 궤도 좌굴 위험성, 자갈 비산 등으로 인한 궤도분야의 지속적인 유지보수를 전제로 하고 있고, 3D현상과 저출산·고령화에 따라 기술 인력의 절대부족 문제를 해결하기 위해 콘크리트 노반상의 슬래브궤도 구조 채택이 확대되어 경부고속철도 2단계 구간이 콘크리트궤도로 건설되었으며, 호남고속철도가 콘크리트궤도로 건설 중에 있다. 그러나 현장에서 타설하는 콘크리트궤도는 균등한 품질 확보 곤란, 겨울철과 여름철 대기에 노출, 다단계 공정으로 인한 공사기간 과다 소요, 원지반 침하시 궤도 동반침하에 따른 유지보수 곤란 등의 문제점이 있다. 이러한 문제점을 해소하기 위한 대안으로 등장한 것이 사전 제작형 콘크리트궤도이다. 사전 제작형 콘크리트궤도(PST, prefabricated/precast concrete track)란, 공장에서 사전 제작된 프리캐스트 콘크리트 패널을 현장으로 옮겨와 현장에서 조립하여 시공하는 형태의 콘크리트궤도를 말하며, 품질면에서 슬래브 패널 사전제작으로 시공정밀도 향상, 콘크리트 슬래브의 균일한 품질 등으로 궤도구조물의 품질향상, 내구성 증가로 궤도틀림 발생 감소, 유지보수 감소효과가 있으며, 시공성 측면에서는 현장에서의 철근조립, 콘크리트 타설 등의 작업을 감소시켜 시공기간 단축, 노무비 절감, 기계화 시공으로 시공성 증가 등의 이점이 있으며, 유지보수시 하부 노반침하 등으로 심각한 궤도틀림 발생시 슬래브 패널 교체, 충전재 추가 주입 등으로 보수가 가능하다.

그러나 국내에 적용하고 있는 콘크리트궤도는 궤도 침하, 재해 등으로 슬래브 패널 교체가 필요할 때 일반적인 제품생산이 어려워 공용성 문제가 발생할 경우 구체적인 대책에 대하여는 아직 불확실한 것이 사실이다. 따라서 자갈도상궤도와 콘크리트 슬래브궤도를 적용할 경우 유지보수성과 경제성을 감안 상호 장단점을 보완하고, 특화되지 않고 일반화된 시공이 가능한 150km/h~300km/h 설계속도에 적용할 수 있는 신개념 노반 및 궤도 구조의 개발이 절실히 요구된다.

독일, 프랑스, 일본 등 철도 선진국에서는 자갈도상궤도의 낮은 건설비와 콘크리트궤도의 안전성 및 유지보수 최소화 등의 장점을 고려한 아스팔트를 재료로 한 궤도시스템을 부설 운용 중에 있고 일부 국가에서 연구 중에 있다.

콘크리트궤도의 경우 초기 건설비용이 높고, 침목 교체나 콘크리트 도상 파괴시 보수의 어려움이 있다. 아스팔트궤도의 장점으로는 다양한 단면형상 시공 및 고정밀 시공이 가능하고 진동, 소음 저감에 탁월하며 승차감이 우수한 점을 들 수 있다. 또한 콘크리트궤도와 달리 시공 후 아스팔트 온도가 50℃가 되는 즉시 열차운행이 가능하며, 부분적 유지보수가 용이한 점이 있다. 또한 최근 세계적으로 문제가 되고 있는 CO_2 배출량도 콘크리트에 비해 현저히 적다. 아스팔트 혼합물 1톤 생산시 연료사용량은 가열 아스팔트는 7.7리터, 저탄소 아스팔트는 5리터이며, 이에 따른 CO_2 배출량이 가열 아스팔트가 23.3kg, 저탄소 아스팔트가 15.1kg이다. 동일한 넓이를 동일한 두께로 시공시 콘크리트가 아스팔트에 비해 철근 유무에 따라 1.83배에서 7.9배까지 많은 탄소를 배출한다. 단점으로는 내구연한이 콘크리트보다 짧고, 온도 영향으로 인한 소성변형이 발생되므로 철도 하중을 고려한 배합설계법의 적용과 공극률 감소를 위한 적절한 다짐 시공이 필요하다는 점이다. 하지만 국외의 아스팔트 기대수명에 관한 연구결과, 극한의 날씨 조건에서 50년 내지 60년의 수명을 보장하는 특수 아스팔트 혼합물의 개발이 가능한 것으로 보고되고 있어 국내 적용에 대하여 적극적으로 검토할 사항이라고 판단된다.

또한 일반적인 궤도시스템은 노반 위에 설치되어 독립적으로 열차만이 운행하도록 계획되지만, 유럽 등에서 주로 이용되는 친환경 교통수단인 도심형 트램 등에 적용하는 매립형 궤도시스템을 이용할 경우, 해당 노선 구간을 트램과 자동차가 일부 공유하거나 보행자의 이동에도 제약이 없이 이용이 가능하다. 더불어 주변 환경과 어울리도록 잔디, 아스팔트, 석재 등 다양한 마감방식을 적용할 수 있으며 항만·물류기지 등에 적용할 경우 열차와 트레일러 등 자동차와의 공유가 가능하여 좁은 공간을 효율적으로 이용이 가능한 매립형 궤도시스템 등에 대한 적용 사례 및 기술력 확보가 필요하다.

3) 건축

현재 정부는 저탄소 녹색성장 정책기조에 맞추어 녹색철도 실현을 위한 철도역사의 '친환경 건축물 인증'을 추진 중이다.

여기에는 에너지 절약을 위하여 에스컬레이터 속도 조절, 공기질 개선 및 에너지 절감을 위한 지하역 스크린도어 설치 방안 등이 있다. 보다 적극적인 방안으로는 자연의 신·재생 에너지를 활용하는 방안으로 역사의 냉·난방에 지열, 태양광 발전시스템 및 빗물이용시설 등이 있다.

지열 냉난방시스템의 경우 열은 높은 곳에서 낮은 곳으로 이동하는데 이를 가역적으로 낮은 곳에서 높은 곳으로 끌어올리도록 고안된 기계장치인 히트펌프는 기존의 히트펌프 냉난방기(EHP)는 증발과정에서 외부공기로부터 열을 흡수하거나 외부로 배출하여 냉열 또는 온열을 생산하는 방식인데,

난방 중에는 외기의 온도가 낮고 반대로 냉방 중에는 외기온도가 너무 높아 열의 흡수와 배출에 많은 에너지가 소비되었으나, 지열히트펌프는 외기온도에 의한 영향을 받지 않는 지중의 열을 이용하므로 공기열원식 히트펌프보다 2배 이상의 높은 열효율(COP, EER)을 나타내는 장치여서 각 역사에 적용이 가능할 것으로 판단된다.

태양광 발전시스템은 현재 주차장 지붕이나, 건물 옥상 및 외벽 등에 설치하여 태양광을 이용한 전력생산이 가능하며, 역 주차장 가로등에 일부 적용되고 있고, 철도역사에도 적용가능한 시설로 적극 개발할 필요성이 있다.

빗물이용시설은 우기가 하절기에 집중되어 중·소규모의 역사에는 경제적 효율성은 떨어지나 장기적 환경을 고려한 빗물의 재활용 및 관리를 위한 시설의 활용 및 개발이 필요할 것으로 판단되며, 다중이용시설에 사용되는 화장실 용수의 사용과 역사 주차장에 투수성 포장을 이용한 홍수피해 방지 및 빗물이용은 철도역사의 유지관리 비용절감 친환경적 역사 환경 조성 등에 우수한 방안으로 적극적으로 검토하여야 할 사항이라고 판단된다.

또한 철도역은 각 도시의 중요 중심지역으로 발전되고 있으나, 동대구역, 마산역 등의 경우 도시철도, 시내버스, 고속버스 등 대중교통과 철도역이 최대 300m 이상 이격되어 이용객의 불편을 초래, 다른 교통수단이나 선진국에 비해 환승거리가 과다하다. 그리고 울산역, 부산역 등 이용객이 많은 철도역의 경우 시내버스, 리무진 버스 등이 충분히 운영되고 있으나, 오송역, 신경주역, 신창역 등 이용객이 적은 고속·일반철도역은 접근교통수단 운행이 부족한 실정이며, 철도역과 직접 연계되는 버스·택시베이가 없거나 시설이 눈·비에 노출되고 협소하여 이용객의 불편을 초래하는 사례들이 많다.

<표 9-8> 해외 교통시설과 환승거리 비교

(단위 : m)

구분	우리나라 평균	펜역(뉴욕)	중앙역 (베를린)	후쿠오카역 (일본)	세인트판크라스역 (런던)
환승거리	358	29	136	156	197

　제도적 측면에서도 신설역사 입지에 대한 기준 부재에 따라 철도건설 과정에서 사업비 증가, 지자체 요구, 민원 등의 이유로 도심 외곽에 철도역을 건설하는 사례가 증가하여 사업비 감소의 효과는 있으나, 접근시간이 길어짐에 따라 수요가 감소하고, 철도역사와 연계한 버스, 택시베이 등 '연계 교통시설 세부 설치 기준' 부재로 연계 교통시설이 비효율적으로 구축되는 사례가 빈발한 상황이다. 하지만 철도 연계교통 및 환승체계 개선 기본계획 수립, 철도역사 등급별 분류 기준 마련, 철도역 연계교통 설계 기준 정립, 환승거리 기준, 환승체계 시설배치 조정, 편의시설 증진 및 교통정보시설 구축 등을 시행 중에 있음은 바람직한 사항으로 판단된다.

　아울러 철도광장 및 주변개발에 있어서 현재까지 역사 중심 일변도의 개발은 철도로 인한 지역간의 단절에 따른 도시의 성장 저해요인이었으며, 상업시설 위주의 개발은 역 주변 지역과의 개발 형평성에 맞지 않는 등의 문제점을 야기시켰다. 그러나 철도역에 대한 인식의 변화와 단일부지 내 다양한 용도를 접목시킨 집적형 토지사용을 위한 복합 부동산 개발이 지속적으로 이루어지고 있고, 국내에서도 각 주요 거점역을 중심으로 계획되고 있음은 환영할 만한 사실이다. 특히 중·소도시의 경우 철도역사가 교통의 중심, 즉 대도시와 중소도시, 중소도시와 농촌 배후지간의 교통결절점으로서 도시의 관문으로, 더 나아가서는 도시생활, 문화의 중심 역할을 담당하고 있다. 이는 역전 광장을 중심으로 도시의 오픈스페이스로 만남의 장, 집회 및 문화행사의 장 역할을 담당하고 있음에 따라 철도의 개발에 있어서 종전의 역사개발 위주의 접근보다는 도시적인 안목에서 지역개발과의 연계 및 지역 활동의 거점으로서 보다 체계적인 계획 방향의 제시가 요구된다.

아울러 향후 노령자 및 장애인 및 교통약자들이 철도 역사로의 접근·이동함에 있어 불편을 느끼지 않도록 '장애물 없는 생활환경(Barrier Free)'에 대한 적극적인 추진이 필요하다.

4) 전차선

우리나라 전철화 방식은 통상 전차선 방식으로 진행되고 있는 실정이다. 다만 전차선 방식을 통한 전철화는 기반시설 투자비용이 증가되는 문제점이 존재하며, 이에 대한 대안으로 제3궤조, 무가선 방식을 통한 전철화 방식이 논의될 수 있다.

제3궤조는 전동차에 전기를 공급하는 방식의 일종으로 가공 전차선로 대신에 도전율이 큰 레일을 주행면에 평행하게 부설하여 전동차에 전력을 공급하는 방식을 말한다. 제3궤조 방식의 특징으로는 별도의 가공시설물이 필요하지 않아 지하구간에서는 터널 단면적 축소를 통한 사업비 절감이 가능하고, 지상구간에는 가공 전차선이 부재하여 상대적으로 미관이 양호한 측면이 있다.

무가선 방식은 현재 R&D로 개발 중인 배터리(리튬폴리머)를 주동력으로 사용하여 무가선 및 유가선 하이브리드 방식으로 전력을 공급하는 무가선 트램방식이 있다.

무가선 트램방식은 기존 방식이 도심 내 전차선 건설로 인하여 환경측면에서 불리한 점을 개선하여 도심 내에서는 배터리로 운영되고, 도시를 벗어나면 가선방식으로 운영되는 특징이 있다. 특히 특정한 역사가 불필요하고, 차량의 초저상화를 통한 교통약자 및 승객편의성 향상, 입체교량 및 지하구간의 최소화를 통한 환경성을 향상할 뿐만 아니라, 건설 및 유지보수 비용 절감과 짧은 공사기간으로 도시소음, 환경저해 요소를 최소화할 수 있고, 가변차량 편성을 통한 저비용, 지속 운행이 가능한 장점이 있다

또한 전력 공급방식을 무선으로 대체하는 연구가 진행 중에 있는데, 이 방식은 궤도를 따라 설치된 무선급전 장치에서 60kHz의 자기장을 생성해 차량에 집전장치와 자기장 공명방식을 통해 대용량 전력을 무선으로 전송하는 기술로, 한국철도기술연구원, 카이스트, 현대로템, 한국철도시설공단의 공동연구로 개발되었다. 이 방식이 상용화되면, 유지보수 비용 절감과 전차선 건설비 및 터널의 단면적도 15% 정도 축소할 수 있어 노반 건설비도 절감이 가능할 것이다. 다만, 현재는 속도향상 측면에서 기술 검토 등이 필요할 것으로 판단된다.

5) 신호 및 통신

국내 철도 안전 관련 무선통신방식은 각 노선별로 상이하여 운영상 어려움이 있고, 관제요원, 열차운전자, 현장 유지보수 요원 간 협업이 어려워 다양한 문제점이 발생되고 있다. 즉, 다른 철도 무선통신시스템 간 단절 및 불통 현상, 상용망과 기존 철도 무선통신시스템과의 주파수 간섭·혼신 등에 따른 철도 운행 중단 및 사고 발생 위험이 존재하고 있다. 더불어 최근 열차 운영 사고 발생 빈도 증가 등은 국가철도 운영시스템의 안전성 강화의 필요성을 나타낸다. 이러한 문제점을 해결하기 위해 주요 철도 선진국들은 철도 전용 통합무선망을 구축하여 운영 중이거나 구축을 계획하고 있다.

국내 철도무선통신 기술은 153MHz 대역의 VHF(Very High Frequency) 방식과 소방방재청의 국가통합지휘무선통신망에서 사용하는

TRS(Trunked Radio System) 방식이 음성통화를 위해 사용되고 있다. 국내의 경부고속철도 서울~부산 구간에서는 VHF, TRS-ASTRO, TETRA의 3가지 방식이 혼용되고 있는 상태이며, 구축 및 계획 중인 호남고속선, 수도권 고속선에 대해서는 일괄적으로 TRS-TETRA로 구축하고 있다.

열차제어시스템은 안전상의 이유로 대부분 궤도회로 방식을 사용하고 있으며 일부 신분당선, 부산4호선, 김해경전철 등에서 2.4GHz ISM 대역(Industrial Scientific Medicalband)을 사용하는 RF(Radio Frequency)-CBTC방식이 운용되고 있다. 통신기반 열차제어시스템인 CBTC(Communication-Based Train Control System)는 연속적으로 열차 제어가 가능한 자동열차제어(ATC : Automatic Train Control)시스템으로, 궤도회로에 관계없이 정확하게 열차 위치를 파악하고 고용량의 데이터통신을 열차와 도로변 간에 양방향으로 수행하는 시스템을 의미한다.

호남고속선 및 수도권고속선에 사용되고 있는 TETRA는 기술적으로 VHF, TRS-ASTRO 등 타 무선 통신기술에 비해 주파수 효율성이 뛰어나고, 일대일, 일대다 통화뿐만 아니라 동적그룹 설정, 긴급통화, 우선순위 통화, 통화내용 녹음기능 등 다양한 특수목적용 음성 기반 부가 서비스를 제공하며, 통화품질도 우수하여 안전성과 신뢰성을 최우선 기준으로 설정하는 철도무선통신망에서의 활용가치가 높다. 다만, ATC(Automatic Train Control) 기능의 부족이라는 단점도 존재한다.

GSM-R(Global System for Mobile Communications) 기술은 1990년 초반에 UIC에서 표준화 개발을 시작하여 2000년 완료한 기술로 약 10년간의 개발과정을 거친 기술이다. 철도환경의 특성상 무선통신망 기반에 열차제어시스템 도입시 통신 기술의 기능 또는 장비 구성 등의 문제로 인하여 GSM-R방식을 적용하고 있는 유럽에서 사고사례가 많으며, 우리나라는 GSM기술 대신 CDMA로 2G망을 도입한 국가로 주파수 문제로 인해 GSM 과 관련된 시스템 도입에 어려움이 존재한다.

LTE(Long Term Evolution)기술은 향후 전 세계적으로 가장 보편화된 4G 이동통신기술이 될 것이며, 국내의 경우 LTE 가입자가 빠르게 증가하고, LTE-Advanced 도입도 논의가 되는 등 4G에 있어서는 CDMA 등과는 달리 세계 주류 시장에서 경쟁이 가능할 것으로 전망되고 있다. LTE의 빠른 보편화는 LTE-R에 대한 조기 표준화, 기술검증, 상용화가 가능할 것으로 판단되며, 최근 정부는 차세대 재난안전통신망 기술방식으로 재난망용 LTE 를 선정하고 망 구축을 위해 700MHz 주파수 20MHz 폭을 활용한다는 계획이다.

LTE 기반 지능형 철도서비스를 구현하는 LTE-R은 350km/h 이상의 고속 이동시 자유롭게 활용이 가능하고, GSM-R에 구현된 기능들이 원활히 수용되고, 고속 데이터서비스의 다양한 응용이 가능하며, 주파수 효율성이 높아 타 기술에 비해 소규모의 주파수를 요구하는 장점이 있다. 따라서 중장기적으로 LTE-R에 대한 연구개발을 통해 철도전용 무선통합망 구축을 추진하는 것이 타당할 것으로 판단된다,

국토교통부는 LTE방식을 통한 국가 철도전용 통합무선망 구축계획을 2012년 초에 수립하였으며, 이를 기반으로 지능형 철도시스템 IRIS(Intelligent Railway Integrated System) 기본계획을 추진하고 있으며, 향후 2018년 평창동계올림픽을 대비한 원주~강릉 구간에 시범 적용하는 것을 비롯하여 고속철도까지 LTE 기반 철도전용 통합무선망을 적용함으로써 철도기술의 선진화와 대국민 교통 편의를 도모한다는 계획을 세우고 있다.

결론적으로 국내 철도무선통신망은 VHF와 TRS-ASTRO, TETRA로 상이하게 운영되고 있으나, 세계적으로 주목받는 GSM-R의 국내 도입이 불가능함에 따라 TETRA를 활용하는 것이 현 상황으로는 최선의 방안으로 사료된다. 하지만 LTE를 기반으로 한 LTE-R기술 개발이 차세대의 철도무선통신망의 주류가 될 가능성을 전제로 할 때 철도 경쟁력 강화와 안정성, 효율성의 확보를 위해서 LTE-R기술 개발을 시행하여야 할 것이다.

제10장
한국 고속철도 스무 고개

제10장 한국 고속철도 스무 고개

꿈만 같았던, 언제까지나 미래형으로 남을 것 같던 고속철도가 개통된 지도 벌써 10년이 지났다. 그 준비과정은 파란만장이나 우여곡절이라는 말 정도로는 도저히 다 풀어낼 수 없는 고난과 역경의 연속이었다. 개통 이후에도 난관이 많았지만, 우리는 결국 해냈다. 기공으로부터 짧게 잡아 20여 년, 논의시점으로부터 40여 년의 세월을 스무 개의 주제로 나눠 정리해 본다.

1. 고속전철? 고속철도? KTX?

'고속철도'라는 이름이 우리 귀에 익숙하게 된 것은 1992년 이후이다. 1991년까지는 '고속전철'이라는 이름으로 불렸다. 고속전철이란 말 그대로 고속운행이 가능한 전기철도를 말하며, 전기철도란 전기를 동력원으로 삼아 운행하는 철도를 말한다. 통상적으로 고속의 기준은 시속 200km/h 이상을 말한다.

세계 최초의 고속철도는 일본에 의해 1964년 개통되었다. 그 후 프랑스와 독일이 고속철도 기술을 개발하였으며, 우리나라가 고속철도 운영국가의 반열에 들어선 것은 2004년 4월로 신칸센 개통 후 40년 만이었다.

우리나라에서 '전철'이라는 말은 일반적인 전기철도보다는 '도시철도' 또는 '전동차'를 떠올리게 한다. 그 또한 철도의 주요 영역임에는 틀림없으나 고속철도가 갖고 있는 장거리 대량교통수단이라는 이미지와는 거리가 있다. 또한 무거운 철도차량이 시속 200km/h 이상 고속으로 운행하기 위해서는 실질적으로 전기철도방식 이외에는 대안이 없기 때문에[40] '전기'라는 말을 빼고 '고속철도'라는 용어로 통일하여 부르게 되었다.

여기서 '고속철도'가 갖고 있는 의미는 우리가 흔히 사용하는 대로 고속철도차량을 뜻하기도 하지만, 포괄적으로 고속철도시스템을 뜻하기도 한다. 고속철도가 운행되기 위해서는 궤도와 전차선로뿐만 아니라 차량, 신호, 통신, 보안, 운영 등 각 분야의 첨단기술이 유기적으로 통합적 시스템을 갖추고 있지 않으면 안 된다.

우리나라의 고속철도시스템이 KTX라는 이름으로 처음 불리기 시작한 것은 1999년 8월부터다. 고속철도명칭선정위원회가 대국민 공모결과와 용역결과 등을 종합한 후 관계기관과의 협의를 거쳐 선정한 것이다. 이 이름은 고속철도 운영권을 노리던 한국고속철도건설공단의 약칭으로도 사용되었으며, 고속철도 운영권을 최종적으로 확보한 철도청이 2003년 1월 24일 CI를 확정하면서 비로소 정식명칭이 되었다. KTX란 'Korea Train eXpress'에서 한 글자씩 딴 것으로, 한국고속철도차량의 이름이자 시스템 자체를 의미한다.

---

40) 기술적으로 디젤전기기관차를 이용한 시속 200km/h 운행이 가능하지만 실용화에 어려움이 많다.

2. 고속철도 첫 삽은 어떻게 떴나?

1992년 6월 30일, 충남 아산군
배방면 장재리에서는 노태우 대통
령과 공사관계자, 지역주민 등이
참석한 가운데 역사적인 경부고속
철도건설 기공식이 열렸다. 비록
천안~대전 간 시험선 구간 7개 공

경부고속철도건설 기공식

구 중 1차 4개 공구 39.6km 부분에 대한 착공에 불과했으나, 오랜 기간 거
듭된 큰 역사(役事)에 대한 논의가 구체적 공사행위로 결실을 맺은 것이므로
'첫 삽' 이상의 의미를 갖고 있다고 할 수 있다.

우리나라에서 고속철도 건설에 대한 논의가 처음 시작된 것은 1970년대
중반까지 거슬러 올라간다. 차관사업으로 수도권전철 건설사업에 참여했던
프랑스 국철조사단과 일본 해외철도기술협력회조사단이 1973년 12월부터
1974년 6월까지 '서울~부산 간 수송 현황과 타개책에 대한 조사'를 통해 경
부축에 새로운 철도를 건설할 것을 건의한 이후 한국과학기술원(KIST)에서
전국적인 수송체계 관련 연구를 실시하여 경부축에 복선전철을 신설하거나
고속전철화할 것을 제안하였던 것이다.

급기야 1979년 2월 교통부 연두순시 때 박정희 대통령은 고속전철 관련
장기 수송대책을 수립할 것을 지시하였고, 1982년부터 1986년까지의 제5차
경제사회발전 5개년계획에 서울~대전 간 160km 구간에 고속전철 건설계획
수립을 포함시켰다.(이 계획은 1983년 타당성조사 후 건설여부를 결정하는

것으로 방침이 변경되었다.)

1983년 3월부터 1984년 11월에 걸쳐 시행된 2단계 타당성조사 결과 경부 축에 대한 우선투자가 필요하다는 결론이 도출됐고 고속철도 건설안이 좀 더 가시화됐다. 88서울올림픽을 앞두고 투자재원 확보문제로 착공이 연기되었으나 1987년 제13대 노태우 민주정의당 대통령후보가 경부 및 동서고속전철 건설을 공약으로 내세움으로써 고속철도 건설은 국민의 관심사로 떠오르게 되었다.

3. 차량기종 선정은 어떻게 했나?

고속철도가 하나의 유기적인 통합시스템이라는 것은 앞에서 언급한 바와 같다. 당연히 고속철도 차량기종을 선택한다는 것은 그 차량을 운행할 수 있는 시스템을 고른다는 것과 같은 뜻이 된다. 천문학적인 예산이 투입되는 고속철도 건설사업의 핵심인 차량기종 선정과정에서 고속철도 기술보유국인 일본과 프랑스, 독일 3국은 치열한 경쟁을 벌였다.

제의요청서 초안은 철도청이 교통개발연구원 등에 의뢰하여 실시한 고속철도기술조사 및 기본설계에 의해 1989년 7월부터 1990년 2월까지 작성하였다. 이 초안이 보완을 거쳐 확정되고 발송된 것은 1991년 8월 26일이었다.

분야별 평가 항목은 금융, 차량, 전차선, 열차자동제어장치, 연동장치, 열차집중제어장치, 품질보증·품질관리, 기술이전, 국산화, 계약조건, 운영경험, 사업일정 등이었으며, 평가참여기관은 한국고속철도건설공단, 교통개발연구원을 비롯한 국내 5개 전문기관과 International Overseas Bechtel Inc.

였다.

제의서는 고속철도 기술보유국인 프랑스, 독일, 일본 3국에 발송되었으며, 1992년 1월 3일 최초 제의서를 접수한 이래 1993년 6월 14일까지 6차에 걸친 제의서 평가를 실시했다. 평가결과 프랑스 알스톰사와 독일 지멘스사로 경쟁이 압축되었으며, 협상결과 금융이나 기술이전 조건에서 좋은 평가를 받은 프랑스 알스톰사가 최종 계약대상자로 결정되었다.

1994년 6월 14일 차량 등 핵심기자재 도입계약이 체결되었는데, 발주자는 한국고속철도건설공단, 공급자는 한국TGV컨소시엄, 총 계약금액은 21억 1백6십만 달러(약 1조 6천820억 원)에 달했다.

4. KTX-13호가 뭐기에?

프랑스 알스톰과 계약을 맺어 도입하게 된 KTX는 1편성당 20량으로 이뤄져 있으며, 그 길이만 해도 388m에 이른다. 세상에서 가장 긴 고속철도인 것이다. 우리나라는 이런 KTX를 모두 46편성 보유하게 되었는데, 차량공급 방식은 모두 3단계였다.

1단계로 프랑스 완제품인 시제차량 2편성이 1998년 4월에서 12월 사이에 먼저 배편으로 들어오고(실제 최초의 KTX가 국내에 반입된 것은 1998년 4월 19일), 2단계로 프랑스 제작분 양산차량 10편성이 1999년 7월부터 12월까지 인도되어 국내에서 조립되는 조건이었다. 마지막 3단계로 국내제작분 양산차량 34편성이 남는데, 국내제작분 1호가 바로 KTX-13호인 것이다.

2002년 4월 12일, 창원에 있는 KTX 국내제작사인 로템에서는 KTX-13

호의 출고를 기념하는 행사를 거행했다. 비록 시작에 불과하지만, 고속철도 국산화라는 커다란 꿈이 결실을 맺기 시작하는 순간이었다.

5. 시운전 개시

1999년 12월 16일, 드디어 KTX가 한반도를 달리기 시작했다. 프랑스에서 제작되어 배편으로 건너온 지 1년 4개월만이며, 첫 삽을 뜬 지 7년 반만의 쾌거였다. 고속철도 시험선 구간은 원래 천안~대전 간 57.2km이지만, 초창기 시험운행은 충남 연기군 소정면에서 충북 청원군 현도면까지 34.4km 구간에서 진행됐다.

첫 시험선 운행 개시를 축하하는 행사는 김대중 대통령이 참석한 가운데 오송기지 근처 상봉터널 입구에서 개최되었다. 그로부터 약 100년 전인 1899년 9월 18일엔 우리나라 최초의 철도인 경인철도의 첫 기적이 울렸다. 당시 우리민족은 속수무책으로 당하는 입장이었고 일제의 자본에 의해 만들어진 철도는 민족자본을 빨아먹는 빨대 역할을 했지만, 100년 후의 고속철도는 비록 해외기술을 빌려왔다고는 하나 우리가 주인으로서 우리 국민의 삶을 윤택하게 만들고자 건설했으니 참으로 격세지감을 느끼게 되는 것이다.

일반적으로 새 자동차를 사게 되면 길들이기를 한다. 장거리 운행도 해보고 고속도로 운행도 하면서 차의 성능도 알아보고 문제점도 찾아내는 것이다. 그래서 중고차를 사는 경우엔 어떤 사람이 어떤 목적으로 타던 차인지 꼼꼼하게 확인하는 경우가 많다.

그런데 철도차량의 경우에는 자동차와 비교도 할 수 없을 정도의 길들이

기가 필요하다. 철도차량은 한 순간도 차륜(바퀴)이 궤도를 떠날 수 없는 구조이고, 전기철도의 경우 전차선은 생명선이므로 역시 한시도 떨어질 수 없는 일심동체 관계이다. 이 궤도와 전차선을 중심으로 신호체계, 보안장치, 통신장치, 각종 안전장치와 안전운행을 확보시켜 주는 각종 장비와 장치들이 빈틈없이 맞물려 있는 것이 고속철도시스템이다.

따라서 새 차량이 출고되면 궤도를 포함한 수많은 시스템과 궁합이 맞는지, 제대로 작동이 되는지, 문제가 발생했을 때 곧바로 관계자에게 통보됨과 동시에 적절한 조치가 취해지는지 등을 다양하게 설정된 상황 아래 검사를 하게 되는 것이다. 물론 이 과정에서 길들여지는 것은 각종 하드웨어뿐만이 아니다. 기장(기관사)이나 검수관계자, 열차승무원, 관제사, 운전취급자 등도 새로운 시스템의 구조와 특성에 익숙해지게 된다. 이렇게 시험운전이란 어쩌면 생텍쥐페리의 소설 《어린왕자》에 나오는 여우처럼 시스템은 사람에게, 사람은 시스템에 길들여져 자연스럽게 하나가 되어 가는 과정이라고도 볼 수 있을 것이다.

6. 철도산업구조개혁, 공단과 공사

1899년 9월 18일 경인철도의 모가형 증기기관차가 이 땅에 첫 기적을 울릴 때 우리나라 철도는 민간운영체제였다. 을사늑약 이후 한일강제합방에 이르면서 일제는 철도의 국유화에 나서게 되어 이미 경인철도합자회사를 흡수한 경부철도회사와 군용철도부분을 인수하여 운영권을 통합하였다. 일제 강점기 동안 전국 각지에서 사설철도 운영이 활발했고 1917년부터 1925년까지 약 8년간 조선철도가 남만주철도주식회사에 위탁운영되기도 했지만, 대체적으로 철도의 중심은 광복 이후에도 국유철도였고 주 운영권은 국가가 갖고 있었다.

고속철도건설이 논의되던 1980년대, 철도의 사양화가 극에 달해 있는 상태에서 정부는 철도산업의 개혁을 고민하게 되는데, 그 대안은 민영화였다. 정부의 능력으로는 힘에 부치는 철도를 민영화시켜 국민의 세금부담을 경감시켜보겠다는 발상이었다. 하지만 이 안은 당연히 강력한 반대에 부딪쳤고, 결국 민영화는 공사화로 방향을 틀었다.

철도산업구조개혁의 가장 큰 틀은 철도의 건설부분과 운영부분을 분리하는 것인데, 그 원인은 철도청의 비대화와 방만경영으로 인해 건설부분에 대한 투자가 제대로 이뤄지지 않는다는 것이었다. 결국 고속철도 건설 이후 갈곳을 잃게 된 한국고속철도건설공단의 인력과 철도청의 건설부문을 합쳐 한국철도시설공단을 설립하고, 철도청의 나머지 부분은 한국철도공사로 새로 시작하게 하는 것이다. 공단은 철도건설과 국유재산관리를 담당하고, 공사는 철도운영에 전념하도록 하자는 발상인데, 결국 공단은 정부의 대리인이 되고 공사는 수탁자가 되는 구조인 것이다.

2004년 1월 1일자로 한국철도시설공단이 먼저 출범하고, 그 1년 뒤인 2005년 1월 1일 한국철도공사가 출범했다. 철도청 직원들은 본인의 희망에 따라 공무원으로 남고자 하는 직원들은 타부서로 전출을 가기도 했지만, 많은 직원들은 묶여있는 형편이어서 전직시도 자체가 불가능했다. 하루아침에 정

한국철도공사 창립기념식(2005. 1. 5.)

부방침에 따라 국가공무원에서 공기업 직원이 된 것이다.

공식적인 공사출범행사는 2005년 1월 5일 정부대전청사에서, 건교부 차관, 국회 건교위 위원, 대전시장을 비롯한 내외귀빈 600여 명이 참석한 가운데 열렸다.

7. 고속철도 개통!

'개통'의 사전적 의미는 '도로·철도·전화 등이 완성되어 통함'[41]이다. 어떤 새로운 노선이 아닌, 새로운 역이 만들어져 영업을 시작할 때에는 과거에는 '개업'이라는 말을 많이 했는데, 요즘엔 '영업 개시'라는 말을 많이 한다. 같은 말이지만 현대어에서 '개업'이라는 말은 좀 모양이 나지 않고 소매점이 문을 여는 듯한 느낌을 주기 때문에 사용하지 않는다.

우리 철도에서 사용되는 '개통'이라는 말은 단순히 공사가 완료되어 서로 철길이 이어졌다는 뜻이 아니라, 그 본연의 목적대로 상업운행을 시작했다는 의미를 갖는다. 이 부분에 대한 이해부족과 오해가 오늘날 많은 혼란을 불러일으키고 있다. 실제 철도에는 개통일과 개통식 거행일이 다른 경우가 대부분이다. 공사가 완료되고 영업준비가 끝나

호남복선전철준공 및 고속열차 개통식

---

41) 민중 국어사전

면 개통을 하는 데는 문제가 없지만, 개통식의 경우 이른바 '좋은 날'을 잡아야 하기 때문에 간단치가 않은 것이다. 좋은 날이란 길일을 뜻한다기보다 참석예정 VIP의 일정 등이 주요 변수로 작용한다.

고속철도 개통식은 두 번에 걸쳐 열렸다. 먼저 2004년 3월 24일 호남선 목포역 광장에서 '호남복선전철준공 및 고속열차 개통식'이 열렸다. 주빈은 고건 대통령권한대행이었다. 당시 노무현 대통령이 탄핵논란에 휩싸여 있는 상황이었기 때문이다. 호남고속철도 개통식이 아닌 복선전철준공 및 고속열차 개통식이 된 사연은 이렇다. 앞에서 언급한 바와 같이 고속철도란 하나의 통합적 시스템이다. 고속열차가 다닌다고 해서 온전한 고속철도라고 할 수는 없다. 호남선의 경우 고속열차가 다니기는 하지만, 기존선을 개량하여 복선전철화한 다음 고속열차를 투입했을 뿐이지 그 궤도나 급전, 신호, 보안, 통신시스템 등은 여전히 고속시스템이 아닌 재래선시스템을 이용하는 것이기에 고속철도 개통이란 용어를 쓰지 않은 것이다.

그로부터 약 1주일 후인 3월 30일 10시, 서울역 광장에서는 '경부고속철도 1단계 개통식'이 성대하게 열렸다. 역시 주빈은 고건 대통령권한대행이었다. 그러면 여기선 왜 굳이 1단계란 말이 들어갔을까? 고속철도 건설엔 약 18조원의 예산이 투입되었는데, 고속철도는 경부선과 호남선을 달리게 되지만 실제 고속철도구간은 시흥(지금의 금천구청역)에서부터 동대구까지이고, 나머지 구간은 기존선을 고속열차 운행에 맞게 개량한 것뿐이다. 그 사업이 1단계 사업이었다. 2단계 사업은 동대구에서 경주와 울산을 거쳐 부산에 이르는 고속선을 건설하고, 수도권과 대전, 동대구 통과구간을 개량하는 것이었다.

개통식이 끝난 후 주요 내빈은 시승열차로 대전역까지 이동해 대전역 준공식 행사에 참석했고, 철도청과 철도공단이 함께한 고속철도사진전을 관람했다.

8. "나는 역방향이 싫어요!"

2004년 4월 1일, 고속철도가 개통된 이후 고속철도 관련 위기는 예상보다 일찍 찾아왔다. 아니, 개통 당일부터 삐걱거리기 시작했다는 표현이 맞을지도 모른다. 이미 시운전 기간에도 제기되었던 역방향 문제가 연일 언론에 오르내리고, 사소한 운행장애가 고속철을 '고장철'로 둔갑시켰다. 감정싸움까지 생긴 한 언론사에서는 '개텍스'란 표현도 서슴지 않았다.

고속철도 운영자 입장에서는 우려했던 상황정도가 아니라 심각한 위기상황에 직면하게 된 것이다. 초창기 KTX가 그토록 힘든 나날을 보낼 수밖에 없었던 이유는 다음 몇 가지를 꼽을 수 있다.

첫째, 똑같은 상황에 대한 시운전 때 반응과 상업운전 때 반응이 같을 수 없다는 거였다. 역방향 문제는 시운전 때에도 제기되었고, 그럴 수밖에 없는 이유에 대한 설명을 통해 대부분의 문제제기가 해소되었다. 하지만 공짜가 아닌 자기 돈을 내고 타는 이들은 설명을 들으려 하지 않았고, 무조건 싫다는 반응을 보였다.

둘째, 언론의 속성에 대한 착오가 있었다. 고속철도에 대한 부정

고속철도 개통 당일 서울역

적 여론조성의 중심에는 언론이 있었다. 개통 전까지만 해도 찬양일변도였던 언론의 반응이 차갑게 돌변한 이면에는 단군 이래 최대 국책사업이라고 하는 고속철도 개통에 대한 광고비 미집행이 하나의 원인을 제공한 것으로 보인다.

셋째, 고속철도 운영권 다툼이 남긴 부작용이다. 고속철도 개통과 성공적인 운영을 위해 하나가 되어 매진해야 할 대한민국 철도가 서로 고속철도를 운영하겠다고 양분되면서 힘이 많이 빠진 것이다.

그러면 역방향에 대해 생각해 보자. KTX는 전체 20량 중 2량은 동력차, 18량은 객차로 구성돼 있다. 객차와 객차 사이가 관절대차로 연결돼 있어 쉽게 분리하거나 떼어낼 수 없는 고정편성방식이다. 18량 중 특실은 4량, 일반실은 14량인데, 특실은 좌석 회전이 가능하지만 일반실은 중앙을 중심으로 마주보는 고정식 좌석이다.

이러한 설계를 선택한 이유는 간단하다. 좀 더 많은 좌석을 확보하기 위해서인 것이다. 회전식으로 설계하면 역방향 문제는 발생되지 않지만 공간을 많이 차지하고 무게가 늘어난다. 우리나라의 경우 500km 미만의 거리를 운행하게 되므로 고속열차로 2시간 남짓이면 갈 수 있는 거리이고, 고속열차는 여행개념이 아닌, 시간가치를 중요시하는 출장이나 통근을 염두에 두고 도입했기 때문에 조금 불편해도 많은 사람들이 보다 저렴한 가격으로 고속철도를 이용할 수 있도록 설계하는 것이 바람직하다고 판단했던 것이다. 그리고 이 판단이 옳았다는 것은 개통 10년이 지난 지금의 성공적인 운영이 증명하고 있다.

개통 당시 고속철도 이용객은 하루 약 7만 명에 불과했다. 지금의 반에도 미치지 못하는 수준이다. 정말 역방향이 싫으면 이용객 모두 순방향을 이용할 수 있을 정도로 좌석에 여유가 있었지만, 고속철도를 경험해보지 않은 사람도 역방향에 대해 한 마디씩 할 정도로 언론의 힘은 막강했다.

고속선은 특성상 직선으로 이뤄져 있다. 그러다 보니 터널과 고가교가 많고, 경부선의 경우 터널이 아닌 곳엔 좌우로 담장이 쳐져 있다. 빠른 속도에서는 먼 거리를 봐야 눈이 덜 피곤한데 담장이 있으면 그마저도 쉽지 않다. 이런 상황에서 순방향은 오히려 눈을 피곤하게 한다. 바깥 경치가 빠른 속도로 다가오는 것이기 때문이다. 하지만 역방향은 경치가 물러나는 것이라 상대적으로 눈이 덜 피곤하다. 순방향보다 역방향이 더 편하다는 느낌은 바로 눈의 피로가 적기 때문이다.

역방향 논란에 대해 코레일은 1차적으로 역방향좌석에 대한 할인제도를 시행하고, 용역을 실시하여 해결방안을 모색했다. 용역결과 일반실의 좌석 일부를 떼어내고 회전식으로 바꾸는 안이 제시되었다. 하지만 많은 시간과 예산이 소요될 뿐만 아니라 좌석위치 변경에 따라 객실 창문과의 부조화 문제가 제기되어 실행이 지연되었고, 그 사이에 역방향 논란은 사라졌다. 소모성논쟁으로 인해 낭비될 뻔한 막대한 국가역량을 생각하면 지금도 가슴을 쓸어내리게 된다.

9. HSR-350x?

고속철도가 개통되던 2004년이 저물어 가던 12월 16일, 한국고속철도 역사에 길이 남을 쾌거가 전해졌다. 한국형고속전철 시제열차 HSR-350x가 시속 350km/h를 달성한 것이다.

HSR-350x는 'High Speed Rolling Stock 350x'의 약자로, 350이란

시속 350km/h의 운행속도를
목표로 하고 있음을 뜻한다. 7량
1편성인 이 차량은 1996년 12월
부터 2002년 10월까지 6년에 걸
쳐 추진해온 G7(지세븐) 고속전
철기술개발사업의 성과물이다. 이
때문에 이 차량의 이름이 한동안

광명역에 정차 중인 HSR-350x

G7으로 알려지기도 했지만, 이는 프로젝트 이름과 성과물을 혼동했기 때문
에 비롯된 착오이다.

HSR-350x는 프랑스의 고속철도 기술을 바탕으로 한국형 고속전철 시제
품을 직접 만들어보겠다는 의지에 따라 정부의 과감한 투자와 강력한 지원
을 힘입어 탄생한 산물이다.

이 차량은 동력차 2량, 동력객차 2량, 객차 3량으로 구성돼 있는데, 객차
는 각각 특실 1량, 일반실 1량, 회의실 및 측정실 1량으로 만들어져 있다.

시제차량이라는 이름대로, 이 차량은 영업운행을 목표로 만든 것이 아니
다. 태생적으로 상업운전에 투입될 고속열차를 제작하기 위한 실제 기술력을
확보하기 위한 모태로서 만들어진 것이다. 따라서 이 차량은 편성 전체가 하
나의 시험실로 꾸며져 있다고 해도 과언이 아니다.

HSR-350x는 시속 350km/h를 돌파한 후에도 고속선에서의 시운전을
계속하여 진동, 소음, 승차감 등을 지속적으로 확인하고 문제점을 개선해
나갔다. 그리고 마침내 탄생시킨 옥동자가 KTX-II, 곧 KTX-산천이었다.
2007년 12월 G7 프로젝트의 2단계 사업인 고속철도 기술개발 사업이 종료
된 이후 한국형 고속철도차량의 모태로서 그 역할을 훌륭히 수행한 이 차
량은 충청북도 청주시 소재 오송기지에 장기간 유치돼 있었다. 그런데 2013

년 하반기에 철도특구로 지정된 경기도 의왕시의 기증요청에 따라 전체 7량 중 3량이 의왕자연학습공원으로 옮겨졌다. 옮겨진 시점은 2014년 12월 말이 며, 나머지 4량 중 3량은 역시 의왕에 소재한 한국철도기술연구원에 자리를 잡았고, 1량은 경기도 여주시에 기증되었다.

- HSR-350x와 KTX 비교

구분		HSR-350x	KTX	비고
차량수		7	20	
중량(만차시)		340ton	841ton	
총길이		145m	388m	
좌석수		82	935	
전동기 수		12	12	
출력/1대(kW)		1,100	1,130	
총출력(kW)		13,200	13,560	
견인 전동기	형식	유도전동기	동기전동기	
	정격(kW)	1,100(2,183V/349A)	1,130(1,352V/631A)	
	극수	4극	6극	
	회전수(rpm)	4,300	3,937	
	기어비	2.012	2.179	

자료 : 한국생산기술연구원

10. 여승무원 고용분쟁

'선로 위의 비행기'로 표현된 KTX에서 서비스를 담당할 여승무원에 대한 각종 언론의 관심은 가히 폭발적이었다. 연일 쇄도하는 취재, 인터뷰, 방송출 연 요청을 지원하느라 관계자들은 화장실에도 뛰어다녀야 했다.

고속철도 개통을 며
칠 앞둔 2004년 3월
26일, 드디어 언론의
뜨거운 관심 가운데
높은 경쟁률을 뚫고
선발된 여승무원 350
명에 대한 임명장 수여

식이 거행됐고, 임명장
을 받은 승무원들은 모두 서울역에 나와 고객들께 정중한 첫인사를 드림으
로써 신고식을 마무리했다.

초창기 KTX에는 모두 6명의 승무원이 탔다. 기관사(지금의 기장) 1명, 열
차팀장 1명, 차량검수원 1명, 여승무원 2명, 판매담당승무원 1명이다.

기관사는 열차운전을 책임지고, 열차팀장은 출입문 개폐를 포함한 운전취
급과 열차 내 안전을 책임진다. 차량검수원은 혹시 발생할지 모르는 차량고
장이나 장애를 예방하고 이례적인 상황 발생시 조치를 담당했는데, 이 역할
을 열차팀장이 맡으면서 지금은 검수원 승무제도가 없어졌다. 여승무원은
고객서비스를 담당하고, 판매담당승무원은 손수레를 이용하여 차내 이동판
매를 담당한다. 이외에 철도경찰이 추가로 승무하기도 하고, KTX-산천처럼
신조차량이 투입되었을 경우 차량제작사인 현대로템의 직원이 승무하기도
한다.

고속철도 개통을 앞두고 철도청 입장에서는 인력확보와 교육이 급선무였
다. 당연히 필요한 정원 확대를 요청했지만 정부의 입장은 정원 확대를 최
소화하고 신규소요인력은 외주화하라는 것이었다. 이에 따라 철도청은 당시
홍익회에 승무사업을 위탁(2004. 2.)했고 여승무원들은 홍익회의 직원 신분

으로 KTX 여객서비스 업무를 시작하게 된 것이다. 지상의 스튜어디스로서 자긍심을 갖고 승무에 임하던 여성들에게 현실은 각박했다. 개통 전까지의 KTX에 대한 언론의 찬양이 하루아침에 비난으로 바뀌고, 고속으로 운행하는 열차 내에서의 고객서비스는 힘겨웠다. 게다가 홍익회 계약직 신분은 그동안 꿈꿔왔던 공기업 직원과는 거리가 멀었다.

결국 승무원들은 2005년 2월 전국철도노동조합의 지원을 받아 KTX 승무원 업무 자체를 '불법파견'으로 주장하며 노동부에 진정서를 제출했지만, 노동부는 2차에 걸쳐 적법도급으로 판결했다.(1차 : '05. 9. 9, 2차 : '06. 9. 29.)

승무원들의 단체행동이 이어지자 홍익회에서 한국철도유통으로 사명이 바뀐 수탁사에서는 결국 코레일에 위탁해지를 신청(2005. 12.)했고, 2006년 3월 코레일의 계열사인 KTX관광레저(지금의 코레일관광개발)에서 그 바통을 이어받았다.

KTX관광레저는 승무원들을 계약직이 아닌 정규직으로 채용하고자 했으나 승무원들의 요구사항은 코레일의 직접고용이었다. 하지만 이건 단순히 코레일만의 문제가 아니었다. 공기업 전체와 지자체, 국가기관에 근무하고 있는 수많은 계약직 직원들의 고용과 관련된 것이기에 정부에서도 쉽게 물러설 수 없었다.

결국 전체 382명 중 131명은 코레일 계열사 정규직으로 채용되었으나 나머지 251명은 이직 또는 관망 등으로 채용에 응하지 않았다. 결국 퇴직 형태가 된 것이다.

그 후 물리적 투쟁이 이어졌다. 때로는 철도노조와 함께, 때로는 단독투쟁 형태도 보였다. 2008년 9월, 전직 승무원들은 물리적 투쟁을 중단하고 법적 소송(근로자 지위확인 및 임금지급)을 제기했다.('08. 10. 2.)

그 후 많은 시간이 흘러 2015년 2월 26일, 이 사건이 다시 수면 위로 떠올랐다. 드디어 대법원의 최종판결이 나온 것이다. 결론은 원고 패소였다. 법적 판단은 내려졌지만 해결해야 할 문제들은 많이 남아있다. 소송에 이기는 것을 전제로 지급받은 4년치 임금을 반납해야 하고, 소송비도 물어내야 한다. 아직도 현재진행형이지만, 잘잘못과 결과를 떠나서 한국 고속철도 역사에 여승무원 고용분쟁은 커다란 아픔으로 남아있다.

11. 〈KTX 매거진〉, 영상방송, KTX-시네마, KTX특송

고속열차에 오르면 제일 먼저 눈에 띄는 것이 가지런한 좌석과 각종 차내 설비다. 자리에 앉으면 주머니에 꽂혀 있는 월간지 〈KTX 매거진〉이 보인다. 특실의 경우엔 〈위클리 공감〉이라고 하는 국정홍보지도 들어가 있다. 그리고 계간으로 발행되는 〈트레인숍〉도 있다. 좌석 뒤에 부착돼 있는 주머니 크기는 고정돼 있는데, 고속철도의 엄청난 광고효과에 숟가락을 얹어보려는 이들의 러브콜이 대단하다. 하지만 KTX는 이미 '품절남'이다. 더 이상의 여유가 없다. 오히려 기존 매체들의 분량이 늘어나지 않는지 신경을 곤두세우고 있는 중이다.

〈KTX 매거진〉은 항공사의 기내지보다 더 고급스럽고 다양한 정보를 제공했기에 개통 초기부터 화제였다. 특히 매달 바뀌는 주제에 따라 실리는 사진들은 사진전공자들에게 인기가 높아, 홍보부서엔 책을 구해달라는 요청이 많이 들어온다.

개통 후 2005년 말까지 이 잡지의 제작비는 운영사인 코레일이 부담했다. 2006년부터는 계약을 변경하여 제작비를 광고수익에서 충당하고, 초과수익에 대하여는 운영사와 제작사가 나눌 수 있는 근거를 만들었다. 이에 따라 2008년도부터는 제작사의 편집권을 최대한 존중해주면서 적으나마 수익을 배분받고 있다.

KTX가 처음 개통되었을 때, 이용자들을 어이없게 했던 것은 천장에 달려 있는 CRT(진공관식) 모니터였다. 세계 최고의 LCD 모니터 생산국인 한국의 최첨단 열차에 CRT라니……. 이유는 간단했다. KTX는 2004년에 개통되었어도 프랑스에선 이미 1990년대에 제작된 모델이어서 급격한 컴퓨터 환경의 변화에 뒤져 있었던 것이다. 결국 2006년 5월 말까지 KTX 46개 전 편성의 15인치 CRT모니터 전체를 17인치 LCD 모니터로 교체하고, 수량도 특실 4대·일반실 2대에서 특실 6대·일반실 4대로 늘렸다. 2014년부터 시행된 영상방송 설비개량사업에 따라 이 모니터는 19인치 HD 디지털 모니터로 다시 교체되고 있다.

차내 영상방송 콘텐츠는 계약에 따라 ㈜연합뉴스에서 담당하고 있다. 정차역 안내와 안전설비 사용법 같은 기본정보 외에 날씨, 스포츠 및 실시간 뉴스도 제공되고 있다.

KTX에만 있는 특별한 서비스를 꼽으라면 KTX 시네마 영화객실[42]을 빼놓을 수 없을 것이다. KTX 45개 편성의 1호차에 설치돼 있으며, 57인치 디지털 스크린, 프로젝터, 입체음향시스템과 서버로 구성돼 있다. 시발역을 10시 이후부터 22시 이전에 출발하는 열차에서 상영되며, 상행과 하행열차의 프로그램이 구분된다. 이 서비스는 ㈜시네우드와의 협약에 따라 2007년 9월부터 정식 영업을 시작했고, 2010년 12월엔 롯데시네마와 배급제휴를 맺어 상영 프로그램의 품질을 향상시켰다. 영화관람료는 1인당 7,000원이며

---

42) '영화상영용 기차차량' 특허등록 제10-0720112호. 해외 6개국 특허획득, 24개국에 특허출원

코레일은 총매출액의 26%를 영업임대료로 받는다.(KTX 영화객실 서비스는 2015년 3월 현재 잠정적으로 중단된 상태이다.)

KTX는 사람만 타는 것이 아니다. 2005년 7월부터 KTX의 수화물 적재 공간을 활용해 급송품을 운송하는 제도가 시행되고 있는데 KTX특송 서비스가 바로 그것이다. 현재 경부선과 호남선, 경전선의 12개 주요 역에서 시행되고 있는데 연간 약 30만 건의 실적을 올리고 있다. 역시 경부선상의 주요 5개 역인 서울, 부산, 동대구, 광명, 대전역이 전체 매출의 90%를 차지한다. 이용료(운임)는 기본이 6,000원이며 거리에 따라 10,000원까지 차등 수수한다. 다만 크기나 무게에 따른 할증이 있고, 1회 접수수량이나 월누적 접수수량에 따른 할인제도도 시행하고 있다. '300km/h가 드리는 3시간의 약속!' 믿어도 좋을 것 같다.

12. 홈티켓이 뭐지?

홈티켓(Home-Ticket)이란 간단히 말해 집에서 발권이 가능한 승차권, 또는 그것이 가능한 시스템을 말한다. 하지만 광의의 홈티켓은 이용자의 편의를 위해 역이 아닌 곳에서도 승차권구입이 용이하도록 해주는 시스템이라고 할 수 있을 것이다. 이렇게 본다면 철도역이 아닌 집 근처의 여행사나 은행, 우체국 등에서 승차권을 구매할 수 있도록 하는 철도승차권 판매대리점(위탁발매소)시스템이 '홈티켓의 할아버지'였다고 할 수 있을 것 같다.

여기서 좀 더 발전한 것이 전화나 인터넷을 통한 승차권 예약제도였다. 철도역은 말할 것도 없고 근처의 판매대리점에 가지 않아도 집에서 편히 철도

승차권 예약이 가능하게 되었고 곧 결제까지 가능한 시스템으로 발전했으니, 바로 '홈티켓의 아버지'쯤 될 것이다.

홈티켓 견본

그러다가 한국 철도가 진정한 홈티켓시스템을 운영하게 된 것은 고속철도 개통 1주년을 맞은 2005년 4월 1일부터였다. '진정한 홈티켓시스템'이란 승차권 예약과 결제뿐만 아니라 발권도 가능한 시스템을 말한다. 그 전까지는 예약과 결제를 했다고 하더라도 승차권을 직접 발권하기 위해서는 승차권발매시스템이 갖춰져 있는 역이나 판매대리점, 혹은 자동발매기를 이용해야 했다.

하지만 홈티켓시스템이 본격 운영되면서 이용자들은 집이나 사무실에서 철도승차권을 예약하고 결제한 후엔 컴퓨터의 프린터를 이용해 발권까지 가능하게 되었다. 물론 위조 및 복사방지장치가 함께 개발되었다. 대표적인 장치로는, 승차권이 발행되는 원지 바탕에 'KOREA RAILROAD'라는 지문이 인쇄돼 복사할 경우 없어지도록 했고, 원본에 워터마크를 넣어 복사할 경우 '사본' 표시가 나오도록 한 것 등이다.

벌써 이 서비스를 시작한 지 올해로 10년이 되어 간다. 이 서비스의 궁극은 무엇일까? 바로 '티켓리스(Ticketless)' 서비스다. 집에서 발권할 수 있는 승차권을 넘어서서 아예 발권이 필요 없는 승차권시대가 도래한 것이다.

그 대표주자로 등장한 것이 바로 2006년 9월 1일자로 제공되기 시작한 'SMS티켓' 서비스이다. 휴대전화 문자서비스 기능을 활용한 것으로, 온 국민이 휴대폰을 사용하는 시대가 됨으로써 가능해진 것이다. 철도공사 홈페이지에서 예약한 승차권을 결제 후 'SMS티켓'을 선택하면 지정한 휴대전화에 인증번호가 전송되고, 인증을 통해 본인이 확인되면 'SMS티켓'이 문자메시지로 전송된다. 물론 결제자와 승차자가 동일하지 않아도 상관이 없다. 굳이 프린터 시설이 없어도 되고, 항상 휴대하는 휴대전화에 승차권이 저장되어 있으니 잃어버릴 염려도 없다. 체험할인 2%의 매력에 힘입어 선풍적인 인기를 끈 이 서비스는 '홈티켓의 아들'쯤으로 볼 수 있을 것 같다.

그런데 세상은 또 바뀌어 온 국민이 인터넷 단말기를 들고 다니는 시대, 즉 스마트폰 대중화 시대가 왔다. 이와 함께 등장한 것이 바로 어플리케이션(앱)을 활용한 승차권 예약발권서비스이다. 이 서비스는 글로리코레일[43]이라는 이름으로 2010년 12월부터 시행돼 온 국민의 사랑을 받고 있는데, 장점으로는 집이나 사무실, PC방 등 고정된 장소가 아닌 모바일환경에서 손쉽게 승차권을 예약, 결제, 발권할 수 있으니 그야말로 홈티켓의 지존이라고 할 수 있을 것이다.

13. 억, 억, 억! 이용객 3억 명 돌파

구분	달성일	소요일	일평균 이용객	주인공	비고(이용구간)
1억 명	2007. 4. 21.	1,116	89,605.7	윤규식 님	KTX 260 부산→서울
2억 명	2009. 12. 19.	2,089(+973)	102,774.9	김우웅 님	KTX 129 서울→부산
3억 명	2012. 2. 21.	2,883(+794)	125,944.5	신지영 님	KTX 130 울산→서울

43) 이 앱의 이름은 2012년 11월, '코레일 톡(KORAIL Talk)'으로 바뀌었다.

한국 고속철도 KTX가 개통된 2004년 4월 1일 직후, 운영자인 철도청은 난감한 상황에 빠져들었다. 1일 이용객이 7만여 명에 머물면서 더 이상 늘어날 기미가 보이지 않는 데다가 언론의 부정적 보도는 감당할 수 없을 만큼 거셌기 때문이다. 해외 선진철도국에서 우려했던 대로, 내부 비판자들의 '예언'대로 우리에겐 고속철도가 시기상조인 것인지, 기초체력도 없으면서 마라톤을 시작한 것이 아닌지 심각하게 돌아봐야만 했다.

하지만 하루하루 서비스를 향상시키고 시스템을 보다 안정시켜 나가면서 이용률은 조금씩 향상되기 시작했다. 실제 이용해 보니 역방향이라는 것이 언론의 보도와는 달리 아무것도 아니라는 것을 알게 되었고, 고속철도가 선사하는 시간가치에 눈을 뜨기 시작했으며, 무엇보다도 우리의 '빨리빨리' 문화에 딱 맞는 교통수단이었던 것이다.

한 나라의 고속철도가 성공적으로 운영되고 있는지의 여부는 운영실적과 정시운행률, 안전성(사고 발생률)을 가지고 판단할 수 있다. 물론 운영사의 경영실적까지 좋으면 금상첨화일 것이나, 철도산업의 특성이 공공재로서 영리성과는 일정 거리가 있는 산업이라는 것, 또한 우리나라의 경우 구조적으로 흑자실현이 어려운 상황이므로 기대하기 힘들다.

2007년 4월 21일, 서울역에서는 KTX 이용객 1억 명 돌파를 축하하는 행사가 열렸다. 개통 이후 1,116일 만의 경사였다. 행운의 주인공은 서울에 거주하는 윤규식 님이었는데, SMS티켓 서비스를 이용한 단골손님이었다. 단순계산에 의하면 하루 약 89,605명이 이용한 것인데, 초창기에 비하면 많이 좋아진 것이다.

2억 번째 고객은 2009년 12월 19일 탄생했다. 이번엔 부산에 사시는 김우웅 님이 행운의 주인공이 되셨다. 개통 이후 2,089일, 1억 명 돌파 후 973일

만의 경사였다. 그렇다면 하루 약 107,775명이 이용했다는 계산이 나온다. 드디어 1일 평균 10만 명 이상이 이용하는 시대에 들어선 것이다.

2012년 2월 21일 3억 번째 행운의 주인공이 탄생했다. 자녀의 레슨을 위해 정기적으로 KTX를 이용하시는 울산의 신지영 님이었다. 2억 명 돌파 후 794일 만이었으니 하루 평균 이용객이 125,944명에 이른다. 장족의 발전이며, 해외 고속철도 선진국과 비교해 보아도 결코 뒤지지 않는 성적[44]이다.

14. 자동개집표기 철거

2004년 3월 24일은 '호남선복선전철 및 고속열차 개통식'이 열린 날이자 고속철도 승차권의 첫 예매가 시작된 날이다. 이날 자성식 승차권이 일반에 처음으로 선을 보였는데, 양쪽에 구멍이 뚫린 지폐형태의 도트 인쇄방식(지정 공통승차권)에서 명함크기 용지에 레이저(표면)와 자성(이면)을 이용하는 기록방식으로 바뀐 것이다. 아울러 딱지승차권으로 불리는 에드몬슨식 승차권은 4월 1일을 기해 우리 철도에서 사라지게 되었다.

자성식 승차권이 제 기능을 발휘하기 위해서는 자성을 감지할 수 있는 개집표 장비가 필수적이다. 이 장비는 정당한 승차권 소지여부 확인에서부터 통계자료 작성의 기본이 되는 데이터 검출이 가능하기 때문에 운영자 입장에서는 매우 편리한 시스템이라고 할 수 있다.

---

44) 1964년 개통된 일본 신칸센은 1억 명 돌파에 3년 3개월 17일이 소요됐다. 영업거리(552.6km)가 한국(223.6km)보다 2배나 긴 점도 고려해야 한다. 2001년 개통된 프랑스 지중해선은 이용객 1억 명을 돌파하는데 5년이나 걸렸다.

그런데 2009년 8월 3일 허준영 코레일 사장은 고객신뢰경영을 선포하고 서울역으로 이동해 자동개집표기를 철거하는 퍼포먼스를 보여주었다. 표확인을 따로 하지 않고 차내 검표로 대신한다는 것이다. 그 이후 전국 17개 역에 설치되어 있던 262대의 모든 자동개집표기가 차례로 철수되었다.

그 배경에는 개집표기의 내구연한(5년) 도래라는 말 못할 사정이 있었다. 이 시스템을 계속 사용하기 위해서는 막대한 예산을 들여 장비를 교체해야 할 상황이었던 것이다. 코레일은 편리하기는 하지만 운영에 많은 예산이 소요되는 자성식 승차권 발매시스템을 대신할 감열지식 승차권 발매시스템을 개발하고, 주요 역에 설치하기 시작했다. 감열지식은 일반에서도 많이 사용하는 두루마리형태의 종이를 사용하는 것으로, 위조나 손상 등을 대비한 방안도 이미 마련돼 있었다.

과감하게 개집표를 생략할 수 있었던 배경에는 PDA라고 하는 장비에 대한 신뢰도 일조했다. 실시간으로 전송되는 정보를 통해 승무원은 차내에서 객실의 좌석점유 여부와 속성 등을 수시로 확인할 수 있는 것이다. 물론 출발역에서부터 시스템적으로 부정승차를 차단하는 것이 가장 바람직하지만, 철도운영자 입장에서는 비용 대비 효과를 고려하지 않을 수 없는 것이다.

감열지식의 장점은 시스템구축과 유지비용이 적게 들고, 별도의 영수증 발행이 쉽고 필요에 따라 많은 양의 정보(시각적인 홍보, 광고문구 등)을 추가로 넣을 수 있다는 것이다.

모든 일반열차의 개집표를 생략한 것에 대한 국내외 반응은 다양하다. 외국의 철도전문가들로부터 부러움과 칭송의 대상이 되기도 하는 반면, 정원감축 의혹과 부정승차 증가의 직접원인이 되었다는 부정적인 반응도 있다.

15. KTX-산천 영업 개시!

2008년 11월 25일 창원의 현대로 템공장에서는 한국형고속철도차량 의 첫 출고를 축하하는 행사가 성 대하게 열렸다. 이 차량의 이름은 KTX-II라고 정해졌다. 제2의 KTX 라는 뜻이다. KTX의 모체는 프랑 스 알스톰사의 TGV다. 전체 46편

시운전 중인 한국형고속철도차량

성 중 2편성은 직접 제작 후 도입, 10편성은 국내 조립, 나머지 13호부터 46 호까지 34편성은 국내제작되었다. 그래서 편성마다 국산화율이 조금씩 다르 지만, 국산화율은 약 58%[45]로 보고 있다.

KTX-II의 모체는 HSR-350x다. 물론 HSR-350x의 관절대차 등 주요 기술은 도입계약에 따라 프랑스로부터 기술이전 받은 것이 근간이 되었다. 이 날 공개된 KTX-II는 경부고속철도 건설을 계기로 국토해양부가 총괄하 고 지식경제부, 교육과학기술부 등 정부부처와 현대로템을 비롯한 129개 기 업, 학계, 연구소 등이 참여해 개발됐다. 국산화율은 약 87%이다.

KTX-II가 출고됨으로써 우리나라는 고속철도운영국에서 고속철도기술보 유국 반열에 올랐다. 그로부터 17년 전인 1991년 고속철도기술보유국인 일 본, 프랑스, 독일에 고속차량 기종선정을 위한 제의요청서를 보냈던 나라가 독자적인 기술보유국이 되었으니 정말 감개무량한 일인 것이다.

---

45) 이상길 현대로템 철도사업본부장(부사장)의 인터뷰 기사(2008. 11. 25. 〈머니투데이〉)

출고차량은 코레일의 고양차량기지로 옮겨졌고, 2009년 9월부터 1차 도입분(6편성 60량)이 모두 반입되어 고속선 주행 시험이 진행되었다. 그리고 그해 10월 13일에 서울역에서 열린 '타자! 기차를!' 발대식에서 최초로 언론에 공개되었다.

KTX와 KTX-Ⅱ의 기술적 차이는 많지만(부록 참조), 제일 눈에 띄는 부분은 편성부분이다. KTX의 경우 20량 고정편성인 데 반해 KTX-Ⅱ는 10량 편성이어서 수요에 보다 탄력적으로 대응이 가능하다는 것이다. 우리나라의 경우 꾸준한 수요가 있는 경부선에 비해 호남·전라선의 경우 수요가 적은 편이어서 평상시엔 10량 편성을 투입하고 수요가 늘어나면 중련을 통해 20량 편성을 투입할 수 있는 것이다.

두 번째 특징은 일반실 좌석도 모두 회전이 가능하도록 제작함으로써 역방향 논란을 원천적으로 없앤 것이다. 당연히 KTX에 비해 수송원가는 높아질 수밖에 없다.(하지만 별도의 운임을 책정하려던 당초의 계획은 무산되고 말았다.)

KTX-Ⅱ가 시험운행을 마치고 코레일의 차적에 오른 것은 2010년 2월 12일이다. 이 차량의 이름은 공모를 거쳐 'KTX-산천'으로 정해졌다. 산천(山川)이란 이름에는 차량 전두부가 우리나라 토종물고기인 '산천어'를 닮았다는 이유와 이 나라 방방곡곡 산과 내를 신명나게 달리라는 뜻이 함께 담겨 있다. KTX-산천이 첫 상업운전을 시작한 것은 2010년 3월 2일이다.

KTX-산천은 KTX를 운영하면서 부족하다고 느꼈던 부분을 많이 개선하였음에도 불구하고, 초창기에 잦은 장애로 운영사인 코레일에 많은 부담을 주었다. 더구나 당시엔 국가적으로 브라질과 미국의 고속철도 신규사업에 관심을 갖고 있었기 때문에 국산 고속철도차량에 대해 함부로 이야기하는 것이 터부시되었다.

KTX-산천이 기술적으로 안정화한 것은 2012년에 인수한 4차 도입분부터였다. 2014년 7월 현재 코레일은 24편성의 KTX-산천을 보유 운영하고 있으며, 편성당 가격은 약 330억 원이다.

16. 경부고속철도 2단계구간 개통

고속철도 스무 고개 중 열다섯 고개를 넘었으니 이제 독자들은 고속열차 운행구간과 고속철도구간이 다른 개념이라는 것을 눈치 챘을 것이다. 우리나라는 예산 또는 공정상의 문제로 경부고속철도 건설을 크게 둘로 나누어 추진했다. 일단 1단계 사업은 대구(동대구)까지 고속선을 건설하고, 대구~부산 간 및 대전과 대구의 시내 통과구간은 기존 경부선을 전철화했다. 사업비는 총 12조 7,377억 원이 소요되었다.

그래서 1단계구간 개통 당시 실제 경부선 KTX 운행노선을 보면, 서울역을 떠나 일반열차가 운행하는 기존선을 이용해 시흥역(지금의 금천구청역)까지 가서 비로소 고속선을 타고 광명역과 천안아산역을 지나 회덕에서 대전역 이용을 위해 기존선으로 진입하게 된다. 대전역을 출발한 열차는 옥천에서 고속선으로 빠져나와 동대구역을 앞두고 신동에서 다시 기존선으로 들어가 부산역까지 계속 기존선을 이용했다. 기존선은 신호나 통신시스템도 다를 뿐만 아니라 궤도설계도 다르기 때문에 아무리 KTX라고 해도 시속 150km/h 정도밖에 속도를 낼 수가 없다.

2002년에 착공한 경부고속철도 2단계구간 공사는 바로 동대구에서 부산까지 124.2km의 고속선과 대전·대구 도심통과구간 45.3km를 신설하는 사업이 핵심이며, 그 과정에서 오송역, 김천구미역, 신경주역, 울산역이 새로 지어졌다. 기존선 구간의 울산역은 새로 지어진 고속철도역에 그 이름을 양보해 태화강역으로 바뀌었다.

경부고속철도 2단계구간의 개통식은 2010년 10월 28일에 열렸으며, 상업 운행은 11월 1일부터 시작됐다. 2단계 사업비는 총 7조 9천454억 원이 소요되며, 대전·대구 도심 구간은 2015년 완공을 목표로 마무리단계에 있다.

경부고속철도 2단계구간은 경주와 울산지역으로 우회하여 건설되어 실제 운행거리는 길어졌지만 고속선으로 건설되었기 때문에 소요시간은 짧아졌다. 그리고 경부선 KTX의 운행노선은 더 다양해졌다.

- 서울~광명~천안아산~오송~대전~김천(구미)~동대구~신경주~울산~부산
- 서울~광명~천안아산~오송~대전~김천(구미)~동대구~경산~밀양~구포~부산
- 서울~영등포~수원~대전~김천(구미)~동대구~신경주~울산~부산

물론 열차에 따라 정차역이 다르고 소요시간도 다르지만, 이렇게 3개의 노선으로 열차가 운행되는 이유는 무엇보다도 수혜지역 확대를 위한 것이다.

공법상 1단계구간과 2단계구간의 가장 큰 차이점은 도상(道床)에 있다. 도상이란 잘 다져진 노반 위에 자갈, 침목, 레일이 놓이는 부분을 말하는데, 1단계구간은 자갈 도상방식이며 2단계구간은 콘크리트 도상방식이다. 즉, 침목을 콘크리트가 고정시켜 주는 방식이다. 이 방식은 자갈도상에 비해 열차 운행에 따른 궤도 틀림이 적고 보수가 거의 불필요한 장점은 있으나 고속주행 중 발생하는 진동과 충격 흡수에 취약해 완충재 정상기능 유지가 관건이며, 이 문제가 언론에 많이 보도된 바 있다.

17. KTX, 세계 최고의 정시운행률을 자랑하다

- 국가별 철도사고 발생 현황(2010년 기준)

순위	국가 (회사)	사고건수			주행거리 (백만 km)	사고율 (백만 km당)
		충돌·탈선	건널목	계		
1	한국(KORAIL)	–	8	8	121	0.066
2	이탈리아(FS)	7	15	22	302	0.073
3	스위스 (SBB CFFFFS)	10	3	13	167	0.078
4	독일(DB AG)	58	63	121	885	0.137
5	프랑스(RFF)	21	49	70	482	0.165
6	네덜란드 (PRORAIL)	10	10	20	113	0.177
7	일본(JR)	7	99	106	596	0.178

- 국가별 고속철도 정시운행률(2010년 기준)

국가명	대한민국	대만	체코	이탈리아	핀란드	프랑스
정시율(%)	99.7	99.2	94.2	90.8	81.7	78.2
순위	1	2	3	4	5	6

우리 이야기가 아니다. 세계 최고의 철도운영기관 및 주요 기업의 연합체인 UIC(국제철도연맹)[46]가 글로벌 경쟁력수준을 발표했는데, 2010년 실적을 기준으로 대한민국의 KTX가 99.7%로 세계 최고의 정시운행률을 기록하고 있으며, 백만 킬로미터당 사고율이 0.066으로 이 역시 세계 최고의 안전성을 유지하고 있다는 것이었다. 이 발표에 대해 정작 KTX를 많이 이용하는 분

---

46) UIC(Union Internationale des Chemins de fer)는 1922년에 설립되어 현재 전 세계 90개 국가의 190개 철도운영기관이 회원으로 활동하고 있는 국제적인 철도기구임.

들은 고개를 갸우뚱하며 "KTX가 지연되는 것을 자주 봤는데 99.7%의 정시율이라니 그럴 리가 없다."고 하실지도 모른다. 그럴 만도 하다. 그런데 그렇지 않다. UIC는 고시된 시간 기준 종착역에 15분 이내에 도착한 것을 정시로 인정하기 때문이다. 그런 설명을 들으면 모두 고개를 끄덕이실 것이다. 사실 KTX가 15분 이상 지연되는 경우는 거의 없으니 말이다.

또 한 가지, 일본의 예를 들어 반박을 하는 경우가 있을 수 있다. 일본은 시간관리를 철저히 하기 때문이다. 그런데 안타깝게도 일본은 UIC 회원국이기는 하지만 열차운행자료를 제출하지 않았기 때문에 비교대상국가에서 제외되었다.

18. 광명역과 대구역 사고

2011년 2월 11일 13시 4분경, 부산을 떠나 종착역인 광명으로 진입하던 KTX-산천 제224열차가 진입 약 500m를 앞두고 선로전환기 고장으로 탈선하는 사고가 발생했다. 개통 2,508일째 되는 날, 운행선상에서의 최초의 사고가 기록되는 순간이었다.

전체 10량 편성 중 객차 6량이 탈선한 이 사고로 인명피해는 없었으나 사고발생구간의 레일, 침목, 분기기 및 객차가 손상을 입었고, 운영기관인 코레일의 기업이미지 실추와 신뢰도 하락은 말할 것도 없었다.

사고원인은 어이없게도 선로전환기 조종상자(밀착쇄정기) 안의 7mm 규격의 너트 하나가 제대로 잠기지 않은 것이 원인이 되었고, 이로 인해 발생한 장애를 처리하는 과정에서 점퍼선을 잘못 연결함으로써 선로전환기의 첨단부분과 크로싱 부분이 서로 다른 방향으로 전환되는 상태를 유지한 것이 직접적인 사고원인으로 작용했다.

기본적으로 궤도회로와 신호는 서로 연결되어 있어서 궤도에 이상이 있을 경우 신호는 정지를 현시하도록 되어 있으나, 점퍼선 직결로 인해 잘못된 궤도상태에도 불구하고 진행신호가 현시되었던 것이다.

그로부터 2년 6개월이 지난 2013년 8월 31일, 개통 3,075일을 맞은 아침 7시 14분경 대구역 구내 1번선에 정차 중이던 서울행 무궁화호 제1204열차가 출발신호기 정지상태를 확인하지 않고 2번선 상행 KTX의 신호를 오인하고 열차를 출발시켜 마침 2번선으로 통과하던 상행 KTX 객차의 측면을 접촉하고 정차하는 사고가 발생하였다.

이 사고로 인해 무궁화호의 기관차 1량 및 상행 KTX 제4012열차의 객차 8량이 탈선되었으며, 사고 발생 4분 후 3번선으로 통과하던 서울발 부산행 KTX 제101열차가 탈선된 객차와 접촉하고 정지하는 2차사고가 발생하였다.

두 번에 걸친 3개 열차의 접촉사고로 모두 21명의 부상자가 발생하였는데, 이것은 KTX 개통 후 발생한, 운영자 귀책사고로 인한 최초의 인명피해였다.(운행선상에 있는 건널목 사고로 발생한 피해는 별도)

물적 피해는 차량과 선로시설, 전기시설물 등 총 피해액이 154억여 원에 이를 정도로 컸음에도 불구하고 인명피해가 사고 당시 전체 승객 1,366명(무궁화호에 275명, 상행 KTX에 464명, 하행 KTX에 627명) 중 21명에 불과했던 것은 정말 하늘이 도왔다고 말할 수밖에 없는 상황이었다.

이 두 건의 사고를 통해 많은 문제점이 도출되었고 해결책이 제시되었다. 아무리 시스템이 잘 갖춰져 있어도 운영자의 관심 부족 또는 인적 오류가 더해지면 치명적인 사고로 이어질 수 있으며, 반대로 시스템이 다소 불완전해도 각 분야의 종사자들이 맡은 바 확인과 책임을 다하면 사고는 미연에 방지할 수 있다는 지극히 평범한 가르침이 사실로 드러났다.

UIC가 발표한 2010년 실적 기준 세계 최고의 정시운행률, 최고의 안전성을 자랑하던 KTX 운영자로서의 자부심은 말할 수 없이 무너지고 말았지만, 이 사고는 안전 불감증에 커다란 경종을 울려주면서 구석구석을 세밀히 살피고 안전시스템을 재정비하는 계기가 되었다.

19. 경쟁체제 도입과 수서고속철도(SR)

우리나라 고속철도 발전사 혹은 미래를 이야기하노라면, 피땀 흘려 이룩한 성과도 있고 아쉽고 안타까운 사연도 많다. 그런데 경쟁체제 도입과 관련된 이야기는 운영기관과 정부기관, 그리고 공단과도 얽혀있는 부분이어서 조심스러운 부분이 많다. 필자 자신이 운영기관에 몸담고 있는 입장이어서 아무리 객관적으로 서술하려고 해도 어느새 본연의 자리로 돌아가 있는 모습을 보게 된다.

2012년을 뜨겁게 달군 이른바 철도운영 경쟁체제 도입에 관한 논란은 국토해양부가 2012년 업무보고에서 2015년 초 개통 예정인 수서~목포, 수서~부산 간 고속철도 운송사업 경영권을 민간사업자에게 넘기는 방안을 제시함으로써 비롯되었다. 이러한 방안이 나온 근거는 한국교통연구원의 분석에 기초한 것인데, 철도운영의 경쟁도입을 통해 서울~부산 간, 서울~광주 간 고속철도 운임을 최대 20%까지 인하할 수 있다는 것이었다.

국유철도의 유일한 운영자인 코레일에서는 이 계획이 당초의 방침과 상충

될 뿐만 아니라 민영화의 시작이라고 반발하였고, 국토부는 철도운영 경쟁체제 도입이 과거 국민의 정부시절부터 추진되어 온 철도 구조개혁의 일환일 뿐 민영화가 아니라고 주장했다. 즉, 철도개혁의 1단계인 시설과 운영의 상하분리, 2단계인 한국철도공사 출범, 3단계인 한국철도공사 경영개선에 이어 4단계로 철도운영 경쟁체제 조성으로 구조개혁이 마무리된다는 논리였다.

과중한 선로사용료와 공익서비스 부담, 낮은 원가보상률로 인해 적자운영이 지속될 수밖에 없는 상황에 놓인 운영자 입장에서는 흑자가 예상되는 새 노선을 민간사업자에게 넘겨 독점운영의 폐해를 막고 보다 싼 가격에 서비스를 제공하도록 하겠다는 정부의 논리를 납득하기 힘들었다.

'민영화'라는 말에 극단적인 거부반응을 보이는 정부와 민간개방은 결국 민영화라는 운영자의 주장은 결국 찬반 양론으로 나뉘어 공개토론, 비공개 토론을 거쳤고, 논쟁이 뜨거워지자 정부 산하기관이 정부방침을 반대하는 것은 안 된다는 국토부의 논리에 따라 코레일은 모든 활동에서 물러나 있어야 했다.

코레일이 꿀 먹은 벙어리가 된 이후에도 정부는 산하기관을 통해 경쟁체제 도입의 정당성을 홍보하는 활동을 지속적으로 시행했고, 대전의 쌍둥이 빌딩을 함께 사용하고 있는 공단과 공사의 관계는 악화될 수밖에 없었다. 이러한 과정에서 용산국제업무지구 개발사업 추진이 최종적으로 종결됨으로써 코레일은 막대한 부채부담을 지게 되었다. 설상가상이었다.

결국 수서발 고속철도 운영권을 두고 벌어진 논란은 공사의 정창영 사장이 책임을 지고 물러나고 운영권은 민간이 아닌 코레일의 계열사를 설립해 맡기기로 결론을 내고 일단락되었다.

20. 해무, HEMU-430X

어느 날부터인가 도면으로만 보았던 차량, 목업(Mockup)으로만 공개되었던 해무가 시운전에 돌입하여 철도마니아들을 흥분시키기 시작했다.

'해무(海霧 또는 鼈鷲)'라는 신비감 넘치는 이름으로 불리는 HEMU-430X는 Highspeed Electric Multiple Unit-430㎞/h eXperiment의 약자로, 한국철도기술연구원을 총괄기관으로 50여 개 기관이 참여한 가운데 2015년 상용화를 목표로 진행 중인 차기 고속철도 시제차량 제작 및 기술개발 프로젝트다.

사업기간은 2007년 7월 31일부터 2012년 8월 30일까지 총 3단계로 나뉘어 5년간 진행되었으며, 총 사업비는 약 931억 원이 소요되었다. 처음엔 시속 400km/h를 목표로 하였으나 2010년 9월 1일 사업기간이 1년 단축되고 목표 최고속도가 430km/h으로 상향조정되었다. 그러면 왜 시속 350km/h의 한국형고속철도차량이 개발돼 있는 상황에서 차세대고속열차 사업을 시작해야 했을까? 그것은 세계 고속철도기술의 발전 흐름과 관련이 있다.

1980년대까지 세계 각국은 최고운행속도를 시속 300km/h를 목표로 하였으나 1990년대에 들어서는 350km/h로, 2000년대에 들어서는 350~380km/h까지 올려서 기술개발을 추진하고 있다. 이미 프랑스와 독일은 시속 350km/h 이상의 차량을 개발하여 해외에 수출하였고, 고속철도 분야에서 급속한 발전을 이루고 있는 중국의 경우 시속 380km/h급 고속열차를 운영하고 있다. 해외 진출을 목표로 하고 있는 우리나라의 경우 국제기술동향을 따라가지 못하면 경쟁에서 도태될 수밖에 없는 상황이므로, 고속철도기술보유국에 안주하지 않고 국제시장에서 통하는 기술 확보에 나서게 되었던 것이다.

해무의 디자인 시안은 2009년 2월 17일 발표되었는데, 전두부가 이집트 신화에 나오는 독수리를 연상케 한다. 6량 1편성인 시제차량이 출고된 것은 2012년 5월 16일이며, 이후 10개월 동안 총 138회의 증속시험을 통해 2013년 3월 28일 새벽에 시험구간에서 최고속도인 시속 421.4km를 기록했다.

해무가 기존의 KTX나 KTX-산천과 다른 점은 동력방식에 있다. 기존의 고속차량 앞뒤엔 동력차가 연결돼 있고, 객차와 객차 사이를 관절대차가 이어주고 있다. 이것이 동력집중식인데, 정차역이 많지 않은 평야지대 장거리 수송에 적합한 방식이다. 그런데 해무는 동력분산식을 채용하고 있다. 동력을 분산할 경우 기존 기관차부분을 객실로 활용할 수 있어 편성당 수송능력이 향상[47]되고, 축중이 가벼워 선로유지보수와 고속화에 유리하기 때문이다. 또한 가감속 성능이 뛰어나[48] 정차역이 많은 노선에 적합하다.(우리나라의 광역 도시철도가 채용하고 있는 방식도 동력분산식이다.)

시제차량과 달리 양산형 차량은 8량 1편성으로 구성되는데, 시스템 안정화단계를 잘 거치고 동력분산식의 단점인 객실소음과 진동을 완벽하게 극복해서 고속철도가 한국의 효자 수출품목에 하루속히 오르게 되기를 바란다.

---

47) 편성당 정원 : KTX-산천 363명, 해무 456명으로 16%가량 증가

48) 정지상태에서 300km/h까지 가속하는 데에 KTX-산천은 5분 1초 소요, 해무는 3분 53초 소요

▨ 제10장 부록

1. 고속철도 관련 정책 및 운영 최고책임자 현황

연도	대통령	주무부처 장관 (교통부, 건교부, 국토부)	운영기관장 (철도청, 철도공사)	건설기관장 (건설공단, 철도공단)
1984	전두환 (19800901- 19880224)	교통부 손수익 (19831015-19860827) 차규헌 (19860827-19880224)	철도청 최기덕(19830112- 19881213)	철도청장
1985				〃
1986				〃
1987				〃
1988	노태우 (19880225- 19930224)	이범준 (19880225-19881204) 김창근 (19881205-19900318)	김하경(19881213- 19900621)	〃
1989				〃
1990		김창식 (19900319-19901227)	신영국(19900621- 19911219)	〃
1991		임인택 (19901227-19920331)	최평욱(19911219- 19930304)	〃
1992		노건일 (19920331-19930101)		한국고속철도건설공단 김종구 (19920305-19930510)
1993	김영삼 (19930225- 19980224)	이계익 (19930101-19930201) 정재석 (19930201-19931201)	강신태(19930304- 19930330)	박유광(19930511- 19960319)
1994		오명(19931201-19941213)	최훈(19930403- 19940820)	
1995		건설교통부 오명(19941224-19951220)	김인호(19940820- 19960308)	
1996		추경석 (19951221-19970305)	김경회(19960308- 19980308)	김한종(19960320- 19970623)
1997		이환균 (19970306-19980302)		
1998	김대중	이정무 (19980303-19990523)	정종환(19980309- 20010401)	류상열 (19970624- 20000623)
1999		이건춘 (19990524-20000113)		

2000	(19980225-20030224)	김윤기(20000114-20010325)		
2001		오장섭(20010326-20010821)	손학래(20010402-20030303)	채영석(20000701-20030402)
2002		김용채(20010822-20010906)		
2003		안정남(20010907-20010928)	김세호(20030303-20040903)	정종환(20030403-20031231)
2004		임인택(20010929-20030226)	신광순(20041021-20041231)	
2005	노무현(20030225-20080224)	최종찬(20030227-20031228)	한국철도공사 신광순(20050101-20050507)	한국철도시설공단 정종환(20040101-20061231)
2006		강동석(20031229-200050328)	이철(20050629-20080125)	
2007		추병직(20050406-20061119)		이성권(20070101-20080610)
2008		이용섭(20061211-20080131)	강경호(20080611-20081127)	
2009	이명박(20080225-20130224)	국토해양부 정종환(200802-201105)	허준영(20090319-201112)	조현용(20080808-20110822)
2010				
2011		권도엽(201105-201303)	정창영(20120206-20130617)	김광재(20110823-20140128)
2012				
2013	박근혜(20130225-)	국토교통부 서승환(201303-)	최연혜(20131002-)	
2014				강영일(20140218-)

2. KTX와 KTX-산천의 성능비교

항목		KTX-산천	KTX	비고
일반 사양	내구연한	30년	30년	
	차량 편성	- 10량 : 동력차 2, 객차 8 (특실 1, 스낵카 1)	- 20량 : 동력차 2, 동력 객차 2, 객차 16(특실 4)	
	운행 형태	- 10량단독 or 20량중련	- 20량 고정편성	
	편성 길이	201m	388m	
	차체 재질(객차)	알루미늄 압출재	마일드 스틸	
	차체폭(객차외부)	2,970mm	2,904mm	
	중량(W0/W1)	403톤/407톤	694.1톤/701.1톤	

차량 성능	영업 최고속도	300km/h	300km/h
	설계 최고속도	330km/h	330km/h
	비상 제동거리	3,300m	3,300m
	중련제어방식	운전실 원격제어	중련 불가
	평균서비스고장거리	125,000km	121,000km
열차 구성	동력차/동력객차	2량/무	2량/2량
	특실	1량(30석)	4량(127석)
	일반실	7량(333석)	14량(808석)
	스낵바	4호객차 1/3 규모	없음
보안 장치	신호시스템	ATC, ATP, ATS	ATC, ATS (ATP 1편성 시범설치)
	열차방호장치	기본설치	도입 후 추가설치
	객실화재감지장치	객실당 3~5개(총 33개)	없음
주요 장치	팬터 그래프	형태	싱글암	싱글암
		습판체댐핑	4점 지지 댐핑	2점 지지 댐핑
		동작방식	공기 상승, 자중 하강	공기 상승, 스프링 하강
	변압기	용량	6,200KVA	8,800KVA
		견인권선	2권선(MB 2대)	3권선(MB 3대)
		냉각방식	송유풍냉식	송유풍냉식
	주전력변환 장치	컨버터제어	PWM제어	위상제어
		소자	IGBT	Thyristor
		냉각방식	heat pipe식	침적식
		인버터제어	전압형	전류형
	보조 전원 장치	컨버터소자	IGBT	Thyristor
		냉각방식	Heat pipe식	침적식
		운전방식	PWM, 2군병렬운전	위상제어, 단독운전
	객차 인버터	적용소자	IGBT	GTO
		용량	450KVA	345KVA
	동력 대차	구조	H형 용접대차	H형 용접대차
		감속기	1, 2차 감속방식	1, 2차 감속방식
		트리포드	유압식	기계식
	객차 대차	구조	관절형	관절형

제동 장치	제어방식	전기제어	BP압력제어	
	제동방식	전기+공기 블랜딩제동	전기+공기 병용제동	
	마찰제동 (동력대차)	답면제동	답면제동	
	마찰제동 (객차대차)	3디스크/축 (Ventilation방식)	4디스크/축(Solid방식)	

※ 출처 : 한국철도공사 기술본부 자료(2009. 9.)

3. 역별 이용객 현황(2014. 7. 31. 기준)

- 주요 수송 현황

구분	1일 운행횟수(*화~목 기준)	1일 수송량	1일 수익
합계	558회	36.4만 명	5,790백만 원
KTX	200회	15.1만 명	4,425백만 원
일반열차	358회	21.3만 명	1,365백만 원

- KTX 하루 최다 이용기록 : 약 23만 명
 * 2014. 5. 3(토) 연휴, KTX 이용객 228,814명
 * 1일 KTX 수입 72.6억, 간선여객 수입 97.7억(역대 1위) 달성
- 서울~부산 간 KTX 1열차당 평균수익 : 약 32백만 원
 * 주말(금~일), 정기·부정기, 고속선 운행 기준
 * 서울~부산 KTX 운임(신선 주말 기준) : 57,300원(대한항공운임 81,000원의
  70.7%)
- KTX 개통('04. 4. 1) 이후 4억 33백만 명 수송
 * '13년 연간 수송인원 약 5천5백만 명 / 3억 명('12. 2. 21.) /
  4억 명('13. 12. 28.)

(단위 : 명/일 평균)

역명	승차	하차	이용객	역명	승차	하차	이용객
서울	47,765	48,061	95,826	울산	7,103	7,229	14,332
용산	15,410	15,707	31,117	창원중앙	2,373	2,356	4,729
영등포	14,333	14,006	28,339	창원	2,373	2,356	4,729
광명	9,687	9,809	19,496	경주	1,529	1,558	3,087
수원	18,351	18,468	36,818	신경주	3,071	3,112	6,183

천안아산	7,930	8,031	15,960	마산	1,534	1,494	3,028
천안	7,930	8,031	15,960	광주송정	2,374	2,437	4,811
오송	3,859	3,716	7,575	광주	2,374	2,437	4,811
대전	23,413	23,138	46,551	목포	2,124	2,121	4,245
동대구	26,222	25,810	52,032	전주	2,985	2,989	5,975
밀양	3,971	4,075	8,046	순천	2,377	2,379	4,756
구포	5,407	5,448	10,855	여수엑스포	1,228	1,262	2,490
부산	25,495	25,215	50,710	청량리	8,058	7,886	15,944
부전	1,885	1,916	3,801	제천	2,421	2,471	4,892

4. 차량보유 현황(2014. 7. 31. 기준. 단위 : 량)

가. 객차

차종	유형	보유차	소요차	예비차	검수차	비영업용	비고
KTX	KTX	828	702	–	126	–	46편성
	산천	192	152	–	40	–	24편성
	계	1,020	854	0	166	0	70편성
ITX-새마을		138	90	18	18	12	23편성
새마을호	일반객차	127	69	11	11	36	
	부수객차	130	42	9	11	78	
	계	257	111	20	22	114	
누리로		32	20	–	12	–	8편성
무궁화호	객차	901	627	139	135	0	
	동차	100	64	7	20	9	25편성
	계	1,001	691	146	155	9	
통근열차(동차)		31	16	3	6	6	7편성
일반객차 계		1,459	928	187	213	131	
발전차		147	82	42	17	6	

나. 동력차

차종	구분	보유량 및 운용량		견인마력 (HP)	최고속도 (km/h)	정비중량 (톤)	축당중량 (톤)	연료저장용량 (ℓ)	내용년수 (연)
		보유량	운용량						
고속 전기차	KTX	46(편성)	40(편성)	18,177	330	692	17	–	30
	KTX-산천	23(편성)	18(편성)	6,468	330	407	17	–	30
	소계	69(편성)	58(편성)						

전기 동차	누리로	8(편성)	7(편성)	1,340	150	45.4	4.25	–	30
디젤기관차		258	206	–	–	–	–	–	–
전기기관차		380	291	–	–	–	–	–	–
디젤동차		32(편성)	24(편성)	–	–	–	–	–	–
수도권전동차		2,086	2,018	643.5	110	47.6	11.9	–	25

5. 역 현황(2014. 7. 31. 기준. 단위 : 개소)

역 구분 / 영업시	보통역	간이역		조차장	신호장	신호소	계
		역원배치	역원무배치				
여객 및 화물	88	2	6				96
여객	233	62	176				471
화물	18	3	9	1			31
기타(비영업)	1	2	27	1	32	5	68
합계	340	69	218	2	32	5	666

6. 연도별 열차운임 비교(서울~부산 간 기준)

연도	KTX		새마을호	누리로·무궁화호	비고
2004	45,000		36,800	24,800	
2005	44,800		36,800	24,800	
2006	48,100		39,700	27,000	
2007	51,200		41,100	27,700	
2008	51,200		41,100	27,700	
2009	51,200		41,100	27,700	
2010	구포 경유	51,200	41,100	27,700	
	울산 경유	55,500	–	–	
2011	구포 경유	52,900	42,600	28,600	
	울산 경유	57,300			
2012	구포 경유	52,900	42,600	28,600	
	울산 경유	57,300			
2013	구포 경유	52,900	42,600	28,600	
	울산 경유	57,300			

※ ITX-새마을 운행 개시(2014. 5. 12.) : 새마을호와 운임 동일(2014년 한)

7. 해외 철도운임 비교

구분	운행구간	운행거리(km)	열차종별	운임(1)(현지)	운임(2)(원화기준)	km당운임(3)(원화기준)	단순운임수준비교(4)(한국=100)	비교물가수준(5)(ppp)	환산km당운임(6)(원)	수준비교(7)(한국=100)
한국	서울~부산	423	KTX	57,300원	57,300	135	100	100	135	100
일본	도쿄~신오사카	552.6	신칸센	14,050엔	197,824	358	264	184	195	144
프랑스	파리~리옹	429	TGV	75유로	112,001	261	193	152	172	127
독일	프랑크푸르트~뮌헨	400	ICE	95유로	141,867	355	262	141	252	186
영국	런던~뉴캐슬	432	Standard	153파운드	281,160	651	480	149	437	322
미국	뉴욕~워싱턴 DC	328	Acela	136달러	153,476	468	345	123	380	281

「산식 및 자료출처」
(1) 운임(현지) = 각국 철도운영기관 홈페이지
(2) 운임(원화 기준) = (1) × 환율
 * 환율 : 2012. 4. 30. 외환은행 고시 기준(1,128.50/$, 14.08/￥, 1,493.34/①,
   1,837.65/£)
(3) km당 운임(원화 기준) = (2)÷운행거리(km)
(4) 단순 운임수준 비교 = {(3)÷100}×100 → 한국 km당 운임을 100으로 했을 때
   수준 비교
(5) 비교 물가수준 = 국가 간 물가수준 차이를 측정하기 위해 US$를 기준통화
   로 정하여 각국 환율에 대한 PPP율×100으로 계산한 수치임 → 지수상으로
   한국이 100인 경우 일본이 128이라면 일본은 한국보다 28% 정도 물가가 비
   싸다는 것을 의미함.
 * PPP율 : 미국의 1 US$로 구입할 수 있는 상품·서비스량과 동일량을 해당국
   에서 구입하기 위해 소요되는 자국 화폐액
(6) 환산 km당 운임 = (3)×100÷(5)
(7) 수준비교 = {(6)÷100}×100 → 한국 환산 km당 운임을 100으로 했을 때의
   수준 비교

※ 출처 : 한국철도공사 여객본부 자료

8. 노선별 영업거리 현황(기준일 : 2014. 7. 31. 단위 : km)

선별	구간	철도거리	영업거리 여객	영업거리 화물	복선거리	전철거리
합계(92개 노선)		3,590.0	3,383.2	3,063.9	2,009.0 (55.9%)	2,454.2 (68.3%)
고속 본선		346.4	346.4		346.4	346.4
고속 연결선		20.3	20.3		20.3	20.3
(시흥 연결선)	시흥~광명	(1.5)	(1.5)		(1.5)	(1.5)
(대전북 연결선)	고속선~대전조차장	(5.8)	(5.8)		(5.8)	(5.8)
(대전남 연결선)	옥천~고속선	(4.2)	(4.2)		(4.2)	(4.2)
(대구북 연결선)	고속선~지천	(3.5)	(3.5)		(3.5)	(3.5)
(대구남 연결선)	동대구~고속선	(4.0)	(4.0)		(4.0)	(4.0)
(부산 연결선)	고속선~부산	(1.3)	(1.3)		(1.3)	(1.3)
기지선	광명, 오송, 영동	1.8			1.4	1.7
고속선 계		368.5	366.7	-	368.1	368.4
경인선	구로~인천	27.0	27.0	28.3	27.0	27.0
경부선	서울~부산	441.7	441.7	439.9	441.7	441.7
호남선	대전조~목포	252.5	252.5	252.5	252.5	252.5
전라선	익산~여수엑스포	180.4	180.4	180.4	170.9	180.4
중앙선	청량리~경주	373.8	373.8	373.8	109.4	207.0
경전선	삼랑진~광주송정	289.5	289.5	289.5	99.4	101.5
장항선	천안~익산	154.4	154.4	154.4	19.4	19.4
충북선	조치원~봉양	115.0	115.0	115.0	110.6	115.0
영동선	영주~강릉	192.7	192.7	192.7	-	192.7
동해남부	부산진~포항	143.2	143.2	143.2	2.1	4.6
경춘선	망우~춘천	80.7	80.7	80.7	80.7	80.7
태백선	제천~백산	104.1	104.1	104.1	18.3	104.1
교외선	능곡~의정부	31.8	31.8	31.8	-	-
경의선	서울~도라산	56.0	56.0	56.0	46.3	46.3
분당선	왕십리~수원	52.9	52.9	-	52.9	52.9
일산선	지축~대화	19.2	19.2	-	19.2	19.2
경원선	용산~신탄리	94.4	94.4	94.4	53.1	55.6
대구선	가천~영천	29.0	29.0	29.0	4.3	-
경북선	김천~영주	115.2	115.2	115.2	-	-
정선선	민둥산~구절리	45.9	45.9	45.9	-	-

삼척선	동해~삼척	12.9	12.9	12.9	–	–
진해선	창원~통해	21.2	21.2	19.5	–	–
안산선	금정~오이도	26.0	26.0	26.0	26.0	26.0
과천선	금정~남태령	14.4	14.4	–	14.4	14.4
수색 직결선	수색~공항철도	2.2	2.2	–	2.2	2.2
기타 선(59개 지선)		347.6	142.6	278.7	92.7	144.8

9. 차세대고속열차(HEMU-430X) 주요 제원

구분			제원
성능		영업 최고속도	370km/h
		설계 최고속도	430km/h
		최대 견인력	187kN
	최대 회생제동력	상용	160kN
		비상	160kN
		전원공급	25kV 60Hz
		제어회로전압	직류 100V, 교류 220V
		제어공기압력	8.5kg/㎠ (변동범위 : ± 0.7kg/㎠)
제원	중량 (정비중량 기준)	운전객차(TC)	49.5t
		동력객차(M1)	56.0t
		동력객차(M2)	49.3t
		동력객차(M3)	48.4t
		동력객차(M4)	55.9t
		운전동력객차(MC)	59.9t
		편성열차 길이	149.0m
	차량 길이	운전객차 운전동력객차	25.5m
		동력객차	23.5m
		차량 폭	3,100mm
		차량 높이	3,750mm
		차량 간격	800mm
		차체 재질	알루미늄 압출재

대차		동력대차 수량	10대
		부수대차 수량	2대
	대차간 거리	동력객차	17,500mm
		운전객차 제어동력객차	17,250mm
		윤축거리	2,600mm
		차륜직경	860mm(New wheel)

※ 출처 : 한국철도공사 기술본부 자료

제11장

남북철도사업 추진 현황

제11장 남북철도사업 추진 현황

1. 들어가며

남북철도 연결은 반세기 이상 단절되어 온 한반도의 철도망을 복원한다는 상징적인 의미를 넘어 섬나라처럼 운영되어 왔던 철도가 유라시아를 연결하는 교류의 시발점으로 변모하게 되어, 동북아 지역의 공동번영과 한반도 평화정착에 중요한 전환점이 될 것이므로 박근혜 정부에서 추진하고 있는 '한반도신뢰프로세스'[49]를 실현하는 데 촉매 역할을 할 수 있는 사업이다.

남북철도의 연결은 오랜 시간 동안 지속된 남북간의 단절을 극복하여 21세기 한반도에 통일된 경제공간을 구축하고, 나아가 한반도가 대륙과 해양을 연결하는 가교로서의 전략적, 지경학적 가치를 실현할 수 있는 물리적 토대를 구축한다는 중대한 의미를 함축하고 있다.

통일 한반도를 내다본 국가적 과제의 설정과 실현이라는 관점에서 볼 때

---

[49] 한반도신뢰프로세스란 박근혜 정부의 대북정책 중 하나로, 튼튼한 안보를 바탕으로 남북 간 신뢰를 형성함으로써 남북관계를 발전시키고, 한반도에 평화를 정착시키며, 나아가서 통일기반을 구축하려는 정책으로 남북관계 발전, 한반도 평화정착, 통일기반 구축을 목표로 하고 있음.

한반도 통합인프라 구축은 전혀 새로운 과제가 아니며, 그동안 사회적 합의를 바탕으로 에너지, 교통 등 다양한 분야에서 이를 실현하기 위한 방안들이 모색되고, 또한 초보적인 형태나마 구체적인 사업들을 추진하고 있다.

지금까지 남북철도와 관련된 사업을 살펴보면, 2002년 9월 18일 경의선·동해선 철도 연결 착공 5년 만에 2007년 5월 17일 분단 이후 최초로 남북철도 연결구간에서 동시에 열차 시범운행을 하였으며, 2007년 12월 11일 경의선에서 남측에 속해 있는 도라산역에서 북측에 속해 있는 판문역까지 화물열차가 매일 1왕복 운행하며 상업적인 철도운송서비스를 제공하였다.

이러한 경험들은 앞으로 남북철도가 통합되어 운송서비스를 제공하게 될 때 매우 중요한 역할을 하게 될 것이며, 정치적·제도적·운영적·기술적 측면에서 상호 합의만 한다면 남북철도를 통합 또는 연계한 열차운행에는 전혀 문제가 없을 것으로 보여진다.

앞으로 동북아 정세가 안정되고 남북 간 정치적인 문제가 해소되면 남북철도 통합 또는 연계를 위한 사업들은 자연스럽게 진행될 것이므로 그동안 추진되어 왔던 남북철도사업 추진과정을 살펴보고자 하며, 이러한 노력은 한반도종단철도망 재구축과 유라시아횡단철도를 실현하는 데 기여할 수 있을 것이다.

2. 한반도종단철도망 형성

1899년 9월 18일 노량진과 인천 간 33.8km를 부분 개통한 이후 한반도 종단철도는 동북아시아의 간선철도로서 한반도를 남북으로 종단하는 경부선, 경의선, 호남선, 경원선, 함경선 등은 한반도와 유라시아 대륙을 어떻게 신속하고 안전하게 연결하는가에 초점을 맞추어 건설되고 운영되었다.[50]

한반도종단철도가 국제선이라는 것을 가장 선명하게 보여주는 것은 중국과 같은 궤간인 1,435mm 표준궤를 선택한 것인데, 1896년 7월 15일 '국내철도규칙(國內鐵道規則)'(칙령 제31호)을 반포하여 조선에서 부설되는 모든 철도는 표준궤를 채택하도록 규정하였다. 이것은 당시 중국에서 건설되고 있던 간선철도가 모두 표준궤였기 때문에 조선철도도 당연히 표준궤를 선택해야 한다는 의도가 반영되어 있었다. 당시 한반도가 열강의 이권 쟁탈의 대상물이 되고 있어 표준궤를 사용하는 데까지는 많은 우여곡절이 있었다.

경부철도주식회사의 시부사와(澁澤) 사장 등은 경부선이 대륙철도와 연결되어야 하는 국제적 간선임을 내세워 표준궤를 채택할 것을 강력하게 주장하였는데 이 주장의 내용을 보면 "장래 지나(支那)[51]·구라파대륙(歐羅巴大陸)[52]의 철도와 연결하여 세계교통의 간선이 되어야 할 사명을 가진 본 철도를 단순한 식민지 철도로 보아서는 아니 되며, 만난(萬難)[53]을 무릅쓰고 표준궤를 채용하지 않으면 안 된다."라고 주장하였다.

이 주장은 대륙으로 세력을 뻗치려는 일본의 군부와 정치가들의 마음을 움직이면서 경부선이 표준궤로 채택되자, 나중에 이와 접속하여 일본의 군용철도로 부설하게 된 경의선도 자동적으로 표준궤를 채택하는 결과를 가져오면서 일제강점기 때 부설된 한반도의 주요 철도들은 대부분 표준궤를

---

50) 대한교통학회·한국철도학회(2002), 〈국제 철도시대에 대비한 대응전략 개발 연구〉, 철도청, p4 참조

51) 지나(支那) : 중국을 일컫던 말

52) 구라파대륙(歐羅巴大陸) : 유럽을 일컫던 말

53) 만난(萬難) : 온갖 고난

채택하게 되었다.[54]

한반도에 철도가 처음 개통(1899년)된 이후 2년 뒤 1901년에 경부철도주
식회사가 설립되어 경부선(서울~부산) 건설이 시작되어 1905년 1월 1일 완성
되었으며, 1904년 러·일 전쟁으로 일본에서 만주까지 군수물자 수송에 대
한 필요성이 증대되자 경의선 건설이 급격하게 추진되어 1906년 4월 3일에
완성되었다. 이후 일제강점기의 철도는 러·일전쟁, 제1차 세계대전, 만주국
설립, 중·일전쟁, 제2차 세계대전 등과 철도가 밀접한 관련을 가지고 있어
한반도의 철도가 대륙과 깊은 연관을 가질 수밖에 없었다.[55]

야마가타 아리토모(山縣有朋)의 한국종관철도부설 구상도(1911년)를 살
펴보면 일본은 한국종관철도를 정치적·군사적·경제적 침략의 최우선 과제
로 설정하였으며, 그 중에서도 특히 경의선에 대해서는 한국북도(韓國北道)
를 종단하여 경부철도와 연락함으로써 한반도를 일관하고, 만주·화북 지
방의 동청철도(東淸鐵道)·관외철도(關外鐵道)를 연결시켜주는 대륙간선철
도임을 강조하였다.

일본의 한국종관철도 중시정책, 특히 경부선·경의선의 병참간선화 정책은
한국의 침략과 지배라는 측면에서만 강조된 것이 아니고 일본~만주 간 랜
드브릿지(Land bridge) 기능을 더욱 중시하였다.[56]

이러한 역사적 배경으로 인해 한반도종단철도는 일본과 한국, 중국을 연
계하는 매개체가 되어 한반도와 유라시아대륙을 시간적·공간적으로 최대한
근접시키는 기능을 담당하게 되었으며, 우리나라의 새로운 운송수단으로서
근대화를 촉진시키고 경제·문화·사회의 발전에 적지 않은 영향을 미쳤다.

---

54) 전게서, pp. 26~27 참조
55) 이용상 외(2011), 《한국 철도의 역사와 발전 I》, 북갤러리, pp. 17~18 참조
56) 대한교통학회·한국철도학회(2002), 〈국제 철도시대에 대비한 대응전략 개발 연구〉, 철도청, p. 28~32 참조

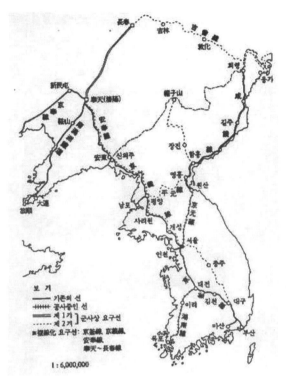

자료 : 대한교통학회·한국철도학회(2002), 〈국제 철도시대에 대비한 대응전략 개발 연구〉, 철도청, p. 31

山縣有朋의 한국종관철도 부설 구상도(1911년)

<그림 11-1> 한반도종단철도 구상도와 현재 1

해방 이후 정치적인 문제로 남북이 갈라지게 되면서 남과 북은 서로 다른 형태로 철도가 발전되어 왔다.

남한 철도는 최고속도 300km/h를 달리는 고속철도를 운영하는 선진철도로 탈바꿈한 반면에, 북한 철도는 제대로 투자되지 못해 낙후된 상태로 운영되고 있다.

북한 철도는 도로가 철도를 보조하는 주철종도(主鐵從道)의 구조를 가지고 있으며, 철도망은 동서로 양분되어 11개의 주노선을 포함하여 100여 개

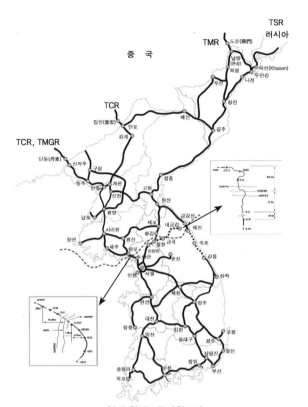

현재 한반도종단철도망

<그림 11-1> 한반도종단철도 구상도와 현재 2

의 노선으로 구성되어 있다. 운영은 국가기관(철도성)에서 담당하고 있고 전
국을 평양·사리원·개천·함흥·청진 4개 지역으로 구분하여 관리하고 있다.
2005년 말 현재 북한의 철도 총 연장은 약 5천2백km이며, 98%가 단선으
로 되어 있으며, 중국, 러시아와 접경지역을 가지고 있어 중국과 연결되어 있
는 신의주~단동, 만포~집안, 남양~도문 3개 노선과 러시아와 연결되는 두
만강~하산 1개 노선의 국제 철도를 운영하고 있다.

동북아시아는 지리적으로나 역사적으로 높은 상호의존성을 보여 온 지역

이다. 하지만 냉전구도의 발전과 함께 정치적인 이질성이 정착되면서 동질적 요소는 급속도로 해체되고 대립과 갈등 요소를 부각시켰다. 또한 동북아시아 지역은 다른 지역 간 비교해 볼 때 경제적으로도 부의 불균형이 심화된 지역으로 남아 있다. 남북철도의 연결은 동북아시아 지역 내 경제적 상호의존성을 획기적으로 심화시킬 수 있는 결정적인 매개수단이자 우리나라가 남북 단절로 인해 60여 년간 섬나라가 아닌 섬나라 철도에서 다시 국제 철도 간선의 시발점으로 역할을 수행하게 될 것이다.

3. 남북철도사업 추진 현황

1992년 '남북기본합의서'에서 경의선 철도와 문산~개성 간 육로를 건설할 것을 합의하였으나 실현되지 못하다가 2000년 6월 15일 대한민국의 김대중 대통령이 평양을 방문하여 조선민주주의인민공화국 김정일 국방위원장과 남북 정상회담을 통하여 '남북공동선언문'에 서명하고, 2000년 7월 29일부터 7월 31일까지 서울에서 제1차 남북장관급 회담에서 철도 연결에 합의하였으며, 2000년 8월 29일부터 9월 1일까지 평양에서 열린 제2차 남북장관급회담에서 '문산~개성 간 도로개설'에 합의하여 2000년 9월 18일 정부 차원의 경의선 철도·도로 연결 기공식을 하게 되었다.[57]

---

57) 통일부 2002년 통일역서, p.70~72

<표 11-1> 남북철도 연결사업 추진 현황

연월일	추진내용	비고
1992. 2. 19.	남북기본합의서 체결 철도·도로연결 합의	
2000. 7. 31.	경의선 철도 연결 합의	장관급회담(1차)
2000. 9. 18.	경의선 철도·도로 공사 기공식	
2001. 9. 30.	경의선 문산~임진강역 간 열차연장운행 실시	
2001. 12. 31.	경의선 철도 비무장지대 이남 남측구간 공사완료	
2002. 9. 18.	경의선·동해선 철도 및 도로 동시 착공식	
2002. 12. 31.	경의선 철도 남측구간 전 구간 공사 완료	
2003. 6. 14.	남북철도 궤도연결 행사 개최	
2004. 3. 5.	경의선·동해선 철도시험운행 합의	경추위(8차)
2004. 4. 13.	남북 사이의 열차운행에 관한 기본합의서 합의	실무협의회(4차)
2005. 4. 18.	철도분계역사 등 설계·기자재 제공 관련 합의서 체결	문서교환
2005. 7. 12.	10월경 열차시험운행과 도로개통식 추진 합의	경추위(10차)
2005. 12. 말.	동해선 철도 남측구간 본선 궤도 부설 완료	
2006. 5. 12.	5. 25, 경의선·동해선 열차시험운행 실시 합의	실무접촉(12차)
2007. 3. 2.	2007년 상반기 내 열차시험운행 실시 합의	경추위(13차)
2007. 5. 17.	경의선·동해선 동시 열차시험운행 실시	
2007. 12. 11.	경의선 화물열차 운행 개시	
2007. 12. 12.	개성~신의주 철도 개보수를 위한 현지 실사	
2008. 1. 30.	개성~신의주 철도 개보수 문제 실무협의	철도협력분과위(1차)
2008. 12. 6.	남북화물열차 운행 중단	

자료 : www.unikorea.go.kr(2014. 8. 5.)

경의선의 역사는 한반도와 만주의 지배권을 확보하려는 열강의 세력다툼의 대상이 되어 경의선 부설권을 둘러싼 갈등과 대립으로 러·일전쟁을 촉발시켰으며, 이 과정에서 일본 군대에 의해 군용철도로 부설된 이후 러·일전쟁에서 승리한 일본은 자신의 세력을 만주까지 확장시키기 위해 1911년 압록강철교를 부설하여 만주철도와 연결, 부산에서 출발한 열차가 직통으로 봉천, 장춘까지 운행할 수 있게 되었다.

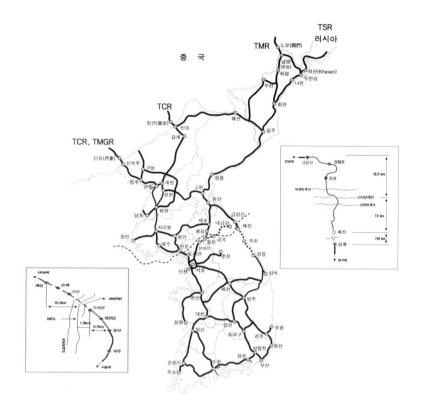

<그림 11-2> 남북철도 미연결구간 현황

　1930년대 이후 시베리아 철도를 경유하여 영국의 런던까지 갈 수 있는 열차표가 판매되기도 하였는데, 이때부터 경의선은 한반도를 유라시아 대륙과 연결시켜주는 관문역할을 하였다.

　부산에서 신의주까지 연결된 경의선 철도는 일본~한국~만주~중국을 이어주는 육·해상 교통로 중에서 가장 안전하고 신속한 교통수단이 되었으며, 일본의 대륙침략의 교두보는 물론 우리나라의 광물과 산림자원, 농수산물을 수탈하는 이권 획득의 발판을 마련하였다.

해방 이후 미국과 소련이 각각 남한과 북한에 주둔하면서 민족의 반목이 시작되자 자연히 철도를 통한 왕래도 제약을 받기 시작하였으며, 개통된 지 40년만인 1945년 9월 11일 마지막 열차가 신의주에 도착한 후 서울~신의주 간 운행은 중단되었다가 1950년 6월 25일 전쟁 발발로 경의선이 폐허가 되었다. 그러다가 1950년 11월 서울~대동강 구간을 복구하여 운행하다가 1951년 6월부터 서울~문산 간 단축 운행을 하였다. 전쟁 후 휴전으로 인한 비무장지대가 들어서면서 서울에서 압록강까지 단숨에 달려가던 총 499㎞의 경의선이 양분되어 지금까지 열차가 제대로 운행되지 못하고 있다.

남북철도의 연결은 동북아지역을 공존 공영시키는 유라시아 대륙의 동맥으로서의 역할을 수행함으로써 한반도의 평화공존과 세계 평화에 기여하는 사업이라 할 수 있다. 해방 이후 분단되었던 한반도종단철도로 인해 섬나라 아닌 섬나라의 철도로 국한될 수밖에 없었던 한국 철도는 1990년 9월부터 시작된 남북한 간 미연결 구간 연결 프로젝트가 10년 만에 실행에 옮기게 되면서 한반도의 공생번영을 위한 토대를 마련하게 되었다.

남북철도망 복원사업은 분단된 이후 40여 년만인 1990년 9월 남북한 현안문제를 논의하기 위해 개최된 남북고위급회담에서 철도망 복원문제가 제기된 이후 1992년 '화해와 불가침과 교류 협력에 관한 합의서'가 채택하면서 이 합의서 제19조에 "남과 북은 끊어진 철도와 도로를 연결하고 해로·항로를 개설한다."는 합의사항을 반영하면서 시작되었다. 하지만 철도망의 복원은 북한 측에 의하여 실행에 옮겨지지 못하고 사문화되었다가 2000년 6월 15일 '남북공동선언'을 통해 다시 재론되는 계기가 마련되었고, 제1차 남북장관급회담(2000. 7. 31.)을 통해 경의선 철도 연결에 합의함으로써 2000년 9월 18일 경의선 철도 연결 기공식을 계기로 실질적인 남북철도 연결사업이 실행에 옮겨지게 되었다.

(1) 제1차 남북장관급회담(경의선 철도·도로 연결 합의)

남과 북은 6·15 남북공동선언의 제5항을 통해 남북공동선언에서 합의한 사항을 조속히 실천에 옮기기 위하여 2000년 7월 29일부터 31일까지 서울에서 만났다. 이후 남북장관급회담은 남북을 오고 가면서 2000년 한 해 동안 모두 4차례 개최되어 남북공동선언 이행 실천과정에서 제기되는 문제를 협의 해결하는 중심적 협의체로서 여러 분야에서 개최된 회담들에서 합의된 사항들의 이행을 총괄 조정하고 지원해 나가는 역할을 수행하였다.

제1차 남북장관급회담(2000. 7. 29.~7. 31.)에서는 남북공동선언에 대한 성실한 이행 의지를 천명하고 남북공동선언에 나타난 양 정상의 뜻과 민족적 요구, 남북관계의 변화된 현실 등을 고려하여 판문점 남북연락사무소 업무재개, 2000년 8·15에 즈음하여 남과 북, 해외에서 남북공동선언을 지지하고 환영하고 실천을 결의하는 행사개최, 조총련 동포들의 고향방문 협력, 경의선 철도의 끊어진 구간(문산~개성 간 24km) 연결 등에 합의하는 성과를 거두고, 6개항의 공동보도문을 채택하면서 경의선 철도 연결 사업이 본격적으로 추진하게 되는 원동력을 마련하게 되면서 한반도를 동북아 물류중심 기지로서 비전을 갖게 하고 대륙횡단철도 연결을 통해 유럽까지 갈 수 있다는 꿈을 가지게 되었다.[58]

제2차 남북장관급회담(2000. 8. 29.~9. 1.)에서 서울~신의주 사이의 철도를 연결하며, 문산~개성 사이의 도로를 개설하기로 합의함에 따라 경의선 철도·도로 연결공사를 본격적으로 추진하게 되었다.

---

58) www.unikorea.go.kr(2014. 8. 5.)

(2) 경의선 철도·도로 연결 기공식

2000년 7월 29일부터 7월 31일까지 서울에서 개최한 제1차 남북장관급회담 공동선언문 발표와 더불어 북측에서도 2000년 8월 13일 언론사 사장단과 김정일 위원장 오찬 대화에서 남측이 먼저 착공하면 38선 2개 사단 3만 5천명을 빼내서 즉시 착공하겠다고 언급하였고, 남측은 8월 14일 이산가족 방북단 청와대 초청 오찬 자리에서 경의선 복원과 관련해 다음달 추석(12일)을 전후해 경의선 연결 기공식을 갖기로 북한과 합의되었다고 밝히면서 경의선 복원 분위기가 한층 고조되기 시작하였다.

2000년 9월 1일 제2차 남북장관급회담(2000. 8. 29.~9. 1.)에서 서울~신의주의 철도 연결과 문산~개성 간 도로를 개설하기로 합의함에 따라 2000년 9월 18일 기공식을 시작으로 역사적인 경의선 철도·도로 연결공사를 본격적으로 추진하였다.

경의선 연결공사 사업개요를 살펴보면 문산~분계선(장단) 간 12km 단선구간을 복원하기 위해 547억 원을 투입하여 궤도부설, 임진강 교량 외 4개소 교량과 터널 1개소를 1년 안에 복원하는 것으로 공사의 추진을 위해 범

경의선 철도·도로 기공식 장면

정부 차원의 '남북철도연결사업추진단'을 구성하여 사업을 총괄·조정하도록 하였다.

이에 따라 철도청은 문산역에서 임진강철교까지의 노반공사(7.9㎞)와 철도 전 구간의 궤도, 전기, 신호공사를 담당하고, 서울지방국토관리청은 통일대교 북단에서 군사분계선까지의 도로(5㎞) 설계, 용지보상, 구조물, 포장공사를 담당하며, 국방부는 임진강교에서 군사분계선 철도구간(4.1㎞)의 노반공사와 지뢰 제거, 통일대교 북단에서 군사분계선 도로구간(5㎞)의 노반공사 및 지뢰 제거 작업을 담당하게 되었다.

한편 철도·도로를 이용한 인적·물적 왕래가 이루어질 경우를 대비하여 원활한 출입심사·세관·검역업무를 수행할 수 있는 경의선 출입관리시설을 도라산역사 내에 설치하도록 하였다.

북측은 2000년 9월 공사를 시작했으나, 그 해 동절기에 공사를 중단한 이후 경의선 연결에 필요한 후속합의가 이루어지지 못해 소강 국면에 접어들었다. 그러나 김정일 국방위원장은 2001년 7~8월 시베리아횡단철도(TSR)를 이용하여 러시아를 방문, 남과 북을 시베리아횡단철도와 연결하기 위해 노력하기로 러시아와 공동선언하는 등 남북 간 철도 연결에 대한 의지를 국제사회에서 간접적으로 표명하기도 하였다.

이러한 가운데 우리 측은 북측에 경의선 연결에 대한 필요성과 효과를 강조하면서 북측의 공사재개를 위해 지속적인 노력을 펼친 결과 제5차 남북장관급회담(2001. 9. 15.~18.)에서 남과 북은 "서울~신의주 사이의 철도와 문산~개성 사이의 도로를 우선적으로 개성공단에 연결시키기 위하여 쌍방 사이의 군사적 보장에 관한 합의서가 서명, 발표되는 데 따라 연결공사가 곧 착수되고 가급적 빠른 시일 내에 개통하기로 한다."고 합의하였다.

남측은 경의선 연결 일부 구간인 문산~임진강역까지의 공사가 완료됨에 따라 2001년 9월 30일 임진강역까지 주중 매일 5회, 주말 및 공휴일에는 매일 9회 왕복 운행을 시작하였다.[59]

(3) 경의선·동해선 철도 및 도로 동시 착공

2000년 9월 18일 경의선 철도·도로 기공식 이후 답보 상태에 있던 철도·도로 연결 사업이 서울에서 개최된 남북경제협력추진위원회 제2차 회의(2002. 8. 27.~8. 30.)에서 2002년 9월 18일 이전에 경의선과 동해선 철도·도로 연결을 위한 군사적 보장조치를 해결하기로 합의하면서 우리 측은 쌍방이 합의한 경의선·동해선 철도·도로 연결공사를 9월 16일 양측이 동시에 착수하여 철도는 2002년 내에, 도로는 2003년 봄까지 연결할 것을 제시하고, 금강산 육로관광을 위한 임시도로를 11월 말까지 연결하여 2002년 내에 개통할 것을 제의하였다.

이에 북측은 경의선·동해선 연결 착공식을 9월 중 양측이 각기 편리한 지역에서 동시에 실시하되, 이를 위한 군사실무회담 및 실무협의회를 9월 중에 개최할 것을 제의하였다. 남과 북은 남북철도·도로 연결과 관련하여 2차례의 실무협의회와 3차례의 실무접촉을 진행하였다. 남북철도·도로 연결실무협의회 제1차 회의는 2002년 9월 13일부터 17일까지 금강산에서 진행되었는데, 철도·도로 연결공사 착공식을 9월 18일 11시에 하되, 경의선은 남방한계선 제2통문 앞에서, 동해선은 송현리 통일전망대 앞에서 진행할 예정임을 밝히고, 북측도 착공식 시간·장소를 제시할 것을 요구하였다. 또한 비무장지대의 공사방법 및 절차와 관련, 군사분계선상 접속지점에 대해 우리 측이 생

---

59) 통일부, 〈2002년 통일백서〉 pp. 70~72 참조

각하는 평면 좌표 및 종단 계획고를 제시하였으며, 북측은 동해선 철도는 온정리~저진 사이 구간을 단선으로 연결하고, 동해선 도로는 고성~송현리 사이의 구간을 2차선으로 연결하자고 제의하였다. 서해선(경의선) 철도는 기존 철도노선을 따라 개성역~군사분계선까지 15.3㎞를 연결하고, 서해선 도로는 개성공단 부지의 남쪽 경계선에서 철도노선 우측(우리측 좌측)을 따라 4차선으로 건설하자고 제의하였다. 그리고 철도·도로 접속지점은 쌍방군사당국이 합의하여 정한 곳으로 하며, 북측 구간 철도·도로 연결에 필요한 자재·설비를 제공해 줄 것을 강조하였다. 남과 북은 7차례에 걸친 수석대표 접촉을 통해 의견접근을 보고 9월 18일 경의선과 동해선 철도·도로 연결 착공식을 남북이 동시 개최하기로 합의하였다.

남북철도·도로 연결 실무협의회 제1차 회의 합의서 요지를 살펴보면 첫째, 9·18 경의선과 동해선 철도·도로 연결 착공식을 남북이 동시 개최하며, 구체적인 행사계획은 1일전 상호교환, 둘째, 철도는 단선, 경의선 도로는 4차선으로 연결하고, 동해선 도로는 2차선으로 연결하되 12월초부터 차량통행이 가능하도록 하며, 셋째, 철도·도로의 접속지점은 쌍방군사당국이 합의한 데 따라 건설, 넷째, 철도 분계역은 비무장지대 밖 자기 측 구간의 편리한 위치에 각기 건설, 다섯째, 연결공사에 필요한 1차 자재·장비는 9월 안에, 나머지는 공정에 맞추어 육로와 해로를 통해 북측에 제공, 여섯째, 실무협의회를 수시로 개최하여 열차와 차량의 운행문제 등을 협의하기로 하였다.

남북철도·도로 연결 착공식은 남측 경의선의 경우 경기도 파주시 도라산역 북부에서 김석수 총리 등 1,000여 명이 참석한 가운데 개최하였고, 동해선은 강원도 고성 통일전망대 앞에서 정세현 통일부장관 등 1,000여 명이 참석한 가운데 개최하였다.

북측은 경의선의 경우 개성 봉동역에서 조창덕 부총리 등 2,500여 명이 참석한 가운데, 동해선은 금강산 온정리에서 홍성남 총리 등 3,000여 명이 참석한 가운데 착공식을 개최하였다.[60]

경의선 철도·도로 착공식 장면

경의선 복원사업은 2000년 9월에 공사에 착공하여 2001년 9월 30일에는 문산에서 임진강역 간 6.1km 구간의 영업을 개시하였으며, 2002년 9월 18일 남북철도·도로 연결 착공식 개최 이후 3차에 걸친 실무접촉, 2차에 걸친 실무협의회를 통해 경의선 철도 연결 일정, 궤도부설 및 자재·장비 제공, 열차운행에 관한 기본합의서 등을 타결하는 데 주력하였다.

경의선 철도의 공사 시행은 효율성을 도모하기 위해 철도청과 군이 공동으로 수행하였는데, 문산역~임진강 교량까지의 8km는 철도청이, 임진강 교량에서 군사분계선까지의 4km는 군이 토목공사 및 지하매설물 제거를 담당하였다. 또한 생태보전을 위한 생태교량이나 야생동물의 이동통로를 설치하여, 2개의 생태교량(민통선 구간 1개소, DMZ 구간 1개소), 15개의 생태이동로(민통선 구간 7개소, DMZ 구간 8개소)가 만들어졌다.

경의선 연결공사의 사업 내역을 살펴보면, 토공 900,000㎥, 교량 6개소(보강 1개소, 신설 5개소), 터널 보강 1개소, 궤도부설 19.5km, 역사신축 2개 역

---

60) 통일부, 〈2003년 통일백서〉 p. 90~91 참조

도라산역 철도CIQ 조감도

③ 철도차량검수사무소
② 철도출입사무소
④ 도로출입사무소
① 도라산역사

철도·도로 출입시설 조감도

(도라산역, 임진강역), CIQ시설, 전력·통신·신호 12km 등이다.

경의선 철도·도로망 연결사업은 남북한간의 여객 및 화물 통행을 전제로 한 것이기 때문에, 철도 및 도로 시설에는 통관, 출입국 관리, 검역 업무를 수행할 수 있는 시설이 설치되어야 한다. 따라서 경의선 철도의 도라산역 인근에 총 시설면적이 440,000㎡(철도시설 113,000㎡, CIQ 시설 및 도로통관장 327,000㎡) 규모의 CIQ 시설 건설이 추진되었다.

경의선·동해선 철도 연결행사는 남북 철도·도로 연결 제5차 실무접촉 합의에 따라 2003년 6월 14일(토) 11시 경의선·동해선 철도 연결지점(군사분계선)에서 동시에 개최하였다.

연결행사는 남북 당국의 국장급 인사가 주관하며, 철도 연결작업 관련 인원, 행사인원, 기자 등 각각 50여 명씩 참가하였다.

연결행사 진행은 사회자(경의선은 남측, 동해선은 북측이 담당)의 안내에 따라 쌍방 행사 주관자가 연결사를 낭독한 후 MDL에서 남북 간 25m 레일을 상호 연결·체결하는 방법으로 실시하였으며, 연결작업은 ▲레일체결장치 설치 → ▲연결부 코일스프링 채우기 → ▲이음매판 설치 → ▲연결부 볼트 체결 → ▲자갈정리작업의 순서로 진행하였다.

(4) 남북 사이의 열차운행에 관한 기본합의서 합의

남과 북은 남북철도·도로 연결실무협의회 및 실무접촉을 통해 철도 연결, 분계역사 건설문제, 열차운행합의서 채택, 차량운행사무소 개설, 남북 간 철도·도로 개통에 필요한 제도적 문제들을 논의하였다.

열차운행에 필요한 '남북 사이의 열차운행에 관한 기본합의서'는 남북철도·도로 연결실무협의회 제4차 회의(2004. 4. 8.~4. 10. 개성)에서 채택되었다. 이 합의서는 열차의 안전, 철도 직원과 승객을 포함한 모든 인원들의 신변안전과 편의를 보장하고 열차의 정상적인 운행을 위한 규정, 운영상의 차이 해소, 시설 완비를 위해 공동노력하기 위한 방안을 정한 것으로 남북 사이 열차운행을 위한 기본법이다.

주요 내용을 살펴보면 남과 북은 자기 측 지역을 운행하는 열차의 안전, 철도 직원과 승객을 포함한 모든 인원들의 신변안전과 편의를 보장하고, 남과 북의 철도 직원이 소유한 자격증과 차량에 부여한 각종 증명서를 상호 인정하며, 열차의 정상적인 운행을 위한 모든 시설들을 충분히 갖추어 놓고 열차운전취급규정 등 철도 관련 규정 및 운영상의 차이를 줄이기 위하여 공동으로 노력하는 것을 기본원칙으로 하고, 남북 사이의 열차운행을 위한 모든 기술적, 실무적 문제들을 협의하기 위한 창구로 '남북철도운영공동위원회'를 구성하도록 하였으며, 이 위원회에서 ① 수송 및 열차운행계획, 관련 절차문제, ② 운임, 요금 및 보상 등에 관한 문제, ③ 사고 발생시 원인조사, 처리 및 책임에 관한 문제, ④ 철도시설물에 대한 검사 및 보수문제, ⑤ 기타 열차운행과 관련하여 쌍방의 합의가 필요한 사항들을 협의하도록 하였으며, 구성인원은 회의 안건에 따라 각각 대표 1명을 포함하여 5~11명으로 쌍방 당국이 임명하도록 하였다. 이 위원회는 정기회의를 연 1회 개최하도록 하였으며, 필요시 당국간의 협의에 따라 비정기회의를 개최하도록 하였다.

아울러 이 위원회 산하 '분계역장회의'를 분기 1회 또는 필요한 경우 쌍방이 합의하여 수시로 개최하여 공동위원회에서 합의한 문제에 대한 구체적인 사항들과 운임정산, 기타 수시로 제기되는 문제들을 협의하도록 하였다.

열차운행시간은 아침 8시부터 오후 5시까지 하였으며, 열차승무원, 기관차, 차장차는 1년 단위로 교대로 담당하기로 하였으며, 분계역간 열차운행 속도는 60㎞/h 이하로 운행하도록 하였으며, 폐색방식은 연동폐색방식을 시행하기로 정하였다.

그 외 수송절차와 방법은 공동위원회에서 합의하여 따로 정하도록 하였으며, 매월 20일까지 수송요구서를 반영한 월 수송계획을 상대측 분계역장에게 통지하고 합의하도록 하였으며, 매일 다음날 열차편성 및 운행계획을 상대측 분계역장에게 통지하고 합의하도록 하였다.

사고 발생시 원인조사를 위하여 상대측이 입회를 요구하는 경우 허용하도록 하였으며, 사고조사 결과를 상대측에 즉시 통보하도록 하였다. 사고복구

비용과 피해배상은 사고를 책임지는 측에서 하며, 책임한계를 규명할 수 없을 경우에는 쌍방이 공동으로 책임지며 사고복구도 공동으로 진행하도록 하였다. 자연재해로 생긴 사고와 손실에 대해서는 쌍방이 모두 책임지지 않도록 하였다.

차량 고장시 열차가 운행되는 측에서 수리하도록 하고, 고장과 관련하여 지원을 요구하는 경우 필요한 지원을 하도록 하였다.

쌍방 분계역 내에서 철도수송에서 제기되는 문제를 협의하기 위해 철도 직원들을 파견할 수 있도록 하였으며, 철도 직원 체류와 관련한 사무실, 숙소, 난방, 조명, 전화 등의 편의제공과 응급구호조치를 받을 수 있도록 하였다.

운행하는 열차에 전염병, 정신병환자, 마약중독자 등 공중위생상 해를 줄 수 있다고 인정되는 자, 총포류, 흉기류, 화약류 등을 소유한 자, 철도운행질서 및 사회경제질서를 문란시키거나 침해할 수 있다고 인정되는 자, 남과 북의 공동이익이나 안전을 침해할 수 있다고 인정되는 자는 열차에 태울 수 없도록 하였으며, 각종 무기류, 총포탄류, 흉기류, 폭약류 등 공공안전에 위험한 물품, 공중위생상 위해를 미칠 수 있는 마약, 유해제품, 방사성 및 독해물 제품, 기타 열차운행에 직접적으로 지장을 줄 수 있는 물품은 화물로 실을 수 없도록 하였다. 다만 쌍방 당국의 합의가 있을 경우에는 예외로 할 수 있도록 하였다.

운임은 남과 북 각기 자기측이 제정하는 운임체계에 따라 미국 달러(US$) 또는 유로화로 계산하여 징수하고 관련 비용을 사후 정산하도록 하였다. 열차운행 관리와 상호협조를 위해 자기측 분계역 운전정리실에 직통전화 및 운행 중인 기관사와 직접 대화할 수 있는 무선통신설비, 모사전송장비(FAX) 등을 갖추도록 하였으며, 무선통신설비의 주파수를 공동으로 사용하되, FM 단신방식 150~170㎒을 사용하기로 하였다. 그 외 합의서의 각 조항들을 시행하기 위한 세부적인 사항들은 공동위원회에서 합의하여 부속서로 정하도록 하였으며, 쌍방 당국간 합의가 있는 경우 분계역을 벗어나 운행구간을 연장할 수 있도록 하였다.

이 합의서 체결로 열차운행에 필요한 기본적인 제도적 장치를 마련하였다는 데 의의가 크다 하겠다.

(5) 남북철도 연결구간 열차시험운행

2006년 예정되었던 남북열차 시험운행(5. 25.)은 행사 전날 북측의 일방적인 통보로 돌연 취소되었다. 그리고 북한의 미사일 발사('06. 10. 9.)로 남북간 열차시험운행 및 철도 개통은 지연되었다.

2007년 2월에 개최된 6자회담에서 북한 핵문제가 진전됨에 따라 제20차 남북장관급회담(2007. 2. 27.~3. 2. 평양)에서 상반기 내에 남북열차 시험운행을 한다는 데 합의하고, 남북경제협력추진위원회 제13차 회의(2007. 4. 18.~4. 22. 평양)에서 남북열차 시험운행을 2007년 5월 17일에 실시하기로

남측 열차 경의선 DMZ 통과 장면

북측 열차 동해선 DMZ 통과 장면

합의하였다.

남북열차 시험운행을 위한 구체적인 내용과 일정을 제13차 남북철도·도로 연결 실무접촉 2차회(2007. 5. 14. 개성)에서 열차시험운행의 명칭 및 날짜, 참가인원 및 참가급수, 시험운행 시간과 구간, 시험운행방식, 시험운행 행사, 시험운행 일정 등이 포함된 '남북철도 연결구간 열차시험운행과 관련한 합의서를 채택하고, 5월 17일 역사적인 남북열차 시험운행을 실시하였다. 경의선은 문산역에서 개성역까지 남측 열차가, 동해선은 금강산역에서 제진역으로 북측 열차가 군사분계선을 넘어 운행됨으로써 분단 이후 60여 년 만에 남북의 철도가 다시 열리게 되었다.[61]

시험열차는 디젤기관차, 객차 4량, 발전차 1량으로 편성하였으며, 경의선은 남측 열차로, 동해선은 북측 열차로 운행하였다. 승차인원은 남측은 100명씩, 북측은 50명씩 탑승하였으며, 운전속도는 40㎞/h 이하로 운행하였다.

(6) 남북화물열차 개통

제1차 남북총리회담(2007. 11. 14.~16. 서울)에서 문산~봉동 간 화물열차를 2007년 12월 11일부터 정례적으로 운행하기로 합의함에 따라 남북철도 협력분과위원회 제1차 실무접촉(2007. 11. 20.~21. 개성)을 개최하여 12월 11일부터 화물열차 정례운행 개통, 철도 개보수를 위한 현지조사 방안, 열차운행 기본합의서의 부속서 채택, 열차운행의 점진적 확대 등을 요구하였다. 그 결과 '남북 사이의 열차운행에 관한 기본합의서'의 부속서를 채택하였고,

---

61) 통일부, 〈통일백서 2008〉 p. 145 참조

기본합의서에 명시한 '남북철도운영공동위원회'[62] 위원명단을 11월 중에 교환, 제1차 회의를 2007년 12월 1일 개성에서 진행하기로 하였으며, 2007년 12월 11일부터 경의선 문산~봉동 구간에서 화물열차를 정례적으로 매일 1회 운행하기로 하고 화물수송량 확대에 따라 횟수를 증대하기로 하였다. 또한 개성~신의주 간 철도 공동이용을 위한 개보수와 2008년 베이징올림픽 남북공동응원단의 경의선 열차 이용을 위한 현지조사를 2007년 12월 12일 ~18일까지 개략조사를 시행하고, 2008년 초에 구체적인 정밀조사를 진행하기로 합의하였다.

이 합의에 따라 2007년 12월 1일 개성에서 남북철도운영공동위원회 제1차 회의를 개최하고 화물열차 운행횟수 및 열차편성, 화물취급절차, 화물운임 등 화물열차 정례 운행에 필요한 실무적 문제에 대해 협의하고, 그 합의 내용을 기록한 '회의록'을 채택하였다.

화물열차는 2007년 12월 11일부터 문산~봉동 간 매일 1회 왕복하고, 운행열차는 총 12량으로 편성하며, 매일 오전 9시 도라산역을 출발하여, 9시 30분 판문역에 도착하여 화물 상하차 작업 후 오후 2시 판문역을 출발하여 귀환하기로 합의하였다. 또한 화물운임은 각기 자기측이 제정하는 운임체계에 따르며, 적용화폐는 유로화 또는 미국 달러화를 적용하기로 합의하였다.[63]

이에 따라 2007년 12월 11일 남과 북은 북한 판문역에서 화물열차 개통 기념행사를 개최하고 문산~봉동(판문) 간 화물열차 운행을 시작하였다.

남북화물열차 운행구간은 문산~봉동역(판문역) 간이었지만 문산역은 컨

---

62) 남북철도 열차운행을 위한 기술적·실무적 사항에 대해 협의하고 정하기 위해 만든 협의체
63) 통일부, 〈2008 통일백서〉, pp. 100~101 참조

북측 판문역 컨테이너 상차 장면

남북화물열차 도라산역 도착 장면

테이너 취급이 불가능하여 물량집하 및 통관 등을 감안, 오봉역에서 조성하여 출발하였으며, 판문역 여건상 우선 컨테이너화물에 한하여 취급하고 향후 취급품목을 확대하기로 하였다.

남북화물열차는 토·일을 제외하고 주 5회 운행하였으며, 판문역 임시화물취급장 처리능력을 감안하여 기관차 1량, 컨테이너화차 10량, 차장차 1량으로 편성하였다.

남북철도 연결구간인 도라산역과 판문역 간 열차운행속도는 20∼60㎞/h 이하로 운행하고 기관차 및 승무담당은 남측이 담당하였다.

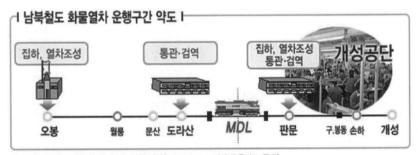

* 도라산 공용야드에서 화물 통관, 검역 시작(2007.12.10 도라산 공용야드 준공)

<그림 11-3> 남북철도 화물열차 운행구간 약도

철도차량 및 화물통관은 도라산CIQ에서 시행하고 화물 및 차량 인계인수는 북측이 남측으로 인력을 파견하지 않아 남측 담당직원이 동승하여 북측 판문역에서 북측 담당직원 입회하에 인계인수하였다.

화물의 반출입 승인 절차는 화주가 남북교류협력시스템(https://inter-korea.unikorea.go.kr/ index.asp)에 접속하여 신고 및 등록하고 화물의 반출·반입 3일 전까지 통일부장관의 승인을 받도록 하였다.

개성공단 물동량 집하 및 철도운송 하역은 전문성을 감안하여 코레일로지스(주) 및 현대아산택배(주)에서 대행하였으며, 철도화물취급은 SMGS[64] 규정을 준용하여 국제송장을 작성하여 처리하였다.

남북화물열차는 2007년 12월 한 달간 28회(편도 기준) 운행하면서 총 219.5톤의 철도화물을 수송하였다. 이 중 남한에서 북한으로의 물동량은 180톤, 북한에서 남한으로의 물동량은 39.5톤이었으며, 주로 개성공단 관련 반출입 물자와 대북 식량지원 물자를 수송하였다.[65]

철도수송은 기존 선박수송에 비해 80% 정도의 물류비가 절감되고 수송시간도 대폭 단축되기 때문에 화물열차 개통으로 개성공단이 활성화되고 철도를 통한 남북경제협력이 확대될 것으로 전망되었으며, 나아가 한반도종단철도의 완전한 복원을 통해 대륙철도 시발점이 되는 역할을 하게 되었다.

(7) 개성~신의주 간 철도 개보수 현지조사

'2007 남북정상회담'에서 개성~신의주 철도를 공동으로 이용하기 위한

---

64) 구 소련 및 사회주의 국가를 중심으로 구성된 철도협력기구(OSJD)가 국가간의 철도화물수송을 규정하기 위해 제정한 국제화물철도수송협정으로 러시아, 중국, 북한, CIS 국가 등이 참여
65) 통일부, 〈2008 통일백서〉, pp. 146~147 참조

개보수문제를 협의·추진해 나가기로 합의하였다. 그리고 제1차 남북총리회담에서 남북철도·도로 공동이용을 위한 개보수 및 2008 베이징올림픽 응원단의 경의선 열차 이용을 위한 철길 보수에 합의하였다. 이와 함께 본격적인 사업 추진에 앞서 실무접촉 및 현지조사를 실시하며 남북경제협력공동위원회 산하에 남북철도협력분과위원회를 구성하기로 하였다. 이에 따라 2007년 12월 12일부터 12월 18일까지 7일간 남과 북의 철도분야 전문가들이 함께 열차로 이동하면서 선로 전반과 터널, 교량 등의 구조물을 조사하였다. 이 조사는 1차 조사결과와 북측이 제공한 자료를 종합하여 2차 정밀조사를 추진하고 그 결과를 토대로 교량과 터널 등 구조물과 노반 설계를 거쳐 개성~신의주 간 개보수 공사를 단계적으로 실시할 계획으로 추진되었다.[66]

현지조사 열차 전경   선로상태 점검

조사구간은 개성~신의주 412㎞ 전 구간이며, 철도시설(선로) 및 주요 구조물(토공, 교량, 터널), 열차 내에서 주변지형 관찰을 열차후부에서 선로상태를 점검하였다.

조사자는 남측은 정부관계자, 한국철도공사, 한국철도시설공단, 시설안전기술공단, 철도건설공학회, 철도건축기술협회 등 관련분야 전문가 15명이 참

---

66) 통일부, 〈2008 통일백서〉, p. 147 참조

여하였으며, 북측은 철도성 관계자 40여 명이 참여하였다.

조사방법은 남측 객차 3량(발전차, 침대차, 침식차)과 북측 객차 4량(소화물차, 침대차 2량, 식당차)을 북측 기관차로 연결, 열차로 편성하여 남과 북의 관계자가 이 열차에 승차하였으며, 개성~신의주 전 구간을 열차에서 철도시설물 전반에 대한 조사와 열차 이동 중에 북측이 안내한 곳과 남측이 요구한 지점에서 하차하여 급곡선(R = 400)부, 교량, 터널, 정거장에 대하여 도보로 이동하면서 육안과 휴대측정기를 이용하여 조사하였다.

이때 편성한 열차는 분단 이후 최초로 남과 북이 보유하고 있는 차량을 함께 편성하여 경의선 전 구간을 운행하는 최초의 사례가 되었으며, 양측이 보유하고 있는 차량을 혼합 편성하여도 열차운행에 전혀 문제가 없다는 사실을 보여주었다. 조사개소는 북측이 안내한 터널 5개소, 교량 8개소, 급곡선 4개소, 역 구내 등을 조사하였으며, 노반(토공, 교량, 터널 등), 궤도, 건물, 신호, 통신, 전차선, 전력, 철도운영 등 각 분야별로 직접 현장을 확인 조사하고 북측 관계자에게 문의 및 자료요구 등을 통해 조사하였다. 그러나 조사 이전과 북측 현지에서 조사에 필요한 자료를 요구하였으나 자료를 제대로 제공하지 않아 실질적인 철도시설 상태조사에는 한계가 있었다.

분야별 조사결과를 살펴보면 노반분야는 건설 당시 복선노반 시설 중 상태가 비교적 양호한 철도시설물을 상·하선 지그재그식으로 사용하고 있었으며 노반, 옹벽, 절토 및 성토구간 등 노반 일반구조물 변상 개소가 많아 노반 강성 확보 방안 마련이 필요하였으며, 궤도분야는 궤도재료 마모, 훼손, 탈락, 부식 및 단면 부족상태가 심하여 열차안전운행 확보를 위한 선로(레일, 침목, 도상) 안전성 유지가 시급하였다.

레일은 직마모, 편마모가 심하였으며, 차륜의 공전으로 인한 레일 패임 현상과 단척레일로 인한 이음매부가 많아 이음매 볼트 체결상태가 좋지 못하였다. 침목은 침목을 부러뜨리거나 목침목을 파먹는 레일박힘 현상을 초래하고 있었고, 임시적으로 통나무로 제작 부설된 침목이 있는 등 침목 부식이 심하여 횡저항력 확보 유지가 곤란한 것으로 조사되었다. 교량과 터널은 건설 당시 시설을 그대로 유지하고 있어 정밀안전진단 결과에 따라 보수, 보강 범위와 수준, 계속 사용여부 등의 신중한 판단이 필요한 것으로 조사되었다. 전철 및 전력설비는 직류(DC) 300V를 사용하고 있었으며, 구분소, 장력 구분장치 설비 등은 대부분 노후되어 있었다. 신호설비는 10개 역이 계전기식연동장치를 사용하고 있었으며, 나머지는 기계식연동장치이고 완목식신호기를 색등식신호기로 일부 변형하여 사용하고 있었다. 통신설비는 폐색전화 등이 설치되어 있으나 무선통신장비는 전무한 상태인 것으로 조사되었다. 차량분야는 기관차는 대체로 낡고 노후되어 출력은 남측의 약 70% 수준으로 보였으며, 객차와 화차 대부분 내구연한 초과로 노후화가 심한 상태로 보였다.

경의선 철도 개·보수 현지조사를 통해 확보한 철도시설물 이외 중요한 자료로 확보한 것은 북측 여객열차 속도 측정이 가능하다는 것이었다. 이 조사열차가 신의주에서 개성으로 되돌아 올 때 신의주 아래 룡천역에서 판문역까지 검수를 위해 정차한 4개 역을 제외하고 총 9시간 49분이 소요되었다. 이를 토대로 속도를 측정한 결과 평균 약 44km/h로 운행한 것으로 분석되었다.

조사결과를 토대로 경의선 철도 공동이용 가능성에 대해 검토한 결과 궤도 긴급 개보수 후 열차 저속 운행시 단기적인 열차운행은 가능할 것으로 보이나 열차안전운행 확보를 위한 선제적인 안전보강 조치가 필요하며, 중장기적으로 경의선을 활성화시키기 위해서는 전면 개보수가 필요한 것으로 분석되었다.

(8) 남북화물열차 운행중단

2005년 12월말 경의선 구간(문산~개성 27.3km)과 동해선 구간(제진~금 강산 25.5km)의 남북 간 철도 궤도부설공사가 완료되어 열차운행을 위한 기 본적인 시설을 갖추었으나 정치적인 이유로 열차가 다니지 못했다. 그러다가 2007년 4월 남북경제협력추진위원회 제13차 회의 합의를 통해 2007년 5 월 17일 남북열차시험운행이 이루어졌으며, 이후 2007년 남북정상회담과 남 북총리회담 합의를 통해 2007년 12월 11일부터 경의선 도라산역과 북측 판 문역 간 매일 1회 남북화물열차가 정기적으로 운행했다. 화물열차는 토·일· 공휴일을 제외하고 오전 9시에 도라산역을 출발하여 북측 판문역까지 운행 했다가 북측 판문역에서 오후 2시에 도라산역으로 다시 돌아가는 형식으로 운행되었다. 당초에는 총 12량(기관차 1, 화차 10, 차장차 1)을 편성하여 운 행하였으나, 2008년 2월 1일부터는 남북 간 합의에 따라 화물이 있을 경우 에는 화물이 있는 화차만 연결하여 운행하고, 화물이 없을 경우에는 기관차 와 차장차만 운행하였다. 그러나 북측의 12월 1일 육로통행 제한조치에 따 라 2008년 11월 28일 이후 운행이 중단되었다. 화물열차는 2007년 12월 11 일부터 2008년 11월 28일까지 총 222회(왕복 444회)를 운행하였으며, 화물 수송량은 총 17회 31량 55TEU를 기록하였다. 이 중 남측에서 북측으로 반 출된 컨테이너는 25량 235톤이고 북측에서 남측으로 반입된 컨테이너는 7 량 75톤으로 주로 개성공단 관련 반출입 물자를 수송하였다.[67]

---

67) 통일부, 〈2009 통일백서〉, p78~79 재정리

4. 남북철도사업 추진 문제점 및 과제

(1) 문제점

남북 간 철도는 일제강점기 시대에 건설된 표준궤간시스템으로 지난 2007년 5월부터 남북 간 철도를 운행한 경험이 있고, 동년 12월 한국 철도 차량이 북한 철도 차량과 혼합하여 개성~신의주 간을 운행한 경험이 있어 지금 당장이라도 남북 당국간 합의만 이루어진다면 열차운행에는 아무런 문제가 없다.

<표 11-2> 남북한 철도 연결시 주요 문제점

구분		내용
시설 분야	궤도·토목 분야	궤간, 축중 차이 없음. 건축한계 문제점 없으며, 연결구간 모두 단선임. 북한의 노후화된 시설의 보수 필요
	전기 분야	전력방식에 차이가 있어 전기기관차 운행시 연결구간에 절연구간 설치 필요 신호현시의 차이 발생(현시교환 차상장치 설치 필요) 폐색방식이 노선별로 다르나 운행에는 문제없음. 북한 장비의 현대화 필요 전기기관차 운행시 운행노선의 전철화 필요
	차량 분야	전기기관차 운행시 차량의 전력 관련 부품교체 필요 검수 기술교류 및 부품 공유 필요 남한 차량의 북한 한대지역 운행시 내한성 부족
운영 분야		운행노선에 대한 선로용량 검토 필요 차량기지·기관차사무소·객화차사무소의 운영과 열차운행계획에 대한 당국과 협의 필요 여객 및 화물의 통과방식, 운임배분방식, 세관절차 등 제반사항 협정 체결 필요

다만, 2008년 12월부터 열차운행이 중단되어 새롭게 운행하기 위해서는

선로시스템에 대한 전반적인 점검이 필요할 뿐이다.

북한 철도는 한국 철도의 안전 기준보다 매우 낙후되고 노후되어 있어 운행속도가 낮고 전력방식, 신호체계, 통신방법 등이 상이하여 열차의 효율적인 운행을 위해서는 상호 표준화된 시스템으로 통합이 이루어져야 한다.

(2) 남북철도사업 추진과제

경의선의 경우 남북한 철도망이 연결되어 있으나 12. 1. 조치로 중단된 남북 간 철도운행이 재개될 수 있도록 실효성 있는 제도적 장치를 마련하고 남북 간 단절된 경원선 미연결 구간, 동해선 미연결 구간을 조기에 완공하여 한반도종단철도의 물리적인 복원이 우선되어야 한다.

남북한 간 철도에 대한 인적통행에 대한 협정을 체결하여 경쟁력 있는 CIQ 서비스를 확보하고 열차시간표의 공동작성, 국경통과방식 결정, 승객 및 수화물 조사방식 합의, 철도 이용료 산정 및 지불방식 등의 사전협의가 필요하며, 철도 이용과 관련한 논의 기구와 신변안전 및 무사귀환 보장, 화물멸실·훼손 보상문제 처리, 사고 및 고장시의 구난 의무에 대한 합의, 철도 보수 현황 등 처리규정 등이 합의되어야 한다.

남북한 철도시스템의 차이에서 오는 문제점들을 효과적으로 해소해야 원활한 연계운행이 가능하며, 이를 극복하기 위해 초기에는 디젤기관차를 투입하고 장기적으로 직·교류 겸용 전기기관차 개발을 추진해야 한다. 열차운행의 비효율성을 야기할 수 있는 통신계통이나 신호 차이 문제해결을 위해서도 철도시스템과 더불어 부품, 제품의 표준화가 마련되어 유지보수가 유기적으로 이루어질 수 있도록 해야 한다.

북한 철도를 현대화하기 위해서는 정확한 실태조사가 이루어져야 하며, 이

를 바탕으로 현대화 대상노선의 우선순위, 현대화 수준, 소요재원, 재원조
달방안 등이 결정되어야 한다. 대륙철도와 연계되기 위해서는 국경 통과, 운
임정산, 검역 등에 대한 다자간 철도협정 체결이 필요하며, 국제운송을 위해
서는 동북아시아 국가들이 대부분 가입하고 있는 OSJD 정회원으로 가입이
필요하다.

전차선, 토목궤도, 신호통신, 운영분야에 걸쳐 인터페이스가 이루어지는
항목으로 운행성능 및 안전성과 깊은 연관이 있으며, 세부적으로 차량한
계, 축중, 고정축거, 차륜경, 차륜답면형상, 연결기, 전차선전압 및 전류, 전압
변동률, 차량길이 등의 표준화가 필요하다. 남한의 산업선에서 운행 중인 전
기기관차는 교류용이기 때문에 북한의 직류구간에서 기존의 추진 제어장치
로 운행하는 것은 불가능하므로 직·교류 겸용 전기기관차 개발이 필요하다.
신호·전력 설비분야는 폐색방식, 궤도회로, 신호현시, 전력공급 등의 기술력
이 현저하게 차이가 나고 있어 기술력 차이를 호환하거나 보완할 수 있는 방
안 마련이 시급한 실정이다. 시설분야는 궤도, 토목분야가 중요하며 남북한
철도 연결시 가장 검토하여야 할 사항은 궤간, 축중, 건축한계, 단복선 여부,
시설물 현황 등이며, 특히 속도와 관련하여 궤도의 허용공차 및 직진도, 평
탄도에 대한 검토를 통하여 적정속도를 결정해야 한다.

5. 한반도종단철도망 통합을 위한 제언(맺음말)

로마시대에는 도로를 통하여 문물이 세계로 퍼져 나갔으나, 19세기에는 기
차의 발명으로 철도가 사회 변화의 주역이 되었다. 철도의 등장은 국토 공간

구조의 형성, 도시발전 그리고 이동의 촉진 등의 면에서 큰 역할을 수행한다. 철도 개통으로 새로운 도시가 탄생하고, 새로운 철도노선에 따라 발전 지역이 변화되었으며, 기존 도시의 발전에 기폭제 역할을 하였다. 조선시대에 약 520여 개의 역원이 중앙과 지방의 공문전달, 세금수송, 관료 등에 대한 숙식제공 등 중요한 기능을 담당하였는데, 1899년 한반도에 최초로 철도가 등장하면서 전국 각지에 철도가 부설되었다. 철도의 등장은 철도역을 중심으로 새로운 도시가 탄생하고 철도노선에 따라 기존 도시가 변화되는 촉매제 역할을 하면서 한반도가 새롭게 변화되는 동맥 역할을 하였다.

역사적으로 보면 한반도종단철도는 동북아시아의 간선철도로서의 성격을 강하게 띠고 있다. 해양과 유라시아 대륙을 어떻게 신속하고 안전하게 연결하는가에 초점을 맞추어 건설되고 운영된 철도였다.

해방 이후 한반도종단철도는 휴전선을 경계로 분리되면서 남과 북의 철도는 서로 다른 형태로 발전되어 왔다. 남한 철도는 300㎞/h를 달리는 고속철도를 운영하는 선진철도로 도약하였지만, 북한 철도는 대부분의 철도 관련 시설이 노후화되어 낙후된 상태로 운영되고 있다.

분단 이후 단절된 남북철도망을 연결하기 위해 1990년 9월 남북고위급회담에서 철도망 복원 문제가 제기된 이후 2000년 6월 15일 남북공동선언을 통해 다시 재론되는 계기를 마련하여 2000년 9월 18일 정부 차원의 경의선 철도·도로 연결 기공식을 계기로 2003년 6월 남북철도 궤도가 연결이 되면서 분단 이후 단절되었던 남북철도가 물리적으로 연결되었다. 그리고 2007년 5월 16일 남북철도 연결구간 열차시험운행을 거쳐, 같은 해 12월 11일 문산~봉동(판문) 간 남북간 화물열차 개통을 하여 매일 1회씩 왕복운행을 하였고, 같은 해 12월 12일 개성~신의주 간 철도 개보수 현지조사를 위해 남측 열차가 북측 판문역으로 넘어가 북측 열차와 혼합 편성하여 개성~신의

주 간을 운행하여 한반도종단철도망은 다시 복원되는 듯하였다. 그러나 정치적인 문제로 운행 개시 1년 만에 중단되어 현재까지 운행되지 못하고 있다.

앞으로 한반도종단철도망을 완전하게 구축하기 위해서는 첫째, 남북한 단절된 철도의 연결이 먼저 이루어져야 한다. 그리고 북한 철도시설의 개선이 수반되어야 한다.

둘째, 남북한 철도 관리·운영시스템의 통합을 위해서는 철도운영 계획을 철저히 수립하여 시행하고 상호 정보교환을 통하여 철도운영 제반사항을 명확하게 규정하고 준수할 수 있도록 해야 한다.

셋째, 남북한 철도의 법적·제도적 통합에 있어서는 교류와 협력의 과정에서 불합리한 사항에 대해 적극 개정하고 남북한 철도운송 및 열차운행 효율화를 위한 협약의 체결 및 철도 관련 국제조약에의 공동가입 등과 같은 조치가 필요하다.

한반도의 공동번영을 위한 한반도종단철도 연결은 과거 우리가 해 왔던 개발방식과는 다른 접근을 필요로 한다. 이것은 남한과 북한이라는 두 개의 정부의 협력을 요하는 과제이기 때문이다. 이러한 측면에서 한반도종단철도망 구축을 위해 견지해야 하는 기본원칙은 다음과 같다.

첫째, 국토 균형 발전에 기여할 수 있는 한반도철도망이 구축되도록 해야 한다. 친환경적인 교통수단의 장점을 최대한 살려 저비용 구조의 남북한 철도망이 구축되도록 하여 안전성과 경제성을 제고하는 철도네트워크가 구축되도록 하여야 한다.

둘째, 남북한 교류물자와 인적왕래의 안정적 수송과 더불어 중장기적으로 대외교역화물의 효율적인 수송과 주변국들의 남북한 통과화물 수송을 고려하여 수송시간을 단축하고 수송비를 절감할 수 있도록 철도 중심의 다양한 연계교통망이 구축되도록 하여야 한다.

셋째, 한반도는 동북아물류중심지로서 허브 역할을 수행할 수 있는 지리적 이점을 가지고 있다. 따라서 해양과 대륙을 연결하는 국제 철도망의 시종점 역할을 수행할 수 있는 국제간선으로 발전시켜야 한다. 해양과 대륙을 연결하는 랜드브릿지(Land bridge)로 해상운송과 철도운송이 상호보완적인 역할을 할 수 있도록 하여야 한다.

한반도종단철도망 통합을 위한 주요 고려사항을 살펴보면 다음과 같다. 첫째, 화물과 여객의 발상지(origin) 및 최종목적지(destination)에의 접근 용이성이 감안되어야 한다. 즉, 수요가 발생하는 생산지 및 최종소비지와 효율적으로 연계되도록 해야 하는데, 이는 운송시간과 비용을 결정하는 중요한 요인이 된다. 철도는 장기간에 걸쳐 투자가 요구되므로 현재의 수요뿐만 아니라, 잠재적인 수요가 예상되는 지역과 연계되어야 할 것이다.

둘째, 한반도종단철도는 운송수단 사이의 연계가 효율적으로 이루어질 수 있도록 구축되어야 한다. 즉, 운송수단간 연계는 부가가치 운송활동의 공정 연계, 기타 운송 관련 활동 사이의 효율적인 연계가 이루어져야 하는데, 이는 철도서비스의 질적 수준을 높이는 방안이다.

셋째, 국가경제 및 지역경제의 통합과 이를 통한 시너지효과의 극대화를 추구하는 방향에서 철도가 구축되어야 한다. 이를 위해서는 성장잠재력이 높은 지역과 국가를 연결하는 것이 중요하다.

넷째, 통합 철도체계는 기존의 운송기반시설과 연계되어야 한다. 철도운송 구축에 소요되는 비용과 시간을 절약하기 위해서는 기반시설 부존 상태를 감안하여 이를 최대한 활용하는 것이 중요하다.

유럽은 유럽 철도망의 통합으로 유럽의 경제·사회·문화를 통합하여 환경 및 삶의 질을 향상시켰다.

이제 한반도종단철도망 통합을 통해 오랜 세월동안 반목과 대립의 남북

역사를 교류와 협력의 역사로 전환시키고 동북아시아의 안정과 평화에 기여하는 견인차 역할을 수행할 수 있도록 해야 한다. 그렇게 하기 위해서는 남북한 간 서로 다른 철도시스템과 운영 기준을 각 분야별로 격차를 줄여나가고 하나로 기준을 만들어 가는 데 선제적으로 수많은 시간과 노력을 기울여야 할 것이다.

제12장

간이역과 무인역

제12장 간이역과 무인역

'간이역(簡易驛)'은 이용 승객과 역무원이 적은 '소규모 역'을 의미한다. 경우에 따라서는 역무원이 없는 무인역(無人驛)과 같은 의미로 쓰이기도 한다. 코레일(한국철도공사)은 역무원의 수가 1~2명으로 아주 적거나 아예 없는 역을 '간이역'으로 분류하고 있다. 이 중 역무원이 한 명도 없는 역을 따로 떼어 '무인역'이라고 부른다.

코레일의 통계에 따르면 우리나라에는 전국에 287개의 간이역이 있다. 이 가운데 217개 역은 역무원이 없는 '무인역'이다. 나머지 70개 역은 소수의 역무원이 일하는 간이역으로 분류되고 있다.

오랜 세월 시골 마을 어귀를 지켜오면서 주민들의 '발' 역할을 해온 간이역과 무인역들이 고속철도와 자동차 등 빠르고 편리한 교통수단을 찾는 사람들이 많아지면서 천덕꾸러기 취급을 받는 경우가 많은 것이 사실이다. '이용자가 적다', '돈이 안 된다'는 등의 이유로 역이 하나 둘 사라지는 것을 당연시하는 분위기도 나타나고 있다.

그러나 작은 간이역과 무인역이 정말로 이 땅에 쓸모가 없는 것일까? 답은 물론 '아니다'이다.

시골 마을에 있는 작은 무인역의 가치를 여전히 존중하면서 '철도대국'을 유지해 가고 있는 일본을 가보면 간이역이나 무인역은 오히려 철도의 '원천'이자 '힘'이라는 사실을 알 수 있다.

'간이역'이라는 용어보다는 '무인역'이라는 이름이 더 일반적으로 사용되고 있는 일본의 경우 현재 5,000여 개의 무인역이 전국에 산재해 있는 것으로 알려지고 있다.

일본의 경우 많은 지역에서 철도회사는 물론 지역주민, 지자체들이 힘을 모아 사라질 위기에 놓인 무인역과 지역 철도를 지켜낸 뒤 지역경제 활성화의 새로운 거점으로 활용하기까지 한다.

한동안 경제성이 떨어진다는 이유로 간이역과 무인역을 없애버리기만 하던 한국에서도 최근 간이역과 무인역의 가치를 새롭게 인식하기 시작한 것은 참으로 다행스러운 일이다.

최근 한국의 무인역이 일본의 무인역과 결연을 맺은 뒤 철도는 물론 문화 분야까지 교류를 추진하면서 철도의 가치를 높이는 사례도 나타나고 있다. 또 작은 무인역의 가치를 디딤돌로 해서 아프리카, 유럽 등 세계 곳곳에 한국 철도의 가치를 알리는 홍보활동도 전개되고 있다.

'간이역'과 '무인역'은 결코 '흘러간 옛 노래'가 아니다. 그것은 한국의 철도를 더욱 풍요롭게 하고, 미래의 경쟁력을 높일 수 있는 '보석과 같은 존재'이다.

1. 지역주민의 힘만으로 온영하는 하야부사(隼)역

일본 돗토리(鳥取)현 야즈(八頭)군 야즈(八頭)정에 있는 하야부사역은 일본에서 요즘 가장 주목받고 있는 무인역이다. 작은 시골 역이지만, 위기에 빠진 로컬선(지역 철도)은 물론 지역경제를 살려내는 디딤돌 역할을 하고 있기 때문이다.

"붕, 붕, 붕~."

매년 8월 두 번째 일요일, 하야부사역 주변은 시끄러워진다. '하야부사(맹금류인 매를 의미)'라는 이름의 오토바이를 즐기는 일본 전국의 마니아들이 몰려들어 '하야부사역 축제'를 열기 때문이다. 축제 당일에만 배기량 1,300cc급 명품 오토바이인 하야부사가 800대 이상 몰려들면서 축제장은 장관을 연출한다. 축제 당일과 전날에는 돗토리시 등 주변 도시까지 호텔이나 료칸(旅館)이 만실을 이루는 사태가 발생한다. 최근 하야부사역은 '하야부사

매년 하야부사역 축제를 개최해 일본 최고의 무인역으로 떠오른 하야부사역

오토바이의 성지'라는 닉네임까지 얻었다.

하야부사역축제장을 찾은 하야부사오토바이 마니아들

주민들의 '작당'은 2009년 3월 시작됐다. 주민들은 '하야부사'라는 이름의 동네 역이 한 잡지에 소개되고 나서 '하야부사'라는 이름의 오토바이를 소유한 마니아들이 하나, 둘 이 역을 찾기 시작한 것을 주목했다.

"하야부사역을 통해 일본의 하야부사오토바이 마니아들을 다 모아보는 것이 어떨까요? 그래서 역과 지역 철도를 살려봅시다."

주민들은 '하야부사역을 지키는 모임'을 조직했다. 순식간에 200여 명이 모임에 참가했다. 주민들은 역에서 대규모 축제를 열어 전국의 하야부사오토바이 마니아들을 끌어 들이기로 뜻을 모았다. 오토바이 제조회사인 스즈키도 축제홍보에 협력하고 나서는 등 주민들의 열정에 힘을 실어줬다.

그해 8월 8일 제1회 하야부사역축제가 열렸다. 결과는 '대박'이었다. 홋카이도(北海道) 등 전국 곳곳에서 오토바이 마니아들이 몰려들었다.

'하야부사역을 지키는 모임' 히가시구치 요시카즈(東口善一) 사무국장은 "첫 축제였는데도 300여 대의 오토바이가 전국에서 몰려들면서 역 주변은 물론 인근 학교까지 사람들로 가득 찼다."며 "2박 3일 동안 오토바이를 타고 와 축제에 참석한 사람도 있었다."고 말했다.

이후 평상시에도 역을 찾는 사람이 늘어나면서 하야부사역은 이 역을 운영하는 와카사철도와 지역경제를 지탱하는 중심축이 됐다. 축제 때 하야부사역을 찾는 하야부사오토바이는 요즘 800여 대로 늘어났다.

주민들은 2010년 4월 역사 안에 '바이크'라는 이름의 하야부사오토바이 및 철도 관련 용품점까지 차렸다. 역을 배경으로 찍은 사진을 넣어 즉석에서 만들어주는 '하야부사성지순례증명서'가 가장 인기 있는 상품이다.

주민들은 또 역사 옆에 은퇴한 객차를 갖다 놓고 하야부사오토바이를 타고 오는 외지 손님들을 위한 숙소로 제공하고 있다.

하야부사역을 지키는 모임의 니시무라 쇼지(西村昭二) 회장은 "요즘은 주민들이 힘을 모아 '하야부사역'이라는 이름이 붙은 사케(청주)까지 만들어 근처 주류판매점에서 팔고 있다."고 설명했다.

2. 와카사철도를 이끌고 갈 증기기관차

일본 돗토리현 야즈군 와카사(若櫻)정 와카사역. 와카사에서 고게(郡家)를 잇는 와카사선 19.2㎞를 운행하는 지역 철도회사인 와카사철도(주)의 본사가 있는 곳이다.

와카사철도를 지켜가고 있는 다니구치 쓰요시(谷口剛史) 운수과장에게는 꿈이 하나 있다. 바로 와카사철도 위를 증기기관차가 힘차게 달리도록 하는 것이다. 이를 통해 일본 전국은 물론 해외에서까지 관광객을 끌어들이는 것이 그의 꿈이다.

역 구내에 있는 검은색 증기기관차 위를 수시로 올라가 정비작업을 하곤 하는 다니구치는 "우리 와카사철도의 꿈을 안고 있는 귀중한 기관차"라고 소개한 뒤 "5년 후에는 이 증기기관차가 전국에서 오는 관광객을 태우고 와

카사철도 위를 쌩쌩 달리게
될 것"이라고 말했다.

와카사철도와 주민들은
1930년대에 제작된 이후 한
때 이 와카사선을 운행하기
도 했던 구형 증기기관차를
외지에서 어렵게 구해다 역
구내에 전시해놓고 있다. 와
카사철도와 철도를 사랑하

5년 후 와카사철도를 달리게 될 증기기관차

는 지역 주민들은 5년 후 이 증기기관차를 관광열차로 운행, 와카사철도를
전국의 명물로 만들겠다는 계획을 마련한 뒤 전국을 대상으로 대대적인 모
금운동을 벌이고 있다.

'와카사역을 활기차게 만드는 모임', '하야부사역을 지키는 모임', '아베역을
지키는 모임', '이나바후나오카역의 활성화를 생각하는 모임' 등 와카사철도
의 역 주변 주민들로 구성된 단체들은 지역 상공회와 관광협회는 물론 와카
사철도 등과 함께 '와카사선 증기기관차 운행위원회'를 구성하고 증기기관
차를 새로 운행하는 데 필요한 5억 엔(약 50억 원)의 자금을 마련하기 위해
나섰다.

이 위원회는 지역 주민은 물론 전국의 출향인사나 철도 애호가 등을 상대
로 대대적인 모금운동을 벌이고 있다.

주민 히가시구치 모리오(東口守夫)는 "관광용 증기기관차를 운행하게 되
면 인근 지역은 물론 오사카(大阪), 도쿄(東京) 등 일본 전국에서 관광객이
몰려올 것"이라며 "야즈정 등 인근 지역은 물론 돗토리현 전체의 경제가 크
게 활성화될 것"이라고 기대했다.

다니구치 과장은 "주민들의 이런 철도 사랑은 한때 사라질 위기에 놓여 있던 와카사철도를 살려내는 위력을 발휘한 바 있다."며 자신감을 표시했다.

JR의 전신인 국철을 운영하던 일본 정부는 농촌지역의 고령화 등으로 손님이 줄고 적자가 이어지자 와카사선을 없애기로 했다. 하지만 '지역의 발' 역할을 해오던 열차를 잃게 된 주민들은 가만히 있지 않았다. 역 주변 주민들은 너도나도 '역을 살리는 모임'을 만들어 철도 존속의 필요성을 각계에 호소했다.

"와카사선을 살려내야 한다."는 여론이 들끓자, 야즈정과 와카사정 등 기초자치단체는 물론 돗토리현 등 광역자치단체와 돗토리시 등 인근 지자체까지 철도 살리기에 나섰다. 이들 지자체는 1987년 자체 예산을 투입, 제3섹터 방식으로 '와카사철도주식회사'를 설립한 뒤 주민들의 숙원대로 와카사선의 철도를 계속 운행했다.

와카사철도가 다시 살아난 이후에도 주민들의 철도 사랑은 이어졌다. 앞에서도 언급했듯이 하야부사역 인근 주민들로 구성된 '하야부사역을 지키는 모임'은 매년 여름 '하야부사역 축제'를 열어 전국의 철도 마니아와 오토바이 마니아를 불러 모으는 방법으로 와카사철도의 이용객을 늘렸다. 이 모임은 또 한국 등 외국의 철도회사·대학 등과 함께 이벤트를 열어 외국인 관광객을 끌어들이는 프로젝트도 추진하고 있다. 2013년 2월 역 인근 공민관에서 한국 우송대학교의 한국 음식 전문가를 초빙, '한국음식강습회'을 열었다.

주민들의 이런 노력은 최근 결실을 보고 있다. 2010년까지 계속 줄어들기만 하던 와카사철도 이용객 수가 2011년부터 늘어나기 시작한 것이다.

와카사철도 관계자는 "한때 67만 명에 이르던 연간 이용객 수가 2010년 39만 1,000명까지 줄어들었으나 주민들이 적극적으로 나서면서 2012년 41

만 9,000명으로 늘어나는 등 최근 3년 동안 이용객 수가 지속적으로 늘어나고 있다."고 말했다. 일본 정부도 와카사철도 인근 주민과 지자체의 노력을 높이 평가, 지자체들이 와카사철도에 지원해오던 예산의 50%를 지원해주기로 전격 결정했다.

'하야부사역을 지키는 모임' 관계자는 "지역 철도는 지역 주민과 지자체가 힘을 모아 지켜나가는 것이라는 사실을 와카사철도가 보여주고 있다."고 말했다.

3. 고양이역장 다마가 지키는 기시(貴志)역

2012년 9월 14일 트위터에 이런 글이 올라왔다.

"고양이 역장 다마는 무사합니다, 야옹!"

기시역의 다마 역장이 무사하다는 소식을 알리는 내용이었다.

이틀 전 기시역에서 작은 화재가 발생하면서 다마가 다치지나 않았는지 걱정하는 팬들의 문의가 빗발치자 역을 운영하는 와카야마전철 측이 글을 올린 것이다.

사실 이날 불은 화재라고 할 것도 없었다. 12일 아침 역 복도에 걸려 있던 '노렌'에 불탄 자국이 발견된 것이 전부다. 노렌은 일본에서 상점이나 건물의 입구에 상호 등을 새겨 쳐놓는 발을 말한다. 발견 당시 다마 역장의 얼굴이 묘사된 일러스트부분(가로 5cm, 세로 12cm)이 검게 탄 채 발견됐다.

다행히 사고 전날과 당일 다마는 역에 없었다. 다마는 일요일마다 역을 떠나 휴식을 취하기 때문이다.

일본 전국의 수많은 다마 역장 및 기시역 팬, 그리고 무인역 애호가들은 안도의 한숨을 내쉬며 가슴을 쓸어내렸다.

"정말 다행이야. 우리가 사랑하는 다마 역장과 일본 무인역의 보물 같은 존재인 기시역이 무사하다니…."

일본 국민의 관심과 사랑을 독차지하고 있는 다마 역장과 기시역, 그 비결은 뭘까?

일본 와카야마(和歌山)현 기노카와(紀の川)시에 있는 기시역은 '무인역'이다. 그러나 이 역을 방문하는 사람들은 언제나 머리를 갸웃하게 된다. '무인역'인 기시역 일대에 사람이 너무나 많기 때문이다. 특히 토요일이나 일요일 등 휴일에는 늘 사람으로 가득 찬다.

기시역으로 사람을 모으는 주역은 고양이역장 '다마'이다. 다마는 아마도 일본 전국의 모든 역장 중에서도 유명세로 치면 1등을 놓치지 않을 것이다. 요즘은 '다마' 역장과 교대로 일을 하는 '니타마'까지 등장하면서 전국은 물론 외국에서까지 손님이 몰려들고 있다.

다마와 니타마는 기시역 입구에 멋진 모자를 쓴 채 앉아 오가는 손님들을 맞이한다. 대부분 심드렁한 표정으로 잠을 자는데, 사람들은 그런 그의 모습을 카메라에 담기 위해 "다마", "다마" 하며 말을 걸곤 한다.

다마와 니타마에게 지급되는 월급은 1년 치 사료가 전부이지만, 이들은 불평 한 마디 없이 역장 직을 수행하고 있다.

이 역을 포함하는 기시카와(貴志

기시역을 지키는 고양이역장 '다마'

川)선 철도를 운영하고 있는 와카야마전철은 고양이역장의 유명세를 이어가기 위해 역사를 고양이얼굴 형태로 다시 짓고, 역사 안에 다마주스와 다마쿠키 등을 먹을 수 있는 카페까지 설치하는 등 차별화에 온 힘을 기울이고 있다.

이런 노력 덕분에 작은 무인역인 기시역을 돌아보는 '기시역 관광' 열풍이 대단하다. 도쿄(東京) 등 수백 ㎞ 떨어진 곳에서까지 '다마를 보겠다.'는 사람들이 몰려들면서 하루에 역을 찾은 사람의 수가 1,000명 이상까지 치솟을 정도로 높은 인기를 끌고 있다.

고양이역장 다마의 성공스토리 뒤에는 기시카와선 철도의 재생을 위해 온몸을 바치고 있는 와카야마전철의 고지마 미쓰노부(小嶋光信) 사장의 땀이 서려 있다. 그는 폐선 위기에 놓여 있던 기시카와선 철도의 부활을 위해 다양한 노력을 기울였다. 2007년 고양이 다마를 역장으로 임명하자는 것도 그의 아이디어였다. 그는 또 열차 안팎을 고양이 다마의 캐릭터로 장식한 '다마열차'와 지역 특산품인 딸기를 활용한 '딸기열차' 등 독특한 형태의 열차를 잇따라 투입했다.

다마역을 좋아한다는 20대 주부는 "아이가 고양이역장 다마와 고양이캐릭터로 꾸며진 다마열차를 너무 좋아하기 때문에 수시로 여기를 찾는다."고 말했다. 그는 이어 "한 사람 한 사람이 이 열차를 타 주는 것만으로도 기시카와선 철도가 지속될 수 있다는 얘기를 듣고 더욱 자주 기시역과 다마열차를 방문한다."고 말했다.

다마와 니타마 등 고양이 역장을 포함한 와카야마전철 관계자들의 노력 덕분에 기시카와선 철도는 다시 활기를 띠고 있다.

2005년 192만 명 수준이던 기시카와선의 연간 이용객 수가 다마 역장이 취임한 2007년 218만 8,000명으로 급증했다. 2008년에는 219만 명으로까지 치솟았다.

와카야마전철의 관계자는 "외지 이용객들이 급증하면서 기시카와선의 적자가 급격히 줄고 있다."고 설명했다. 그는 이어 "고양이 역장 다마와 와카야마철도의 임직원, 지역주민들의 노력 덕분에 철도노선을 없애자는 얘기가 수면 아래로 가라앉은 것이 최고의 소득"이라고 말했다.

4. 드넓은 대지, 푸른 오호츠크해 그리고 유빙… 꿈의 기타하마(北浜)역

드넓은 대지, 하얀 눈, 풍부한 자연….
많은 일본인들은 홋카이도라는 이름만 들어도 '꿈'과 '로망'을 떠올린다.

오호츠크해의 유빙을 볼 수 있는 기타하마역

어떤 일본인들은 홋카이도가 같은 일본이지만, '이국'의 이미지로 다가온다고 말한다. 그래서 사람들은 홋카이도를 '북국(北國)'이라고 부르기도 한다. '북국(北國)'은 '북쪽 나라' 또는 '북쪽 고향' 정도로 번역을 할 수 있다. 특히 이 홋카이도에서는 철도를 빼 놓을 수 없다. 드넓은 대지를 달리는 기차, 그 중에서도 하얀 눈을 뚫고 내달리는 기차는 홋카이도의 상징 역할을 한다. 아직은 고속철도인 신칸센(新幹線)이 개통되지 않았지만, 이곳에서 가장 중요한 교통수단은 역시 기차이다. 홋카이도의 철도는 영화와 드라마의 단골 무대가 되곤 한다.

홋카이도를 '이국'의 이미지로 채색하는 것 중 하나가 오호츠크해이다. 홋카이도 동남부의 하코다테(函館)나 삿포로(札幌)에서 기차를 타고 동으로 동으로 달리면 나타나는 바다가 바로 오호츠크해이다. 오호츠크해는 아시아 대륙 북동쪽의 북태평양에 딸린 바다를 말한다. 쿠릴 열도, 캄차카 반도, 홋카이도, 사할린, 시베리아 등으로 둘러싸여 있다. 이 바다는 일본에서 '유빙(流氷)'을 볼 수 있는 곳으로 큰 인기를 끌고 있다. 유빙은 넓은 지역을 떠다니는 얼음덩어리를 말한다.

이 오호츠크해와 오호츠크해의 유빙을 제대로 즐길 수 있는 무인역이 바로 JR홋카이도의 센모혼센(釧網本線)에 있는 기타하마역이다.

기타하마역은 말 그대로 '꿈의 역'이다.

역 홈에 서면 오호츠크해가 보이고, 파도소리가 들린다. 아바시리(網走)역 쪽에서 갈 때에는 왼쪽이 오호츠크해이고, 구시로(釧路)역에서 갈 때에는 오른 쪽이 오호츠크해이다.

홋카이도 안에서 바다와 가장 가까운 곳에 있는 역으로 알려진 이 역은 아바시리시에 있다.

기타하마역에서는 매년 1~3월 오호츠크해의 유빙을 관찰할 수 있다. 그래서 유빙을 볼 수 있는 시기에 특히 사람이 많이 몰려든다. 역에서 보는 유빙만으로는 만족을 할 수 없는 사람들은 전용 관광선을 타고 바다로 나가기도 한다. 인근 아바시리로 나가야만 탈 수 있는 아바시리의 유빙관광쇄빙선은 1월 하순부터 3월까지 운행된다. 이 배는 유빙의 상태에 따라서 출항이 결정된다. 유빙을 볼 수 없는 계절에는 아바시리에 있는 오호츠크유빙관에 가서 유빙의 이모저모를 살펴볼 수 있다.

기타하마역에는 일본 전국은 물론 한국, 중국, 대만, 홍콩 등 외국에서도 관광객이 수시로 들른다.

역사 안으로 들어가면 벽은 물론 천장 등 곳곳에 관광객들의 메모지와 명함이 빼곡하게 꽂혀있다. 시간을 두고 메모들을 살펴보면 한국인 관광객들도 꽤 많다. 연인끼리 다녀가면서 사랑을 약속하는 메모를 남긴 경우도 있고, 회사원이 출장길에 들러 유빙의 감동을 남긴 경우도 있다.

5. 기타하마역을 지키는 아빠, 엄마 그리고 딸

무인역인 기타하마역의 대합실은 늘 비어있지만, 한때 역무실로 쓰이던 공간은 요즘 '데샤바(停車場, 정거장이라는 뜻)'라는 이름의 찻집 겸 레스토랑으로 변신했다. 데샤바는 후지에 료이치(藤江良一) 씨와 그의 아

기타하마역의 명물 '데샤바'를 지키고 있는
후지에 료이치(藤江良一) 씨

내, 딸 등 일가족 3명이 JR홋카이도 측에 임대료를 내고 역사를 빌려 운영하고 있다. 후지에 료이치 씨는 "가족들이 모두 별도의 직업을 갖고 있기 때문에 3명이 돌아가면서 데샤바를 운영하고 있다."며 "많을 때는 하루 80명의 손님이 찾아올 정도로 인기를 끌고 있다."고 말했다. 이 집 메뉴 중에는 창밖으로 보이는 오호츠크해의 파도소리를 들으며 먹는 '데샤바 정식'과 '라면' 등이 유명하다. 데샤바는 하루 종일 사람으로 들끓는다. 멀리 도쿄(東京)나 오사카(大阪)에서 비행기를 타고 역을 찾는 사람도 있다.

데샤바 안에서 만난 한 관광객은 "기타하마역의 정식이 유명하다고 해서 지바(千葉)에서 아내와 함께 비행기를 타고 왔다."며 "오호츠크해 앞의 작은 무인역에서 보낸 짧은 시간은 평생 잊혀지지 않을 것"이라고 말했다.

최근에는 이 역을 무대로 영화와 드라마 촬영이 이어지면서 손님이 더 늘고 있다.

JR홋카이도 관계자는 "민간이 무인역을 찻집과 레스토랑으로 개조해 운영하도록 하면서 임대료 수입은 물론 철도 이용객 증가에 따른 운임수입이 크게 늘어났다."고 말했다.

그는 이어 "기타하마역은 JR홋카이도는 물론 일본 철도 전체에서도 모범적으로 운영되는 무인역"이라며 "이 작은 역을 홋카이도의 보물로 여기는 지역 주민들이 많다."고 소개했다.

6. 역이 필요하면 무인역이라도 만들어라

JR히가시니혼(東日本) 고노(五能)선의 웨스파쓰바키야마(ウェスパ椿山)역

웨스파쓰바키야마역의 임시 역무원으로 나선 웨스파쓰바키야마리조트의 직원(오른쪽)이 열차에서 내린 관광객들에게 관광정보를 제공하고 있다.

은 '사람이 있는 무인역'이다. 아오모리(青森)현 후카우라(深浦)정의 동해 쪽에 있는 이 역은 변변한 역 건물도, 역 직원도 없다.

하지만 편도 하루 3차례 열차가 설 때마다 수많은 관광객이 타고 내리면서 늘 붐빈다. 열차에서 내리면 서쪽으로는 아름다운 바다가 보이고, 동쪽으로는 울창한 숲이 시야에 들어온다. 참으로 아름다운 곳이다.

그러나 2001년까지 여기에는 역이 없었다.

여기에 역이 생기기까지는 지방자치단체 등이 지역경제 활성화를 위해 개발한 웨스파쓰바키야마리조트의 노력이 있었다.

"열차로 손님을 불러 모읍시다."

웨스파쓰바키야마리조트 측은 철도 운영회사인 JR히가시니혼(東日本) 측에 이렇게 제의해 결국 역의 문을 열었다.

이후 양측은 이용객 증대라는 공동의 결실을 얻어냈다. JR히가시니혼 측은 철로 변에 역사도 없는 작은 무인역 하나만 내주고서도 열차 승객이 크게 늘어나는 효과를 톡톡히 보고 있다.

웨스파쓰바키야마리조트 역시 열차를 이용한 리조트 승객이 늘어나면서 경영에 큰 도움을 얻고 있다.

여기에 역이 생기면서 인근의 다른 온천까지 덩달아 손님 증대 효과를 얻는 등 지역경제가 크게 힘을 얻었다.

웨스파쓰바키야마리조트 관계자는 "리조트 등 철도 인근의 시설이 철도와 힘을 모으면 서로 윈윈할 수 있는 방법이 있음을 보여주는 사례가 될 것"이라고 설명했다.

웨스파쓰바키야마리조트는 관광객들이 머무르면서 휴식을 취할 수 있는 객실은 물론 레스토랑, 온천 등 다양한 시설을 갖추고 있다. 드넓은 바다를 바라보면서 즐길 수 있는 온천은 이 리조트의 최대 자랑거리이다. 특히 동해 쪽의 석양을 바라보면서 즐기는 온천욕이 널리 알려져 있다.

또 유리공방, 곤충관, 물산관, 풍차언덕 등 볼거리도 풍성하다. 케이블카를 타고 산 위로 오르면 동해바다는 물론 아오모리 일대의 산지까지 한눈에 바라볼 수 있다. 역 바로 옆 광장에 설치돼 있는 대형 무대는 2,000명의 관람객을 수용할 수 있는 공간을 갖추고 있다. 여기에서는 수시로 각종 공연이 펼쳐지는데 비영리 공연의 경우 무료로 무대를 이용할 수 있다.

이 역은 웨스파쓰바키야마리조트 직원들의 헌신적인 노력을 바탕으로 아오모리 일대의 최고 '명물역'으로 떠올랐다.

웨스파쓰바키야마리조트 직원들은 열차가 설 때마다 역장 복장을 하고 역으로 나가 손님을 맞는다. 이 때문에 승객들은 이 역이 무인역이라는 사실을 거의 느끼지 못한다.

"웨스파쓰바키야역을 찾아주신 손님 여러분 안녕하세요. 아오모리 쪽으로 가는 다음 열차 시간 잊지 마시고 즐거운 여행 즐기세요."

웨스파쓰바키야마리조트 직원들은 바다 한 가운데에서 즐기는 온천으로 유명한 인근의 후로후시(不老不死)온천에 관한 관광안내도 해준다.

이 역을 찾은 한 관광객은 "무인역인 줄 알고 와서 조금 불안했는데 전혀 기대도 하지 않았던 역장이 밝은 표정으로 나와서 관광안내를 해주니 마음이 편하다."고 말했다.

일본의 철도전문가들은 "작은 무인역 하나가 지역경제를 살리는 버팀목 역할을 할 수 있다는 사실을, 아오모리의 웨스파쓰바키야마역이 잘 보여준다."고 입을 모으고 있다.

7. 지탄역, 그 작은 무인역의 큰 힘

한국 경부선의 지탄역은 한동안 주민들로부터 많은 '지탄'을 받아왔다. 역은 역인데 열차가 서지 않았기 때문이다. 2007년 6월부터 모든 열차는 지탄역을 놔두고 그냥 지나다녔다. 그러나 열차는 2009년 5월 1일부터 다시 주민들 곁으로 왔다. 이후 주민들의 지탄은 싹 가셨다.

충북 옥천군 이원면의 6개 마

주민들 곁으로 다시 돌아온 지탄역

을과 영동군 심천면의 4개 마을 주민들은 다시 지탄역을 통해 열차를 이용할 수 있게 된 것을 크게 반기고 있다.

지탄역의 하루 이용객은 10명쯤 된다. 텃밭에서 채취한 채소와 인근 야산에서 뜯은 나물을 대전지역 시장에 내다 파는 주민들이 주로 이용한다.

주민들의 삶과 함께 하는 역인 셈이다. 이 역을 이용해 대전을 오가며 채소와 산나물을 팔아 자식을 키운 주민들이 부지기수다. 그 중에는 대처에 나가서 출세한 사람도 많다.

요즘은 집집마다 자가용이 생기고 버스를 이용해 옥천이나 대전으로 나가는 사람도 늘었지만, 지탄역은 여전히 이곳 사람들이 외지로 나가는 통로다. 그들은 역과 열차를 통해 세상과 통한다.

지탄역은 충북 옥천군 이원면 지탄리에 있다. 전형적인 시골마을의 무인역이다. 기차는 하루에 딱 두 번 선다.

무궁화호, 새마을호 등 일반 열차는 물론 KTX까지 열차란 열차는 모두 여기를 지나치지만 지탄역을 알아보고 브레이크를 밟는 열차가 두 개 있다.

대전이나 서울 쪽으로 가는 상행열차는 오전 7시 16분 한 번 서고, 대구나 부산 쪽으로 가는 하행열차는 오후 1시 2분 한 번 선다.

지탄역은 천연기념물 어름치가 있는 금강 상류에 인접해 있다. 맑은 물과 맑은 공기는 지탄역이 가져다주는 가장 큰 선물이다. 금강으로 내려가면 해장국 재료로 인기가 높은 다슬기를 채취하는 사람들을 자주 볼 수 있다. 금천계곡도 맑은 물과 빼어난 경치로 인기가 높다.

인근에는 시인 정지용의 생가와 육영수 여사 생가 등 볼거리도 많다.

온갖 나무로 둘러싸여 있는 역사를 빠져나오면 바로 논이 나오고 민가가 나온다. 또 이름 모를 들꽃이 사람을 반긴다.

역사는 들판 한가운데에 앉아있지만, 주변은 야트막한 산이 빙 둘러치고 있다.

만나는 모든 것은 자연이다. 착하고 아름다운 지탄 사람들의 심성은 이런 자연에서 키워졌다. 지탄리 사람들은 누구나 할 것 없이 해맑은 얼굴을 하고 있다. 누군가 길을 물으면 목적지에 도달할 때까지 열심히 가르쳐준다. 시골인심이 그대로 남아있다.

이용환 씨는 지탄역의 얼굴이다. 그는 마을의 온갖 대소사를 보는 이장으로 활동하면서 지탄역 명예역장으로까지 일을 했다. 그는 주민들이 편리하고 쾌적하게 이용할 수 있는 역을 만들기 위해 많은 애를 썼다.

"역을 깔끔하게 관리하기 위해 힘을 썼습니다. 주민들은 물론 외부 손님들도 쾌적하게 이용할 수 있는 역을 만들어야 하니까요. 화장실을 직접 청소하는 것이 주요 업무였어요."

지탄역 발전을 위해 뛰어든 사람이 한 명 더 있다. 오랜 세월 신문(《경향신문》)에 철도 관련 기사를 써온 필자다.

10여 년 동안 '철도전문기자'로 활동해온 필자는 일종의 '철도마니아'이다. 대전에서 일본 도쿄를 다녀올 때도 열차를 이용할 정도로 철도를 좋아한다. 대전에서 부산까지 KTX를 타고 가서 배를 갈아탄 뒤 다시 일본 후쿠오카에서 도쿄까지 신칸센을 탄다. 철도에 미치지 않으면 좀처럼 선택하기 어려운 코스다. 2003~2004년 일본에서 근무할 당시에는 일본 전국을 기차로 돌았다. 일본 전역을 몇 구역으로 나눠 1주일씩 기차만 타고 돌곤 했다. 도쿄특파원으로 일을 하고 있는 현재도 수시로 철도에 몸을 싣는다. 요즘은 자전거와 기차를 결합시킨 철도여행에 몰입하고 있다. 먼저 기차 여행의 목적지가 정해지면 휴대하기 좋은 접이식 자전거를 가지고 기차에 오른다. 목적지에 도착한 뒤에는 자전거를 이용해 현지를 둘러보는 것이 요즘 필자가 즐기는 '자전거+기차' 형태의 여행이다.

필자는 오래 전부터 역장이 되는 꿈을 갖고 있었다. 신문기자가 된 뒤에도 '죽기 전에 역장 한 번 해봤으면…' 하는 꿈을 늘 갖고 있었다.

코레일이 2009년 6월 필자를 지탄역의 명예역장으로 임명해 주면서 그 꿈은 예상보다 빨리 이루어졌다.

평생의 꿈을 조기에 성취한 필자는 새로운 꿈을 꾸기 시작했다. 새로운 꿈은 바로 지탄역을 우리나라에서 가장 유명한 무인역으로 만드는 일이었다.

우선 지탄역을 외부에 알리는 일에 힘을 쏟았다. 지탄역의 빼어난 환경을 사람들에게 알려 지탄역을 찾는 사람을 늘려보겠다는 구상을 하면서 갖가지 홍보활동을 펼쳤다.

필자는 일본 와카야마현의 무인역 기시역을 지키는 고양이 역장 다마를 경쟁자로 설정했다. 다마가 기시역을 일본은 물론 전 세계의 명물로 만든 것처럼 필자는 지탄역을 전 세계에서 유명한 무인역으로 만들겠다고 생각한 것이다.

그래서 시작한 활동이 해외 무인역과의 자매결연, 해외에서의 홍보활동 등이다.

8. 지탄역, 하야부사역과 자매가 되다

2012년 8월 8일 일본 돗토리현 야즈군 야즈정 하야부사역 일대에서 열린 제4회 하야부사역축제장에서 대한민국 경부선의 무인역인 지탄역과 일본 와카사철도 와카사선의 무인역인 하야부사역이 자매결연을 맺었다. 한·일 양국 철도로서는 역사적인 일이 아닐 수 없다. 한국과 일본의 철도 관련

기업 등이 자매결연을 맺은 사례는 있어도 무인역이 이런 일을 벌인 사례는 없었기 때문이다.

지탄역과 하야부사역은 이날 자매결연 체결식을 열고 상호방문단 파견 등 한국과 일본의 철도 발전을 위한 교류를 적극적으로 추진해 나가기로 합의했다. 두 역은 축제를 비롯한 문화, 예술분야의 교류도 활발하게 전개해 나가기로 했다.

지탄역 명예역장인 필자(오른쪽)와 일본 하야부사역을 지키는 모임의 니시무라 쇼지 회장이 자매결연을 맺은 뒤 악수를 나누고 있다.

와카사철도는 하야부사역 축제장에서 지탄역의 명예역장인 필자를 하야부사역의 명예역장으로 임명하기도 했다.

한국의 지탄역과 일본의 하야부사역은 이후 상호방문단 파견 등 한국과 일본의 철도 발전을 위한 교류를 적극적으로 추진해 왔다. 두 역은 축제를 비롯한 문화, 예술분야의 교류도 적극적으로 전개하고 있다.

'하야부사역을 지키는 모임' 측은 2012년 11월 대표단을 구성, 한국을 방문했다. '하야부사역을 지키는 모임'의 회원으로 구성된 대표단은 자매역인 지탄역을 비롯해 연산·심천·추풍령·직지사·김천·점촌·주평·불정·가은·진남역 등을 방문했다.

코레일 대전충남본부는 '하야부사역을 지키는 모임'의 니시무라 쇼지 회장을 지탄역의 명예역장으로, 히가시구치 요시카즈 사무국장을 연산역의 명예역장으로 각각 임명했다.

또 한국의 무인역 지탄역을 지키는 활동을 전개해온 민간인들은 매년 열리는 하야부사역 축제에 참가, 한국 철도는 물론 한국의 음식 등 문화를 소개하는 활동을 벌이고 있다.

'하야부사역을 지키는 모임'의 니시무라 쇼지 회장은 "앞으로 한국과 서로 간이역 활성화를 위해 정보를 주고받으면서 교류를 펼친다면 양국 철도 발전에 크게 기여할 수 있을 것이다."라고 말했다.

9. 일본 철도 마니아를 한국의 무인역으로 불러 모아라

"O-트레인과 V-트레인을 타러 오세요. 9월에는 S-트레인도 생긴답니다. 아마도 최고의 기차여행이 될 것입니다. 한국 철도가 새롭게 태어나고 있어요. 한국의 멋진 무인역을 경험해 보세요."(필자)

"한국식 호떡 좀 드세요. 단돈 100엔으로 최고의 맛을 즐기실 수 있어요." (우송대 외식조리학과 학생)

"한국의 철도이벤트에서 멋진 철도 노래를 부르고 싶어요."(일본 여성 철도 아이돌그룹 '스테이션' 멤버)

2013년 8월 11일 일본 돗토리현 야즈정의 제5회 하야부사역축제장. 40℃에 육박하는 더위 속에, 일본 열도 전체가 펄펄 끓고 있는 가운데 한여름의 철도역축제로 유명한 하야부사역축제장에서 한국 철도와 한국 음식을 알리는 목소리가 울려 퍼졌다.

지탄역의 명예역장인 필자는 코레일 여객본부 박순영 부장, 이용제 차장, 해양사업단 최은석 차장, 경북본부 정혜진 주임 등과 함께 한국 철도 홍보에 열을 올렸다.

한국철도홍보단은 축제장에 한국 철도 홍보부스를 설치하고 최근 전국적인 철도관광 붐을 조성해 가고 있는 O-트레인(중부내륙순환열차), V-트레인(백두대간협곡열차), S-트레인(남도해양관광열차) 등 한국 철도의 대표적인 관광열차를 축제참가자들에게 알렸다.

축제장에는 철도를 주제로 다양한 노래를 불러 인기를 모으고 있는 일본의 4인조 아이돌그룹 '스테이션(Station)'도 참가, 축제의 열기를 고조시켰다.

'스테이션' 멤버들은 축제무대에서 라이브공연을 갖기 전 한국 철도 홍보부스를 방문, 한국 철도에 대한 높은 관심을 보여줬다. 한 멤버는 "기회가 되면 한국을 방문해 S-트레인 등 새로운 관광열차는 물론 KTX도 타 보고 싶다."고 말했다.

이날 축제장에서는 우송대와 우송정보대의 교수 및 학생 18명으로 구성된 한국음식홍보단의 활동이 돋보였다.

교수와 학생들은 축제장과 오후에 열린 연회장에서 한국식 호떡, 오징어순대, 김치, 불고기, 잡채 등 다양한 우리 음식을 선보여 큰 인기를 끌었다. 축제에 참가한 일본의 오토바이 및 철도마니아들은 우송대의 한국 음식 홍보부스 앞에 길게 줄을 서서 한국 음식을 즐겼다.

이날 축제에는 차기 일본 총리 후보로 거론되는 일본 자민당의 이시바 시게루(石破茂) 간사장(현 지방창생대신) 등 정·관계 유력인사들도 대거 참석했다.

10. 지탄역, 유럽으로 나가다

작은 것이 아름답습니다. 모든 위대함은 작은 것으로부터 출발합니다. 아름답도록 승리하소서. 지탄역을 '최선'으로 가꾸어 주소서. (With Love 연극배우 윤석화)

충북 이원면 지탄역에 꼭 가보고 싶습니다. 함께 소중한 시간을 갖기로 약속해요. (연극배우 박정자)

하루 이용객이 10여 명에 불과한, 그래서 '한국에서 가장 작은 역'이라고 일컬어지는 지탄역의 명예역장인 필자가 러시아와 중국 지역을 돌면서 역 홍보 및 마케팅 활동을 벌인 적이 있다.

이 홍보활동의 목표는 '한국에서 가장 작은 역을 세계에서 가장 유명한 역으로 만드는 것'이었다. 필자는 '작은 것이 아름답다'고 믿는 사람이다.

2009년 8월 6일 러시아 시베리아벌판으로 날아간 필자는 18일까지 장장 12박 13일 동안 러시아와 중국을 열차로 돌았다.

이 여정에는 연극배우 윤석화 씨와 박정자 씨가 동행했다.

'철도여행을 유난히도 좋아한다'는 두 사람은 '작은 지탄역'을 '세계에서 가장 유명한 역'으로 만드는 데 힘을 돕겠다고 나섰다.

윤석화 씨는 스스로를 '철도마니아'라고 칭했다. 철도여행은 '느림의 미학'과 '여유'를 느낄 수 있어 좋다고 했다. 덜커덩거리는 열차에 몸을 싣고 밤을 새워 달려보고 싶어 이번 여정에 동참했다고 말했다.

윤석화 씨는 지탄역을 위해 '작은 것이 아름답다'는 내용의 글을 직접 써줬다. 글자 하나하나에 시를 쓰듯이 정성을 담았다. 열차에 대한, 지탄역에 대한 애정이 느껴졌다.

박정자 씨는 한국에서 가장 작은 역을 세계적인 역으로 알리겠다는 필자의 포부에 공감하는 바가 크다고 했다.

　지탄역은 필자의 이 여정을 통해 시베리아 벌판의 이르쿠츠크까지 진출했다.

　필자는 세계에서 가장 깊은 호수인 바이칼호 인근의 이르쿠츠크에서 역 알리기 활동을 벌였다.

　필자는 이르쿠츠크 시내에 있는 어린이철도청을 방문, 관계자들은 물론 이곳에서 철도를 공부하는 어린이들에게 한국의 철도와 지탄역을 소개했다.

　이들로부터 한국을 방문할 경우 지탄역을 꼭 찾아보겠다는 약속도 받았다.

　이르쿠츠크 시내를 흐르는 앙가라 강변에서는 결혼식을 마친 신혼부부와 여행업계 관계자들을 만나 한국의 철도와 지탄역을 알렸다.

　하바로프스크에 위치한 극동철도대학 관계자, 블라디보스토크 시민들을 만나서도 한국 철도와 지탄역을 알렸다.

　러시아와 중국 사이의 국경을 통해 중국으로 들어간 필자는 하얼빈, 다롄, 뤼순 등을 돌며 한국 철도와 지탄역을 중국대륙에 알리는 활동을 벌였다.

　필자는 이번 여정을 하면서 총 100시간을 기차 안에서 보냈다. 12박 13일 일정 중 6박을 열차 안에서 소화했다.

　8월 8일 저녁부터 8월 11일 오전까지 65시간 동안은 기차만 탔다. 정확하게 말하면 3박 2일을 기차에서 보낸 셈이다. 기차가 몇 개 역에서 물을 채우기 위해 정차하는 20~30분 동안 잠시 내려 사진을 찍은 것 이외에는 모두 열차 안에서 시간을 보냈다.

열차는 막막한 시베리아벌판을 말없이 달렸다. 승객들은 낮에는 주로 책을 보거나 창밖을 보며 담소를 나눴다.

시베리아벌판은 정말로 넓었다. 가도 가도 끝이 없었다. 열차는 늘 같은 공간을 달리는 기분이었다. 끝없이 펼쳐진 타이가(숲), 가끔씩 나타나는 강, 듬성듬성 보이는 집. 저녁에는 여행객들과 함께 보드카를 마시면서 담소를 나눴다.

기차를 타는 100시간 내내 즐거웠다. 단 1초도 지루하게 느껴지지 않았다. 침대가 갖춰진 객차는 불편함을 거의 느낄 수가 없었다. 많은 사람들이 샤워시설이 부족한 것을 흠으로 지적했지만, 컵라면 용기에 물을 받아 하는 세수도 즐거웠다. 열차여행을 좋아하는 사람이라면 꼭 한 번 도전해볼 만한 코스라는 생각을 했다.

시베리아벌판과 중국대륙을 열차로 이동하면서 느껴지는 것이 있었다.

이대로 한국까지 갈 수는 없을까? 내가 사랑하는 지탄역에서 기차를 타고 중국으로, 러시아로, 유럽으로 나갈 수는 없을까?

그런 생각이 들었다.

그 옛날 손기정 선수가 베를린올림픽 마라톤에서 금메달을 딸 때는 부산에서 베를린까지 기차를 타고 다녀왔다는데, 우리는 왜 기차를 타고 오갈 수 없는 것인가?

이번 여행에서 만난 많은 사람들이 한국의 철도를, 그리고 한국에서 가장 작은 역인 지탄역을 기억하게 됐을 것이다. 그들과 함께 내가 사랑하는 지탄역을 둘러보는 날을 그려봤다.

그리고 지탄역에서 열차를 타고 중국으로, 러시아로, 유럽으로 나갈 수 있는 날을 그려봤다.

11. 무인역장, 대통령을 만나다

지탄역 명예역장인 필자는 또 대통령을 만나고 왔다. 한국에서 가장 작은 역, 지탄역을 알리기 위해서다.

필자는 2010년 3월 1일 인도양에 있는 섬나라 세이셸(Seychelles)공화국의 대통령궁을 방문, 제임스 알렉스 미셸(James Alix Michel) 대통령을 만났다. 세이셸은 '지상의 마지막 파라다이스'라고 일컬어지는 곳으로 유럽과 중동의 부호들이 자주 찾는 최고급 휴양지다.

세이셸은 세계적으로 가장 우수한 환경 보호 프로그램을 운영하는 것으로 인정받고 있다. 국토의 50%는 엄격하게 개발을 제한하고, 나머지 50%만 개발하는 정책으로 원시적 자연환경과 각종 희귀 생물들을 보호하고 있다. 연간 입국할 수 있는 해외관광객 수를 엄하게 통제할 정도로 '보호정책'에 힘을 쏟고 있다. 이 부분이 환경을 중시하는 교통수단인 철도와 일맥상통하는 것으로 볼 수 있다.

필자는 이날 미셸 대통령에게 지탄역 전경을 담은 액자를 직접 전달했다. 철도와 열차가 없는 세이셸에 있어서는 아주 이색적인 선물이 될 것이라는 판단에 따라 준비한 것이었다. 필자는 산과 논밭을 배경으로 열차가 힘차게 내달리는

필자(왼쪽 끝)가 제임스 미셸 세이셜 대통령(오른쪽 끝)에게 지탄역 전경이 담긴 액자를 선물하고 있다.

지탄역의 모습을 직접 사진으로 찍은 뒤 이것을 액자로 만들었다.

액자를 받은 미셸 대통령은 '아주 인상적인 선물'이라며 크게 반겼다.

필자는 또 세이셸의 수도인 빅토리아시(市)의 알렉시스(M.A Alexis) 시장에게도 지탄역을 배경으로 찍은 사진을 액자에 담아 선물했다.

필자는 이날 '한국에서 가장 작은 역'과 '아프리카의 작은 나라 세이셸'이 갖고 있는 공통점을 주제로 환담을 나눴다.

필자가 "세이셸과 지탄역은 여러 가지로 공통점이 많다. 우선 규모가 다른 국가나 역에 비해 작은 것이 같고, '환경'이라는 소중한 가치를 키워감으로써 인간의 '삶의 질'을 높이는 데 기여하고자 하는 '정신'이 같다."고 설명하자 세이셸 측도 깊은 공감을 표시했다.

필자는 이날 세이셸 사람들에게 지탄역은 전혀 오염되지 않은 산과 물과 공기 그리고 사람들을 간직한 '대한민국 최고의 역'이라고 소개했다.

그리고 나서 "한국을 방문하면 녹색교통수단인 철도를 이용해 지탄역을 꼭 방문해주기를 바란다."는 말을 잊지 않았다.

이에 대해 세이셸 측은 "세이셸의 가장 큰 재산은 빼어난 환경"이라고 소개한 뒤 "우리 세이셸도 이산화탄소의 배출량을 줄이기 위해 자전거와 우마차 등 '녹색교통수단'의 보급을 위해 노력하고 있다."고 소개했다.

필자는 세이셸이 철도 대신 활용하고 있는 '녹색교통수단'인 자전거와 우마차를 직접 타봤다.

세이셸의 라 디그 섬 주민들은 주로 자전거와 우마차로 움직인다. 주민뿐 아니라 관광객들도 자전거와 우마차에 몸을 싣고 섬을 둘러본다.

라 디그 섬을 둘러보는 가장 효과적인 방법은 자전거를 대여하는 것이다. 섬이 작기 때문에 자전거 한 대면 2~3시간 안에 섬의 거의 모든 것을 둘러볼 수 있다. 따스한 햇살과 짙푸른 야자수 아래를 자전거로 달리다 보면,

'이곳이 바로 지상의 낙원이구나.' 하는 생각이 절로 들었다. 라 디그 섬에서 택시를 타고 싶으면 지나가는 '우마차'를 잡아타면 된다. 소 걸음에 맞춰 섬을 돌다보면 마치 시간이 멎은 듯한 착각에 빠져든다.

세이셸의 자전거와 우마차는 결국, 한국 지탄역의 철도와 마찬가지로 우리 인류를 지켜낼 친환경 교통수단이라는 공통점을 갖고 있다.

12. 간이역이 살아야 철도가 살고, 지역경제가 살아난다

코레일이 2014년 들어 간이역 살리기 프로젝트에 힘을 쏟고 있다. 코레일은 침체된 지역경제에 생명력을 불어넣고 지역주민들의 삶의 질을 향상시킨다는 목표로 '디자인 코레일, 이야기가 있는 간이역' 프로젝트를 추진하고 있다.

간이역에 지역 정서와 문화적 정체성을 담은 디자인은 물론 스토리텔링을 결합시켜 새로운 가치를 창출한다는 것이 프로젝트의 핵심 내용이다. 코레일은 간이역에 공연장과 각종 편의시설 등을 조성해 지역주민의 휴식과 문화예술의 장으로 재탄생시키고 있다.

코레일은 2013년 O·V 트레인

분천역 앞에서 한 관광객이 자전거를 타고 있다.

을 선보인 것을 시작으로 5대 철도관광벨트(중부내륙·남도해양·평화생명·서해골드·동남블루벨트)를 구축하면서 간이역의 가치에 새롭게 주목했다. 코레일은 지역특색을 고려한 관광전용열차를 간이역이 있는 철도를 통해 운행함으로써 간이역을 바탕으로 지역발전을 이끌어가고자 하는 시도를 하고 있다.

분천역의 경우 한때 목재산업의 사양화로 사라질 위기에 놓였지만, O·V트레인의 등장과 함께 새롭게 태어났다. 이 역은 협곡트레킹, 낙동강 비경길, 수채화길 등 새로운 관광콘텐츠를 바탕으로 중부내륙지역의 관광명소로 떠오르고 있다.

작은 간이역을 바탕으로 운행되고 있는 중부내륙관광열차는 지역경제 활성화와 일자리 창출의 선순환 구조를 정착시키고 있다. 코레일은 O·V트레인으로 구성된 중부내륙관광열차가 연간 348억 원의 생산유발효과와 601개의 일자리 창출 효과를 거둔 것으로 분석됐다고 밝혔다.

일제강점기의 건축 양식과 급수탑을 통해 증기기관차의 향수를 느낄 수 있는 역인 화본역은 '전국에서 가장 예쁜 간이역'이라는 닉네임을 얻었다. 소백산의 아름다운 경치를 만끽할 수 있는 '희방사역', 소소한 여행의 재미를 즐길 수 있는 아날로그 감성 테마공간 '직지사역' 등도 간이역의 대표적인 성공사례로 평가되고 있다.

코레일의 문화디자인 프로젝트인 '디자인 코레일, 이야기가 있는 간이역'은 2014년 대한민국경관대상 역사문화경관 부문에서 최우수상인 국토교통부장관상을 수상하는 등 외부에서도 그 가치를 인정받고 있다. 2014년 대한민국경관대상 역사문화경관 부문은 문화재, 근대건축물 등 지역의 역사와 문화를 간직하고 있는 자원을 보전·관리·형성하기 위한 노력과 성과를 평가해 수상작을 선정한다.

코레일은 앞으로 간이역을 활용한 지역경제 살리기에도 적극적으로 나설 예정이다. 지역경제를, 간이역을 통해 활성화시키기 위해 5대 철도관광벨트 마스터 플랜을 수립한 코레일은 O·V-train(중부내륙), S-train(남도해양), DMZ-train(평화생명) 등 신개념 관광열차를 개발, 운행 중이다. 앞으로 G-train(서해금빛) B-train(동남블루)을 포함한 '5대 철도관광벨트'가 완성되면, 간이역을 중심으로 한 새로운 관광자원이 창출되어 지역경제 발전에 이바지할 것으로 기대된다고 밝혔다.

최연혜 코레일 사장은 "간이역 프로젝트는 자연과 철도의 융합을 통해 국민들에게 쉼, 휴식, 힐링의 기회를 제공하고자 하는 것"이라며 "간이역이 지역경제를 살리는 관광자원이자 지역 문화와 소통의 중심지로 자리매김할 수 있도록 지속적으로 지원해 나가겠다."고 말했다.

간이역과 문화를 접목시키는 시도도 나타나고 있다. 코레일은 '문화가 기차를 타고 온다.'는 주제로 '간이역 문화순회사업'을 전국 20개 간이역에서 펼치고 있다. 전국의 주요 간이역에서 사물놀이공연, 타악퍼포먼스, 음악회 등 다양한 공연을 펼치는 것이 주요 내용이다.

13. 무인역 벤치에서 철도노래를 듣고 싶다

일본의 공영방송 〈NHK-TV〉는 매년 12월 31일 오후 7시 30분부터 11시 45분까지 'NHK 홍백가합전(紅白歌合戰)'이라는 프로그램을 방송한다.

이 프로그램은 수도 없이 많은 일본의 TV프로그램 중에서도 단연 돋보인다. '별'에 해당한다. 한마디로 '최고의 프로그램'으로 인정받고 있다. 먼저 시청률을 보자. 50년이 넘는 역사를 자랑하는 이 프로그램은 한때 시청률이 80%를 넘기도 했다. 요즘은 많이 낮아졌다고는 하지만, 그래도 40~50%대를 유지하고 있다. 일본의 TV프로그램 중에서 지금도 이 정도의 시청률을 유지하는 프로그램은 없다.

일본사람들은 매년 12월 31일 오후가 되면 서둘러 귀가한다. 이유를 물어보면 "홍백가합전을 봐야 한다."고 말한다. 일본사람들에게 있어 '홍백가합전'은 독특한 의미가 있다. 그들은 가족들과 어울려 '홍백가합전'을 보면서 한 해의 마지막 날을 보낸다. 이른바 '국민 프로그램'인 셈이다. 요즘에는 시청률 경쟁을 벌이고 있는 민영방송사에서 격투기프로그램 등을 잇따라 내보내면서 홍백가합전의 시청자가 약간 줄어들고 있기는 하지만, 그래도 많은 사람들이 '홍백가합전'에서 시선을 떼지 못한다.

이 프로그램은 남녀 가수(연예인)들이 나와 홍팀과 백팀으로 나뉘어 노래대결을 펼치는 방식으로 진행된다. 우리의 시각으로 보면 '촌스럽다.'는 느낌이 들 정도로 매년 비슷한 포맷을 유지하고 있다.

이 프로그램에 한 번 나가는 것은 일본의 모든 가수나 연예인들의 '꿈'이다. 출연 자체가 '가문의 영광'이 된다고 한다. 이 무대에 한 번 선 것만으로도 가수로서, 연예인으로서 성공을 인정받는다고 해도 과언이 아니다. 이 프로그램에 처음으로 출연이 결정됐다는 소식을 듣고 울음을 터뜨리는 연예인들도 많다.

한국인 가수 중에서는 김연자, 조용필, 보아 등이 프로그램을 통해 노래실력을 뽐냈다. 요즘에는 한류 스타들도 홍백가합전의 초대 손님으로 나와 1억 2천만 일본국민들과 만나기도 한다.

이 프로그램에 단골로 출연하는 가수는 이른바 일본의 '국민가수'로 보면 된다. 그 중에 다니무라 신지(谷村新司)라는 가수가 있다. 수많은 히트곡을 갖고 있는 다니무라 신지는 일본 전국 곳곳에 많은 열성팬들을 확보하고 있다. 말 그대로의 '국민가수'이다. 우리나라의 '국민가수'인 조용필과도 친분이 두터운 것으로 알려진 그는 중국의 대학에서 교수로도 활동할 정도로 음악가로서의 실력을 인정받고 있다. 그의 콘서트나 디너쇼는 늘 만원을 이룬다. 그를 좋아하는 팬은 남자와 여자, 아이와 어른을 가리지 않는다. 사실상 일본의 모든 국민들이 그를 좋아한다고 해도 과언이 아니다.

다니무라 신지가 특히 우리의 눈에 들어오는 또 다른 이유가 있다. 다니무라 신지는 철도를 소재로 한 노래를 유난히 많이 만들고, 부른다. 작사, 작곡가이기도 한 그의 노래를 들어보면, 그는 철도를 아주 좋아하는 사람임을 알 수 있다. 그는 자신의 노래에 철도의 정취를 자주 담는다. 그래서 그를 '철도가수'라고 부른다. 그가 발표한 '낭만철도'라는 노래는 제목만 들어도 아련한 철도의 추억이 떠오른다. 다니무라 신지가 직접 작사, 작곡한 이 노래의 한 소절을 보자. "이름도 모르는 역 홈에서 눈(雪)을 보고 있네(중략) 오른쪽의 레일은 도쿄의 거리로 이어지고, 왼쪽의 레일은 고향의 그리운 거리로…(이하 생략)" 철도와 함께해온 일본사람들의 애환을 느끼게 하는 노래다.

이밖에도 다니무라 신지의 노래에는 "움직이기 시작한 기차의 창가를 스쳐가는 경치를 가만히 보고 있네"(사라이), "기차의 벨이 울리기 시작했네. (중략) 엄마 곁으로 기차는 홈을 떠나네(중략), 사라져가는 역의 홈에 가을소나타가 들리고 있었네"(가을의 소나타) 등 철도와 관련된 가사가 많다.

다니무라 신지가 부른 철도 또는 여행 관련 노래의 백미는 역시 '좋은 날 여행을 떠나며'라고 할 수 있다. 이 노래는 JR서일본(西日本)의 광고에 사용되는 테마송으로도 유명하다. "아아, 일본의 어딘가에 나를 기다리고 있는 사람이 있어. 좋은 날 여행을 떠나. 아침 바람 속으로"로 이어지는 이 노래의 가사는 JR서일본이 TV 등을 통해 내보내는 광고의 배경음악으로 쓰인다. 많은 일본사람들은 여행 중에 이 노래를 흥얼거릴 정도로 유명하다. JR서일본은 지금도 열차 내의 안내방송이 시작되기 전 이 음악을 들려준다.

일본의 '국민가수', '철도가수'로 일컬어지는 다니무라 신지는 철도를 위한 '광고모델'로도 활동한다. 그는 현재 JR서일본의 메인 광고모델로 활약 중이다. 철도를 이용해 여행을 떠나는 그의 모습을 보고 일본사람들은 어디론가 불쑥 떠나고 싶어 한다. 일본의 어딘가에 자신을 기다려주는 사람이라도 있는 것 같은 착각에 빠져들면서……

국민가수가 철도노래를 부르고 철도의 광고모델로 활동하는 나라가 바로 일본이다. 일본을 이야기할 때 철도를 빼놓을 수 없다. 일본은 철도로 가지 못할 곳이 거의 없다. 전국이 신칸센이라는 대동맥으로 연결돼 있으면서, 동시에 각 지역과 지역은 일반철도라는 실핏줄로 구석구석 이어져 있다. 일본사람들에게 있어 철도는 생활이요, 인생이다. 그래서 일본에는 '철도가수'가 있고, '철도노래'가 있는지 모른다.

'국민철도가수' 다니무라 신지가 모델로
나선 JR서일본의 광고

한국의 노래방에 가서 '철도노래'를 찾아봤다. '남행열차', '대전부르스' 등의 노래를 찾을 수 있었다. 두 노래는 노래방의 인기곡이다. 빠른 리듬의 남행열차는 노래방의 분위기를 띄우는 데 최고다. 남녀노소 싫어하는 사람이 없다고 한다. 관광버스에 탄 아줌마들조차 열차를 주제로 한 이 노래의 리듬에 맞춰 신나게 춤을 춰댄다. '대전부르스' 역시 한국인의 한을 절절하게 표현한 명곡이다. 이 노래는 특히 코레일 본사가 있는 대전에서 인기가 높다고 한다.

한국의 철도기술을 사가겠다는 나라가 줄을 서고 있다. 한국도 점차 '철도강국'이 돼가고 있는 것이다. 이제 한국도 한 차원 높은 '철도문화'를 만들어나갈 시점이 됐다. 철도와 관련된 문화콘텐츠를 자꾸만 만들어내야 한다. 철도노래, 철도영화, 철도드라마…….

어느 작은 무인역의 벤치에 앉아서 철도가수의 철도노래를 듣고 싶다.

14. 일본은 '에키벤', 한국은 '역 도시락'

일본말 중에는 '에키벤'이라는 것이 있다. 한자로는 '驛弁'이라고 쓴다. 무슨 뜻일까. 그대로 풀어보면 '(기차)역의 도시락'이라는 뜻이다.

일본사람들은 정말로 이 에키벤을 좋아한다. 어떤 사람들은 에키벤을 먹기 위해 여행을 떠난다고도 말한다. 필자가 아는 한 일본인은 여행 중 하루 세 끼니를 모두 에키벤으로 대체한다고 했다. 이 사람은 쏜살같이 달리는 신칸센 안에서, 또는 천천히 역을 빠져나가는 보통열차 안에서, 아니면 시골의 한적한 무인역 안에서 에키벤을 먹으면서

기차 안에서 에키벤을 먹는 일본인들

'행복'을 느낀다고 했다.

일본사람들은 다른 사람에게 폐 끼치는 것을 유난히 싫어한다. 언제 어디서나 다른 사람을 배려하고, 다른 사람을 불쾌하지 않게 하기 위해 노력한다. 그러나 '에키벤 예절'만은 조금 다른 것 같다. 사실 열차 안에서 도시락을 까먹으면 냄새가 날 수밖에 없다. 일종의 폐를 끼치게 되는 셈이다. 그러나 일본사람들은 기차 안에서 스스럼없이 에키벤을 까먹는다. 기차 안에서 도시락을 까먹는 것은 서로가 용인하고 있는 것이다. 그만큼 일본사람들은 철도를 좋아하고, 에키벤을 좋아한다.

일본사람들의 '에키벤 사랑'은 서점에서도 쉽게 확인할 수 있다. 일본의 서점에 가보면 에키벤과 관련된 책이 수십 권씩 꽂혀 있다. 우리나라 서점의 요리책만큼이나 많다는 생각이 들 정도다.

일본 전국 방방곡곡, 에키벤이 없는 곳이 없다. 일본의 에키벤은 무려 3,000여 가지에 이르는 것으로 추산되고 있다.

일본 최북단 홋카이도의 에키벤으로는 오징어 도시락, 게 도시락, 굴 도시락 등 해산물을 재료로 한 것이 많다. 연어알을 이용한 에키벤도 있다. 식재료를 필요 이상 가공을 하지 않고, 가능한 있는 그대로 쓰는 것이 홋카이도 에키벤의 특징이다.

에키벤은 대개 각 지역의 특산물을 활용한다. 마쓰자카(松阪) 소고기는 일본

도쿄역에 있는 에키벤 전문점

의 최고급 소고기로 꼽힌다. 미에(三重)현의 마쓰자카역은 이 마쓰자카 소고기로 에키벤을 만들어 내놓는다.

한국사람들은 여름철 보양식으로 삼계탕이나 보신탕을 즐겨 먹는다. 이와 마찬가지로 일본사람들은 여름철 보양식으로 장어요리를 즐긴다. 일본사람들은 이 장어를 이용한 에키벤도 내놓고 있다.

일본의 에키벤은 그 모양도 가지가지다. 가마솥의 모양을 그대로 따서 만든 '가마솥 에키벤', 대형 조개 모양을 그대로 본 뜬 '조개 에키벤' 등 다양한 모양의 에키벤이 나와 있다.

일본사람들은 에키벤을 단순한 식사대용으로만 여기지 않는다. 에키벤 그 자체가 '화려한' 한 끼니의 식사가 된다. 웬만한 에키벤은 1,000엔이 넘는다. 우리 돈으로 치면 1만 원에 이르는 가격이다. 1,500엔, 2,000엔대 에키벤은 물론 3,800엔짜리 고급 에키벤도 볼 수 있다. 우리나라의 웬만한 한정식 가격과 맞먹는다.

연말 등에는 도쿄의 주요 백화점들은 에키벤 특판 행사를 열기도 한다. 역에 가야만 먹을 수 있는 에키벤을 백화점에서 사먹을 수 있는 기회가 된다. 여기서는 전국에서 유명한 에키벤 수십, 수백 가지를 모아놓고 판매한다. 에키벤 마니아들은 이때를 놓칠세라 달려가 좋아하는 에키벤을 마음껏 사먹는다.

일본에서 에키벤은 단순한 도시락이 아니다. 거기에는 일본인들의 문화가 담겨있고, 그들의 정신이 담겨 있다. 그리고 추억이 담겨 있다.

필자가 아는 한 일본인은 초등학교 때 엄마와 함께 기차 타고 가다 먹어본 에키벤을 지금도 먹을 수 있어 행복하다고 했다. 에키벤 하나를 먹기 위해 1,000km 이상 떨어진 곳까지 기차를 타고 가는 일본인들의 마음을 읽을 수 있는 부분이다.

우리나라에서 기차와 관련된 음식 중 가장 먼저 떠오르는 것은 '천안 호두과자'다. 아삭 씹히는 고소한 호두의 맛과 달콤한 과자의 맛이 어우러진 최고의 기차 내 식품이라는 생각이 든다. 여행 중 기차 안에서 먹어도 좋고, 집에 가지고 가서 가족들과 먹어도 좋다.

그 옛날 대전역에서 먹던 '가락국수'도 그렇다. 면을 굵게 뽑아 만든 대전역의 가락국수를 사람들은 기차를 기다리다가, 또는 정차 중인 기차에서 잠깐 내려 먹곤 했다. 이 가락국수는 오랜 세월 우리나라 철도 관련 음식의 대표 자리를 차지했다. 어떤 사람은 이 가락국수를 먹기 위해 일부러 대전역까지 오거나 대전역에서 기차를 내렸다. 요즘 대전역 가락국수가 되살아난 것은 정말로 반가운 일이 아닐 수 없다.

요즘 우리나라 기차역에 가면 먹을 것이 참 많아졌다. 음식점도 다양하게 들어서고 특산품 판매코너까지 생겨났다.

그런데 한 가지 아쉬운 것이 있다. 그 역 또는 그 지역을 대표할 수 있는 음식을 찾기가 쉽지 않다는 것이다. 주변의 특산품을 활용한 도시락이나 간단한 먹을거리를 만들어 기차 타는 사람들에게 내놓는다면, 기차 타는 즐거움이 한결 커지지 않을까?

어떤 역 주변의 특산물을 이용해 만든 도시락을 하나 사가지고 작은 무인역으로 소풍을 떠나는 꿈을 꿔본다.

15. 드라마에서 무인역과 기차를 보고 싶다

일본 〈NHK-TV〉의 아침드라마인 '연속TV소설'을 많은 사람들이 일본

TV드라마의 '최고봉'으로 꼽는다. 일본의 공영방송인 〈NHK〉가 매일 아침 내보내는 15분짜리 '일일연속극'인 이 드라마는 연중 20%대의 높은 시청률을 자랑한다. 5개 민방과의 치열한 시청률 경쟁 속에서 이 정도의 시청률을 유지하기는 결코 쉽지 않다. 2014년 상반기 방송된 '하나코와 앙'의 경우는 거의 매주 일본의 모든 TV프로그램 중 시청률 1위를 유지하면서 이 드라마의 힘을 과시했다.

이 드라마는 여러모로 색다르다. 우선 선정적인 장면이나 폭력적인 묘사가 거의 없다. 스토리의 축도 '그저 그런 사랑이야기'가 아니다. 때로 '사랑이야기'가 나오기는 하지만 그것은 극의 흐름을 이끌어가는 보조적 역할에 머물 뿐이다.

이 드라마는 '일본'과 '일본사람들의 숨결'로 꾸며진다. 드라마는 또 아름다운 '일본의 자연'을 보여주는 경우가 많다. 시청자들로 하여금 일본을 느낄 수 있는 장치로 제작진은 늘 '일본의 자연'을 활용한다. '북쪽나라'인 홋카이도의 설원에서 '남쪽나라'인 오키나와의 넓고 푸른 바다까지 거의 모든 자연이 배경이 된다.

이 드라마에서는 '일본사람'과 그들의 '정신'을 느낄 수 있다.

오늘의 일본사람들은 무슨 생각을 하며 사는가? 그들은 무엇을 지켜내려 하고 무엇 때문에 고민하는가? 그들은 왜 전통문화를 지키려고 하는가? 그들은 왜 '일본의 맛'을 지키기 위해 인생을 바치는가?

이런 것들을 생각하게 한다. 드라마에는 일본사람들이 지켜온 가치관, 그들이 지켜온 전통문화, 그들의 직업정신 등이 담겨있다.

일본 요리를 지키기 위해 젊음을 바치는 사람, 일본의 전통 떡이 가지고 있는 맛과 기술을 이어가는 사람, 목조주택의 나라 일본에서 목공의 기술을 지켜내기 위해 몸부림치는 사람 등등.

2007년 10월부터 2008년 3월까지 방송된 '지리와 데칭'은 일본의 전통코미디라고 할 수 있는 '라쿠고(落語)'를 다루고 있다. '라쿠고'는 재미있는 익살로 이끌어가는 일종의 '만담(漫談)'이다. 이 드라마에서는 라쿠고에 인생을 바치는 사람들의 이야기를 다루고 있다.

〈NHK〉의 '연속TV소설'을 포함한 일본의 드라마에서는 철도와 기차가 많이 등장한다. 사실 일본의 거의 모든 드라마에서는 '기차'가 나온다고 봐도 무리는 아니다. 등장인물의 주요 이동수단은 기차 또는 지하철인 경우가 많다. 주인공이 고향을 찾는다면 십중팔구 기차를 탄다. 기차는 일본사람들에게 있어서 어쩌면 '고향으로 가는 통로'인지도 모른다. 고속열차인 신칸센은 원거리를 오가며 사랑을 나누는 수단으로 자주 등장한다. 그만큼 일본사람들에게 있어 기차는 각별하다.

〈NHK〉 '연속TV소설'의 많은 시리즈 가운데 1999년에 방송된 '스즈랑(은방울꽃)'이라는 드라마는 시골 마을의 작은 역과 기차가 무대였다.

이 드라마는 홋카이도의 작은 시골마을에 있는 에비시마(드라마에서는 '아시모이')라는 역을 배경으로 제작됐다. '마음씨 좋은' 역장 아저씨와 그의 딸이 펼치는 인생드라마와 사랑에 많은 사람들이 눈물을 흘렸다. 하얀 설원을 달리는 기차의 모습은 이 드라마의 최대 볼거리였다.

드라마가 끝난 뒤 놀라운 일이 벌어졌다. 드라마의 배경이 된 에비시마역은 갑자기 전국적으로 유명한 관광지가 되어 버렸다. 일본 전국에서 관광객이 몰려들었다. 사람들은 드라마 촬영지인 역에 들러 사진을 찍었다. 드라마 종영 이후 한동안은 드라마의 이름을 딴 '스즈랑호'라는 이름의 기차도 운행됐다. 이 열차는 드라마에서와 똑같은 모습을 하고 사람을 태웠다.

주변 온천지 등은 갑자기 찾아든 관광객들로 붐볐다. '기차드라마' 한 편으로 지역경제가 피어나기 시작한 것이다. 날로 힘을 잃어가던 홋카이도 시골

마을의 철도 노선도 덩달아 활기를 찾기 시작했다.

요즘 우리나라 드라마를 보면, 드라마에 나오는 '탈 것'은 대부분 승용차라는 느낌이 든다. 국제화시대를 맞아 비행기를 타고 외국을 드나드는 등장인물도 자주 나온다. 그러나 드라마에서 기차를 탄 사람을 보기는 쉽지 않다.

철도드라마 스즈랑의 무대가 된 아시모이역

우리나라에서 기차를 타고 다녀보면, 드라마나 영화촬영지로 정말 좋은 곳이 많다. 한적한 산골을 기차로 돌다보면, 영화감독이나 촬영감독들을 불러다 보여주고

스즈랑호

싶을 정도로 멋진 무인역과 간이역이 널려 있음을 느낄 수 있다.

앞으로 드라마 촬영에 적합한 무인역과 간이역을 포함한 기차역, 철로, 기차 등을 적극적으로 개발해 보면 어떨까?

감독이나 PD들이 너도나도 달려와 드라마나 영화를 찍을 수 있도록 '명소'를 개발해 제공한다면, 우리의 기차가 국민들 곁으로 보다 한 발짝 다가설 수 있지 않을까?

제13장

로컬선 예찬
(추억은 선로를 타고)

제13장 로컬선 예찬(추억은 선로를 타고)

1. 여행에 대한 동경… 추억의 로컬선 생존

내가 어릴 때 아버지께서는 모두가 잠든 고요한 밤 혼자서 철도시간표를 뒤적거리곤 하셨다. 직업상 출장이 잦았던 탓에 이동수단으로 철도를 많이 이용하시기도 했지만 고도성장기에 있는 기업의 중견사원으로서 또 농업을 겸업으로 하는 농가의 가장으로서 양쪽 어깨에 짊어진 삶의 무게와 반복되는 일상에 지친 아버지에게는 얼마 안 되는 자유시간이었다. 시간표를 펴 놓고 가본 적도 없는 명소, 고적, 옛 친구가 살고 있는 먼 도시들을 기차선로 상으로 연결하면서 시간표를 확인하고 그 속에서 여행을 즐기면서 소박한 평안을 찾고 있었는지도 모른다.

밤에 혼자 조용히 기차시간표를 넘기면서 환승하는 열차 시간을 메모하기도 하며 행복해 하던 아버지의 미소를 나는 지금도 잊을 수 없다. 예전에는 철도여행을 하기 위해서는 시간표가 필수적이었다. 일본 전국 방방곡곡을 연결하는 그물망 노선을 목적지까지 시간낭비 없이 가기 위해서는 시간표를 잘 읽어내는 것이 무엇보다 중요했고, 한편 즐거움이기도 했다.

일본의 대표적인 전국시간표에는 JTB퍼블리싱 발행의 〈JTB시간표〉와 교통신문사발행의 〈JR시간표〉가 있다. 다이아가 개정되면 서점에 시간표가 쌓이게 되고, 한창이던 1986년에는 'JTB시간표'가 200만 부나 판매되었다고 한다. 현재는 인터넷 등의 발달로 종이매체인 시간표의 판매 부수는 감소하는 경향이지만 아직도 10만 부 정도의 매출은 유지하고 있다.

아버지께서는 이 시간표의 숫자 속에서 종횡무진하며 지나가는 차창의 경치와 계절의 변화, 선로의 단조로운 울림을 만끽하고 계셨다. 요즘 말로 '철도 소식통'다운 즐거움이었겠지만 전후세대의 일상생활에 쫓기며 살아가는 아버지와 같은 서민에게는 경제적으로도, 시간적으로도 제약 받지 않고 할 수 있었던 것은 공상의 나래를 펴는 것 외에 다른 즐거움도 없었을 것이다. 그리고 선로를 통해 꿈꾸던 아버지의 DNA는 분명히 나의 몸 속 어딘가에 계속해서 흐르고 있다.

내가 태어나 자란 시골산촌은 기차가 유일한 교통수단이었으며, 밭일하는 사람들에게는 시계 대신이기도 했다. 히로시마(廣島) 시내에서 히로시마의 위성도시인 가베쵸(可部町)에 이르는 노선은 단선 전철화된 노선이었지만 가베역에서 중부 산맥의 중간쯤에 위치하는 명승지 산단쿄(三段峽)역까지는 비전철화 구역이었기 때문에 어릴 적 희미한 기억 속에 증기기관차는 아직 달리고 있었다. 연기와 기적과 브레이크의 소리에 싸여 무겁게 달리는 증기기관차의 검은 차체는 매력적이었다.

세월의 무게를 발하며 빛나는 목제난간과 천으로 싼 직각의자, 콜타르(coal tar) 냄새가 배인 검은 나무 바닥, 무거운 창틀, 기관실에 앉는 감색 제복의 기관사, 터널이 가까워 오면 승객은 일제히 창문을 닫고 손으로 코를 틀어막기도 한다.

가베와 산단쿄를 연결하는 총길이 42.6km의 가케선(加計線)은 통근과 통학의 발이었으며, 나는 유치원·중·고교·대학까지 모두 이 가케선을 타고 통학했다. 유치원 때쯤 증기기관차는 디젤 차량으로 바뀌었고 아침저녁의 통근 통학 시간대 이외에는 1량만 운행하는 적자노선이 되었다. 편안하고 한가롭게 달리는 기차 안은 병원에 가시는 어르신, 정차역에서 부리는 작은 화물, 양계장으로 향하는 케이지 안의 솜털 병아리들이 모두 칙칙폭폭 흔들리며 따뜻한 빛에 싸여 있었다. 가케선은 편수가 적은 단선으로 아침에 기차를 놓치면 한낮까지 기다려야 한다. 늦잠을 자서 유치원 가는 기차를 놓치면 세 정거장이나 되는 유치원까지 갈 수가 없어서 역에서부터 울면서 집으로 되돌아가던 나의 모습이 지금도 흑백영화같이 머릿속을 스친다.

중학교시절 동아리 활동으로 귀가 시간이 늦어지면 집으로 가는 기차가 없었다. 흩날리는 눈보라 속을 걷거나 저녁놀 물든 선로를 따라 2시간 여를 걸어가면서 도중에 들꽃이나 강에 노는 물고기들을 들여다보며 갔던 추억은 지금도 생생하다. 고등학교 때 태풍으로 선로가 도중에 끊겨 친구와 선로를 걸어 집까지 간 적도 있었다. 평상시는 순식간에 통과했던 낡은 터널의 어두움이 그때는 얼마나 무서웠던지…….

할아버지, 할머니, 어머니는 아침의 기적소리를 듣고 논밭에 나가고, 낮의 기적소리를 듣고 점심을 먹고, 저녁의 기차를 보고 집으로 돌아갈 준비를 했다. 영화 '스텐 바이 미'와 '철도원'에 흐르는 정경이 그곳에도 있었다. 기차는 깊은 숲 나무에 뒤덮인 채 강을 따라 구불구불한 선로를 달린다. 터널을 빠져나가면 강 수면의 반짝이는 빛이 한번에 눈에 들어오고 저편으로 초록색 커브를 그리는 전원풍경, 나무 사이로 새어드는 빛과 울긋불긋한 나무들이 달리는 기차에 계절을 전해준다.

봄에는 연선에 유채꽃이 흔들리고 창문으로 매화향기가 흠씬 들어온다. 논에 초록 바람이 불고 허리까지 차오르는 물속에서 은어를 낚는 사람들의 모습이 차창너머에 여름이 도래했음을 알려준다. 가을에는 건너편 강가에서 황금 벼 이삭이 미소를 짓고, 산뜻한 단풍이 기차 창문가를 스쳐 지나간다. 겨울에는 모든 색채가 정화되어 연선은 엄격함과 위엄 있는 순백으로 덮이지만, 기차 안의 따뜻한 공간은 완벽한 편안함을 주고 흐릿한 창문 유리로 또르르 떨어지는 한 방울의 이슬이 바깥 추위를 짐작하게 한다.

어렸을 때에는 영화 속의 소년들처럼 친구와 함께 선로 위를 걸으면서 놀고, 태양 빛을 받아 데워진 선로에 귀를 갖다 대고 다가오는 열차의 소리를 확인했다. 어른들이 시계 대신 이용할 만큼 기차 시간은 정확했기 때문에 어린 생각에도 편수가 적다는 정도는 이미 알고 있었지만, 어머니는 그래도 위험하다고 심하게 꾸중하셨다.

그러나 선로 위를 걷고 있으면 먼 곳 어디든 갈 수 있을 것 같은 생각에 즐거웠고, 선로를 따라 조금만 가면 아무도 모르는 오디나 산딸기의 달콤한 열매가 가지가 휠 정도로 달려있어 우리들을 유혹하고 있다는 것을 알고 있었다.

대여섯 명 앉으면 꽉 차는 역 대합실 벤치에는 근처에 사시는 노인들이 손으로 만든 방석을 깔고 앉아 계시고, 빈 깡통이나 빈 병 화병에는 항상 누군가가 들꽃이나 정원에서 키운 꽃을 꽂아 놓고 간다.

내가 이용했던 이마이다(今井田)역은 무인역이어서 개찰구가 없고 사용한 표를 회수하는 흰 상자가 승강장 옆에 설치되어 있었다. 다 쓴 표를 그 상자에 넣는 행위는 어린이들에 있어서는 한 사람의 사회인으로서 인정 받는 엄숙한 행사였다. 두근거리면서 표를 상자에 넣고 기차를 돌아보면 차장아저씨는 언제나 미소로 경례를 해줬다. 묵묵히 지켜보는 것으로 어른들은 말없이 어린이들에게 사회규율을 가르쳐 주고 있었다.

적자 단선이었지만 노선은 윤택한 자연 속에 발달되어 사람들의 생활 속에는 기차와 선로가 당연한 것같이 공존하고 있었다.

내가 청춘을 보냈던 가케선은 2003년 12월 1일 적자노선으로 폐선되고 지금은 무성한 풀에 덮여 있지만, 지금도 그 시절의 풍경은 Ben E. King의 명곡 '스탠 바이 미'를 타고 할아버지나 어머니의 모습과 함께 또렷이 남아있다.

어렸을 때 친숙했던 구 가케선 이마이다역 (현재는 폐선으로 대합실도 문을 닫았다.)

어른이 되어서도 기차와의 인연은 계속되었다. 일본의 철도는 정확한 시간에 전국 어디라도 이동할 수 있고 또 누구나 이용하는 교통수단이기 때문이다. 오사카에 체류했던 1991년부터 약 2년간은 1시간 정도 걸리는 효고현(兵庫縣) 산다(三田)시까지 통근했다. 그렇게 먼 거리에 있는 직장을 선뜻 다니겠다고 한 이유는 "매일 기차로 예쁜 풍경을 볼 수 있어요."라는 상사의 한마디 때문이었다.

한큐 다카라즈카선(阪急宝塚線) 소네(曾根)역에서 한큐전철로 오사카의 위성도시지구를 통과하여 다카라즈카역에서 JR후쿠치야마선(福知山線)을 갈아타고 효고현 산다시까지 약 1시간이었다. 그야말로 지나가는 차창의 경치는 사계절의 변화가 넘칠 만큼 아름다웠다. 당시 오사카 근교의 한큐 연선에는 아직 전원풍경도 남아있어 푸르른 녹음을 볼 수 있고 다카라즈카를 지나면 더욱 울창한 자연을 느낄 수 있었다.

여름에는 짙은 초록이, 가을에는 비단 같은 나무들이 선로를 덮었고, 가을에는 역 주변 상점에 큰 밤과 송이버섯이 즐비해 그야말로 관광열차 그 자체였다. 그러나 이른 아침 출근과 일상의 격무 때문에 그 풍경을 즐길 여유가 없어 그 멋진 열차여행을 거의 졸면서 지나치게 되리라고는 생각하지 못했던 오산이었다.

내가 도중까지 이용했던 사철 한큐다카라즈카선은 1907년 설립한 미노오(箕面) 아리마(有馬) 전기궤도(電気軌道)가 1910년에 우메다(梅田)~다카라즈카(寶塚)·이시바시(石橋)~미노오(箕面) 사이를 개통한 것이 그 시작이다. 일본의 철도는 구 국철에서 파생한 JR 7개 회사와 큰 사철 16개사, 준 사철 5개사 등 총 203개 회사가 채 안 되는 노선으로 묶여있지만 한큐전철은 간사이(關西) 지방의 큰 사철 중의 하나다.

창설자 고바야시 이치조(小林一三)는 로컬선 개설시기와 맞추어 탁월한 아이디어로 노선을 이용하는 손님 확보를 위한 길을 개척했다. 그 중 하나가 당시 휴양지로 인기가 있었던 다카라즈카(宝塚) 온천의 오락시설인 풀장을 무대와 객석으로 만들고 노래나 춤을 보여주는 '다카라즈카 합창대'를 창설한 것이다. 이것이 2014년에 창립 100주년을 맞이한 '다카라즈카 가극단'의 시작이며, 고바야시는 직원을 유럽에 파견하고, 일본에 레뷰(Revue)를 도입하여 화려한 꿈의 무대를 만들어 냈다.

다카라즈카 가극은 극 단원이 모두 여성으로 구성되어 있으며 이후 도쿄에도 진출했다. 연간 1,300회의 공연과 250만 명의 관객 동원수를 자랑한다. 지금도 통근 시간대 이외의 한큐전철에는 다카라즈카 여성관객의 모습이 두드러지고, 종연 후의 다카라즈카역은 관람객들의 귀가로 대 혼잡을 이룬다. 그 때문에 목조건물이었던 구 다카라즈카역에는 "귀가 때는 매표소가 혼잡하므로 미리 왕복 표를 구입해 주십시오."라는 안내가 게시돼 있었다. 다카라즈카 가극의 포스터가 붙은 목조건물의 역사는 철근 빌딩으로 변해버렸지만 다카라즈카 연극의 여성 팬들로 붐비는 모습은 지금도 변함없다.

또 이용 손님이 많은 일대에 새롭게 궤도를 간다는 수동태적인 부설이 아닌 "사람이 살면, 전철은 이용한다."라는 발상으로 고바야시 씨는 한큐 다카라즈카 연선의 주택지개발에도 주력했다.

한큐전철 개설 당시, 오사카는 이미 사람으로 넘치고 있었지만 다카라즈카로 향하는 지역은 아직 땅값이 싸서 정원이 있는 단독주택 건설이 허가되어 서민도 구입 가능한 가격을 설정할 수 있었다. 대상업지 오사카에서 그다지 멀지 않은 지역에 마이홈을 가질 수 있다고 하는 꿈은 한큐 연선의 택지개발에 박차를 가하였고, 한큐 연선은 오사카의 위성도시로 발전했다. 한큐전철도 경영의 안정 확보에 성공했다.

한큐전철 노선에는 거의 터널이 없다는 것이 특징이다. 터널을 만드는 경제적 부담과 공사의 안전성을 고려해서 평지를 선택해서 궤도를 설치한 것이다. 따라서 한큐전철은 곡선이 많다. 그러나 '한큐마렌'이라고 하는 짙은 밤색으로 통일된 한큐전철 차량이 천천히 커브를 그리며 달리는 모습은 한 편의 회화 같이 아름답다. 한큐전철은 지금도 그 지역민에게 계속해서 사랑 받고 있다.

한큐전철을 무대로 한 아리카와 히로시의 단편소설 《한큐전철》은 100만 부가 판매되었고, 영화회사 도호(東寶)가 영화화한 '한큐전철·편도 15분의 기적'은 흥행 수입 11.4억 엔을 기록하고 있다. 나는 업무상 2001년부터는 오카야마(岡山)와 고치(高知)를 잇는 도산선(土讚線)을 자주 이용하게 되었다.

당초 도산선은 혼슈(本州)와 시코쿠(四國)를 잇는 우다카(宇高)연락선〔오카야마현 다마노시(玉野

한큐전철

市) 우노(宇野)역~가가와현(香川縣) 다카마쓰시(高松市) 다카마쓰역을 묶는 철도 연결선박]의 시코쿠 측 다카마쓰역 시발종착~고치현(高知縣)을 잇는 노선이었지만, 1988년 세토대교 개통이래, 산요 신칸센에 접속하는 오카야마역과 연결하는 시간표(timetable) 편성으로 세토나이카이(瀨戶內海) 측의 다도쓰(たどつ)에서 사누키(讚岐) 산맥, 요시노가와(吉野川) 상류, 시코쿠산맥을 넘어서 태평양 측의 구보카와(窪川)까지 198.7km를 이어가고 있다.

세토대교는 상부가 4차선인 세토중앙자동차도로, 하부가 JR혼시비산선(本四備讚線)인 2층 건물의 적교(吊橋)·사장교(斜張橋)·트러스교(truss bridge)의 3종 병설 구조로 고가부분까지 포함시키면 13.1km에 달한다. 철도노선부분은 장래의 시코쿠 신칸센 개설을 예측하여 4선을 부설할 수 있게 되어 있지만 현재는 중앙부터 2개 선만이 잠정적으로 부설 사용되고 있다.

세토나이카이국립공원의 많은 섬을 이어 만들어진 세토대교는 군청색 섬들이 온 종일 물결 잔잔한 코발트블루의 수면 위에 우아한 모습으로 떠있고 수면이 붉은색으로 물들어가는 황혼에는 이루 말할 수 없는 아름다움을 자아낸다. 저녁에 오카야마에서 고치행 특급을 타고 세토대교 부근을 지날 때면 전철은 황금빛에 싸여 아래로 많은 섬들을 보며 달린다. 마치 기차가 은하철도 여행을 떠난 것 같은 낭만에 빠지게 된다.

세토대교를 지나면 드디어 기차는 항해의 수호신이 있는 곤피라(金比羅)신사의 총본산 고토히라궁(金刀比羅宮)이 있는 고토히라(琴平) 일대를 달린다.

이 주변은 평지가 많아 밥공기를 엎어놓은 것 같은 작은 산들이 산

세토대교의 차창으로부터 세토나이카이를 본다.

재해 있으며 탁 트인 전망이 독특하다.

고토히라역은 목조서양식건축의 오래된 역사로 2012년에 일본 유형문화재에 등록되었다.

심벌인 노란 깃발, 고토히라궁의 이벤트 안내, 곤피라 가부키·분기 축제안내 등이 승강장까지 넘쳐나서 향수 어린 분위기를 통과하는 것만으로도 여정은 절정에 달한다.

사누키(讚岐)평야 일대는 옛날부터 밀 생산지로서 '사누키 우동'의 명산지이다. 여기서 하차해서 곤피라(金比羅) 참배와 우동을 즐기는 사람, 바로 앞 우타쓰(宇多津)에서 다카마쓰행을 갈아타고 '우동탐방 여행'을 즐기는 사람도 많아 유유자적한 전원풍경과 열차의 모습이 잘 어우러진다.

평야를 빠져 나와 산간을 조금 지나면 1면 1선 스위치백(switchback)방식의 쓰보지리역을 통과한다. 산간지역인 이 역은 간선도로부터 역사까지 길처럼 보이는 곳이 없어 주의해 보지 않으면 순식간에 지나쳐버린다. 그러나 비경철도 팬에게는 인기가 있어 일부러 이 역을 방문하는 사람도 있다고 하지만 아쉽게도 특급은 정차하지 않는다.

드디어 기차는 크게 커브를 그리며 요시노가와(吉野川)를 건넌다. 도쿠시마선(德島線)과의 분기점 쓰쿠다역을 지나고, 강가에 펼쳐지는 분지의 아와이케다(阿波池田)역에 정차하고 마침내 다니구치(谷口)역에 도착한다.

이야(祖谷)는 일본의 무사시대를 있게 한 겐지(源氏)와 다이라 씨가 싸웠을 때 다이라가 패배해 도망 와서 숨어 살았다고 전해지는 땅이다. 이야골짜기로 불리는 깊은 계곡에 싸여 다른 세계와의 접점은 덩굴로 덮인 조교(현수교)뿐이어서 독특한 생활 습관과 문화를 지금도 간직하고 있다. 이야구치(祖谷口)역은 그 출입구로 조용한 여행을 즐기고 싶은 사람들에게 인기가 있지만, 실제 덩굴 다리까지는 버스로 1시간 가까이 걸리기 때문에 기차 승객은 역의 미니어처로 만족할 수밖에 없다.

마침내 선로는 점차 높은 곳을 향해 달리고, 차창에는 울퉁불퉁한 바위 표면과 자연이 어우러져 만드는 사계절이 화려하게 치장을 하고 먼 곳에서 그 청순함을 확연히 드러내는 계류가 주마등처럼 지나간다. 이 주변은 시코쿠산맥을 가로지르는 요시노가와의 격류에 의해 2억 년 세월 동안 산 표면을 깎아 만들어낸 8km의 계곡이다. 노선은 그 계곡에 바짝 붙여 부설되어 도산선의 관광명소로서 차내에서 이 지역에 대한 관광안내 방송도 나온다.

또 근처에 오보케(大步危)역·고보케(小步危)역이 있는데, 이것은 "크게 걸으면 위험, 작게 걸어도 위험"이라고 할 만큼 옛날 이 주변 교통이 험했다는 것을 알 수 있다. 다만 이 절경도, 지금은 터널과 산사태 위험방지용 안전철책으로 막혀있어 기차 여행객들은 충분히 즐길 수 없다는 것이 유감스럽다.

그러나 이 역 주변에는 관광 계류하행선과 계절한정의 도롯코 열차도 있고, 여름철엔 래프팅을 즐기는 사람들도 많이 방문하고, 가을철엔 계류에 빛나는 단풍을 즐기는 사람들로 붐빈다. 마침내 기차는 깊은 계곡과 산간을 빠져나가는데 그 산들의 급사면에는 드문드문 인가가 있어 '마추픽추(Machu Picchu)'의 사람들처럼 자연과 공존하면서 꿋꿋하게 살아 온 강인한 모습을 엿볼 수 있다.

산골짜기를 빠져나가 기차는 순식간에 트러스식 교량 위에 역사(驛舍)가 있는 도사기타가와역(土佐北川驛)을 통과한다. 도산선은 오보케·고보케 등 험한 곳으로, 산사태 등의 자연 재해가 끊이지 않아 오스기(大杉) 터널(1973년 개통)·다이호(大豊)터널(1986년 개통) 등의 터널을 증설했다. 이 시기에 원래 있었던 장소에서 요시노가와 지류인 아나나이(穴內)강 위에 열차교행이 가능한 섬 방식으로 1면 2선의 역사에 이설한 것이 현재의 도사키타가와역이다. 원래 다리였기 때문에 선로의 옆에 인도도 있지만 특급열차에서는 이

것을 확인할 수 없다.

깊은 산간을 빠져나간 기차는 서서히 하강하여 마침내 태평양에 접한 고치현의 평야가 눈에 들어온다. 산을 끝까지 내려간 부근 역 홈에 "미안, 미안"의 안내방송이 흘러나온다. 어렸을 때 아버지가 "고치에 가면 역원이 미안, 미안이라고 해서 무엇을 사과하나 하고 놀랐다."는 말을 하신 기억이 있는데 바로 그 고멘역이다. 그 유래는 도사한(土佐藩)의 영주가 벽지인 이곳의 부역과 조세를 면제시킨 것에서 '고멘(御免, 사면)'이라고 불렸는데 그 후 한자표기가 바뀌어 고멘(後免, 미안)'이 되었다고 한다.

이 역은 '호빵맨'의 작자 야나세 다카시의 고향으로 근처에는 '호빵맨 박물관'이 있으며, 역 홈에는 야나세 씨 디자인의 철도원 캐릭터가 나그네를 맞이한다. 도산선에서는 이 호빵맨을 디자인화한 차량도 정기적으로 운행하고 있어 일본에 있는 '호빵맨 팬'이 이 열차를 보기 위해 몰려든다.

열차가 고치역에 미끄러져 들어가면 그 고장의 삼목재료로 만들어진 정겨운 아치형의 높은 천장이 나그네를 맞이해 준다. 고치현은 1차산업과 관광을 주 산업으로 하며, 고치 사람들은 '아무것도 없는 땅'이라고 부르지만 훌륭한 자연환경과 관광자원이 풍부해 고치현청에는 '맞이하는 과'라고 하는 관광촉진과가 실존하며 관광객 유치에 힘써 영화로 만들어지기도 했다.

고치역에서 걸어서 갈 수도 있는 고치성 아래에서는 매주 일요일에 '일요시장'이 열린다. 농민들의 수제품과 채소·과일부터 분재·골동품 등이 대부분이다. 심지어 집에서 태어난 새끼고양이까지 일출로부터 일몰까지 머문다는 말이 있을 정도로 시간제한도 거의 없는 자유로운 판매시스템으로 이것을 목적으로 오는 관광객도 많다. 시장의 거의 끝 쪽에는 '히로메 시장'이라고 하는 포장마차 음식과 특산물점포 건물이 있다. 고치의 특산물과 명물을 손쉽게 즐길 수 있어 연일 관광객과 그 고장의 사람들로 북적대 앉을 곳이 없을 정도이다.

또한 고치라고 하면 '요사코이 축제'를 빼놓을 수 없다. '요사코이'라고 하는 말의 어원은 '밤에 오세요', '이쪽으로 오세요'라는 의미로 고치의 성을 건설할 당시 인부들이 사용했던 '요이쇼코이' 등이 변형되었다는 말도 있지만 아무튼 고치에서 '요사코이'라고 하면 여름 축제를 가리킨다. '요사코이'는 1954년 시민의 건강과 번영을 기원하고, 여름 불경기 상점가의 활성화를 목적으로 고치 상공회의소와 고치시가 하나가 되어 부흥시킨 축제로, 춤을 위주로 한 참가자 집약형 이벤트이다. 따라서 개최 비용에 따른 공적 부담이 적기 때문에 시민이 일체가 될 수 있는 고치 일대의 이벤트가 되었다. 현재는 고치뿐 아니라 홋카이도 삿포로시에서도 YOSAKO 소란축제가 열리고, 8월에는 도쿄 하라주쿠에서도 대형 요사코이 이벤트가 개최되는 등 전국적으로 폭 넓게 이루어지고 있다. 고치역 정면 출입구의 광장에는 연일 '요사코이'의 연무공연과 춤 강습이 이루어져 관광객의 눈을 즐겁게 해 준다.

매년 8월 9, 10, 11, 12일의 축제 4일간의 도시와 도산선은 현 내외 사람으로 넘치고 고치시내는 '요사코이' 일색이다. 전통에 준한 화려한 의상과 고안된 안무 참가 단체 1만 명이 시내 7곳의 연무장과 10곳의 경연장을 돌면서 공연하는 그 에너지는 말 그대로 도시 전체를 흔든다. 육로교통의 보급이 늦어 예전에는 '육지의 고도'라고 불렸던 고치현은 그 덕분에 일본 최후의 청류라고 불리는 시만토가와(四万十川) 등의 자연이 남아 있고 농업건국으로서 독자적인 상업노선을 개척했다.

바다와 산, 비경을 통과하여 달리는 철도도 수송수단으로서 또 관광자원의 일부로서 지역과 연동해서 계속 존재하고 있다. 그러나 일본 철도는 노선이 모세혈관과 같이 지나치게 발달해 자동차의 보급과 함께 경영 곤란에 빠진 노선이 많아 수송수단으로서 철도가 한계에 이르게 되었고 철도회사가 어려움을 겪고 있는 것도 부정할 수 없다. 곤란에 처한 많은 로컬선 대부분은 도산선 호빵맨 열차와 같이 인기 캐릭터를 배치한 '랩핑(wrapping)열차'의 도입 등으로 관광객 유치와 특성화에 주력했다.

시마네현(島根縣) 돗토리의 사카이미나토(境港)와 요나고(米子)역을 잇는 17. 9km의 사카이미나토선도 그 중 하나다. 1902년에 개업한 이 노선은 1987년의 국철 분할 민영화에 따라 일본 여객 철도가 계승하였다.

현재 보통열차로 사용되고 있는 KIHA 40형은 모두 일러스트 차량이다. 이것은 사카이미나토시 출신의 만화가 미즈키 시게루(水木しげる)의 작품 '게게게노 기타로(ゲゲゲの鬼太郎)'의 일러스트를 그린 것으로 1993년부터 계속 도입하고 있으며, 더욱이 사카이미나토선의 각 역은 정식명칭 이외에 애칭으로 만화 '게게게노기타로'의 요괴이름을 갖고 있다. 요나고역에서 요괴 일러스트 열차를 타고 편도 45분간의 여행을 하는 동안 각 역에 설치된 애칭과 요괴 일러스트를 찾는 것이 이 일러스트 열차를 타려고 찾아오는 관광객의 즐거움 중의 하나이다.

사카이미나토역(애칭 '기타로역')에 도착하면 만화들과 미즈키 시게루의 유니크한 브론즈 동상이 맞아준다. 근처에 미즈키 시게루 기념관도 있고 '미즈키 시게루 로드'라고 이름지어진 상점가 일대에는 요괴 브론즈 상과 요괴가두가 이어져 마치 유원지의 어트랙션(attraction)을 연상케 한다. 2010년 3월부터 미즈키 씨의 부인인 누노에(布枝) 씨 원작 '게게게의 여보(ゲゲゲの女房)'가 〈NHK〉 아침 연속 드라마로 제작되면서 그 인기는 순식간에 전국적으로 급상승하였는데, '기타로'의 지역경제 파급효과는 돗토리현 관광국 관광과에 의하면 58억 엔에 달한다고 한다. 지역 전통산업의 쇠퇴와 동력화(motorization)의 물결에 뒤로 물러날 처지가 되었던 지방노선을 현지 출신 유명인의 지명도를 살려 협력체제 아래 살려낸 하나의 예라고 할 수 있다.

그러나 일본 국내에 머무르지 않고 세계적으로 유명해진 로컬선은 기시카와선(貴志川線) 와카야마(和歌山)전철의 기시역일 것이다. 2006년에 무인역이 된 이 역은 와카야마전철의 고지마 미쓰노부(小島光信) 사장이 역에 정착한 고양이 '다마'를 역장으로 임명함으로써 일약 각광을 받고, 지금은 세계적으로 유명한 관광 역으로 변신했다. 그 후 이 지방의 명물인 딸기와 전철을 조합시킨 '딸기열차'를 도입하는 등 창의적인 연구를 거듭해 무인역 활성화와 함께 지역 발전에 크게 공헌하고 있다. 와카야마 전철의 공식 사이트에는 "기시(貴志)역에는 주차장이 없습니다. 전철로 오시기 바랍니다."라고 명기한 것도 티 나지 않는 아이디어의 하나일 것이다.

JR홋카이도가 기획한 것은 6월~10월의 기간 한정으로 아사히가와(旭川)~비에이(美瑛)~후라노(富良野)를 함께 잇는 '후라노·비에이 노롯코호'이다. 이것은 초여름부터 가을까지 홋카이도의 아름다운 자연을 만끽하면서 천천히 달리는 '노롯코 열차'다. '느릿느릿 달린다'와 '도롯코'를 조합시킨 명칭으로 조망이 좋은 장소에서는 시속 30km로 속도를 줄여 홋카이도의 웅대한 자연을 즐길 수 있다.

후라노의 초여름은 라벤더밭이 특히 유명해서 그 기간에는 임시 '라벤더밭역'이 설치되어 많은 관광객으로 붐빈다. 열어 젖힌 큰 창문으로 보이는 우아한 비에이의 언덕과 후라노의 라벤더밭은 관광객을 매혹시키기에 충분하다.

또한 1981년 10월 9일~1982년 3월 26일까지 연속 드라마와 그 후 스페셜 드라마로 21년의 긴 시간에 걸쳐 계속 제작 방영된 구라모토 사토시(倉本聰) 각본 '북쪽의 고향에서(北の国から)'라는 드라마의 효과도 관광객을 이끄는 계기가 되었다. '북쪽의 고향에서' 스페셜 드라마 최종회인 2002년에는 249만 명의 관광객이 후라노지역을 방문했다. 이 계절한정의 '노롯코 열

차'는 벚꽃 계절인 '시오카리도오게(鹽狩峠) 벚꽃 노롯코호'와 5월의 황금연휴에 마시케(增毛)의 해안가를 가르는 '마시케GW 노롯코호'라는 다른 모습으로 출장 영업을 함으로써 JR홋카이도 아사히가와 지사의 노선활성화를 위한 창의적인 연구의지가 엿보인다.

그러나 유감스럽게도 과소(過疎)화와 자동차의 발달은 가차없이 철도를 습격해 결국 존속을 유지하지 못한 노선도 수없이 많다. 내가 자란 히로시마(廣島)의 가케선(加計線)을 필두로 JR서일본 산인선(山陰線)의 우마보리(馬堀)~사가노(嵯峨野) 간 노선도 같은 운명에 처해 있다. 돗토리현 동부의 고오게(郡家)역에서 종점인 와카사(若桜)역까지 19.2km를 잇는 와카사선(若桜線)도 그 중 하나였다.

1989년 JR서일본은 복선전화(複線電化) 강화에 따라 계곡을 달리는 우마보리~사가 간의 폐선을 결정했다. 그러나 아름다운 호즈쿄(保津峽)를 따라 달리는 이 구간의 폐선을 안타까워하는 목소리가 높아져 JR서일본의 후원에 의해 8명 남짓의 종업원으로 1990년 '사가노관광 철도주식회사'가 발족되었다. 적은 예산을 마련하여 폐선으로 인해 방치되었던 노선을 다시 정비해 연선에 벚나무와 단풍 묘목을 돌려 심고 1991년 4월에는 사가노 도롯코 첫 열차를 운행하기에 이르렀다. 승객은 당초 연간 20만 명을 예상하고 있었지만 벚꽃과 단풍나무가 성장하면서 관광객이 증가하여 2014년에는 연간 이용자가 100만 명에 이르렀다. 지금은 교토 관광의 고객 유치 상위를 차지하는 관광산업으로까지 발전했다.

와카사선(若櫻線)은 1930년에 국철 와카사선으로 개통되어 와카사역과 효고현(兵庫縣) 요카(八鹿)까지 중국산맥을 동서로 달릴 예정이었지만 계획은 좌절되어 1968년 적자선으로 지정되어 폐선 권고를 받았다.

지역민이 열심히 움직인 결과 1987년에 제3 섹터선으로 전환 '와카사철도'

로서 다시 시작했지만 적자가 해소된 것이 아니어서 2009년에는 일본의 '지역 공공교통의 활성화 및 재생에 관한 법률' 규정에 따라 국토교통성에 철도사업 재구축 실시 계획을 신청했다. 차량운행에 관한 업무를 와카사철도가 관리 운영, 선로와 역 시설은 지역의 와카사초(若櫻町)·야즈초(八頭町)가 소유하고 관리한다고 하는 상하 분리방식을 도입했다. 와카사철도는 지금도 추억 어린 목조역사가 많이 남아있는데 연선의 풍경은 옛날 그대로의 전원풍경을 유지하고 있어 2008년에는 이 부근의 모든 시설이 일괄해서 일본의 등록유형문화재로 등록되었다.

그 향수 어린 풍경 때문에 영화 촬영지로 애용되고 많은 철도 소개 프로그램이나 잡지에도 다루어져 지금은 약간 붐이 일기는 했지만 과소화가 진행하는 로컬선으로서 여전히 존폐의 위기에 노출되고 있다.

사가아라시야마(嵯峨嵐山)역의
사가 들판 관광철도

호즈쿄역 너구리의 마중

종점인 가메오카(龜岡)역에서 인접하는 열차

"우리의 선로는 우리가 지킨다."

지역 주민은 행정이나 철도회사에 의존하는 것만으로는 존속이 어렵다고 판단하고 지역민의 힘으로 자신들의 역을 지키기 위해 뭉쳤다.

이웃 사람들이 교대로 역을 청소하고 선로를 따라서 계절 꽃을 심고 역의 벤치에는 손수 만든 허수아비를 장식하고 여객을 맞는다.

지역 주민에게 물어보았다.

"왜 허수아비로 장식을 하나요?"

"사람이 없으면 쓸쓸하잖아요."

"허수아비라도 기다리고 있어 주면 반가우니까요."

낡은 역사 보존에 대해서도 물어보았다.

"어떻게 역사를 그대로 보존해 오셨나요?"

"딱히 한 것은 없어요. 단지, 수선 비용이 없었다는 것 외에는……."

실로 간단명료했다. 그러나 역사 구석구석 쓰레기 하나 없이 깨끗했다.

폐선 위기의식이 현지 주민의 결속을 높이고 스스로 역을 지키겠다는 의식을 보여주었다.

와카사철도는 생존을 걸고 2015

와카사철도 연선의 역사풍경 . 이 역의 허수아비는 이 역에서 촬영된 일본의 국민적 영화의 주인공을 본떠서 만들어졌다.

년 SL(증기기관차)관광열차 운행 실현을 목표로 와카사선 SL부활 계획을 추진 중이다. 1944년~1946년까지 와카사선을 달렸던 C12형 증기기관차 167호기를 효고현 다카초로부터 양도받아 1930년대의 모습을 그대로 간직하고 있는 와카사역 구내에서 SL체험과 기부금 모금을 적극적으로 벌이고 있다. 현재 체험 승차를 하고 있는 기관차는 석탄고가 있던 압축기로부터의 압축공기를 동력원으로 사용하고 있지만 폐차상태로 방치되었던 기관차를 옛날 자료를 찾아가며 수리를 담당하고 있는 다니구치(谷口) 씨는 "이 기차가 완전히 증기의 힘으로 와카사선을 달리는 것이 꿈입니다."라고 멋적어하며 상냥한 미소를 짓기도 했다.

와카사역 구내를 달리는 SL

눈이 녹아내려 저층부가 내려앉은 전차대

철도회사의 노력도 물론 중요하지만 와카사철도 노선의 거의 중앙에 위치하는 하야부사(隼)역의 경우는 지역 주민이 단결해서 자신들의 역을 지키고 지역의 활성화에 심혈을 기울이고 있는 좋은 예이다. 8월 8일을 목표로 이 역에는 일본 전국에서 대형 오토바이 '스즈

낡은 자료에 의지하여
기관차를 고치는 다니구치 씨

키·GSX1300R 하야부사'가 대거 몰려온다. 계기는 역명이 하야부사(의미는 '매')여서 이 역을 찾아서 오는 대형 오토바이 '하야부사' 오너들의 존재를 의식한 현지 주민들이 2008년 오토바이 전문잡지를 통해 전국의 하야부사 라이더들에게 "8월 8일 하야부사역으로 모이자!"라고 호소한 것에서 기인한다. 그 결과 일본 전국의 하야부사 라이더들에게 이 역의 존재가 널리 알려져 무인역은 일약 '하야부사 라이더의 성지'로 변모했다.

2009년 이후 현지 주민으로 조직된 '하야부사역을 지키는 모임'을 중심으로 8월 8일 전후 역주변에서 '하야부사 축제'가 개최되어 하야부사역을 방문하는 하야부사 라이더 수는 해를 거듭할수록 급증하고 있다. 이것을 본 와카사철도·시읍면·돗토리현도 현지 주민의 활동을 후원하기에 이르렀다.

2011년에 한국철도공사에 그 활동이 소개되면서 2012년에는 한국철도공사의 무인역인 지탄역과 자매결연을 맺었고, 현지 주민과 한국철도공사와의 교류가 시작되었다. 2013년의 하야부사 축제에 참가한 대형 오토바이는 700대에 이르고 라이더뿐만 아니라 일본의 많은 철도 팬도 와카사철도를 이용하여 참가했다.

또 이 해는 한국철도공사가 부스를 설치해 한국의 철도를 소개했고, 또한 대전광역시의 우송대학교와 우송정보대학의 학생들도 축제에 참가했다. 학생들이 만든 해물파전과 호떡 등의 한국 음식이 인기를 끌어 현지 TV방송국과 각 미디어에 널리 소개되어 돗토리현과 현지 시읍면에서도 이후 계속적인 한일우호관계를 위한 교류를 부탁했다.

하야부사역에는 장거리 오토바이로 달려온 라이더가 쉴 수 있도록, 호쿠리쿠철도(北陸鐵道)·JR시코쿠 고치 운전소에서 양도받은 폐객차가 간이숙박시설로 설치되어 있어 미리 예약하면 손쉽게 이용할 수 있다. 역사 내에는 주민이 관리하는 '바이크'라고 하는 매점을 오픈하여 하야부사역 상품, 철도 상품, 스즈키 공인 하야부사 상품, 성지순례증 등을 판매하고 있다.

하야부사 축제 개최 당시에는 "대형 오토바이가 밀어 닥치면 안전에 문제가 있고 조용한 도시가 시끄러워질 것이다."라는 반대도 있었지만 주최자인 현지 주민의 따뜻한 접대와 하야부사 라이더와의 신뢰 관계가 결속되어 축제 당일에는 700대나 되는 대형 오토바이가 어느새 모였는지 알 수 없을 정도로 차례대로 조용히 회장에 도착했다.

현장에는 현지 주민의 수제음식 포장마차나 그 고장의 특산물이 늘어섰고 하야부사의 제조사인 스즈키도 협력해 주었다. 무대에서는 철도 아이돌의 공연과 방문자 참가형의 퀴즈, 이벤트가 개최되어 라이더와 철도 팬이 한여름에 서로의 만남을 즐겼다.

축제가 끝난 후에는 주민과 라이더 전원이 협력해서 쓰레기를 회수하며 행사 뒤처리를 한다.

모든 행사가 끝나면 온몸을 가죽점퍼로 감싸고 헬멧·선글라스를 낀 라이더들이 차례차례 늠름하게 행사장을 떠나가는 모습은 감동적이기까지 하다. 또한 '하야부사역을 지키는 모임'에서 2014년 봄에 방문한 사람들이 편히 쉴 수 있도록 구 농협(農協) 건물을 이용해서 하야부사역 앞에 찻집·경양식집을 오픈했다. 지역농산물·특산물 판매까지 확대하여 무인역의 활성화와 지역 진흥에 전 지역이 열성적으로 힘을 기울이고 있다.

'사람이 없으면 폐선된다. 우리가 힘을 모아 사람들을 부르자.'라는 생각은 한큐전철 창설자 고바야시 이치조 씨의 한큐 연선의 주택개발과 상통하는 부분이다. 폐선 직전까지 몰린 노선의 역을 계속해서 지키는 '하야부사역을 지키는 모임'은 끊임없는 노력으로 와카사철도 본사를 움직이고, 시읍면을 움직이고, 현(縣)을 움직이고, 드디어 한국과의 국제교류에까지 이르렀지만 그 모습에서 교만함은 찾을 수 없다. 단지 자기들의 역과 노선을 지키려는 의지로 사람들을 움직였기에 감동을 부른다.

이 지역을 방문해 사람들의 미소를 보고 있으면 폐선이 된 고향의 가케선이 생각나 너무 안타깝다. "국가가 해준다", "철도회사가 더 노력해야 한다", "시읍면은 주민을 생각해달라" 등 폐선에 대해 많은 주민이 언성을 높여 반대했지만 누구 한 사람 "우리 힘으로 이 선로를 지키자."라고 움직였던가? 자체적으로 얼마나 힘을 모으려 했던가? 나를 포함해 많은 주민은 단지 무기력하게 포기해 버렸던 건 아닐까? 경영 위기에 빠져 있는 로컬선 존속을 위해 가야 할 길을 이 역을 통해 배운다.

2. 여행의 유혹… 국철에서 JR로

아버지가 시간표를 바라보며 즐거워했던 시대의 일본은 아직 전후의 경제적 고통에서 벗어나지 못하고 있었기에 여행은 시간과 경제적인 여유가 있는 일부 사람들의 사치품이었다. 그러나 일본이 고도 성장기를 맞이하게 되자 생활에 여유가 생기기 시작하면서 적극적으로 여행을 즐기게 되어 현재 일본 전역의 각 역에는 큰 여행사가 입점하고 역 구내에는 여행상품이 담긴 다양한 여행 기획 팸플릿이 빼곡히 자리하고 있다.

당일 관광, 온천여행, 자유여행, 미스터리관광, 역사탐방여행, 식도락여행, 관극세트 여행 등 내용은 물론 가격설정도 각양각색이어서 보고 있는 것만으로도 즐거워진다. 또한 인터넷으로 각 회사의 여행 기획 상품을 간단히 검색할 수 있어 여행기분을 더욱 고조시켜 준다.

그러나 1964년 국가 보호 아래 일본 국내 최대의 수송기관으로서 그 존재를 자랑해 온 구 국철은 자동차의 보급과 과소, 고령화로 인한 승객의 감소에다 인건비의 급격한 상승으로 인해 적자로 전락, 존속을 건 큰 기로에 서게 되었다. 승객을 선로로 되돌리기 위해서는 무엇을 해야 할 것인가⋯⋯. 구국철은 고객 개척을 위해 그 초점을 출장 등의 장거리승차를 이용하지 않는 연령층에 두고 주목했다.

당시의 기획으로 지금도 기억에 남아 있는 것이 'full moon 부부 그린패스'와 '청춘18티켓'이다. 1981년에 발매가 개시되어 왕년의 유명배우·여배우를 모델로 기용해서 TV광고를 흘린 것이 'full moon 부부 그린 패스', 통칭 'full moon 여행'이다. 자녀를 다 키우고 일에서 해방된 초로의 부부가 둘이서 온천을 즐기고 멋을 부리며 여유롭게 여행을 즐긴다고 하는 콘셉트의 기획상품은 고도 성장기 여파로 여유가 있었던 세대의 이목을 끌고 큰 사회적 반향을 낳았다.

부부 2명의 합계 연령이 88세 이상이라면 JR 특별객차 무제한 승차, 또한 부부 2명 중 누구라도 70세 이상이라면 실버 특별할인으로 5,000엔 할인, 5일간, 7일간, 12일간의 유효 티켓 선택이 가능하고, 판매 개시는 9월 1일~5월 31일까지, 이용 기간은 10월 1일~6월 30일까지라고 하는 기간 한정이지만, 여행을 떠나보고 싶은 여유 있는 세대의 여정을 자아내기에는 충분한 효과가 있었다. 게다가 이제까지 봉건적인 가족제도에 매여있던 여성의 노후 방향에도 파문이 일었으며, 아마 여성이 적극적으로 여행을 즐기게 된 것도 그즈음부터일 것이라 생각된다.

여유세대 등 대상에 눈을 돌린 것이 1982년 발매 개시한 '청춘18노비노비 티켓'이다(1983년 봄 발매분부터 '청춘18티켓'으로 명칭 변경). 첫 회는 5장 묶음 8,000엔으로 시판되고, 1997년 이후에는 11,500엔이 되었다. 하루 1장 사용 혹은 1인당 1장 사용으로 JR의 보통열차·쾌속열차의 자유석에 승차할 수 있어 2004년 동계부터는 보통·쾌속열차 특별객차 자유석에 한하여 그린권을 별도 구입하는 것만으로 이용할 수 있게 되었다. 기본적으로 학교 방학기간(3월 1일~4월 10일, 7월 20일~9월 10일, 12월 10일~1월 20일)으로 이용기간이 한정되어 있지만 돈은 없고 시간이 충분한 젊은이들로부터 좋은 반응을 얻었다.

또 이 기획이 재미있는 점은 '청춘18'이라고 이름을 내걸었지만 연령제한이 없다는 것이다. 외국인도 사용할 수 있다는 점과 구입시 번잡한 수속도 필요 없어 대중교통 요금이 비싼 일본에서 일정 기간 내에 싸게 여러 장소를 다니고 싶어하는 외국인 여행객에게도 인기를 끌고 있다.

그 매출은 JR동일본만 해도 피크 때인 2006년에는 355,133장, 2011년도엔 떨어졌다고는 하지만 242,666장을 판매해 수입액수는 27억 엔을 넘는다. 가격이 싸서 '철도 운영사의 이익이 적다.'는 이유로 매년 판매 중단의 소문이 이어지지만 그래도 일본 국내 JR 6사의 '청춘18티켓'의 연간 총 매출은 60억 엔으로 알려져 소박한 철도여행을 즐기고 싶어 하는 팬과 저렴한 여행을 희망하는 사람들을 계속해서 지지해 주고 있다.

당시 틈새상품으로서 1983년에는 30세 이상의 여성 두세 명이 그룹 동일여행을 즐긴다는 '나이스미디패스(nice middy pass)'도 시판되었지만, 이것은 2009년에 JR그룹 공통상품 재검토 때문에 폐지되었다. 국철에서 JR로의 이행에 따라 전국을 대상으로 한 프리 패스는 'full moon 부부 그린 패스'와 '청춘18티켓' 2개만이 존재한다.

철도가 수송수단일 뿐만 아니라 즐겁다는 의식을 사람들에게 심어준 공적은 크다. 일본 국내의 각 지역에 분할된 JR 각 회사도 지역성을 살려 지금도 각양각색의 이벤트나 기획 상품을 계속해서 판매하고 있다.

맺는말

이 책은 한국 철도 창설 116년을 맞이하고 광복 70년을 기념하는 2015년에 출판하게 되었다. 그동안의 한국 철도의 역사를 돌아보면 초창기 우리의 힘으로 철도를 만들려는 노력이 있었다. 박기종 선생은 대한철도회사를 만들어 1899년 경의선 부설권을 정부로부터 받아 건설을 추진하였다. 건설자금이 부족하여 대한제국은 1900년 6월 궁내부 서북철도국을 만들어 이를 추진하였다. 이 당시 정부 측의 주도적인 인물은 이용익 선생이었다.

서양문물을 통해 근대화를 주장하였던 유길준도 호남철도주식회사를 만들어 우리 힘으로 호남선을 만들려고 노력하였다.

이와 같이 우리 손으로 철도를 만들려는 노력에도 불구하고 일본을 비롯한 열강의 힘에 굴복하여 철도주권은 다른 나라로 넘어가게 되었다.

러일전쟁에서 승리한 일본이 1905년 경부선에 이어 1906년 경의선을 이 땅에 부설함에 따라 타율적인 철도운영이 시작되었다. 1910년 한일합방 이후 우리 철도는 대륙진출을 위한 교두보로 사용되었다. 초대 조선총독이었던 데라우치는 우리 철도와 만주의 연결을 지속적으로 추진하였고, 결국 1917년에서 1925년까지 만철에 우리 철도를 위탁운영하도록 했다. 우리 철도는 1925년 다시 총독부로 환원되어 당시 철도국장이었던 오무라 다쿠이치가 만든 '조선철도12년계획'에 의해 철도망이 국내 전역으로 확장되었다. 당시의 철도 성격은 대륙진출의 연결통로에서 이제 영구적인 지배를 위한 수단으로 변화하는 과정을 겪게 되었다. 이 당시에 만들어진 사철과 산업과 연결된 철도가 바로 이를 증명해 주고 있다.

1935년 중일전쟁 수행과 제2차 세계대전에 철도는 전쟁수행에 활용되는 과정을 겪게 되었다.

1945년 광복 후 철도는 1950년 한국전쟁으로 기관차가 26%, 객차가 78%, 화차가 48% 피해를 입었다.

그러나 그 후 우리는 우리 힘으로 철도를 복구하고 1979년 우리나라에서 최초로 디젤기관차를 제작하였다. 특히 1960년대 철도는 우리나라 산업발전을 견인하는 산업선으로서 역할을 수행하였다. 산업선은 전철화를 통해 추진되었는데, 중앙선과 영동선, 태백선 등 1969년부터 1972년까지 전철화가 완성되었다. 1980년대에 들어 중장거리용 디젤동차와 서울올림픽 전후에 새마을호 동차가 우리 힘으로 제작되어 운행되었다.

도시철도의 발전과 함께 지역 간 수송은 고속철도의 개통으로 획기적으로 변모하였다. 2004년 4월 1일 서울에서 부산까지의 고속철도 개통은 우리나라에 철도 르네상스 시대의 개막을 알렸다.

그동안 철도의 역사와 발전에 대한 논의는 대략 다음과 같이 진행되었다.

첫째로, 우리나라 철도는 일제강점기에 타율적인 운영으로 시작되었다.

두 번째, 일제강점기 철도는 대륙을 연결하는 철도의 성격을 가지고 있었다.

세 번째로, 철도는 그동안 하드웨어적인 접근이 많았고 노선건설과 관련한 논의 등이 주를 이루었다.

네 번째로, 철도는 국제적인 성격이 많이 부각되지 않았다.

마지막으로, 철도는 수송수단으로서 그 기능을 하고 있다는 것 등이 그동안에 우리 철도연구에서 주요하게 논의된 주제였다.

이 책에서는 다음과 같은 사항들을 발견하고 이를 설명하였다.

첫째로, 일제강점기의 타율적인 철도운영이었지만 철도부설은 당시의 당위적인 흐름이었고 우리도 스스로의 철도부설 노력을 하였다는 사실이다.

두 번째로, 일제강점기의 철도는 대륙철도 연결과 산업철도 이외에도 다양한 측면에서 기능을 하였다. 이는 철도의 다양한 기능과 영향력에서 확인할 수 있었다. 특히 만철의 위탁경영시 철도의 다양한 측면의 현상을 발견할 수 있었다. 이는 철도가 가진 다양한 영향력, 문화와 다양한 부대사업 등 새로운 철도의 기능을 발견할 수가 있었다.

세 번째로, 우리나라 철도의 역사와 흐름을 일본과 타이완, 만철과의 비교와 연결 차원에서 이를 분석할 필요가 있다는 것이다. 우리나라 철도의 원형이 어디에 있었는가에 대한 해답을 주는 것이 타이완 철도 그리고 만철에 일부 있다는 것을 알 수 있었다.

네 번째로, 우리나라 철도의 새로운 발전가능성을 분야별로 확인할 수 있었다. 철도와 자원, 철도의 경제성, 안전, 관제, 건설 등의 측면에서 과거의 발전을 바탕으로 새로운 미래를 설계할 수 있다는 것이다. 아울러 철도와 관련된 새로운 분야인 관광에 대해 우리보다 앞서간 일본 철도를 통해서 우리의 미래를 예측하는 기회를 가지게 되었다.

마지막으로, 우리 철도의 미래로서 고속철도와 함께 남북철도 연결 그리고 향후 대륙철도와의 연결에 대한 연구의 필요성과 과제 등을 제시하였다.

향후 우리나라는 반도국가에서 분명 통일을 이룩하고 대륙국가로 발돋움할 것이다. 올해 광복 70년을 맞이하면서 우리는 새로운 미래를 구체적으로 설계할 시점에 와 있다. 그 중 하나가 철도를 통한 우리 국토의 새로운 미래 설계와 '통일한국'의 설계이다. 이제 철도는 통일한국을 성사시키는 하나의 수단이자 궁극적으로 대륙과 연결됨으로써 우리나라의 경제, 외교, 평화를 지켜가는 주요한 수단이 될 것이다. 이제 이러한 준비를 착실하게 추진해야 할 것이다.

[부록]

〈한국 철도 연표〉

연 월 일	주요 사항
1877. 2.	파일 수신사 김기수, 일동기유(日東記游)에서 일본 철도 시승기 소개
1889.	주미 대리공사 이하영이 귀국할 즈음 세밀한 철도모형을 갖고 와서 고종임금을 비롯한 대신들에게 관람시키고 철도의 필요성 역설
1894. 7.	의정부 공무아문(工務衙門)에 철도국을 둔 것이 우리나라 공식 철도업무 수행을 위한 최초의 기구
8. 1.	청일전쟁이 일어나자 일본은 서울~인천 간 군용철도를 부설하려고 철도기사 센고쿠 미츠구(仙石 貢) 등을 보내 경부·경인철도를 답사케 함.
8. 20.	일본에 의해 조일잠정합동조관(朝日暫定合同條款)이 강제 체결됨.
1896. 3. 29.	조선 정부, 경인철도 부설권을 미국인 제임스 R. 모스에게 특허
7. 3.	경의철도 부설권을 프랑스 피브릴르 회사 대표 그릴르에게 특허
7. 15.	국내 철도 규칙 7조를 제정 공포, 궤간을 영척 4척 8촌 5푼(1,435mm)의 표준궤간으로 결정(농상공부 관할)
1897. 1. 15.	궤간을 시베리아철도와 동일한 5척(1,524mm)으로 개정
3. 22.	모스가 인천 우각현(牛角峴, 소뿔고개)에서 경인철도 공사 착공

연 월 일	주요 사항
5. 12.	모스가 5만 불의 교부금을 받고 경인철도를 자신이 건설하여 경인철도인수조합(일본 자본)에 양도키로 계약
8. 24.	조선 정부, 경부철도 부설권을 일본인 회사에 특허
1898. 5. 10.	모스, 경인철도를 경인철도인수조합에 양도(1,702,452원 75전)
6. 3.	박기종(朴淇綜)이 부산~낙동강 하단에 이르는 부하철도(釜下鐵道) 부설권을 취득
7. 6.	농상공부에 철도사(鐵道司) 설치 관제공포, 얼마 후 철도국으로 개정
9. 8.	한국 정부는 경부철도주식회사 발기인 대표자와 경부철도합동조약을 체결하고 부설을 허가
9.	국내 철도규칙 중 궤간 5척을 다시 4척 8촌 5푼(1,435mm)으로 환원

1899. 4. 23.	경인철도인수조합, 인천에서 다시 기공식 거행
5. 17.	서대문~청량리 간 전차 개통
6. 18.	경인철도 기설구간에 '모가형 탱크(Mogul tank)' 기관차를 시운전
6. 30.	프랑스 피브릴르 회사의 경의철도 부설권 소멸
7. 8.	한국 정부, 경의철도 부설권을 박기종이 창립한 대한철도회사에 특허
9. 18.	노량진~인천 간 33.8km(21마일)의 경인철도가 최초로 개통(부분개통)되어 가 운수영업 개시. 인천역에서 개통식 거행 (증기기관차 4대, 객차 6량, 화차 28량, 역수 7개, 직원 119명)
1900. 4. 1.	궁내부에 철도원 설치(철도업무가 농상공부로부터 철도원에 이관)
7. 5.	한강교량 준공
7. 8.	경인철도 전선 개통. 경성~노량진 간 준공으로 경인 간 직통운전 개시
9. 13.	궁내부에 서북철도국을 설치하고 경의·경원철도 부설권을 관리케 함.
11. 12.	경인철도 개업식(전통식)을 경성역(후에 서대문역으로 개칭)에서 거행. 11개 정거장(경성, 남대문, 용산, 노량진, 영등포, 오류동, 소사, 부평, 우각 동, 축현, 인천) 영업
1902. 5. 8.	한국 정부의 서북철도국, 경의철도 기공식을 서울 서대문 밖에서 거행
6.	박기종, 마산~삼랑진 간 철도부설을 위한 '영남지선철도회사' 조직
11. 28.	박기종, 영남지선 부설권을 철도원으로부터 인허
12. 10.	경인·경부 양 철도 합병조약 체결
12. 18.	박기종, 마산선 부설권을 농상공부로부터 인허
1903. 2. 27.	일본 대본영의 내명으로 경의선 용산~개성 간을 사관(士官) 30여 명과 철 도기사 이시카와, 가토 등이 측량 실시
7. 30.	대한철도회사 박기종, 경의철도 서울~평양 간 부설권을 인허받음.
9. 8.	대한철도회사 부회장 박기종, 일본과 경의철도에 대한 출자계약 체결
11. 1.	경부철도회사에서 경인철도를 매수하여 합병
1904. 2. 21.	일제, 서울~의주 간 군용철도 부설을 위한 임시군용철도감부 편성
3. 12.	일제, 경의선 부설에 대한 출자계약 일방적 해약통지와 동시에 군용철도 삼랑진~마산 간 노반공사 및 용산~개성 간 노반공사 착공

8. 27.	일제, 경원선을 군용철도로 부설하기로 결정
9. 14.	마산선을 군용철도로 부설 착수함을 일본공사가 한국 정부에 통고
1905. 1. 1.	경부선 영등포~초량 간 전 구간(445.6㎞) 운수영업 개시
1. 26.	평양~신의주 간 궤조부설 준공
2. 5.	경의선 용산~개성 간 개통
3. 1.	임시군용철도감부에서 인천에 철도리원양성소 설치(국내 최초의 철도 종사원 양성기관. 한·일인 각 40명 모집. 운수과, 기차과)
3. 10.	군용철도 경의선 용산~신의주 간에 1일 2왕복의 지정열차 운전 개시
3. 24.	경성역을 서대문역으로 개칭(남대문역은 그대로 사용)
5. 1.	서대문~초량 쌍방간 1일 1회의 직통 급행열차 운전 개시(14시간 소요)
5. 25.	경부철도 개통식을 남대문역 구내에서 거행
5. 26.	마산포~삼랑진 간 직통운전 개시
9. 11.	경부철도와 일본 철도의 연대운수 개시
11. 10.	경부철도와 군용철도인 경의선 용산~평양 간의 연락운수 개시
12. 22.	일제, 통감부를 설치하여 국내철도 통합운영 추진
1906. 1. 4.	경인선에서 일반공중의 편승 및 탁송화물 취급 개시
2. 1.	통감부 개청
3. 11.	경부철도매수법 공포
4. 3.	경의선 용산~신의주 간 직통운전 개시
4. 16.	서대문~초량 간 급행열차 운행(소요시간 11시간)
7. 1.	통감부 철도관리국 설치 •경부철도를 관영으로 하고 통감부 철도관리국에 인계 (총연장 1,020.6㎞, 매수가 20,123,800원)
1907. 4. 20.	남대문~부산 간 융희호(隆熙號) 운행
7. 1.	일본 각지의 각 역과 여객 수소화물 및 화물의 연대취급을 개시
9. 20.	전선 각 역과 만주 안동역(현 단둥) 간에 여객 및 화물 연락수송 개시
12. 1.	서울의 동인병원을 매수하여 철도국 서울진료소로 발족
1908. 4. 1.	열차 운전시각을 한국 표준시에 의하도록 결정(일본보다 약 30분 늦음) •부산역 영업 개시와 동시 부산~초량 간 개통 •부산~신의주 간 직통 급행열차 융희호 운행 개시
10. 2.	순종황제의 제례(융릉, 건릉) 참배와 권업모범장 순람을 위해 남대문~대황교 임시정거장(수원) 간 궁정열차 운전
1909. 3. 16.	통감부 철도관리국제를 폐지하고 통감부 철도청 설치

10. 21.	남만주철도 주요 역과 여객 수화물의 연락운수 개시
12. 16.	한국 철도를 일본 철도원의 소관으로 이관하고, 한국철도관리국이 설치되어 통감부 철도청 폐지
1910. 8. 29.	경술국치
10. 1.	조선총독부 철도국이 설치되어 철도원 한국철도관리국 폐지
10. 15.	용산~원산 간 경원선 철도기공식 거행
10. 16.	평남선(평양~진남포 간 55.3km) 영업 개시
11. 6.	평남선 진남포에서 전통식 거행
1911. 6. 1.	한강교량(A선) 준공
12. 1.	경부선 야간열차 융희호를 매일 운행으로 개정
1912. 1. 1.	열차운전시각을 일본과 같이 중앙표준시간에 의하기로 결정
5. 1.	한·만 상호간에 급행열차 및 침대권의 직통취급을 개시
6. 15.	부산~중국 신징(新京, 지금의 창춘) 간 직통급행운전을 개시
1913. 5. 1.	일본~만주 간 여객 연락운수 취급 개시
6. 10.	한국 철도와 시베리아 경유 유럽 주요 도시간 여객 및 수소화물 연락운수 개시
10. 1.	만철선 경유 한·중간 여객연락 운수취급 개시 • 호남선 목포~송정리 간 개통
1914. 1. 1.	일본~만주 간 화물연락운수 취급 개시
1. 11.	정읍~송정리 간 준공으로 호남선 전통
1. 22.	호남선 전통식을 목포에서 거행
9. 16.	경원선 전통식을 원산에서 거행
11. 1.	한국~만주~러시아 간 여객연락운수 취급 개시
1915. 10. 3.	'조선철도 1,000리(마일) 기념 축하회' 거행(경복궁)
1917. 7. 31.	한국 철도 경영을 남만주철도주식회사에 위탁. 동일부로 철도국 관제를 폐지하고 만철은 서울에 경성관리국 설치
1918. 5. 12.	유럽 전란의 영향을 받아 한국 직통열차 취급 중지
1919. 3. 31.	서대문역 폐지
1921. 11. 1.	사설철도 충북선 조치원~청주 간 개통
1922. 7. 1.	남조선철도 광주선 송정리~광주 간 개통, 경전선 송정리~순천 간 134.6km 개통
1923. 1. 1.	남대문역을 경성역으로 역명 변경
7. 1.	남조선철도주식회사 호남선 송정리~광주 간 14.9km 개통

12. 1.	조선철도주식회사 경남선 마산~진주 간 70km 개통
1924. 8. 1.	금강산전철선 철원~김화 간 28.6km 개통
1925. 4. 1.	남만주철도주식회사에 의한 위탁경영을 해제하고 조선총독부의 직접 경영으로 환원하여 철도국 설치 •직영환원시 철도총연장 : 2,092km, 역수 : 231개, 종사원 : 13,000명
9. 30.	경성역(현재의 서울역 구역사) 신축 준공
10. 15.	경성역, 신역사에서 영업 개시

1925. 10. 15. 당시의 구 서울역사

10. 25.	경성역 구내식당(서울역 그릴 전신) 개업
1926. 4. 1.	철도국 서울진료소를 경성철도병원으로 개칭, 직영으로 함.
4. 25.	축현역을 상인천역으로 역명 변경
1927. 7. 1.	한국 최초로 '터우 6'형 기관차를 경성공장에서 제조
8. 1.	시베리아 경유 아시아, 유럽 각국간과 여객 및 수소화물의 연락운수 개시
1928. 8. 30.	아시아·유럽 국제여객 및 수화물연락운수 취급범위를 프라하, 빈, 로마까지 연장
1929. 6. 15.	아시아·유럽 연락열차 부산~중국 신징(新京) 간에 한국 철도 1, 2등차를 직통 운행
1930. 4. 1.	영업이정(마일법)을 키로정으로 개정(미터법 사용)
1931. 6. 15.	아시아·유럽 연락운수에 영국이 가입하여 런던행 여객 및 단체취급 개시
7. 1.	금강산전철선 금강구~내금강 간 개통되어 철원~내금강 간 116.6km 개통
8. 1.	조선경남철도 충남선 남포~판교 간 개통되어 천안~장항 간 전통
1934. 11. 1.	부산~펑톈 간 직통열차 '히카리'를 신징까지 연장하고, 또 새로 부산~펑톈 간에 직통열차 '노조미'를 설정
1935. 10. 1.	직영환원 10주년 기념사업으로 철도박물관 설치(용산)
1936. 7. 1.	청량리~춘천 간 건설공사 착공
11. 3.	중앙선, 청량리 방면에서 건설공사 착수
1937. 1. 1.	소비에트연방 경유 부산, 서울, 평양과 에스토니아, 라트비아, 리투아니아, 독일, 폴란드 간에 화물연락운수 개시

8. 6.	조선경동철도(株)에서 수원~인천항 간 개통으로 인천항~여주 간 전통
9. 18.	철도기념일 제정
1938. 5. 1.	영등포역을 남경성역으로, 청량리역을 동경성역으로 바꿈
1939. 7. 25.	경춘철도 성동~춘천 간 93.5km 개통
11. 1.	부산~북경 간에 직통급행 여객열차 1왕복 '흥아호' 증설, 종래의 부산~북경 간 직통급행 여객열차는 '대륙'이라 명명
1942. 4. 1.	중앙선 전통으로 운수영업 개시
4. 30.	경성~평양 간 복선 개통
1943. 5. 15.	평양~신의주 간 복선 완성으로 경성~신의주 간 복선 전통
1945. 8. 16.	일본 집권층과 철도업무 접수를 위한 한국직원간 대책협의 (종사원 79,000명 중 일본인 23,000명)
9. 6.	미 육군 해밀턴 중령 군정청 교통국장에 취임(12월 1일까지 재임)
10. 27.	일본인 종사원 모두 사직시킴. 〈광복 당시 철도 현황〉 영업거리 : 6,362km, 기관차 : 1,166대 객차 : 2,027량, 화차 : 15,352량 역수 : 762개소, 종사원 : 100,527명 〈남한 철도 현황〉 연장거리 : 3,738km, 영업거리 : 2,642km 기관차 : 488대, 객차 : 1,280량 화차 : 8,424량, 동차 : 29량 역수 : 300개소, 종업원 : 55,960명
1946. 1. 1.	교통국을 운수국으로 개칭
4. 30.	〈남한의 선로연장〉 표준궤 : 정부소유 2,074.0km, 민간소유 416.5km, 계 2,490.5km 협 궤 : 정부소유 86.7km, 민간소유 125.3km, 계 212.0km 합계 2,702.5km 〈차량보유 현황〉 기관차 472대, 객차 1,060량, 화차 8,466량
5. 17.	사설철도 및 동 부대사업 일체를 국유철도에 합병함(군정령 제75호).
5. 20.	경성~부산 간에 특별급행 1·2열차 '조선해방자호'를 운행
9. 23.	적색계열에 의한 철도 총파업(10. 1. 해제)
1947. 3. 19.	미국제 기관차 30대 최초로 부산항에 도착
8. 9.	소련 열차에 객차 2량 연결, 경성~평양 간 2회 운행
11. 1.	경성역을 서울역으로 개칭
1948. 8. 15.	대한민국 정부수립으로 운수부를 교통부로 개편

9. 7.	과도정부 운수부 및 그 부속기관의 행정권 일체를 동일 오후 1시 30분을 기하여 대한민국 교통부장관이 인수
1950. 6. 25.	동란 발발로 전시 수송체제로 전환(수송본부 설치)하고 비상차량 동원
7. 19.	미 24사단장 윌리엄 F. 딘 장군 구출결사대 열차 대전~세천 간 운행 중 피습(김재현 기관사 등 승무원 3명 사상, 미군 27명 전사)
8. 3.	구미, 약목, 왜관역 철수와 동시에 왜관~약목 간 낙동강철교 폭파
10. 8.	개성 수복 • 부산~서울 간 철도 완전개통으로 복귀, 첫 열차 운행(제112열차) • 서울, 용산지구 철도기관 완전수복
1951. 1. 4.	서울지구, 중공군 개입으로 완전철수 〈6·25 전쟁 피해상황〉 터널 : 4,935m(6%)　　　　　　궤도 : 329,480m(7.5%) 신호 및 보안장치 : 20%　　　　급탄설비 : 38개소(40%) 전기 신호 장비 : 56%　　　　　역건물 : 131,471㎡(41%) 공장설비 : 27%　　　　　　　기관차 : 51% 교량 : 9,351m(12%)　　　　　노반 : 100,000m(3%) 급수시설 : 26개소(25%)　　　전신전화 시설 : 50% 전력설비 : 56%　　　　　　　선로부대건물 : 39% 자재 : 80%　　　　　　　　　객차 : 50% 화차 : 34%
6. 12.	한강교량(A선) 복구 공사준공
1952. 6. 30.	한강교(B선) 복구
1953. 3. 16.	교통부 철도건설국 설치
5. 25.	사천선 개양~사천 간 10.5km 개통
9. 18.	경의선 문산역, 경원선 신탄리역에 '철마는 달리고 싶다' 푯말 건식
1954. 4.	디젤기관차 UN군에서 4대 인수 (전란중 UN군이 반입 사용하다가 ICA원조 계획에 의거 이양)
1955. 6. 1.	동란 이후 UN군에서 장악하고 있던 철도 운영권을 인수
8. 15.	서울~부산 간 특급 통일호 운행(운행시간 9시간 30분)
9. 15.	문경선 점촌~가은 간 22.5km 개통

1956. 1. 16.	영암선 전통식을 동점역 구내, 영월선 개통식을 영월역 구내에서 거행
6. 14.	충남선을 장항선으로, 경기선을 안성선으로, 경전남부선을 진주선으로, 경전 서부선을 광주선으로 각선 명칭 개정
1957. 3. 9.	함백선 영월~함백 간 22.6㎞ 개통으로 60.7㎞ 전통
7. 5.	한강교량(복선) C선 복구공사 완성으로 개통식 거행(동란 후 7년 만에 성사) • 한강교량 A, B선 노후로 1957. 7. 5.부터 C선만을 사용. 1969. 6. 28. A, B선 개량 완전복구
8. 30.	부산~서울 간 특급 통일호, 종전 운행시간 9시간을 7시간으로 단축
11. 10.	직통열차 26개 열차에 좌석지정제를 실시
1958. 2. 20.	대전 디젤전기기관차공장 개설
1959. 2. 27.	국산 신조객차 제작 개시
8. 20.	국산 신조객차(1, 2, 3호) 운행식
1960. 1. 26.	서울역서 승객 압사사고(22시 55분 서울발 목포행 여객열차 개표시 3번 타는 곳 계단에서 인파에 떠밀려 압사 31명, 부상자 다수 발생)
2. 16.	경부선 특급 무궁화호 서울~대전 간 시운전
2. 21.	서울~부산 간 특급 무궁화호 6시간 30분에 운행 개시
7. 8.	경부선에 PC침목 부설 개시('58년 시험 제작)
1961. 6. 30.	능의선 능곡~가능 간 26.5㎞ 개통(7월 5일 개통식 거행)
1962. 1. 1.	철도법 공포(전문 97조 2부칙)
5. 15.	서울~부산 간 특급 재건호 6시간 10분에 운행 개시
12. 21.	중요 여객열차에 여자 안내원 승무 (재건호, 통일호, 31, 32, 9, 10열차의 2등차 및 침대차)
1963. 5. 17.	영암선, 철암선, 삼척선, 동해북부선을 통합하여 영동선으로 명명함
5. 30.	황지본선 통리~심포리 간 8.5㎞ 개통으로 인클라인의 필요성이 사라짐.

8. 12.	서울~여수 간 직통급행열차 '풍년호' 운행
8. 20.	능의선(서울교외선) 가능~의정부 간 5.4km 개통으로 운수영업 개시
9. 1.	철도청 발족. 초대 철도청장에 박형훈, 철도청 차장 임승일 취임
12. 31.	철도청 휘장 새로 제정
1964. 1. 16.	재단법인 철도협력회 설립
5. 1.	월간 종합 교양지 〈한국철도〉 창간
11. 26.	'철도의 날' 제정(대통령령 제1992호)
1965. 1. 27.	철도간호학교 제1기 졸업식 거행
1966. 1. 19.	예미역 구내에서 정선선 개통식 거행(예미~증산~고한 간 30km)
1. 27.	경북선 점촌~예천 간 28.9km 개통식
3. 21.	경부간 화물열차 수출호 첫 운행
4. 1.	중앙선에 건설호, 호남선에 증산호 특별 화물열차 운행
7. 21.	특급 맹호 서울~부산 간 첫 운행 • 주월 한국군 사령관 채명신 장군에게 '맹호'열차 명명판 증정
7. 27.	'철도의 노래' 제정(이은상 작사, 김동진 작곡)
7. 30.	철도여행 기념 스템프 제정
11. 1.	미국 존슨 대통령 특별열차 이용
11. 9.	경북선 예천~영주 간 29.7km 개통식을 영주에서 거행
1967. 1. 20.	태백선 증산~정선 간의 24km 개통식을 정선역에서 거행
3. 30.	철도고등학교 개교
8. 31.	서울역 타는 곳에서 증기기관차 종운식 거행
9. 1.	특급 비둘기호 서울~부산진 간 첫 운행. 소화물 전용 급행열차 운행
1968. 2. 7.	경전선 개통식 거행. 진주~순천 간 80.5km 진주선과 광주선 순천~송정리 간을 경전선에 통합
6. 1.	중앙선 C.T.C(열차 집중 제어장치) 시운전 실시(망우사령실)
10. 22.	중앙선 망우~봉양 간 C.T.C 및 경부선 영등포~대전 간 A.B.S장치 개통식

1969. 2. 10.	특급 관광호(특1등, 1등 8량, 식당차 1량, 발전차 1량, 도합 11량) 서울~부산 간 첫 운행. 경부, 호남, 전라선의 특급열차 3등 폐지
2. 21.	특급 '청룡호'를 보통급행으로 격하 운행(소요시간 6시간 50분)
4. 5.	열차자동정지장치(A.T.S) 경부 간 설치완료(공비 2억 7,400만 원)
5. 15.	열차 무선전화 경부, 호남선에 개통(예산 1억 7,556만 원)
6. 20.	문경선 진남신호소~문경 간 10.6km 개통, 여객열차 3왕복 신설운행
6. 28.	서울~인천 간 복선 38.7km 개통. 한강 A·B철교 복구공사 준공
1970. 12. 23.	철도청, 용산 청사에서 교통센터로 이전
1971. 4. 7.	수도권 전철화 착공(경인, 경수 간)
9. 15.	광복 이후 처음으로 570개 여객열차 다이아 전면개정 • 철도청 컴퓨터 가동식 거행(유니백 9400)
1972. 2. 15.	서울시내 안내전화를 칙칙폭폭으로 설치(42-7788, 22-7788, 93-7788)
3. 17.	최초의 전기기관차 도입(66량)
3. 31.	수려선(협궤선) 수원~여주 간 73.4km 폐선
4. 29.	교통부, 교통센터로 이전
9. 18.	컨테이너 화물수송 개시
1973. 2. 28.	정암터널 4,505m 순수 국내 기술진에 의거 관통
6. 20.	중앙선 전철 청량리~제천 간 155.2km 개통
1974. 1. 23.	100만 킬로 무사고 첫 주파자(이동진 기관사) 탄생

7. 17.	수도권 전동차 경인선에서 시운전
8. 15.	수도권전철 86.7km 개통 (구로~인천 간 27.0km, 서울~수원 간 41.5km, 용산~성북 간 18.2km) 서울 지하철 1호선(종로선) 서울역앞~지하청량리 간 7.8km 개통
8. 15.	특급열차 명칭 변경 경부선 : 관광호를 '새마을호'로, 특급열차인 상록·비둘기·통일·은하호를 　　　　 '통일호'로 호남선 : 태극, 백마호를 '풍년호'로, 전라선 : 풍년호를 '증산호'로 중앙선 : 십자성호를 '약진호'로, 장항선 : '부흥호'로 개칭
1975. 1. 5.	철도청, 서울역 서부역 신 청사로 이전
4. 5.	철도승차권 전화예약제 실시
9. 18.	서부역 역사 준공식. 국산 컨테이너 열차 경부간 첫 운행
10. 1.	노량진 철도시발기념비 제막
10. 24.	수도권 C.T.C 사령실 신축준공
12. 5.	북평역에서 산업선 전철 전통식(중앙, 태백, 영동선 총 320.8km) 태백선 고한~백산 및 영동선 철암~북평 간 85.5km 개통
1977. 4. 6.	국내 최초로 국산전동차 1편성 제작 시승운행(대우중공업 제작)
11. 11.	이리역 구내에서 화약 적재열차 폭발로 호남, 전라선 불통 (사망 59명, 중경상 1,300여 명 발생. 철도인 16명 순직, 50여 명 중경상)

12. 15.	마산시 도시계획 촉진책으로 구마산, 마산, 북마산을 폐합하여 마산 3역 통합역사 준공 영업 개시
1978. 5. 5.	대통령의 뜻에 따라 제주도 및 흑산도에 증기기관차와 객차 영구전시
11. 10.	이리역 역사 신축 준공
1979. 9. 18.	국산 디젤기관차 첫 운행식(현대차량에서 미국 GM과 기술제휴로 제작)
1980. 4. 10.	국산 새마을호 신형동차 대우중공업에서 제작
8. 10.	김포선 폐선, 경춘선 성북~성동 구간 폐선
10. 17.	충북복선 개통식
11. 1.	국산 우등 전기동차 운행식 (110km/h, 전기식 자동제어 3860HP, 55% 국산화, 대우중공업 제작)
1981. 1. 1.	부산시, 지하철건설본부 설치
9. 1.	서울특별시지하철공사 창립
10. 1.	새마을호 승차권 전산발매 실시, 부산~경주 간 증기관광열차 운행
10. 15.	철도기념관 개관(철도창설 82주년 기념)
11. 18.	국립서울병원 신축 준공
1982. 9. 25.	서울~수원 간 최초의 직통 전동열차 운행
10. 22.	철도순직부원비 용산에서 충북 옥천군 이원면으로 이전
1983. 11. 28.	고 김재현 기관사 동작동 국립묘지에 안장
1984. 1. 1.	열차명 개칭 (새마을호→새마을호, 우등→무궁화호, 특급→통일호, 보통→비둘기호)
7. 1.	서울철도병원 민영화로 중앙대학교에 위탁경영
7. 20.	남부 화물기지 내 컨테이너기지 준공
11. 26.	경춘선(청량리~춘천)에 무궁화호 2왕복 신설 운행(1시간 39분대 운행)
1985. 6. 11.	새마을호 승차권 검표제 폐지
7. 19.	부산지하철 1호선 1단계구간 범내골~범어사 간 개통
11. 15.	호남선 이리~정주 간 43.9km 개통식
1986. 2.	철도고등학교 폐교
7. 12.	최신 유선형 새마을호 서울~부산 간 2왕복 운행

9. 2.	경원선 복선전철 성북~의정부 간 13.1㎞ 개통
1987. 7. 6.	전후동력형(push-pull) 새마을호 경부선에 1왕복 운행

1988. 1. 26.	철도박물관 개관 (부지 6,173평, 본관 864평, 옥외차량전시장 586평, 전시품 3,569점, 투자비 2,541백만 원)
7. 1.	매표소 '표파는 곳'을 '표사는 곳'으로 표기
7. 1.	부산교통공단 창단(부산지하철 운영기관)
7. 12.	한일공동승차권 발매 개시
7. 26.	철도기관사 파업(7. 27. 정상운행)
1989. 3. 25.	서울역 민자역사 전면 개관
4. 29.	전후동력형 새마을호 중련 운행(16량 편성, 서울~부산 간 1왕복)
9. 18.	승차권 전화예약제 실시(철도회원카드 가입자 대상)
10. 1.	지하철-버스 환승승차권제 실시
10. 16.	고속전철국제심포지엄 개최(22일까지, 스위스그랜드호텔)
1990. 7. 1.	여객열차 차실명 변경(특실→태극실, 보통실→일반실)
1991. 2. 1.	수도권 모든 전철역에 자동개집표기 설치가동
5. 4.	영등포 민자역사 완공 및 완전 개관
8. 1.	용산~성북 간 경원선 열차운행 개선(디젤동차에서 전동차로 대체운행)
11. 23.	경인 복복선 기공식 및 영등포~구로 간 3복선 개통식 거행
1992. 3. 10.	한국고속철도건설공단 창립 현판식
6. 20.	경부고속철도 착공(1단계 천안~대전 간 57.8㎞ : 천안 장재리)
6. 30.	경부고속전철 기공식
7. 10.	경부선 CTC 전통(총 614억 원 투입)
12. 1.	수도권전철 여성전용차량 시범운용
1993. 1. 11.	철도청 교통방송실 설치 운영(교통정보 실시간 제공)
5. 20.	새마을호열차 개표·집표 생략(전국 15개 주요 역)
9. 1.	태극실→특실로 명칭 환원

10. 28.	철도기술연구소 설립 현판식
11. 1.	고속철도 심포지엄 개최
12. 10.	개표·집표 업무생략 확대 실시(새마을호는 모든 역에서 개집표 생략. 무궁화호 및 통일호와 비둘기호는 집표만 생략)
12. 17.	서울역문화관 개관
1994. 3. 15.	서울도시철도공사 창립(서울지하철 5, 6, 7, 8호선 담당)
1994. 4. 1.	과천선 복선전철 전 구간 개통(금정~사당 간 15.7km)
8. 1.	새마을호 열차 내 검표제도 폐지 PC통신을 통한 철도정보안내서비스 개시
8. 3.	중국산 증기기관차(SY-11호 텐더형) 도입
8. 21.	증기기관차 주말관광열차로 운행 재개(무궁화호 객차 4량 편성) 교외선 서울~의정부 간 48.3km, 2000. 6. 31.까지 운행
12. 16.	경부고속철도 객차모형 전시(12. 16.~1995. 1. 14. 서울역 광장)
1995. 4. 28.	대구지하철 공사현장에서 가스폭발사고로 101명 사망, 145명 부상
5. 1.	열차승차권 신용판매 실시(14개 역 20개 창구)
11. 20.	대구광역시지하철공사 창립
12. 31.	마지막 협궤선, 수인선(水仁線) 열차 고별운행
1996. 1. 30.	일산선 복선전철 지축~대화 간 19.2km 개통
2. 1.	철도청 심벌마크 변경
2. 27.	정동진역 해돋이 관광열차 운행(TV드라마 '모래시계' 방영, 관광객 급증)
3. 4.	전철승차권을 대신할 RF카드이용 자동운임시스템 운영계약 체결
1997. 3. 13.	탄력운임제 실시
3. 28.	영동선 영주~철암 간 87km 전철 개통
4. 1.	철도박물관 서울역관 개관
5. 26.	한중 공동승차권 발매협약 조인
6. 16.	경원·교외선 통근형 통일호열차 운행 개시
11. 26.	세계 최초 냉동·냉장컨테이너 열차 운행
11. 26.	대구지하철 1호선 1단계구간 진천~중앙로 간 10.3km 개통
1998. 4. 15.	인천지하철공사 창립
1998. 5. 1.	열차운전실명제 시행(새마을호 우선 시행) 부산~후쿠오카 간 초고속여객선 '제비호' 취항
6. 22.	전철용 RF교통카드(또는 국민패스카드) 확대시범운영
7. 31.	철도청 서울청사 퇴청식 거행

8. 8.	철도청 정부대전청사 개청식
9. 15.	한국고속철도건설공단 신청사 현판식
9. 25.	'깨우미(Train Call)서비스' 도입(새마을호 특실 이용자 대상)
12. 13.	환상선 눈꽃순환열차 첫 운행
12. 15.	새마을호 자유석제도 및 KORAILPASS(자유이용권)제도 시행
1999. 7. 20.	승용차와 승객을 함께 신고가는 '복합수송열차(CarRail)' 성북~강릉 간 첫 운행
8. 1.	철도민영화추진팀 운영
9. 11.	한국 철도 100주년 기념승차권 발매 개시
9. 14.	사이버객차와 바둑객차 운행 개시
9. 16.	서울역사 야간 경관조명 점등식
9. 18.	한국 철도 100주년 철도의 날 기념식 거행

10. 6.	인천지하철 1호선 박촌~동막 간 개통
12. 1.	일본식 철도용어를 쉬운 우리말로 개정 (예 : 대합실→맞이방, 개표→표확인, 홈→타는 곳 등)
2000. 1. 1.	철도청 대대적 조직 개편 • 5개 지방철도청을 폐지하고 17개 지역관리역 체제로 • 본청 4국 2본부 2담당관 1과 체제에서 11본부 3실 체제로 개편
1. 1.	기차표 발매 실명제 실시(매표담당자의 이름을 기차표에 인쇄 발매)
1. 20.	버스카드(RF교통선급카드)로 수도권전철(인천지하철 제외) 이용 개시
2. 1.	한중 공동승차권 발매(3월 1일 승차분부터)
2. 26.	한국 철도 캐릭터 '치포치포(CHIPOCHIPO)' 발표
4.	국내 최초 '한국 철도지도' 발간
5.	철도회원 전용 홈페이지(www.barota.com) 개설
7. 1.	교외선 관광열차용 증기기관차 운행 중지
7. 14.	한국 철도 1백년 기념 조형물 제막 • 새로운 세기의 철도 Ⅰ : 서울역 광장 설치, 매립형 • 새로운 세기의 철도 Ⅱ : 철도박물관 설치, 지구모형

9. 18.	경의선 철도·도로 연결 기공식
11. 14.	비둘기호 열차 마지막 운행 (정선선 증산~구절리 간 운행되던 비둘기호 운행 중단)
2001. 2. 5.	철도고객센터 개관 • 철도안내전화, 철도회원예약전화를 각각 1544-7788과 1544-8545로 통합
3. 23.	승차권 인터넷결제 및 바로티켓팅 서비스 실시
9. 30.	경의선 철도 임진강역까지 연장 운행
2002. 2. 12.	망배 특별열차 운행 및 도라산역 현판식 거행 • 1952년 이후 임진강 철교를 넘은 최초의 여객열차
2. 20.	김대중 대통령 및 부시 미국 대통령 도라산역 방문 (대통령 전용열차 '경복호' 첫선)
4. 11.	임진강~도라산역 개통 및 열차운행
4. 12.	KTX 국산제작 1호차(KTX 13호) 출고 기념식 • 대당 가격은 약 4,000만 달러(약 520억 원)
5. 1.	철도청 어린이 홈페이지 키즈코레일(kids.korail.go.kr) 개설
5. 2.	중앙선 덕소~원주 간 복선전철 기공식
9. 18.	경의선 및 동해선 철도·도로 연결 착공식 • 총사업비 1,804억 원을 투입, 군사분계선 DMZ 내 경의선 및 동해선 철 도와 도로를 북측과 연결
2002. 11.	광주광역시도시철도공사 창립
11. 30.	고양고속철도차량기지 준공
2003. 1. 24.	고속철도 CI 선포식 : 심벌을 코레일로 바꿈
2. 18.	대구지하철 중앙로역 화재참사로 192명 사망, 148명 부상

4. 30.	경부선 수원~병점 간 복선전철 개통식
5. 13.	경부고속철도 개통 대비 영업선 1단계 시운전 개시
6. 14.	경의선·동해선 남북철도 연결식(비무장지대 군사분계선 철도 연결지점)
6. 28.	전국철도노동조합 파업 돌입(6. 28.~7. 1.) • 요구사항 : 철도공사법 국회통과 반대
7. 29.	철도산업발전기본법 제정
8. 13.~8. 14.	경부고속철도 첫 시운전 실시(고양기지 출발 대전역까지 운행)
9. 19.	살신성인 철도공무원 김행균 팀장 옥조근정훈장 수훈
10. 23.	KTX 차량 최초 인수(KTX 7호)
11. 16.	고속철도 열차이름을 KTX(Korea Train eXpress)로 최종 확정 발표
11. 17.	고속철도 경부선구간(서울~부산 전 구간) 시험운행 완료
11. 28.	KTX 국내생산분(34편성) 제작완료 출고식
12. 26.	8200대형 신형전기기관차 도입
12. 31.	한국철도공사법 제정(한국철도공사 설립과 사업범위 등에 관하여 규정)
2004. 1. 1.	고속철도 서울역(신역사) 준공식
1. 1.	한국철도시설공단 설립. 초대이사장 정종환
1. 7.	한국철도시설공단 창립 기념식
3. 24.	호남선 복선전철 준공식 및 고속열차 개통식 목포역 광장에서 거행
3. 24.	고속철도(KTX) 승차권 첫 예매 실시
3. 26.	KTX차량 최종 인수(KTX 46호)
3. 30.	경부고속철도 1단계 개통식 서울역 광장에서 거행
3. 31.	고속철도 개통을 앞두고 통일호열차 전면 운행중단(마지막 운행)
4. 1.	경부고속철도 1단계 개통 • 1992년 착공 12년 만에 개통, 약 13조 원 투입
4. 14.	KTX 이용객 100만 명 돌파
4. 28.	광주지하철 1호선 1구간 녹동~상무 간 개통. 승강장에 스크린도어 적용

7. 1.	신교통카드시스템 도입 • 대중교통 환승할인 시행(전철/지하철+서울버스) • 운임체계 개편(구역제+이동구간제→거리비례제)
8. 20.	KTX 이용객 개통 142일 만에 1,000만 명 돌파
10. 27.	아름다운 철도원 김행균 씨, 적십자 박애장 금장 받음
10. 30.	한국현대시 100년기념 KTX 특별열차 운행
12. 1.	경춘선 신남역을 김유정역으로 바꿈. 사람이름을 딴 첫 번째 역
12. 16.	한국형 고속전철 시속 350km/h 시험운행 성공 • 구간 : 천안~신탄진 구간, 속도 : 352.4km/h 기록, 국산화율 87%
2005. 1. 1.	한국철도공사 출범(초대사장 신광순 전 철도청장) • 철도산업발전기본법에 따라 발족, 정부가 100% 전액출자한 공기업
1. 5.	한국철도공사 창립 기념식 • 공사기 전달, 비전선포, CI상영, 현판식 등 공사창립 선포
1. 20.	경부선 병점~천안 간 8개 역, 47.9km 연장개통
4. 1.	홈티켓서비스 시행(KTX열차 및 회원)
5. 1.	홈티켓서비스 전면 확대시행(무궁화호, 새마을호)
7. 1.	정선선 아우라지~구절리 간 레일바이크 운영
8. 1.	KTX특송서비스 본격 시행
9. 8.	영동선 동해~강릉 간 45.1km 전철화 개통
10. 7.	승차권 없이 KTX 타는 e-Ticket 서비스 개시
10. 27.	서울특별시지하철공사, 사명을 '서울메트로'로 개명

10. 27.~28.	제14차 시베리아횡단철도 국제운송협의회(CCTST) 서울총회 개최
12. 10.	KTX 개통 20개월 만에 이용고객 5,000만 명 돌파, 서울역에서 기념행사
12. 16.	중앙선 청량리~덕소 간 7개 역, 17.2km 개통
12. 27.	경부선 병점~천안 간 복선전철 개통
12. 28.	용산민자역사 완공
2006. 1. 1.	부산교통공사 창립(부산지하철 운영기관)
3. 1.	전국철도노동조합 파업(3. 1.~3. 4.) • 요구사항 : 해고자 복직, KTX승무원 정규직화, 구조조정 철회
3. 15.~3. 20.	남, 북, 러 철도운영자 회의 및 제1차 한·러 철도운영자회의
3. 16.	대전도시철도 1단계구간 판암~정부청사 간 12개 역 개통
3. 16.	경의선, 동해선 CIQ 준공
5. 1.	철도 소화물사업 전면폐지
7. 1.	철도공사 조직개편 : 기능통합형 17개 지사체제, 3개 철도차량관리단
8. 23.	철도경영개선종합대책 수립발표 • 2015년 흑자 전환 목표로 공사와 정부가 공동노력
9. 1.	SMS티켓 서비스 시행(KTX패밀리 회원대상)
12. 8.	경부선(조치원~대구) 전 구간 전철화 개통식
12. 15.	경원선 의정부~소요산역 간 9개 역, 24.4km 연장개통
12. 15.	경부고속선 시흥~광명역 간 4.7km 개통, 용산~광명 간 셔틀열차 운행
12. 22.	철도교통관제센터 개통(5개 지역관제실을 관제센터로 통합)
2007. 1. 3.	SMS티켓 서비스 확대(새마을호 이상, 일반고객)
3. 21.	이철 사장, UIC(국제철도연맹) 아시아지역총회 초대의장에 선출
3. 23.	공항철도 1단계구간 인천국제공항역~김포공항역 간 개통
4. 17.	대전도시철도 2단계구간 정부청사~반석 간 10개 역 개통
4. 19.	사내방송 'KORAIL TV' 개국
4. 21.	KTX 이용고객 1억 명 돌파(개통 1,116일 만에 달성)
5. 7.	한국철도공사의 커뮤니케이션 명칭을 코레일로 일원화

5. 17.	남북철도 연결구간 열차시험운행 • 경의선(문산⇔개성, 27.3km) : 문산역 구내에서 기념행사 후 개성역까지 왕복운행 • 동해선(제진⇔금강산, 25.5km) : 금강산역에서 기념행사 후 남측 제진역까지 왕복운행
6. 1.	경부선 기존선 구간(김천, 구미 경유) KTX 운행 개시
7. 1.	구 서울역사 문화재청에 귀속됨.
7. 1.	대중교통 환승할인 확대시행(전철/지하철 + 서울버스 + 경기버스)
7. 16.	바다열차 개조완료 • 개조수량 : 1편성(3량), 강릉~동해~삼척시에서 각각 3억 원씩 출연
8. 17.	용산역세권 개발 합의 기자회견
8. 23.	KTX시네마 개관식
10. 2.~10. 4.	이철 사장, 2007 남북정상회담 수행원으로 북한 방문
12.	KTX 캐릭터 'KTX-Mini' 탄생
12. 10.	남북출입사무소 도라산 물류센터 준공
12. 11.	경의선 문산~봉동 간 화물열차 개통식 및 화물열차 운행 개시
12. 13.	용산역세권국제업무지구 개발사업 협약체결식
12. 28.	장항~군산 간 철도 연결 개통식
2008. 1. 28.	UIC(국제철도연맹) 아시아사무국 서울사옥에 설치
2. 14.	WCRR 2008 성공개최를 위한 전진대회 개최
3. 20.	포항~삼척 간(동해중부선) 철도건설사업 기공식 • 동남권~동해안권과의 연계로 환동해권 국가기간 철도망 구축

5. 18.	제8차 세계철도학술대회(WCRR 2008) 및 UIC 정례회의 참석자를 위한 환영 리셉션
5. 19.	제8차 세계철도학술대회(WCRR 2008) 및 UIC 정례회의 개막식 • 제2차 아시아경영위원회와 제3차 아시아총회 개최
5. 20.	제4차 UIC 집행이사회 개최 제72차 UIC 총회 개최
5. 21.	국제철도연수센터(IRaTCA) 개소식
5. 21.	WCRR 2008 폐막식
9. 2.	수도권 통합요금제 확대시행을 위한 공동협약 체결
9. 20.	대중교통 환승할인 확대시행 • 전철/지하철 + 서울버스 + 경기버스 + 광역/좌석버스
10. 1.	대구광역시지하철공사, 사명을 대구도시철도공사로 변경
11. 6.	철도 100년을 위한 100인 선언대회 개최
11. 25.	신규고속차량 제1호 편성 낙성식 • 국산 상용고속차량 제1호 개발완료
12. 1.	경의선 문산~판문(봉동) 간 화물열차 운행중단
12. 15.	장항선 천안~신창 간 6개 역, 19.4km 개통식
2009. 1. 13.	모바일승차권 운영 개시 (휴대전화로 철도승차권 예매와 발권까지 원스톱으로 처리되는 서비스)
3. 26.	간선형 전기동차(EMU, 150km/h) 최초 도입
4. 1.	KTX 개통 5주년 기념 55,555번째 고객 선정 및 축하행사
5. 8.	사단법인 한국철도협회 창립총회
5. 15.	코레일 허준영 사장, UIC 아시아총회 의장에 당선
6. 1.	간선형 전기동차 '누리로' 서울~온양온천~신창구간 첫 영업운행
7. 23.	호남선 고속철도 착공식 거행
7. 24.	서울지하철 9호선 개통식(개화~신논현 간)
9. 12.	국내 최초 에코레일 자전거열차 첫 운행

9. 17.	공항철도㈜ 주식매매계약 체결식
11. 17.~11. 20.	세계 고속철도 워크숍 및 UIC 아시아총회 개최 • 제6차 UIC 아시아경영위원회(7개국 대표 30여 명 참석) • 제8차 UIC 아시아총회(UIC 아시아회원 19개국 대표 60여 명 참석) • 제1회 UIC 세계 고속철도교류 워크숍 개최
11. 30.	공항철도㈜, 코레일공항철도㈜로 사명 변경
12. 19.	KTX 이용객 2억 명 돌파
2010. 2. 14.	설날 하루 KTX 영업수입 50억 원 돌파, 17만 7천명 이용
2. 16.	무궁화형동차 NDC 운행중지. 2. 17.부터 RDC로 대체 1985년 최초 도입 이래 1990년 도입분 내구연한 20년 도래로 퇴역
3. 2.	한국형고속전철 KTX-산천 상업운행 개시 첫 열차 : 용산~광주역 간 KTX 501열차, 용산역 06:40발
3. 5.	청량리 민자역사 역무시설 사용 개시 지하 3층, 지상 6층. 19,163평방미터(5,797평)
4. 1.	고객맞춤형 양회 블록트레인 운행 개시 도담역발 수도권행 4개, 대전권 1개 열차 매일 운행
4. 5.	세계 최초의 다지형침목 개발 성공
4. 29.	코레일, 천안함 희생자 고 장철희 일병을 명예사원으로 임명

11. 1.	경부고속철도 2단계구간 개통 (동대구~신경주~부산 신선건설 124.2km) 
11. 3.	최초의 택배간선열차 운행 개시. 수도권~부산 간 화~토요일 매일 운행
12. 5.	허준영 사장, UIC(국제철도연맹) 아시아총회 의장에 재추대
12. 8.	승차권 예약, 결제, 발권이 가능한 스마트폰 어플 '글로리 코레일' 공개
12. 13.	부산신항만선 개통
12. 15.	경전선 복선전철 개통 및 KTX 운행(삼랑진~마산 간)
12. 20.	경춘선 마지막 무궁화호열차 운행
12. 21.	경춘선 복선전철 개통(상봉~춘천 간 81.3km)
12. 29.	코레일공항철도 전 구간(서울~인천국제공항 간 61km) 개통
2011. 2. 1.	코레일 앙상블 창단 연주회. 24명의 직원으로 구성
2. 11.	광명역 KTX-산천 탈선사고 발생. 부산발 광명행 #224열차. 인명피해 없음.
4. 6.	경부선 서울~부산 간 일반열차 운행에도 ATP 적용 (Automatic Train Protection, 열차자동방호시스템)
9. 17.	김해경전철 사상~삼계·가야대 간 23.9km 영업 개시. 2량 1편성 부산-김해경전철운영㈜ 운영
10. 5.	전라선 용산~여수엑스포 간 KTX 운행 개시
10. 28.	신분당선 강남~정자 간 17.3km 개통 국내 최초 무인 중전철, 네오트랜스㈜ 운영
11. 1.	부산신항 배후철도 전철화 개통(삼랑진~부산신항 간 38.8km)
12. 9.	코레일공항철도 계양역 부근에서 작업자 6명 사상사고 발생
12. 28.	분당선 죽전~기흥 간 5.9km 전동열차 운행 개시 보정, 구성, 신갈, 기흥역 영업 개시
12. 29.	KTX 개통 후 7년 만에 1년 이용객 5천만 명 돌파
2012. 2. 9.	코레일 심포니 오케스트라 창단
2. 21.	KTX 이용객 3억 명 돌파
2. 28.	경춘선 준고속열차 ITX-청춘 운행 개시

5. 16.	차세대고속열차 HEMU-430X(해무) 출고
6. 26.	고 김재현 기관사, 미 정부 '특별공로훈장' 추서
6. 27.	영동선 솔안터널 개통(6. 26. 스위치백방식 열차운행 중단)
6. 30.	수인선 오이도~송도 간 복선전철 13.1km 개통
7. 1.	의정부경전철 발곡~탑석 간 10.588km 개통. 2량 1편성, 고무차륜. AGT(무인자동운전)방식, 의정부경전철㈜ 운영
7. 3.	국립대전현충원에 '호국철도전시장' 개장
7. 20.~22.	철도문화체험전 문화역서울284에서 개최
11. 12.	철도역사 최초의 여성 서울역장 탄생(김양숙 역장)
11. 17.	코레일축구단, 2012 내셔널리그 챔피언 등극
11. 20.	경원선 신탄리~철원 백마고지 간 5.6km 개통
12. 5.	경전선 마산~진주 간 복선전철 53.3km 개통
12. 5.	코레일사이클단 창단
2013. 2. 21.	신형 새마을호 명칭을 ITX-새마을로 확정 발표
2. 25.	경원선 성북역을 광운대역으로 역명 변경

2. 27.	철도안전체험센터 개관(경기도 의왕시 인재개발원 내)
4. 12.	중부내륙관광전용열차(O-train, V-train) 개통
4. 16.	박병덕 기장, 철도 역사상 최초로 무사고 3백만 km 달성
5. 13.	중소기업명품마루(우수 중소기업제품 전시판매장) 1호점 서울역에 개장
5. 30.	국립대전현충원에 호국철도기념관 조성 개관
9. 10.	남도해양관광열차(S-train) 개통식(서울역)
9. 16.	중소기업명품마루 2호점 대전역에 개장
9. 27.	남도해양관광열차(S-train) 개통(부산~여수엑스포, 광주~마산 간 운행)
11. 30.	분당선 망포~수원 간 6.1km 연결로 분당선 완전개통
11. 30.	경춘선 천마산역 영업 개시
12. 9.	전국철도노조 파업돌입(12. 29.까지 21일간)
2014. 1. 10.	수서고속철도주식회사 출범
1. 25.	신개념디젤기관차 25량, 2주 일정으로 시험운행 시작
2. 24.	ITX-청춘 개통 2년 만에 누적이용객 1천만 명 돌파
3. 1.	중앙선 전동열차 전부 8량으로 확대운영
5. 4.	평화열차(DMZ-train) 개통
5. 12.	ITX-새마을 영업 개시
6. 30.	인천국제공항 KTX 직결운행
7. 22.	태백선 열차충돌사고 발생
8. 1.	평화열차(DMZ-train) 경원선 영업 개시
8. 15.	수도권전철 개통 40주년
10. 25.	전국호환교통카드 레일플러스 출시
12. 20.	국립서울현충원 내에 김재현 기관사 유물관 설치
12. 27.	경의선 용산~공덕 간 복선전철 개통으로 경의선과 중앙선 상호연결
2015. 1. 22.	정선 아리랑 열차(A-train) 개통
2. 5.	서해금빛열차(G-train) 개통
4. 2.	호남고속철도 개통 호남고속선 오송~광주송정 간 및 동해선(포항 직결선) 신경주~포항 간 개통

참고문헌

제1장 한국 철도의 만철 위탁에 대한 연구

1. 고바야시 히데오(임성모 옮김), (2002), 《만철》, 산처럼
2. 선교회(1986), 《조선교통사》, 삼신도서유한회사
3. 재단법인 만철회(2007), 《만철 40년사》
4. 조선총독부 철도국(1940), 《조선철도 40년 약사》

제4장 철도의 발전과 사회 변화

1. 이혜은(1988), '대중교통수단이 서울시 발달에 미친 영향 : 1899~1968', 지리학, 제 37호
2. 이용상 외(2005), 《일본 철도의 역사와 발전》, 북갤러리
3. 이용상 외(2013), 《한국 철도의 역사와 발전 Ⅱ》, 북갤러리
4. 이재훈(2014), 'SRX 실현을 위한 철도망 구축과 정책과제'(2014. 1. 21. 여의도연구 소 발표자료)
5. 최연혜(2006), 《시베리아 횡단철도》, 나무와 숲
6. 한국철도문화재단 역(2012), 《조선교통사 1》, 북갤러리
7. 볼프강 쉬벨부쉬(1999), 《철도여행의 역사》, 궁리출판사
8. 조선총독부 철도국(1940), 《조선열차시각표》
9. 다 다요헤이(2010), '세계 철도 정비계획 현상'〈운수와 경제〉, 2010년 4월, 운수조 사국
10. 新潮社(2010), 《일본 철도여행지도장》
11. Berechman, 2003, Transportation-economic aspects of Roman highway de velopment : the case of Via Appia, Transportation Research Part a 37(2003),

pp. 453~478

제5장 철도시설 투자사업의 평가

1. 국토교통부(2013), '교통시설 투자평가지침'(제5차 개정)
2. 남궁백규, 정성봉, 김시곤(2012), '교통SOC 투자평가제도 효율화 방안 연구', 2012년도 한국철도학회 춘계학술대회 논문집
3. 박동주(2012), '철도와 교통복지', 경기도 / 한국철도협회, 철도와 교통복지 정책 세미나, 2012. 2.
4. 백승걸, 박동주(2012), '지역간 교통의 교통복지 현황과 정책방향', 교통기술과 정책 제5호
5. 정성봉, 김시곤, 이원영, 조국환(2010), '철도 투자의 활성화 방안(투자평가 방법론 중심으로)', 2010년 한국철도학회 추계학술대회 발표자료
6. 한국개발연구원, '도로·철도 부문사업의 예비타당성조사 표준지침 수정·보완연구(제4판)', 2004

제7장 철도의 안전관리

1. 대구광역시, '대구지하철 중앙로역 화재사고 백서', 2005
2. 한국철도기술연구원, 《일본 철도의 역사와 발전》, 2005
3. 한국철도인재개발원, '철도사고 사인그래픽', 2012
4. 교통안전공단, '철도 종합 안전심사 결과보고', 2013
5. 교통안전공단, '철도 안전전문가 심화과정', 2013
6. 대구지방검찰청, '대구역 열차사고 보도자료', 2013
7. 항공·철도사고조사위원회, '철도사고조사 업무', 2013

8. 교통안전공단, '철도 안전관리체계 기술 기준 개편 현황 및 검사', 2014

9. 국토교통부, '철도사고 등의 보고에 관한 지침', 2014

10. 국토교통부 '철도안전법 시행규칙', 2014

제8장 철도교통관제

1. 철도산업 구조개혁 기본계획(건설교통부, 2004. 5.)

2. 철도교통관제 설비 구축 현황 및 계획(한국철도시설공단)

3. 신호제어시스템 제3판(김영태, 테크미디어, 2004. 5. 20.)

4. 운전관계규정 및 세칙(한국철도공사)

5. 철도교통관제운영 개선 연구보고서(홍순흠, 국토교통부, 2013. 4. 3.)

6. 유럽 철도의 운영경쟁 도입 현황조사 출장보고서(국토교통부, 2012. 8.)

7. 철도교통관제 업무효율화방안 연구용역보고서(한국철도기술연구원, 2004. 12.)

8. 《일본 철도의 역사와 발전》(철도기술연구원, 2005. 10. 10.)

9. 《숫자로 보는 일본 철도 2009》(철도기술연구원, 2010. 5.)

10. 철도 구조개혁에 관한 비교법적 연구(배제대학교 석사논문, 이종흠, 2008. 6.)

제11장 남북철도사업 추진 현황

1. 정봉민 외(2007), '남북한 물류체계 통합 및 활용방안(I)', 한국해양수산개발원

2. 정봉민 외(2008), '남북한 물류체계 통합 및 활용방안(II)', 한국해양수산개발원

3. 이용상 외 공저(2011), 《한국 철도의 역사와 발전(I)》, 북갤러리

4. 이용상 외 공저(2011), 《한국 철도의 역사와 발전(II)》, 북갤러리

5. 통일부(1996~2014), '통일백서' 통일부

6. 통일부 홈페이지(http://www.unikorea.go.kr)